Histoire de l'Alsace

DU MÊME AUTEUR

Ouvrages scientifiques

Physiologie humaine, Flammarion, 1977, 1982.
Hypertension artérielle ; mécanismes, clinique, traitement, Flammarion, 1978.

Philosophie de la médecine

L'Homme et le Sel, Fayard, 1982.
La Révolution des médicaments, Fayard, 1984.
Le Mythe de jouvence, Odile Jacob, 1987.
Sommeils indiscrets, Orban, 1990.
L'Irresponsabilité médicale, Grasset, 1993.
L'Illusion nécessaire ; Biophilosophie I, Plon/Flammarion, 1995.
Anthologie du sommeil, avec S. de Sivry, Les empêcheurs de penser en rond, 1995.
Histoire de la pensée médicale, avec P. Triadou, Odile Jacob, 1996.
L'Œil et le Cerveau. Biophilosophie de la vision, Odile Jacob, 1997.
Leçons sur la vie, la mort, la maladie, Hachette Littérature, 1998.
De la douleur à l'éthique, Hachette Littérature, 1999.
L'Art et la Folie, avec S. de Sivry, Les empêcheurs de penser en rond, 1998.
Philosophie de la médecine, Grasset, 2000.

Divers

Le Bonheur de ne pas être américain, Maren Sell Editeurs, 2004.

Philippe Meyer

Histoire de l'Alsace

PERRIN

www.editions-perrin.fr

ISBN : 978-2-262-02769-8

A Rudolf von Thadden,
à la mémoire de Brigitte Sauzay,

Pour Lou, Valentin et Robinson

Avant-propos

Il est bon que l'Histoire ne soit pas écrite seulement par des historiens. L'histoire vécue et les souvenirs ont leur place à côté des données scientifiques. Les impressions ont leur importance à côté des faits. Et cela vaut particulièrement pour les pans d'histoire qui prêtent à controverse, telle celle de l'Alsace. La seule considération de l'appartenance politique et administrative successivement à l'un puis à l'autre des deux pays voisins ne suffit pas ici. Il est nécessaire d'inclure les changements de sentiments et de conception et de les considérer au même titre que les événements et les changements structurels.

Philippe Meyer a tenu compte de cette donnée dans son étude sur l'histoire de l'Alsace. Il a su représenter pour son lecteur les déchirements que le peuple alsacien a ressentis lors des affrontements franco-allemands survenus dans le pays de culture situé entre Vosges et Rhin supérieur. Il a montré que la connaissance du passé éclaire le temps présent.

Mais quel passé ! Il n'y a pas que la courte période, entre 1870 et 1945, pendant laquelle les Alsaciens ont changé quatre fois d'identité nationale, qui doive concerner les historiens. Il leur faut aussi se pencher sur le long temps, de l'Antiquité jusqu'à nos jours, pendant laquelle l'identité alsacienne s'est essentiellement développée au contact de la culture allemande. La connaissance de cette histoire de longue durée est essentielle pour comprendre en finesse les mentalités de cette province. Philippe Meyer tient de ses attaches familiales une sensibilité particulière pour comprendre le contexte du développement spirituel et culturel de l'Alsace. Qui souhaite comprendre le comportement religieux de l'Alsace d'aujourd'hui se reportera utilement au chapitre de la Réforme au XVIe siècle. Le passé des villes comme Strasbourg ou Sélestat permet de mesurer leur contribution à la formation d'une culture protestante. Les chapitres sur les deux guerres mondiales ne sont pas moins importants : ils mettent au jour l'identité alsacienne se débattant dans une situation ni allemande ni française « de l'intérieur », que les guerres n'ont pu définir. Contrairement à ce qui se passa en Alsace, il n'y eut pas, à Berlin ou à Paris, de famille dont les fils aient été obligés de combattre dans l'armée qui n'était pas la leur ! Et, pendant la domination nazie, l'Alsace a vécu une nouvelle épreuve, l'attaque de l'identité culturelle humaine.

La lecture de cet ouvrage intéresse tant les Français que les Allemands. Il rassemble d'une part une information essentielle sur l'histoire de la région, et constitue d'autre part une contribution importante à l'histoire de l'Europe, parce que l'Alsace est au carrefour de deux grandes cultures européennes. Philippe Meyer a eu le désir d'écrire une histoire européenne de l'Alsace. Chacune de ses lignes indique qu'il est un Européen convaincu.

Prof. Dr Rudolf VON THADDEN
Université de Göttingen

Introduction

Par de profondes racines ancrées dans le haut Moyen Age, l'Alsace, peut-être plus que toute autre province germanique, a su acquérir sa structure sociale, sa mentalité, son système de valeurs, sa religiosité, son âme peut-on dire, qui sont encore clairement perceptibles dans le monde moderne.

L'Alsace a aussi été façonnée par les profondes mutations, également moyenâgeuses, qui, selon l'historien Nipperdey, ont secoué toutes les civilisations européennes. Il s'est agi d'une organisation politique indépendante du pouvoir religieux, de l'idée de progrès, d'une culture autonome et du féodalisme qui se prolongent d'ailleurs dans la sociologie et la politique européennes contemporaines.

L'Alsace a donc trouvé à la fois une spécificité par sa propre action au sein du domaine germanique et par son assimilation à une dynamique culturelle commune à tout le continent européen. La remarquable vitalité de l'histoire européenne repose sur cet essor médiéval.

Mais cette double structuration composée de particularisme et de communautarisme a fait naître des périls considérables qui démontrent l'incapacité de l'espèce humaine à penser son propre avenir. Les valeurs culturelles universelles qui ont fait le socle de l'organisation de l'Europe se sont alliées dans ces régions au savoir spécifique qu'elles ont su acquérir par elles-mêmes. L'Europe s'est ainsi trouvée d'emblée unique par son élan et diversifiée par des maturations régionales. Cet état à la fois unitaire et composite persiste dans les temps modernes. Des différences régionales sont nées des particularismes, puis des nationalismes lorsque les peuples européens se sont organisés en Etats-nations, unifiés par leurs rites et leurs langages. Des territorialismes et des prétentions de domination ont inévitablement accompagné, puis suivi, la naissance de nations souveraines, exposant le continent à d'interminables conflits.

L'Alsace est à la fois située au cœur de l'Europe occidentale et à la lisière du domaine germanique. Elle reste fortement imprégnée de la culture allemande reçue pendant plus de douze siècles consécutifs. C'est dans la durée que se forme une conscience collective.

L'histoire propre de la région alsacienne, de sa culture, de ses traditions et de sa vie intérieure est également indissociable de celles des passions et des envies qu'elle a suscitées chez ses voisins européens. Il est une histoire européenne de l'Alsace qui relate les appétits de conquête matérielle, mais aussi spirituelle, qui ont rarement amélioré, toujours bousculé les ambitions de son âme. Depuis l'avènement de la modernité, cette province a été successivement convoitée par la France, l'Autriche, la Suède, la Prusse, la France à nouveau et l'Allemagne. L'Alsace, ouverte sur le continent, a également ressenti toutes ses convulsions internes, essentiellement religieuses, les ambitions papales, la Réforme, la guerre de Trente Ans et la convoitise des royautés. L'histoire de l'Alsace illustre, mieux que toute autre région frontalière, les grandeurs et les drames, issus du Moyen Age, qui exaltent et ensanglantent le millénaire suivant. Elle explique, au moins en partie, l'horreur du XXe siècle en Europe et à ce titre concerne les Français et les Allemands d'aujourd'hui.

Les historiens qui se penchent sur l'histoire alsacienne et qui en ont tiré des analyses souvent remarquables pourront trouver présomptueux, voire arrogant, le non-spécialiste que je suis, en quête d'une nouvelle approche d'un passé déjà amplement labouré par leurs soins. La raison de mon intérêt est double. Je suis attaché à l'Alsace par mes origines familiales, par mes quatre grands-parents qui y sont nés, à Woerth, Odratzheim, Obernai et Dambach, et qui m'ont élevé dans le culte de leur province et d'une certaine nostalgie de l'avoir quittée en 1871.

Pour autant, je n'écris ni par revanche ni par idéalisme, et le seul engagement que je me reconnais est celui de l'Europe : l'histoire de l'Alsace est devenue une pierre angulaire de la nouvelle histoire de l'Europe qui commence, avec ma génération, à se bâtir et qui réclame l'attention de tous.

Mes souvenirs d'adolescence auraient pu me détourner de cette entreprise. J'ai été profondément marqué par la disparition à Auschwitz de mes grands-parents paternels, la solitude ressentie pendant l'évasion de mon père vers l'armée française d'outre-mer, la déportation à Buchenwald et au Struthof d'un oncle et d'un cousin, la mort d'un petit-cousin attaché aux sangles de son parachute au-dessus d'Arnhem, et les coups de fouet reçus d'un professeur acquis au nazisme lorsqu'il a découvert mon véritable patronyme. Ces horreurs auraient pu me conduire à détester irrémédiablement les coupables, à accuser avec véhémence la germanité à la manière de nombre de romanciers – Acker, Barrès, Bazin, Bourget, Daudet, Erckmann-Chatrian –, du poète André Lichtenberger, d'historiens et de personnalités politiques – Edouard Schuré et Tourneur-Aumont. Tous ces auteurs ont prétendu que les Alsaciens sont de souche française, à la rigueur gauloise, certainement pas germanique ; ils ont été suivis par des politiciens de tous bords se réclamant d'un nationalisme français. J'aurais pu pleurer d'émotion devant les dessins de Zislin et de Hansi, faisant resurgir une violente contestation à l'encontre de l'envahisseur wilhelminien. J'aurais pu haïr les défenseurs ardents du germanisme alsacien, les Lorens, Scherer et autre Schönemann. Mais les temps ont changé et moi avec.

Tout cela à cause de trois dates. En quelques dizaines d'années, deux millénaires de terribles tumultes et conflits intracontinentaux ont fait place à une situation pacifique, stable, inespérée et exemplaire. Les événements qui ont permis à l'Europe de changer fondamentalement de comportement sont la découverte des camps d'extermination hitlériens (mai 1945), la signature du traité de coopération franco-allemande de l'Elysée (22 janvier 1963) et la chute du mur de Berlin (9 novembre 1989). Les nationalismes guerriers ont été balayés par la découverte de l'horreur que les hommes peuvent infliger aux hommes, la constitution d'un pilier politique de la paix européenne et la destitution irrévocable du dernier obstacle à la liberté sur l'ensemble du continent.

On ne chante plus aujourd'hui de *Te Deum* dans la cathédrale strasbourgeoise comme on le faisait lorsqu'elle passait sous un nouveau régime. Ma génération, qui a subi la guerre et entendu les cris de revanche contre l'Allemagne, se trouve désormais devant la nouvelle et sublime obligation de pérenniser la cohérence pacifiste qui unit les nations européennes. Elle est confrontée à deux difficultés redoutables, pardonner sans oublier et maintenir la paix retrouvée. La nouvelle représentation de l'Europe ne peut être envisagée que par une analyse rigoureuse de son histoire.

Aussi faut-il d'abord se débarrasser des vieilles craintes et des vieilles lunes entretenues dans l'imaginaire collectif par des propagandes guerrières. Une histoire de l'Europe objective doit être réécrite avec une participation active de toutes ses nations. Elle est le garant d'une union durable entre les pays européens, parce qu'elle prouve que de nombreuses étapes du passé, glorieuses ou viles, heureuses ou douloureuses, volontaires ou involontaires, ont été largement partagées. Les nationalismes incendiaires sont désormais endigués dans une nouvelle appartenance commune, européenne.

Une histoire de l'Alsace – malheureuse province frontalière écartelée par la possessivité des puissantes nations voisines – répondant à un critère d'objectivité, est indispensable à ce nouveau travail de mémoire. Cette exigence est venue, pour écrire ce livre, s'ajouter à mes souvenirs personnels.

Contrairement aux grands reliefs montagneux, pas plus que les mers, les grands fleuves européens n'ont été des obstacles au mouvement des populations primitives. Ils ont été franchis sur des barques, à gué ou à pied sur leur glace en hiver. L'Oder et l'Elbe ont été maintes fois traversés par des populations slaves et germaniques. Le Rhin aussi, sur toute sa longueur, a été franchi par des Romains, des Alamans, des Francs, des Frisons, des Saxons et des Marcomans qui cherchaient des terres fertiles, erraient, poussés par la simple envie de découvrir des espaces nouveaux, ou voulaient l'emporter sur un voisin plus chanceux. Le Rhin comme l'Oder-Neisse ne sont devenus des frontières qu'à la suite de coups de ciseaux et de crayons des décideurs politiques. Le Rhin n'a été changé en frontière que par l'exigence de trois hommes, dont deux Français, César, Louis XIV et Clemenceau.

Une nouvelle histoire de l'Alsace s'impose pour se défaire des mythes récurrents et faire fi des fausses légendes, telle celle qui ferait du Rhin une séparation entre bons et méchants. Victor Hugo l'a bien ressenti dans une période de tension franco-allemande pourtant particulièrement vive : « Le Rhin est beaucoup plus français que ne le pensent les Allemands [...] les Allemands sont beaucoup moins hostiles à la France que ne le croient les Français [...]. S'il [l'auteur] n'était pas français, il voudrait être allemand. » L'histoire doit réévaluer les responsabilités guerrières directes et indirectes et démontrer que l'antagonisme des puissances a souvent dépendu d'influences multiples et éparses sur tout le continent européen. Une histoire européenne de l'Alsace, témoignant des nombreuses interférences, du jeu sournois de grandes et lointaines nations, de rêves de grandeur imprévisibles, apporte un élément de poids à la perception d'une appartenance européenne. Les malheurs de la province alsacienne n'ont pas pour origine le comportement des hommes des deux rives de son fleuve, comme l'ont prétendu les revanchards. L'invasion par les rois de France a été permise par le retour des Anglais dans leur île, l'annexion de l'Alsace à la France a relevé d'une guerre de religion commencée à Prague et d'un affaiblissement de la Suède, et la guerre de 1870 n'aurait sans doute pas eu lieu si la succession de la couronne d'Espagne n'avait pas fait intervenir un Hohenzollern. Une histoire de l'Alsace qui ne tiendrait pas compte de ce contexte européen se limiterait forcément à une simple algarade transrhénane. L'interrogation anxieuse de Fustel de Coulanges en 1870 – « L'Alsace est-elle allemande ou française ? » – a perdu son sens.

La province alsacienne, débarrassée des tabous irrationnels et des nationalismes entretenus par la peur, s'avère un catalyseur essentiel de la construction de l'Europe. La connaissance de son passé permet de conforter la nouvelle dynamique du continent européen.

L'histoire de l'Alsace a été incohérente, brutale et multifactorielle. L'Alsace, d'abord occupée par les Romains, puis par des Germains, n'a pas été terre française depuis le IVe jusqu'au XVIIe siècle de notre ère.

A partir du milieu du IIIe siècle, les peuples germaniques ont franchi le Rhin, bousculant les défenses romaines. Les Alamans s'implantent en Alsace à partir de 407, imposant leur langue germanique et leur autorité à la population hybride – celte et latine – préexistante. Un siècle plus tard, les Alamans sont défaits par un autre peuple germanique, les Francs ; Clovis, leur roi, converti au christianisme, impose sa nouvelle religion dans le pays conquis, qui se réfère à son origine gallo-romaine, et dans son pays d'origine, germanique. Une dynastie franque, les Etichonides, règne sur le duché alsacien de 640 à 740. Puis surviennent trois siècles de domination mérovingienne qui font disparaître les infrastructures gallo-romaines résiduelles. Les Carolingiens, aux VIIIe et IXe siècles, font rayonner l'Alsace par ses abbayes. Les traditions germaniques perdurent pendant tous ces temps. En 870, l'Alsace est intégrée au royaume de Francie orientale, future Germanie. Celui-ci est ruiné au Xe siècle par les rivalités internes et les invasions. Le roi de Germanie, Othon Ier, restaure en 962 l'empire de Charlemagne. Ses limites restent inchangées jusqu'au XVIIe siècle et l'Alsace en est partie intégrante.

Du XIIe au XVIIe siècle, l'Alsace devient fief des Hohenstaufen, ducs de Souabe et d'Alsace puis, en grande partie, terre autrichienne des Habsbourg. Elle est progressivement morcelée en propriétés de nobles et d'évêques, ce qui donne lieu à une mosaïque administrative, émaillée de villes fortifiées et de châteaux forts. L'art gothique, à l'instar de celui des autres villes rhénanes, atteint son apogée en 1439 avec l'achèvement de la cathédrale de Strasbourg. Le XVe siècle partage les bonheurs et les malheurs du Saint-Empire, la diffusion de l'imprimerie à partir de Mayence vers Strasbourg, la révolte des Paysans, la Réforme luthérienne et l'essor universitaire. La fin du XVIe siècle et le début du XVIIe siècle sont remarquables par une prospérité en tous domaines qui favorise les arts et les lettres.

L'Alsace est convoitée par la France dès que celle-ci en a fini avec l'ennemi anglais et que la guerre de Cent Ans prend fin. La guerre de Trente Ans, de 1618 à 1648, donne l'occasion au roi de France et à son cardinal de satisfaire leur appétit expansionniste et nationaliste. Cette guerre, provoquée par un conflit entre protestants et catholiques de Prague, oppose deux camps : l'un favorable aux premiers avec la Suède, et l'autre aux seconds avec l'Autriche et l'Espagne. Les Suédois occupent l'Alsace de 1632 à 1634, et pillent le pays. La France profite de leur désorganisation pour les remplacer, et entrer en guerre contre les Habsbourg, catholiques comme les Français, mais autrichiens, espagnols et puissants. De 1648 à 1697, c'est-à-dire du traité de Westphalie-Munster à celui de Ryswick, l'Alsace tombe, parcelle après parcelle et ville après ville, entre les mains de la France.

Mais la couronne française s'y trouve confrontée aux spécificités de la culture germanique, à des traditions et organisations politiques ancestrales, et à la religion luthérienne. Pendant un siècle, la nouvelle tutelle de la France est progressive, ce qui permet aux Alsaciens de continuer à percevoir leur identité : la langue administrative, usuelle et religieuse demeure l'allemand et l'université est largement allemande et protestante. La présence de la France ne se fait sentir que dans les manières administratives, les mœurs de la bourgeoisie cultivée et des écoles de jésuites.

La Révolution française de 1789 radicalise le pouvoir de Paris, mais, après un enthousiasme passager pour les idéaux révolutionnaires, l'Alsace s'en détourne devant les excès de la Terreur, les réquisitions du ravitaillement des troupes françaises, le bouleversement social dû à l'abolition des droits seigneuriaux, l'interdiction de parler le dialecte, décrété contre-révolutionnaire en 1794 par Saint-Just, et l'abolition des cultes.

Un siècle après, la dramatique alternance reprend. L'Alsace est allemande de 1871 à 1918, française de 1919 à 1940, à nouveau allemande – ou plutôt nazie – jusqu'en 1945.

A l'analyse de la situation européenne et de ses responsabilités, une discussion des événements purement alsaciens doit s'ajouter pour mener deux niveaux de réflexion, régional et continental.

Il faut s'interroger sur la soumission inattendue de la province alsacienne à la France de Louis XIV après douze siècles d'appartenance germanique. L'habileté de la France et une certaine indifférence alsacienne y ont contribué, mais à quel niveau de profondeur ? Comment expliquer que l'Alsace ait suivi, sans trop se plaindre, parfois même avec enthousiasme, une politique française tourmentée, née dans le sang révolutionnaire, transformée par la volonté hégémonique d'un empereur et qui s'est terminée dans la médiocrité ?

L'Alsace est réintégrée dans l'Empire allemand à la suite de la défaite française de 1871 ; elle est alors administrée par un président de province qui réside à Strasbourg, mais elle est gouvernée par un ministre qui siège à Berlin. Cette annexion de l'Alsace au Reich allemand pose aussi plusieurs interrogations. Quel a été le degré de reconquête germanique dans la prise, puis dans l'annexion de la province ? Guillaume et Bismarck ont-ils voulu y voir un droit naturel et nécessaire pour la construction d'un empire allemand ou n'ont-ils agi que sous les pressions d'autres puissances européennes ? La véritable réaction de la province alsacienne doit-elle être discutée à la lumière du faible pourcentage (6 %) d'Alsaciens ayant opté pour la France, et de l'immigration d'environ 200 000 Allemands venus d'outre-Rhin ? Quel a été aussi le degré de reconnaissance de la population alsacienne devant la prospérité économique, la politique d'urbanisation et les nouvelles lois sociales générées par le gouvernement allemand ? La proportion réelle de partisans de la France et de l'Allemagne pendant la guerre de 1914-1918 est une inconnue supplémentaire. L'Alsace, après avoir choisi la France pendant plus de deux siècles, a-t-elle voulu redevenir allemande ? Et, si c'était le cas, pour quelles raisons ?

Les réactions alsaciennes n'ont d'ailleurs pas été unanimes quant au comportement de la France victorieuse de 1918 et la politique d'assimilation menée par le radical-socialiste Edouard Herriot, arrivé au pouvoir par la victoire du Cartel des gauches en 1924. Les réactions locales à la décision de faire du français la langue officielle, d'abroger le Concordat, de soumettre Strasbourg à Paris, et de bousculer les statuts religieux et scolaires, ont été parfois très vives. La province veut faire respecter ses traditions de libéralisme et d'autonomie, héritées du Saint-Empire germanique.

La question de l'appartenance de l'Alsace réapparaît alors en sourdine. Elle se poserait peut-être encore aujourd'hui si l'Alsace n'avait pas souffert de son annexion en 1940 au Reich nazi. Mais, en 1945, lors de sa défaite écrasante, la question n'est plus d'actualité. L'Alsace, sans hésitation, rejoint la France.

La psychanalyse de l'Alsace n'est pourtant pas pleinement arrivée à son terme. Les Alsaciens ont-ils encore des liens privilégiés avec la culture allemande ? La solution de leur double appartenance réside-t-elle dans une défense identitaire ?

La réconciliation franco-allemande, initiée par de Gaulle et Adenauer, suivie de la construction d'une Europe unie dont le Parlement est symboliquement installé à Strasbourg, fait de ces interrogations sinon une désuétude, tout au moins la séquelle d'une incertitude et d'une angoisse disparues. L'Alsace, sans perdre son identité, se réclame maintenant librement de sa double culture au sein d'une Europe sans frontières internes. Il n'est pas opportun, pour autant, d'oublier le long chemin qu'il a fallu parcourir pour parvenir à l'équilibre d'une province transfrontalière.

1

Fin de la domination latine

Le 31 décembre 406, les Alamans franchissent en nombre le Rhin gelé à la hauteur de Coblence et occupent avec femmes, enfants, chariots et bétail le Palatinat et la terre d'Alsace. L'ère gallo-romaine, qui a duré plus de trois siècles, prend fin. L'appartenance germanique de l'Alsace commence. Elle va s'étendre sur plus de douze siècles, adossée aux héritages de la riche civilisation romaine qui l'a précédée.

Cette traversée du Rhin couronne l'irrésistible volonté de conquête de l'Occident dont le peuple germain n'a cessé de faire preuve depuis ses origines au IVe siècle avant J.-C. De ses cantonnements primitifs, situés entre la Vistule, l'Elbe et la mer Baltique, partent les premières pulsions expansionnistes vers l'Allemagne centrale et orientale. Les tribus barbares orientales résistent. Le peuple germain se trouve dès lors entraîné vers l'ouest.

Les premières intrusions germaniques en Gaule semblent dater de 109 avant J.-C. Deux tribus, Teutons et Cimbres, y font une bruyante incursion jusqu'à Aix-en-Provence. L'invasion n'est jugulée que sept ans plus tard par l'armée du consul Caius Marius. Des Suèves (dont le nom a été transformé en Souabes/*Schwona*) gagnent ensuite la basse Alsace, entre les rivières Lauter et Moder, approximativement sur les lieux des affrontements de la guerre franco-allemande de 1871 ; ils en repoussent les occupants celtes vers les plateaux lorrains. D'autres Suèves s'établissent dans la vallée rhénane, sur les deux rives. En 72 avant J.-C., une armée de Suèves, accompagnée de Triboques, de Rauraques et d'Harudes, sous la conduite du vaillant guerrier germain Arioviste, chef triboque de la grande fédération germanique des Suèves, franchit le Rhin, et bat le peuple celtique éduen. Les Germains Triboques s'installent dans le nord de l'Alsace. En haute Alsace, les Suèves d'Arioviste apportent une aide militaire aux Celtes Séquanes qui leur offrent en contrepartie leurs territoires. De là, les troupes d'Arioviste convoitent la vallée de la Saône. L'Alsace est alors entièrement occupée par des peuples germaniques.

En 58 avant J.-C., le même Arioviste menace encore des groupes éduens résiduels, qui font appel à l'armée romaine. Jules César, qui veut alors s'engager en Gaule, accepte de les secourir ; il quitte le territoire séquane et sa ville de *Vesontio* (aujourd'hui Besançon) à la tête d'une forte armée et, à travers les contreforts du Jura, gagne la plaine entre Vosges et Rhin, et se trouve enfin devant son adversaire. Le lieu de la bataille est sujet à controverse ; on cite Ochsenfeld ou Beblenheim dans la région de Mulhouse, ou Epfig et Stotzheim en basse Alsace. Au chef barbare couvert de cuir d'animaux sauvages, s'oppose un chef romain glabre sous le fer du casque et la cotte de mailles. Les *Commentaires* décrivent aussi la stupeur des armées en présence : les 40 000 légionnaires alignés sous leurs aigles sont en face de hordes sauvages sans doute supérieures en nombre. Les négociations entre César et Arioviste échouent. Le combat s'engage donc et les légions romaines l'emportent. Arioviste, défait, repasse sur la rive droite du Rhin en abandonnant ses morts, par milliers, sur le champ de bataille.

Le général romain peut être satisfait, lui qui pensait « qu'il était dangereux [...] que les Germains prissent peu à peu l'habitude de passer le Rhin et de venir en grandes masses vers la Gaule ; il estimait que ces hommes violents et incultes ne sauraient se retenir, après avoir occupé toute la Gaule, de passer dans la province romaine et de là de marcher sur l'Italie » (*De bello Gallico*, I, 33).

L'Alsace fait donc l'objet de deux convoitises différentes. Le peuple germain recherche des terres grasses qui peuvent être ensemencées chaque année, et erre sans logique vers des contrées moins froides et plus ensoleillées que celles sur lesquelles il s'est primitivement établi. Il n'est en outre pas impossible qu'Arioviste ait voulu secourir les Gaulois de l'intérieur, vaincus par César et ses légions. De son côté, Jules César veut asseoir sa domination en Gaule pour accéder au pouvoir à Rome. Ce fin stratège a décidé d'encercler la Gaule par l'est et le nord pour mieux la soumettre. L'Alsace et les pays rhénans lui permettent ainsi d'adosser son armée sur le Rhin qu'il croit être un obstacle pour les Germains.

Après la victoire de César sur le Germain Arioviste, l'Alsace, occupée par des Rauraques établis au sud et des Triboques germaniques au nord, est envahie par les Romains. L'Alsace celte, puis germanique, est maintenant dominée par des Latins. La plaine fertile qui s'étend des Vosges aux îles, marais et buissons des rives du Rhin est soumise. Les populations plus anciennement installées, cultivateurs celtes, semi-nomades et noyaux germaniques, s'inclinent également devant le vainqueur romain.

La culture romaine va diffuser dans l'Alsace et dans les territoires occupés pendant deux siècles mais la *pax romana* n'a pas pour autant été acquise sans difficulté.

La pression germanique n'est jamais retombée, malgré les raids romains poussés au-delà de la rive droite du Rhin.

La défense romaine

Aussi, l'empereur romain Auguste (27 avant J.-C.-14 après J.-C.) cherche-t-il à compléter l'œuvre de son prédécesseur par une défense active. Il est encouragé dans ce projet par les succès militaires de ses gendres Drusus et Tiberius : le premier a atteint l'Elbe en un lieu qui deviendra Magdebourg (12-9 avant J.-C.) ; le second a pourchassé le chef germain Marbod jusqu'à l'embouchure de la Weser avec l'appui de l'infanterie et de la flotte (6-4 avant J.-C.). Auguste n'a pas la retenue stratégique de son aîné ; il construit un pont sur le Rhin et projette d'étendre l'Empire romain jusqu'à l'Elbe. Mais la défaite de trois légions romaines, commandées par le légat Varus et écrasées par la bande du Germain Hermann (Arminius) dans la forêt de Teutoburg en 9 avant J.-C., ruine les espoirs d'Auguste. Les Germains ont maintenant acquis la preuve que l'ennemi romain n'est pas invincible et le contraignent à une défense passive. Hermann devient un héros de la résistance germanique. A partir de 88, les Romains édifient donc sur le Rhin supérieur, de Bâle à Cologne, fortins, fossés et palissades. L'Alsace devient un glacis défensif, protégé par les camps fortifiés de Strasbourg, Kembs, Biesheim, Benfeld, Drusenheim et Selz. Une autre ligne défensive, le *limes*, est ajoutée à ce dispositif par l'empereur Vespasien à l'intérieur de la Germanie en 66 après J.-C. Un mur de pierre est élevé du Main au Danube et l'on encourage les Gaulois à coloniser les Champs décumates situés entre ces deux lignes. L'essentiel des légions romaines est massé derrière ce bouclier long de 540 kilomètres. C'est la plus grande partie de l'armée romaine qui a été dirigée sur la rive gauche du Rhin. Elle y est cantonnée dans des camps qui attirent les populations civiles et deviennent peu à peu des bourgs protégés par des enceintes en pierre.

Strasbourg est ainsi née, au Ier siècle, d'un camp militaire occupé par des Trévires. Les Romains lui ont donné le nom d'*Argentorum*, à cause des eaux qui y brillent avec des reflets argentés au confluent de la Bruche et de l'Ill. *Argentorum* dérive d'*Argentorate*, d'origine celte. Le nom latin cède peu à peu la place à un terme germanique, *Strateburgo*. Deux siècles plus tard, la civilisation germanique en fera *Stratelburger*, puis *Strassburg*. Le quartier gallo-romain est encore visible dans l'ouest de la ville, et son origine militaire peut expliquer comme dans d'autres villes alsaciennes l'absence d'architecture monumentale. L'Alsace n'est pas une province gallo-romaine comme une autre. Elle est une province militaire formant un bastion protecteur contre les Germains.

Les défenses militaires romaines seront dissuasives pendant près de deux siècles. La IIe légion Auguste est sur place dès l'an 10. De 17 à 43, la VIIIe légion Auguste la remplace ; de 43 à 46, la XXIe division Rapace et plus épisodiquement la IVe Macedonica lui font suite. César a inclus l'Alsace dans la province de Belgique (*Gallia Belgica*), territoire délimité par la Seine, la Saône et le Rhin. En 90, l'empereur Domitien, dans un souci de renforcement administratif et d'efficacité militaire, crée les deux provinces de Germanie supérieure et inférieure. La Germanie supérieure, composée de l'Alsace et de la Rhénanie, a Mayence pour capitale. La Germanie inférieure, qui s'étend sur la Hollande et la Belgique, est dominée par la ville de Cologne. Les premiers légats connus en

Germanie supérieure s'appellent Abudius Ruso (entre 29/30 et 34) et Brucius Lappius Maximus (vers 73-74). Ces gouverneurs sont placés sous l'autorité d'un procureur romain siégeant à Trèves, dont la mission est aussi d'étouffer les quelques poussées régionalistes manifestées à l'occasion de révoltes des légions rhénanes. La plus sérieuse s'est produite en l'an 14, à la mort d'Auguste.

Attaques germaniques

A partir du IIIe siècle, cependant, des Germains ébranlent à nouveau l'Empire romain, fragilisé par son extension et l'insuffisance de ses cadres. Des hordes d'Alamans, poussées par la faim, sous la pression des Huns et des Vandales venus de l'Est, et par l'envie de poursuivre leur errance habituelle au-delà du Rhin, bousculent les défenses romaines. Leur première attaque groupée est repoussée en 213 par le général Caracalla. Les Germains n'abandonnent pas pour autant leur ambition de conquête. Les Francs au nord dans la région de Mayence et les Alamans au sud entre le Neckar, la Forêt-Noire et le Danube structurent leurs armées au lieu d'agir en petites bandes dispersées. A plusieurs reprises, entre 233 et 259, les Alamans s'attaquent au *limes*, qu'ils finissent par détruire. Les Champs décumates sont partiellement reconquis, et leurs occupants gallo-romains repoussés vers l'ouest. Les guerriers alamans franchissent le Rhin pour la première fois en 253, puis pratiquement chaque année, par vagues successives, jusqu'en 262. Les Francs s'infiltrent au-delà de la rive gauche du Rhin dans les Flandres jusqu'aux territoires mosellans. Les Alamans parvenus au sud entre Main et Danube envoient des éclaireurs dans les vallées de la

Saône et du Rhône ; les plus avancés auraient atteint la Provence.

Face à eux, l'armée romaine est rendue vulnérable par la distance qui la sépare d'un gouvernement qui s'essouffle, par l'incorporation massive de Gaulois indisciplinés et par un éparpillement sur une frontière de 600 kilomètres. Elle est aussi lassée par la ténacité des Alamans et négligée par un pouvoir impérial qui réduit de moitié ses effectifs, quatre divisions au lieu de huit, à peine 20 000 combattants et quelques milliers d'auxiliaires. Mais cette armée n'a pas encore dit son dernier mot. L'empereur Galien remplace son fils Saloni, généralissime de l'armée du Rhin, par le Gaulois Postume, plus apte au combat, qui poursuit énergiquement les Germains jusqu'à son assassinat, sans doute par ses ennemis, en 268.

Vers 277, l'empereur romain Probus refoule à son tour les Alamans au-delà du Neckar ; il continue le combat jusqu'à ce que neuf petits rois alamans se prosternent à ses pieds. Peu après les Alamans traversent cependant le Rhin et détruisent *Argentorum*. L'empereur romain Constance envoie alors son cousin Julien dit l'Apostat, qui marche à la rencontre de l'ennemi déjà engagé vers la Champagne, jusqu'à le défaire à Brumath (356).

L'année suivante Julien reprend l'offensive contre de nouvelles hordes alémaniques qui s'avancent sous le commandement unique du chef Chnodomar. De Saverne, il se rue vers Strasbourg et, à quelques kilomètres, entre Hurtigheim et Koenigshoffen, emporte la dernière grande victoire sur les Alamans en sol alsacien. Les Germains auraient laissé des milliers de cadavres sur le champ de bataille et de nombreux fuyards se seraient noyés en essayant de traverser le Rhin à la nage.

Les Alamans ne cèdent pas pour autant. Ils reviennent à l'attaque, profitant de l'éloignement de l'empereur

Valentinien Ier, parti vers la région danubienne, et traversent le Rhin gelé en février 377. Une armée composée de Romains commandée par Gratien les repousse en haute Alsace, sans doute à la hauteur de Colmar ou de Horbourg-sur-l'Ill.

Mais les Alamans continuent leur harcèlement, encouragés par des signes de faiblesse de l'armée romaine. Leur audace les mène de Mayence jusqu'aux sources du Danube et au lac de Constance. Ils sont à Spire, Worms, dans le territoire alsacien autour de Strasbourg et en Souabe. En 406, ils s'établissent enfin en nombre dans la plaine alsacienne, redevenue terre germanique indépendante.

La civilisation romaine

La *pax romana* n'a duré en Alsace que les deux premiers siècles de notre ère, tant que les fortifications romaines ont résisté aux assauts immatures des premiers Alamans. La vivacité et le nombre des attaques ultérieures ne pouvaient qu'affaiblir, puis renverser le pouvoir romain local. L'un des premiers problèmes de l'histoire de l'Alsace est de savoir dans quelle mesure la civilisation romaine a laissé des traces dans la culture germanique qui suivit pendant douze siècles, d'abord alémanique, puis franque, enfin souabe dans le Saint-Empire germanique.

Les Romains ont laissé dans les deux Germanie et dans la région avancée des Champs décumates des remparts, des égouts, des thermes, un aqueduc (à Kuttolsheim), de la vaisselle, des amphores, des céramiques, des vases, des bijoux et des pièces de monnaie. Le Musée archéologique de Strasbourg regorge de ces traces de la civilisation romaine. Les Romains ont enterré leurs morts plutôt que de les incinérer selon la tradition gauloise ; des centaines de sépultures avec des monuments funéraires ont été découvertes à Strasbourg dans les quartiers actuels de Porte-Blanche et de Sainte-Barbe ; une nécropole légionnaire a été trouvée dans le quartier de la rue de la Charmille. Des monuments funéraires romains ont été mis en évidence dans toute l'Alsace, entre autres à Saverne, Dachstein, Rouffach et Ehl.

A Mayence, l'université est encore aujourd'hui adossée à un mur romain ; le plus grand théâtre que les Romains aient construit au nord des Alpes, susceptible d'accueillir 10 000 spectateurs, a été édifié sur le terrain de l'actuelle gare. Les Romains ont contribué au développement particulier d'*Argentorum*, édifiant entre les bras de l'Ill des arsenaux, des magasins publics, des demeures de fonctionnaires et de vétérans, des auberges et des bureaux de change. On sait comment, sur les bas-fonds marécageux des abords de l'Ill, le terrain fut rehaussé, puis consolidé par des pilotis et des entassements de gravier et de basalte. Les enceintes ont été successivement dressées en terre, puis en bois, puis en pierre sur trois mètres d'épaisseur. Le Rhin a été aménagé pour devenir une grande voie de navigation militaire et civile. Des bateaux mâtés dont le tirant d'eau dépasse un mètre sont apparus. Les affluents de l'Ill ont servi au flottage du bois des Vosges.

Le Rhin a été doublé d'une grande voie routière, impériale, dont le tracé rectiligne longe la rive gauche du sud au nord et permet un trafic stratégique avec la Suisse et l'axe rhodanien. Le tracé des grandes voies routières contemporaines de l'Alsace se superpose au réseau romain. Une série de bourgades ont progressivement remplacé les camps romains ; entre *Augusta Rauracorium* à l'est de Bâle (Augst) et *Tribunci* près de Wissembourg, se trouvent

Cambetes (Kembs), *Mont Brisacum* (Vieux-Brisach) qui se trouvait alors sur la rive gauche du Rhin, *Uruncis* (Illzach), *Argentovaria* (Horbourg), *Helvetius* (Ehl), *Brocomagnus* (Brumath), *Saletio* (Seltz). Sur la Zorn, dans les Vosges, sur un col permettant le passage vers le plateau lorrain, où chemine la route qui mène à Metz et à Reims, *Tres Tabernae* (Saverne) est un obstacle militaire d'importance fermant la porte de la Gaule intérieure. Des routes tracées d'ouest en est permettent le mouvement des légions romaines et le transport des produits alimentaires, domestiques et artistiques. Le long de ces axes routiers s'installent camps, relais et auberges, castels, baraquements forains (*canabae*), maisons ou palais de fonctionnaires romains. Des bornes militaires, retrouvées en plusieurs sites, indiquent les distances. Au pied des Vosges, zone de peuplement indigène, Rome s'est contentée d'aménager les voies d'intérêt local. Sur ces routes passent en convois incessants des fonctionnaires civils et militaires, des colporteurs, des auxiliaires germains dressés à la romaine, des troupeaux d'esclaves destinés au marché de Rome, des chaînes de prisonniers barbares et des voyageurs descendus des pentes et des terrasses sous-vosgiennes. Parfois, c'était le voyage du gouverneur qui comblait les spectateurs, accompagné de comtes et d'assesseurs, de secrétaires, d'interprètes, de hérauts, de licteurs, d'esclaves et de trains d'équipages. C'était parfois aussi le déplacement d'une légion avec ses enseignes, sa hiérarchie et ses trains de combat. Ou encore celui de corps de prêtres des divers cultes du panthéon de Rome.

Les Romains ont apporté leur savoir-faire agricole. L'Alsace abonde en céréales, vignes et arbres fruitiers. De grandes propriétés (*villae)* sont apparues sous la direction de riches Romains, mais aussi peut-être de Gaulois et de Germains ; des vétérans romains qui ont épousé des femmes autochtones enseignent les techniques romaines aux travailleurs locaux. Des Gaulois romanisés établissent des cultures dans le vallon de l'Ill, les terrasses sous-vosgiennes et la grande plaine aux terres riches. De gros marchés (*vici*) apparaissent.

Les Romains ont également introduit le cadastre. Les gouverneurs emploient des escouades de géomètres à fixer des tracés rectilignes dont témoignent le *limes* et d'autres bornages découverts dans les bonnes terres décumates du Haut-Neckar. La décimation est en effet réservée aux terres fertiles, comme celles de la région du Main inférieur, de Bade et d'Alsace.

En bref, la civilisation romaine a fait de l'Alsace une terre ordonnée, administrée, cultivée et vivante, reliée aux autres villes de l'Empire par des routes stabilisées, et raffinée par le génie romain de l'époque. L'administration et le développement économique du territoire sont indispensables au maintien des armées romaines et à leur subsistance. Cette quiétude est évidemment troublée par la reprise des attaques germaniques du IIIe siècle.

Pourtant, la culture romaine est loin d'imprégner totalement la région. Malgré la présence de quelques paysans romains, les colonisateurs, militaires et administrateurs, occupent majoritairement les villes. L'influence romaine est avant tout citadine. Dans les campagnes vivent encore des Celtes, des Gaulois et de petits îlots germaniques particulièrement nombreux en basse Alsace. Faute d'instructeurs, ces gens conservent leurs dialectes originaux. L'usage du latin ou des bas latins n'est notable que dans les centres urbains traversés par une route romaine, dans l'administration des cités et des impôts, dans les chantiers de routes, de thermes et d'aqueducs commandés par les Romains. Le latin est une langue officielle uniquement utilisée dans les prestations, corvées, redevances et fournitures. Ceci explique la diffusion rapide de la langue germanique lorsque les Alamans prennent la place des Romains. Entre 300 et 350, le latin disparaît de l'Alsace ; il est remplacé par l'alaman, d'où dérivent le dialecte alsacien et ses proches variantes dans le Palatinat et le pays de Bade-Wurtemberg.

D'autre part, il est aujourd'hui certain que les Romains ont respecté les mœurs du peuple conquis. Leur exigence d'acculturation n'excède pas l'allégeance due aux représentants de la loi romaine et aux collecteurs d'impôts. Poursuivant la politique d'ouverture de César et d'Auguste, ils acceptent même des Gallo-Romains à Rome dans les plus hautes instances de l'Etat. Surtout, les Romains respectent les cultes locaux que l'on pratiquait avant la colonisation romaine. A condition de reconnaître le culte officiel de la déesse Rome et des empereurs divinisés, le peuple peut continuer librement sa pratique religieuse. Les dieux du panthéon romain se mêlent ainsi progressivement aux divinités indigènes. Les vieux sanctuaires celtes, comme celui du Donon, accueillent les divinités du Latium et des statues font état de leur fusion avec les divinités locales (Jupiter-Taranis ; Neptune-Rhénus ; Mercure-Teutatès ; Hercule-Smertrius) ou du moins de leur cohabitation. Mercure, protecteur des voyageurs et des marchands, est particulièrement honoré à Saverne ; on invoque le dieu Vosagus dans les Vosges du Nord et le père Rhin à Strasbourg. Le dieu iranien Mithra est vénéré dans les camps d'*Argentorum* et d'*Argentovaria*. Ces cultes se poursuivent jusqu'au début du IVe siècle, époque à laquelle arrivent de Rome les premiers missionnaires chrétiens, sans doute accompagnés de quelques Juifs.

La civilisation romaine a donc concerné les élites de l'époque, administrateurs, fonctionnaires et bâtisseurs, bien plus que le peuple. Celui-ci a subi une nouvelle loi et l'a acceptée, par intérêt surtout, en profitant des améliorations techniques apportées par Rome, mais son adhésion ne se doubla pas d'une véritable acculturation. Aussi les Germains, Alamans et Francs n'ont-ils pas eu à craindre un soulèvement massif des populations romanisées.

2

Débuts de l'ère germanique : les temps mérovingiens

Si l'Alsace n'est que relativement peu imprégnée de la civilisation romaine, elle n'a pas pour autant adopté exclusivement les mœurs des nouveaux conquérants alémaniques. Celles-ci sont au demeurant assez frustes en 406 lorsque les Alamans s'emparent de la région. L'Alsace est encore un carrefour de peuples qui se succèdent et se mêlent les uns aux autres sans complètement détruire ce que les précédents ont apporté. C'est un espace rhénan flou et sans frontière dans lequel les peuples pénètrent en franchissant ce que nous dénommons aujourd'hui les frontières naturelles, les Vosges et la Forêt-Noire, mais qui en cette époque n'en sont pas.

L'organisation de la société alémanique est clanique et primitive, essentiellement tournée vers les rapines et les guerres. Elle ne repose que sur l'autorité de petits rois, se prenant pour des empereurs, portés à la tête des divers clans, et sur celle des pères, maîtres absolus de leur famille au combat comme au repos. Il n'existe aucune autre hiérarchie sociale, aucune règle générale de conduite et de justice, et que très peu de cohésion entre les diverses bandes qui composent le peuple alaman, association essentiellement guerrière. Celui-ci s'est individualisé en deux ou trois siècles, sur un assez vaste territoire, au sud du Bas-Neckar et du Main, en Souabe et en Bade jusqu'au Danube et aux Alpes. Au nord, ses voisins sont des Francs qui, depuis la Weser et le Rhin supérieur, ont gagné les Flandres, la Belgique et les territoires mosellans. Les Francs Saliens occupent la Sambre, l'Escaut et le Brabant moderne, et des Francs Ripuaires, le Rhin moyen. A l'est des Alamans et des Francs, d'autres tribus germaniques se sont organisées et s'agitent. Ce sont les Burgondes, Wisigoths, Alains, Sarmates, Gépides et Vandales qui guignent aussi les richesses de l'Empire romain, poussés vers l'ouest par les Huns, une tribu particulièrement vorace et redoutée qui provient des rives de la mer Noire.

Après la déposition en 476 de Romulus Augustule, les Alamans ne rencontrent plus aucun obstacle à leur installation sur les deux rives du Rhin supérieur, des Vosges au lac de Constance. Mais il ne leur est pas si simple de s'installer sur la terre alsacienne nouvellement conquise lorsqu'ils sont menacés à l'arrière par d'autres peuples germaniques et les Huns. La conquête de l'Alsace par les Alamans ne sera pas d'emporte-pièce comme le fut celle des Romains.

Les autres peuples germaniques et les Huns vont brouiller les premiers moments de leur conquête de l'Alsace. Ceux-ci, profitant de l'usure des défenses romaines, s'engouffrent dans la brèche ouverte par les Alamans le 31 décembre 406 pour piller et dévaster la Gaule. On ne sait pas si les tribus germaniques et les Huns ont été moins violents en Alsace, désormais majoritairement occupée par l'Alaman, qu'à l'ouest des Vosges. Leur incursion laisse cependant des traces sérieuses. Une lettre de l'ermite saint Jérôme fait état en 409 de la destruction des villes de Mayence, Spire, Strasbourg et Metz. Attila, roi des Huns, à la tête d'une immense cohorte de Barbares, paraît avoir franchi le Rhin en 451 entre Worms et Bingen. Une nouvelle attaque de Strasbourg a peut-être eu lieu en 455, mais aucune source ne permet d'estimer les méfaits du passage hunnique en basse Alsace, ni le rôle exact du romain Aetius, qui a bouté les Huns hors de Gaule, dans le retour à l'ordre en Alsace.

Au regard des trois siècles de présence romaine et d'une ultérieure civilisation germanique de douze siècles, l'occupation des Alamans, qui dure tout juste un siècle, ne peut avoir eu une influence déterminante en Alsace, d'autant que l'occupation des Alamans n'a pas été très autoritaire. Les Alémaniques ont respecté l'organisation romaine. Ils en admirent le Sénat, la Justice et l'administration parce qu'ils sont incapables de mettre en place un autre système. Certains vont même jusqu'à entrer dans une cour romaine pourtant à bout de souffle. On dit que certains Romains, épris de la blondeur des femmes alémaniques, ont pu les épouser. La situation est aussi calme dans les campagnes, où les Alamans, ayant adopté les techniques de culture romaine, sont devenus de bons paysans. Probus, ancien vainqueur des armées germaniques, aurait même demandé aux Alamans d'unir leurs terres afin de créer un véritable syndicat agricole, ouvert aux Gallo-Romains. Les Alamans, qui manquent de bras, n'hésitent pas désormais à faire travailler leurs anciens adversaires dans les grandes étendues fertiles. Devenus calmes propriétaires d'une plaine se prêtant admirablement à la culture, ils établissent des fermes à distance des villes, sur les collines avancées des Vosges, dans quelques vallées bien ouvertes et au voisinage des cours d'eau. D'autres font commerce de leurs produits. La civilisation romaine a été essentiellement urbaine et s'est développée grâce au génie de cadres administratifs, d'ingénieurs et d'artistes. Celle du peuple alaman est surtout agreste. Mais l'héritage essentiel qu'il laisse à l'Alsace, c'est la langue germanique. Celle-ci est aussi partagée par les Francs, Saliens et Ripuaires, les Bavarois et les Saxons.

La langue germanique

Argentorum est rebaptisé Stratelburger, *Columbarium* Colmar, *Rubeacus* Rouffach, comme dans la vallée rhénane *Bonna* devient Bonn, *Confluentes* Koblenz, *Bingium* Bingen, *Mongotiacum* Mainz, *Civitas Vangiorum* Worms. De part et d'autre du Rhin, dans le Palatinat, le Neckar inférieur ou la Hesse rhénane, des villes homonymes apparaissent. Il y a un Marbache en Lorraine, un Marbach près de Colmar, un autre sur le plateau souabe ; on trouve un Staufen en Alsace et un en Souabe. Les noms de lieux se terminant en *ing, ingen, dorf* et *heim* se multiplient en Alsace, en Souabe et en Suisse. *Weiler* en revanche n'est peut-être pas purement alaman, mais une survivance gallo-romaine dérivée du latin *villae*.

Le dialecte alsacien est un mélange de celte probablement, de latin vulgaire sûrement, et de langue germanique remaniée au fil des temps par les Alamans, les Francs, les Carolingiens et les princes germaniques. Aujourd'hui encore, le dialecte alsacien est compris en Souabe et inversement. Le *u* allemand est devenu en dialecte alsacien *ü*, *kommen* se dit *kume* et *sieben* est changé en *sewe*. L'accent tonique germanique est atténué. Mais la langue allemande s'est enracinée. Le passage du gallo-romain au germanique a d'ailleurs été rapide dans les campagnes, qui n'avaient pas été très exposées au latin et comptaient encore quelques noyaux de populations germaniques résiduelles ; il a évidemment été plus lent dans les villes, encore administrées à la romaine.

La langue allemande a conservé des mots latins, *camera* est devenu Kammer, *fenestra* Fenster, *caminus* Kamin, *cellarium* Keller, *tabula* Taffel, *fiasco* Flashe. A l'armée, *vallum* donne Wall, *turris* Thurm, *castellum* Cassel.

Des Romains, en particulier ceux de Rhénanie, indignés par la décadence de leur gouvernement, n'hésitent pas à collaborer avec ceux qui se révèlent des envahisseurs utiles. En retour, les Alamans se montrent cléments avec les vaincus, quoiqu'ils persistent à invoquer des dieux païens, à croire aux superstitions et aux mystères de leur civilisation ; ils acceptent cependant la progression du christianisme. Strasbourg est érigé en évêché, dont les premiers prélats sont Amandus, Justus et Solarius.

Une longue controverse oppose les tenants d'une Alsace gallo-romaine et d'une Alsace germanique. Elle est née dans le contexte humaniste du Moyen Age avec T. Murner (1475-1537), partisan de la première théorie, et J. Wimpfeling (1450-1528), qui croyait en l'origine germanique de sa province ; les conflits entre la France et l'Allemagne ont nourri ultérieurement le débat. L'histoire des premiers siècles en démontre l'inanité, l'Alsace primitive étant le produit de plusieurs civilisations, celte, romaine et germanique. Les traces romaines sont d'ailleurs plus fortes à Mayence, dans la vallée du Rhin entre Bingen et Coblenz, et dans celle de la Moselle qu'en Alsace proprement dite.

Les Alamans n'ont guère franchi les Vosges, mais se sont bien implantés au nord, dans l'Alsace bossue, en Moselle et surtout dans le Palatinat actuel jusqu'au-delà de Worms, à la limite sud du territoire franc. Les Francs, guerriers violents, se sont dotés d'un roi unique et d'une armée conduite par des chefs valeureux ; de grands chefs romains, Aetius et Clodion, ont eu recours à elle pour neutraliser l'invasion hunnique.

Le royaume franc de Clovis

Clovis, né en 465, devient roi des Francs Saliens en 481 à la mort de son père Childéric, un guerrier brutal qui a combattu le Saxon dans les vallées de la Seine et de la Loire. Il est auréolé du prestige de son père et du mythe de Mérovée, un grand-père qui serait né d'un monstre marin. Clovis finit par l'emporter sur les Wisigoths, les Saxons et les Burgondes, ce qui lui assure la maîtrise du territoire gaulois de Tournai jusqu'à Toulouse. Il a vaincu Syagrius à Soissons en 486, les Wisigoths à Vouillé, près de Poitiers, en 507. Les Alamans sont aux portes de son domaine. Après quelques escarmouches, en 496, Clovis les attaque à Tolbiac (*Zülpich*), près de Cologne. Les Alamans lui opposent une forte résistance, malgré la blessure de leur roi Sigebert. Ils sont finalement écrasés et la victoire est attribuée à l'intervention du Dieu de Clotilde, femme chrétienne de Clovis.

Les Alamans, défaits, abandonnent le nord de leur domaine rhénan. Ce peuple, plus paysan que guerrier, a succombé à un peuple plus guerrier que paysan. Les Francs pénètrent dans le territoire alaman et envahissent l'Alsace. Certains Alamans parviennent à s'échapper, mais la plupart, surtout en haute Alsace, acceptent leur nouvelle vassalité d'autant plus facilement que l'envahisseur est aussi germanique. Ce qui reste de l'aristocratie gallo-romaine se mêle aux nouvelles populations franques.

Peu après Tolbiac, Clovis se fait baptiser en grande pompe par Rémi, évêque de Reims, sous le regard de sa femme Clotilde et de son armée, dont une partie va d'ailleurs suivre l'exemple de son chef. En se convertissant, Clovis s'attire l'obédience des évêques, déjà nombreux sur l'ancien territoire gaulois, la reconnaissance de la Rome catholique et des citoyens chrétiens. La conversion des Francs Saliens est suivie par celle des Francs Rhénans qui reconnaissent Clovis comme leur chef à la mort de leur roi. C'est donc plus par la religion que par le combat qu'il impose son autorité. A partir de 491, malgré ses origines germaniques et son parler allemand, il reconstitue en quelque sorte l'ancien domaine gallo-romain sous le nom de *Francia*. Tolbiac devient une victoire française sur l'ennemi alaman. La France oublie encore aujourd'hui qu'un guerrier germain l'a gagnée sur un autre Germain. Il est vrai que, à l'époque, les qualificatifs de *français* et *allemands* n'avaient pas de sens. Clovis se fixe à Paris, hors de la zone primitive du peuplement franc, et en fait sa résidence principale et le lieu de sa sépulture. Ses fils, qui triomphent du royaume burgonde en 532-534 et s'emparent de la Provence en 536, achèvent de reconstituer la Gaule au profit des Francs.

En Alsace, l'autorité politique passe dans les mains des Francs pour une période de deux siècles. Les villes principales sont gouvernées par des comtes ; deux d'entre eux siègent à Marlenheim près de Strasbourg et à Illzach près de Mulhouse.

Clovis a créé un vaste empire duquel se forme le modèle politique, économique et religieux des autres empires du Moyen Age. Il meurt en 511 en laissant à ses quatre fils un domaine qui s'étend des territoires wisigoths en Espagne à l'embouchure du Rhin. Selon la tradition franque, les quatre Mérovingiens – ainsi nommés en l'honneur de leur arrière-grand-père Mérovée – partagent l'héritage. L'Alsace et les anciennes terres alamanes depuis Cologne jusqu'au lac de Constance, agrandies de celles qui se situent entre le Rhin et la Marne, reviennent à Thierry, l'aîné ; sa capitale est Reims. Les trois autres fils établissent leur capitale à Paris, Orléans et Soissons.

Les Mérovingiens

Les successions mérovingiennes sont compliquées par la loi franque. Les héritages morcelés attisent de cruelles luttes familiales – assassinats des prétendants, même en bas âge, des épouses et des maîtresses – pour réunifier le royaume ancestral. En deux siècles et demi, une dizaine de rois seulement ont régné sur l'ensemble du royaume de Clovis. Clotaire Ier (558-561) inaugure cette descendance ; Thierry IV (721-737) la termine.

En 561, Clotaire Ier, dernier fils de Clovis, qui s'est emparé des parts de ses frères en assassinant leurs fils, meurt. Sa disparition divise la France mérovingienne en trois royaumes, Austrasie, Neustrie et Bourgogne. La *Francia* s'étend largement de part et d'autre du Rhin. Ni Clovis ni ses successeurs n'ont décidé d'appeler leur empire France ; c'est l'usage populaire qui impose ce nom. L'Austrasie des Francs Rhénans, centrée sur les vallées de la Meuse, de la Moselle et du Rhin, commence à la Seine et s'étend vers la Bavière, la Thuringe et la Frise ; on y parle allemand. La Neustrie des Francs Saliens va de la Somme jusqu'à la Loire ; le latin prend ici le dessus, mais la langue allemande est aussi utilisée. Le Rhin n'est plus une frontière. Les Francs s'unissent aux Gallo-Romains. Les Gaulois et les Francs, selon l'évêque Grégoire de Tours, s'entendent bien, sans que les uns paraissent inférieurs aux autres. Une vingtaine de Mérovingiens, en filiation indirecte, ont régné sur l'Austrasie. Le dernier de ces rois, deux cent cinquante années plus tard, se nomme Childéric III.

La dynastie mérovingienne associe les paradoxes : une barbarie étrangement associée à une volonté de christianisation du peuple ; puis, à partir de la seconde moitié du VIIe siècle, une indifférence aux affaires publiques qui s'oppose aux volontés hégémoniques des premiers rois. De ces contradictions naissent la puissance des évêques, assemblés et dirigés par l'Eglise romaine, et la montée des pouvoirs locaux et du féodalisme.

Dans la tradition instaurée par Clovis, les évêques sont nommés par le roi qui s'appuie sur eux pour gouverner. Le soutien de l'Eglise chrétienne est une pierre angulaire du système politique mérovingien. La géographie ecclésiastique s'organise en diocèses. En Alsace, le diocèse de Strasbourg, le plus ancien, jouxte au nord, au niveau de la forêt d'Haguenau, celui de Spire. Il déborde largement sur la rive droite du Rhin. Au sud, à la hauteur de Colmar, il s'appuie sur le diocèse de Bâle. La frontière entre ces deux diocèses est une zone marécageuse traversée par le ruisseau Eckelsbach. Les divisions administratives du Nord (Nordgau) et du Sud (Sundgau) coïncident avec la division religieuse.

Chaque évêque reçoit la mission d'évangéliser son territoire. Il est doté par le pouvoir royal d'un patrimoine et d'un pécule, et perçoit le revenu de ses terres. Le roi Dagobert (629-639) semble avoir été particulièrement généreux dans ses dotations à l'Eglise d'Alsace.

Le premier évêque de Strasbourg de souche franque, Arbogast, est nommé par le roi Theubald (542 ou 548-555). On lui doit une église construite sur les ruines du sanctuaire romain qui occupe le centre du *castellum*, futur emplacement de la cathédrale de Strasbourg ; il fonde le monastère de Surbourg, non loin de Woerth, au nord de la forêt d'Haguenau. Son patrimoine comprend l'ancien camp romain au cœur de la cité, de nombreux territoires périphériques et d'anciennes tuileries romaines. C'est pourquoi l'estampille de l'évêque (*Arboatis eps ficet*) remplace celle des légions romaines sur certaines tuiles retrouvées au centre de Strasbourg. Le deuxième évêque, Florent, nommé vers 613, poursuit l'œuvre de son prédécesseur. Il fonde deux monastères, l'un à Strasbourg même, sur l'emplacement de l'église Saint-Thomas, et l'autre à Haslach dans la vallée vosgienne de la Bruche, ce qui permet d'évangéliser la population gallo-romaine qui s'y est réfugiée. Le troisième évêque franc de Strasbourg est Ansoald ; il participe en 614 au concile des évêques du royaume qui se tient à Paris ; il y reçoit des recommandations quant à la manière d'administrer ses fidèles.

A défaut de disposer d'un clergé séculier étoffé, l'évêque peut compter sur les monastères de son diocèse, qui représentent un outil remarquable pour évangéliser l'Alsace. La tâche essentielle des moines est de susciter la foi des populations avoisinantes, mais aussi de les aider à s'installer, à se chauffer et à se nourrir grâce aux bois, aux vastes champs et à la vigne de leurs domaines. Les monastères s'occupent aussi des malades et des pauvres. Ils équilibrent la société en la christianisant. Les premiers moines sont itinérants, venus de Luxeuil, pratiquant l'ascèse et vivant selon la règle stricte de Colomban. Des missionnaires irlandais sont aussi venus s'établir en petit nombre dans une île du Rhin proche de Strasbourg, Honau, et dans le pays de Bade. Ces moines se sont implantés au contact des populations, partout où ils ont rencontré l'intérêt des évêques et le soutien des fidèles.

Plus d'une vingtaine de monastères dotés en biens et en terres furent ainsi établis dans l'Alsace du VIIe siècle. Les plus grands détiennent des milliers d'hectares, témoins de la générosité épiscopale et laïque. Les abbayes les plus rayonnantes sont celles de Strasbourg, Sainte-Odile et Murbach et, dans une moindre mesure, de Munster, Andlau, Marmoutier, Hohenbourg, Neuwiller et Wissembourg. On y prêche bien entendu la soumission aux dogmes chrétiens. Mais les abbayes protectrices sont aussi source d'ouverture intellectuelle. Certains moines recopient des textes sacrés et les enluminent. D'autres participent à l'essor de l'artisanat. Les populations païennes se convertissent à leur contact, et l'arianisme déviant y perd définitivement toute légitimité. L'étrangeté du latin, langue du culte, dans des terres germaniques sert les mystères, les miracles et les allégories du christianisme. La religiosité alsacienne s'est ainsi maintenue pendant plus d'un millénaire. Sur les terrains communautaires laissés par les Alamans, de petites églises en bois sont construites dans tout le pays, ouvertes à tous et entourées de marchés et de tribunaux de justice. Elles ont donné des toponymes composés avec le terme *kirch*, Altkirch, Feldkirch, Markirch dans le Bas-Rhin, Illkirch, Hochkirch et Kirchwiller dans le Haut-Rhin. A la fin de la dynastie mérovingienne, à la moitié du VIIIe siècle, on compte au moins 70 églises rurales. De grands propriétaires terriens s'allient aux rois, aux évêques qui sont aussi désormais des seigneurs temporels, et aux moines. Ce qui n'est au départ qu'une alliance stratégique pour gouverner, suscite un extraordinaire engouement populaire pour la foi chrétienne.

A la mort du roi Dagobert, en 639, la région rhénane commence à s'organiser indépendamment du pouvoir mérovingien épuisé par les luttes intestines, les successions sanglantes, et les influences croissantes des nobles et des grands propriétaires terriens devenus « maires du palais » ; ceux-ci forment une caste de guerriers aristocrates que le roi paye cher pour s'assurer de leur fidélité. L'Austrasie est attribuée, avec l'Aquitaine et la Provence, à Sigebert III, fils aîné de Dagobert, alors à peine âgé de dix ans. Les duchés d'Alémanie et de Thuringe se libèrent de la tutelle franque. L'Alsace, quant à elle, reste franque, mais se constitue en duché.

Le mot Alsace, apparu vers 610 sous les plumes du chroniqueur Frédégaire et de Grégoire de Tours, concerne l'Alsace actuelle, à laquelle se rattachent une partie du Jura bernois, le Sorngau, jusqu'au confluent de l'Aar et du Rhin, et la porte de Bourgogne. Ce territoire s'étend vers le nord jusqu'à Spire. Strasbourg est une sorte de capitale d'une région transrhénane, où résident le duc d'Alsace, délégué du roi, qui gouverne et supervise la gestion des domaines royaux, le comte d'Alsace qui rend la justice et lève l'impôt, et l'évêque, devenu plus fort que celui de Bâle qui bénéficie pourtant de l'appui de Colomban, moine et prédicateur irlandais. On sait peu de choses sur les deux premiers ducs d'Alsace, Gundoin (vers 640-650) et Boniface (vers 664-666), si ce n'est que celui-ci a fondé les abbayes de Wissembourg et de Munster.

Leur successeur Adalric, aussi dénommé Alric ou Eticho, est appelé à la tête du duché en 673 par le roi Childéric II. Cet homme, issu d'une noble famille burgonde, a acquis sa puissance en aidant le souverain à lutter contre les désordres du royaume. Il est, à l'image de ses maîtres, cruel au combat, particulièrement dans la conquête du Sorngau, mais pieux. Sa fille aînée, Odile, est aveugle de naissance. Après avoir recouvré, dit-on, la vue lors de son baptême par les évêques de Trèves et de Ratisbonne, elle se retire au monastère de Hohenbourg sur un sommet vosgien, fondé par son père, et devient sainte. Les religieuses s'y relaient depuis mille cinq cents ans pour élever leurs psaumes vers le ciel.

Quant à Eticho, il participe à l'organisation du domaine alsacien. Le roi perçoit les revenus, indispensables à l'entretien de sa maison et de son administration, que lui fournissent les vastes domaines acquis pendant la conquête (le « fisc »). Le duc est soumis au souverain qui le dote en terres et en biens sur lesquels il exerce une puissance matérielle. L'évêque, parfois parent du duc ou de la noblesse, est doté du pouvoir spirituel sur son diocèse. La noblesse est propriétaire de domaines exploités par des serfs, paysans héréditairement attachés aux terres et qui descendent souvent d'anciens fermiers gallo-romains et alamans.

La société mérovingienne est donc fondée sur l'autorité royale et ducale, sur la puissance politique et spirituelle de l'Eglise catholique et sur le système féodal qui lie les populations à leurs seigneurs. De grands domaines seigneuriaux prospèrent à l'instar de celui des Arnulfiens autour de Metz ou de celui des Pépinnides, les futurs Carolingiens, plus au nord ; les bois et les pâturages, terrains privilégiés de la chasse, sont la propriété exclusive du maître, les paysans s'occupent des terres arables et des vignes importées de Rhénanie. A l'orée du VIIIe siècle, l'Austrasie est, grâce à l'Alsace, la partie la plus vivante du *regnum Francorum*. C'est un carrefour pacifié, ouvert au commerce, aux inventions et aux idées en provenance de toute l'Europe.

L'Alsace a été le principal théâtre de la fin de la dynastie mérovingienne et de l'essor de la dynastie carolingienne. A la mort de Dagobert II, en 679, Eticho s'est mis au service de Pépin d'Héristal, chef de l'aristocratie austrasienne et neveu d'Arnoul, évêque de Metz. Pépin d'Héristal bat à

Tertrie le dernier roi mérovingien de Neustrie, Thierry III. Il réalise ainsi l'union des mairies du palais d'Austrasie, de Neustrie et de Bourgogne sous la domination de la famille des Etichonides qui l'a soutenu.

Adalbert succède à Eticho ; il fait reconstruire le palais royal de Koenigshofen, dominant Strasbourg ; il défend aussi la communauté monastique d'Honau et fonde sur les ruines du camp romain de Strasbourg l'abbaye féminine de Saint-Etienne. Sa fille Attale puis sa sœur Eugénie la dirigent.

Liutfrid, fils d'Adalbert, lui succède de 722 à 740 en se consacrant exclusivement aux monastères, à l'image des précédents ducs d'Alsace. Avec l'aide de l'évêque de Strasbourg Wiedgern, de son frère le comte Eberhard d'Eguisheim et d'autres seigneurs, il fonde en 728 le monastère de Murbach, au sud de Colmar, et le dote de terres dans la région de Lucerne, sur la rive droite du Rhin, dans le Brisgau et le Wiesenthal. Thierry, prince d'une dynastie mérovingienne épuisée, accorde à l'abbaye de Murbach la libre élection abbatiale, l'inaliénabilité de ses biens et même une certaine indépendance vis-à-vis de l'évêque diocésain. Ce sera le dernier acte d'une monarchie persuadée que sa générosité envers le christianisme absout sa brutalité, ses divisions, voire son manque de clairvoyance.

En 714, Pépin d'Héristal, Grand Maire du palais mérovingien, meurt. Son bâtard, Charles Martel, lui succède. Convaincu que la paix du royaume dépend plus des armes que des prières, il écrase les Saxons qui ont franchi le Rhin et menacent l'Austrasie, réduit les derniers Neustriens, et surtout sauve la chrétienté en battant les musulmans à Poitiers en 732.

Le duché d'Alsace, aux mains du duc Liutfrid, est concerné au premier chef par les combats menés à l'est par Charles Martel et son fils Pépin le Bref. Le premier vainc les Alamans d'outre-Rhin et le second gagne en 746 la bataille de Cannstatt qui lui permet de s'étendre en Germanie, en régnant directement sur la Hesse, la Frise et la Thuringe et indirectement sur l'Alémanie et la Bavière qui conservent leurs ducs. Fort de ces victoires et de l'absence de prétendant solide au trône mérovingien, Pépin le Bref est proclamé premier roi de la nouvelle dynastie carolingienne. Avec celle-ci une autorité centrale réapparaît. Le duché d'Alsace, intégré dans un vaste domaine qui dépasse Ratisbonne à l'est, n'a plus de raison d'être. Aussi Pépin le Bref n'a-t-il pas jugé utile de donner un successeur à Liutfrid. La Bavière perd également son titre de duché avec la destitution de son duc Tassilo III. A nouveau, le Rhin supérieur a cessé d'être frontière ; sur toute sa longueur, il n'est qu'un fleuve intérieur de la Germanie.

3

L'Alsace carolingienne

Charlemagne (*Karl der Grosse*, 768-814) est parvenu par les armes, par l'Eglise et par une politique culturelle à unifier l'Europe occidentale de l'Ebre à l'Elbe. Il a réussi à étendre son royaume plus que ne l'avait fait son père Pépin le Bref et à construire l'ensemble territorial dont avaient rêvé certains empereurs romains. L'Alsace, terre centrale d'un immense empire franc, est privilégiée par sa proximité de la capitale Aix-la-Chapelle. Mais Charlemagne, parce qu'il n'a pas su, ou pas voulu, rompre avec la tradition égalitaire des successions franques, est aussi responsable d'une séparation des deux Europe, romane et germanique, et de l'incorporation de l'Alsace dans cette dernière.

L'entité carolingienne est d'abord liée à la mort prématurée de Carloman II, frère cadet et haï. L'Alsace est une terre carolingienne par excellence : la reine Bertrade s'est rendue à Selz en 770. Elle y a tenté en vain de réconcilier ses deux fils, Charles qui soutient le pape et Carloman qui avec ses amis lombards en veut à Sa Sainteté. La mort de Carloman, le 4 décembre 771, règle la situation. Le vœu unitaire de la reine mère est exaucé par le destin.

Charles reçoit les pays de la Garonne à l'ouest d'Agen, le Poitou, l'essentiel de la Neustrie, les pays du Rhin au nord de Worms, la Hesse, la Thuringe et la Frise. L'héritage de Carloman, Austrasie, Alémanie, dont l'Alsace, un morceau de Neustrie avec Paris et Blois, l'est de l'Aquitaine, tombe également dans son escarcelle, après qu'il a évincé ses neveux.

Les forces civiles et intérieures jugulées, Charles peut s'agrandir aux dépens de ses voisins. En 774, il défait les Lombards à Pavie, ce qui lui permet de conforter l'alliance avec la papauté qu'a initiée son père et de réaliser une véritable symbiose entre l'Eglise chrétienne et le peuple franc. En 778, malgré une défaite cuisante à Roncevaux infligée par les Basques, Charles réussit à soustraire la Catalogne à l'Islam et à en faire une « marche » du royaume. Pendant trente-deux ans, de 772 à 804, il mène campagne contre les Saxons, répondant à la brutalité par la brutalité, et repousse la frontière orientale jusqu'à l'Elbe. Charles asservit encore la Bavière qu'il a libérée des Avars et combat sur ses marches des voisins inquiets et jaloux, le peuple d'Islam en Espagne, les Bretons et Scandinaves dans le Nord et les Slaves à l'Est.

Le royaume franc s'étend alors sur plus d'un million de kilomètres carrés, de l'Elbe et du Danube jusqu'aux côtes atlantiques au-delà des Pyrénées, et sur les rives françaises et italiennes de la Méditerranée. Le jour de Noël 800, Charles reçoit la couronne impériale des mains du pape Léon III. Au titre de « roi des Francs et des Lombards », acquis à Pavie, il ajoute désormais celui d'« auguste et empereur ».

L'Alsace se trouve au centre de l'Empire et à l'écart des conflits frontaliers. Charlemagne et sa cour ont aimé cette province riche et paisible pour son agriculture, ses monastères, sa fidélité au trône et son organisation. L'empereur compte de nombreux amis alsaciens. Fulrad, abbé de Saint-Denis, dont la famille possède dix localités en Alsace, huit en Lorraine et six dans la Sarre, devient archevêque du sacré palais, conseiller de l'empereur en matière religieuse, c'est-à-dire responsable du choix des évêques et des abbés. Charlemagne est à Brumath en 772, et fête Noël 775 à Schlettstadt (Sélestat) d'où il promulgue les droits et les privilèges du monastère de Hohenburg (Sainte-Odile). En 792, il souhaite être l'abbé laïc de Murbach dans le diocèse de Bâle. La vallée de la Moder et Colmar ont abrité la chancellerie itinérante, comme en témoigne la rédaction d'actes impériaux. L'empereur possède des terres dans la vallée de la Thur. Charlemagne s'est personnellement intéressé à l'amélioration de la navigation sur le Rhin et au transport des céramiques et de la poterie par voie fluviale. Il a chassé dans les Vosges, où le gibier abonde, y possède des « forêts consacrées à son usage » et nomme les forestiers chargés de surveiller ces réserves et de les protéger contre les fauves ; les animaux destructeurs, ours, bisons, buffles, aurochs et loups, abondent dans les Vosges. La chasse en ce temps est une obligation et une passion que partagent tous les Grands de l'Empire, les aristocrates laïcs et même des ecclésiastiques. Dès l'enfance, on apprend à monter à cheval et à manier l'arc, conduire des chiens et lancer des faucons. Des évêques, des abbés ou de simples clercs deviennent des veneurs réputés entretenant des meutes de chiens. La chasse est à la fois un signe de puissance sur la nature, un jeu et un sport, une occupation pendant les automnes et les hivers lorsque les armées sont bloquées par le froid et la neige, et une source de nourriture et de fourrures. La chasse, enfin, contribue à préserver la forêt de ses prédateurs, ce qui sauve son bois, alors utilisé pour se loger, se chauffer et naviguer. L'Alsace est proclamée *Terra antiqua, potens, Franco possessa colono / Cui nomen Helisaz Francus habere dedit* (une vieille terre, riche, propriété des paysans francs, à laquelle les Francs ont donné le nom d'Alsace).

Charlemagne a remarquablement organisé son empire. Dans son palais d'Aix-la-Chapelle, autour de lui, de sa famille, de ses amis, se développent des services centraux avec quelques personnages clés ; le comte du palais préside le tribunal en l'absence de l'empereur, le camérier surveille le trésor impérial et le chancelier écrit et diffuse les actes écrits avec l'aide de fonctionnaires laïcs et de clercs.

La société tout entière dépend du pouvoir carolingien. La décision impériale est relayée par des comtes et des évêques, nommés par le palais, qui veillent à la diffusion du christianisme et du bien-être social et qui rendent justice ; ils encaissent aussi les revenus locaux. Ils sont surveillés par des envoyés de l'empereur, les *missi dominici*. La monnaie, les poids et mesures sont unifiés dans tout l'empire et l'organisation des grands domaines, royaux, laïcs et ecclésiastiques, est dictée par des documents précis, les *Polyptiques*, qui fixent l'impôt. Les domaines laïcs appartiennent à une aristocratie franque dont la fidélité à la famille impériale est nouée par des liens de sang. Les Pépinnides sont en Lorraine, les Etichonides possèdent une grande partie de l'Alsace, les Unroch alliés à ces derniers ont des domaines en Alémanie, les Welfs sont maîtres d'immenses domaines au nord du lac de Constance. Il semble que les Etichonides aient appartenu au cercle des hommes de confiance de l'empereur. Charles qui parle surtout le francique des Ripuaires – un moyen-allemand – préfère l'Austrasie à la Neustrie qu'il n'a pas souvent visitée. Il choisit surtout ses comtes dans l'aristocratie franque de l'Austrasie à laquelle il appartient. Mais Charlemagne surveille ces grands propriétaires terriens, une trentaine de familles dans l'Empire, et s'assure que leur puissance régionale ne nuit pas à leur fidélité. Les évêques et abbés, les comtes, les vassaux du roi, les archidiacres et chanoines jurent fidélité à Charlemagne lui-même ou à un *missus* et promettent d'appliquer les capitulaires ou décrets royaux. La société tout entière plie devant le pouvoir central omnipotent.

L'Eglise joue un très grand rôle dans l'organisation carolingienne. Les souverains carolingiens ont toujours été en étroite union avec elle. L'Eglise leur doit le sauvetage de la chrétienté mise en péril par l'islam, celui de la papauté menacée par les Lombards et la diffusion de la foi dans les pays conquis militairement, la Germanie surtout. Réciproquement, les rois carolingiens se reposent sur l'autorité des évêques qu'ils choisissent. Les évêques sont, à la Cour et dans leurs diocèses, alliés aux comtes qu'ils peuvent dominer. Les aristocrates du royaume aspirent donc à ce que leurs enfants obtiennent un évêché ou une abbaye ; les avantages matériels et la considération qui en résultent sont considérables dans une société de type sacral. Les pressions que subit l'empereur lors des vacances d'évêchés sont alors innombrables. Charlemagne sait s'entourer d'évêques instruits, pieux et si remarquables que certains d'entre eux sont chargés de missions diplomatiques, deviennent des *missi* ou entrent dans la vassalité.

Les abbés et abbesses sont aussi issus de l'aristocratie et liés à l'empereur qui leur donne la direction des grands monastères, particulièrement dans le nord et l'est de l'Empire. Charlemagne a nommé quelques-uns de ses proches à la tête de plusieurs monastères ; ainsi Alcuin reçoit-il six abbayes ; il est l'inspirateur de la célèbre *Exhortation générale* (*Admonitio generalis*) de 789 prônant l'ouverture d'une école dans chaque évêché et dans chaque monastère. Eginhard, biographe de l'empereur, est abbé laïc de huit établissements. Hélisachar dirige les abbayes Saint-Maximin à Trèves et Saint-Riquier et Saint-Aubin à Angers.

Pour la première fois dans l'histoire de l'Occident, l'écrit apparaît. Des chroniqueurs et des lettrés écrivent pour l'empereur, échangent des lettres, décrivent palais et chapelles et commentent les événements. Au IXe siècle, l'Alsace riche, fertile, prospère et éloignée des conflits ne prête pas à beaucoup de commentaires.

L'écriture relate essentiellement des événements religieux, tels que la nomination d'évêques ; la vie politique, le destin des nobles n'intéressent pas beaucoup les écrivains. Ce n'est qu'à partir du traité de Meersen (870), concernant le partage de l'Empire carolingien et l'individualisation de la Lotharingie, que la succession des comtes est commentée. Celle du comté du Nordgau, qui s'étend de la forêt d'Haguenau au *Landgraben* entre Sélestat et Colmar, est prise en considération à partir de 869 : Hugue est le premier comte.

La chronologie des évêques de Strasbourg de l'époque carolingienne est digne d'être relatée : à Heddo (734-760 ?) et Helidulf (760-778 ?) succèdent les derniers évêques du règne de Charlemagne, Remi (*Remigius*, 778-783), Rachion (*Rachio*, 782-783), Uton Ier (*Uto*, 786-816), Erlehard et Adaloch (786-823). Le pouvoir de ces évêques s'étend sur les deux rives du Rhin, des Vosges au Danube, en Alémanie, ancien duché mérovingien, soit sur l'Alsace, la Suisse alémanique, le Wurtemberg et le nord du pays de Bade. Ces grands bâtisseurs agrandissent les églises et aménagent des cloîtres. Heddo, encouragé par Charlemagne, suivi par Remi, agrandit l'église mérovingienne du diocèse de Strasbourg en une cathédrale. Vers 820, l'évêque Adaloch fait construire l'église Saint-Thomas de

Strasbourg pour accueillir des fidèles de plus en plus nombreux. Ces évêques habitent de confortables palais où ils entretiennent écuries et meutes, éperviers et faucons ; ils y reçoivent aussi, parfois somptueusement. Des églises et des cloîtres entourent le palais. Des habitations avec des réfectoires, des cuisines et des chambres sont destinées aux chanoines et aux malades. Plusieurs d'entre eux partagent le même lit. Les deux villes diocésaines, Strasbourg et Bâle, vivent par l'évêque et pour l'évêque. Autour de lui gravitent les chanoines, des serviteurs, des chantres et des notaires. L'évêque contrôle les artisans, les marchands et les maçons qui lui obéissent. Un évêque a le droit de lever des taxes qu'il partage avec le chapitre. La vie de certains évêques, comme celle de certains abbés et surtout de certaines abbesses, est à l'image de celle des aristocrates par la qualité de la table et des vins, le confort des meubles, la richesse des habits, et l'entourage, composé de chanteurs, de poètes et de musiciens. Les chambres sont ouvertes aux hommes comme aux femmes qui oublient rapidement les principes de la religion catholique et versent dans la débauche. Les complots à l'encontre d'abbés, d'abbesses et de laïcs sont aussi fomentés dans ces cours religieuses. L'évêque peut aussi participer à une expédition guerrière et lever ses soldats.

Il est cependant des évêques qui n'ont voulu servir que Dieu et suivre le droit canon interdisant de verser le sang. Plusieurs évêques carolingiens ont été formés avec rigueur dans des abbayes célèbres comme celle de Reichenau sur le bord du lac de Constance.

Les premiers évêques de Strasbourg adoptent la liturgie romaine et le chant grégorien, qui solennise les offices. L'évêque est assisté de clercs qui vivent en communauté depuis le concile d'Aix-la-Chapelle de 817. Les candidats à la prêtrise sont reconnus par l'évêque en fonction de leurs connaissances liturgiques, de la qualité de leurs prêches et de leur talent évangélique. Les nouveaux prêtres sont soumis au contrôle annuel des *missi dominici* ou d'un évêque. Leur instruction est une priorité, comme en témoignent les bibliothèques épiscopales, les décisions synodales et les décrets pontificaux.

En 825, l'évêque Bernold fait traduire pour ses fidèles les Saintes Ecritures ; il est aidé en cela par des moines, tel Otfried de l'abbaye de Wissembourg. Les fidèles, eux aussi, ont des devoirs stricts, en particulier le paiement de la dîme, le respect des matines, les messes et les vêpres. Leur vie est scandée par la religion. Les abbayes alsaciennes nourrissent aussi la foi des fidèles, plus profondément peut-être que le clergé séculier. Les monastères sont largement dotés par des nobles, des évêques et de généreux donateurs. Les cloîtres de Wissembourg, Fulda et Lorsch sont parfaitement intégrés dans la province alsacienne. Pirmin, moine-évêque, abbé de Pfungen, près de Winterthur, et de la Reichenau, contribue au développement de Murbach (727), au pied du ballon de Guebwiller, et instaure la règle bénédictine à Neuwiller, dans le nord de la province. Drogon, évêque de Metz, fait reconstruire Marmoutier, proche de Saverne, après l'incendie de 834.

Charlemagne aime ses palais mosellans de Herstal, de Duren et ses demeures rhénanes de Francfort, de Worms et d'Ingelheim, près de Mayence. Il édifie des palais plus éloignés à Nimègue, et à Paderborn, en Saxe. Mais Aix-la-Chapelle, sur les ruines de bains romains et d'une modeste résidence, est devenu le siège d'un grand palais, principale résidence impériale entre 794 et 870. C'est un foyer de culture littéraire et artistique qui attire des hommes de lettres, des chroniqueurs et des épistoliers. L'édification de la chapelle palatine relève de nombreuses contributions architecturales et artistiques. Plusieurs ateliers produisent des manuscrits enluminés ; les objets précieux, les reliquaires et les reliures abondent dans le trésor royal. L'obscurité mérovingienne s'illumine et l'empereur franc peut rivaliser avec les empereurs d'Orient.

Les abbayes contribuent immensément au développement de cette culture carolingienne. On y copie sans relâche dans le *scriptorium* les Testaments et les œuvres des Pères de l'Eglise. Le *scriptorium* impérial est confié en 814 à Benoît d'Aniane dans le monastère de Cornelimünster. On y écrit aussi des textes réglementaires et des commentaires sur la politique de l'époque. On échange les livres d'une abbaye à l'autre. Les abbayes alsaciennes, Murbach surtout, sont en étroites relations avec Reichenau, Saint-Gall (en Suisse) ou Fulda (en Hesse, grand foyer de spiritualité, d'art et d'érudition fondé par saint Boniface) dont le père abbé, Raban Maur, est qualifié de « précepteur de la Germanie ». Ces activités culturelles comptent autant que la prière, l'entraide communautaire et l'assistance aux fidèles.

L'Empire carolingien est vaste ; les difficultés de communication sont aggravées par une diversité linguistique considérable. En Francie occidentale et en Aquitaine, on parle la *lingua romana,* c'est-à-dire le protoroman, dont la prononciation varie selon les régions ; les Basques et les Bretons conservent leur langue. Le germanique, *lingua theotisca,* d'où vient le mot *deutsch,* est parlé dans le Nord et dans l'Est, du diocèse de Thérouanne, dans l'actuel Pas-de-Calais, jusque sur les rives de l'Elbe, en Bavière et en Thuringe avec d'importantes variations dialectiques. Les gens d'Alsace et du pays de Bade parlant un haut-allemand se comprennent, ce qui n'est pas le cas des Bavarois et des Saxons. La langue parlée à Aix-la-

Chapelle est le dialecte francique issu du germanique. Les gouvernants et les fonctionnaires sont bilingues. Les jeunes aristocrates de Francie sont envoyés à l'Est pour apprendre la langue germanique. On a en outre recours à des glossaires, ancêtres de nos dictionnaires.

Le latin est la langue de l'Eglise, employée par les évêques dans leurs fonctions administratives et politiques. L'administration de Charlemagne utilise aussi le latin. Au VIIIe siècle, le latin ecclésiastique fait renaître le latin classique.

Charlemagne tente de mettre fin à cette confusion en donnant une norme à la langue germanique et en ébauchant une grammaire. Il veut d'autre part normaliser la langue latine liturgique et administrative, initiative qui plaît au clergé. Le latin qu'ont adopté les rois germaniques depuis le Ve siècle est encombré de mots germaniques empruntés au vocabulaire de la guerre et de la construction. Renouvelé dans sa syntaxe et son orthographe, il est servi, dans les grands ateliers monastiques, par une écriture réclamée par la Cour, magnifique, claire et lisible. Les écoliers l'apprennent.

Mais l'Eglise n'abandonne pas le germanique pour autant. Elle en devient même un vecteur inattendu. Les fidèles, en effet, ne comprennent pas le latin modernisé et raffiné. Le concile de Tours de 813 recommande donc que les sermons soient à nouveau prononcés en *rustica romana lingua* ou en *theotisca* pour les rendre accessibles à tous. Dans les pays germaniques dépourvus de base romane, les clercs ont opté depuis longtemps pour une attitude pragmatique enseignant la religion chrétienne en langue germanique. Alcuin (mort en 804), confident et savant conseiller de l'empereur, reconnaît que la règle bénédictine qui est lue au chapitre doit être expliquée en langue germanique. Les bréviaires latins sont progressivement remplacés par des textes bilingues. Par la suite, de nombreux textes religieux sont simplement traduits en germanique et les originaux latins oubliés. Le moine Otfried de Wissembourg, qui a travaillé à Fulda, à Constance et à Saint-Gall, s'est lancé vers 825 dans la traduction germanique des Evangiles. Aidé par les grands intellectuels de l'époque, Alcuin, Raban Maur et Grégoire le Grand, il a produit en 16 000 vers une *Harmonie des Evangiles* ou *Krist*, qui est la première œuvre littéraire écrite en langue allemande. Otfried précède Luther. Mais le bilinguisme est de courte durée. Après Charlemagne, les lettrés recourent toujours au latin, tandis que le peuple se plaît à ne parler que le germanique.

L'Alsace de la première moitié du IXe siècle est une province paisible dominée par la culture carolingienne, quelques nobles et quelques évêques soumis à l'empereur, une imposante cohorte de moines, tous animés d'une intense foi chrétienne. L'agriculture est en plein essor et les champs s'accroissent aux dépens des forêts. De petites propriétés apparaissent à côté des grands domaines ; des villages se créent ou s'agrandissent. Le commerce se développe avec les ports et villes rhénans ; le vin alsacien est exporté dans les régions peu favorables à la vigne. Saxons et Frisons s'approvisionnent dans les foires alsaciennes. La religion chrétienne, l'organisation politique conduite par des évêques, des moines et des comtes autour de l'empereur franc et germanique Charlemagne, la prospérité citadine et rurale sont les fondements solides de l'Alsace médiévale.

L'héritage de Charlemagne

La seconde partie du IXe siècle est moins heureuse que la première. Des rivalités opposent en effet les descendants du Grand Charles. L'Alsace est une terre prospère que l'on s'arrache. Elle ne retrouve la sérénité qu'en devenant province germanique à part entière, sous l'autorité de Louis le Germanique, par le traité de Meersen conclu en 870.

Charles organise sa succession en 806 par le partage de son empire entre ses trois fils, Charles, Louis et Pépin, et inaugure ainsi une période de turbulences. Cette décision est d'abord sans effet car, sept ans plus tard, Louis, dit le Ier ou Louis le Pieux, devient seul héritier et empereur après le décès prématuré de ses deux frères. Ses fils sont Lothaire, dit le Ier, auquel revient la couronne, Pépin et Louis dit le Germanique ; ils s'opposent violemment entre eux et à Charles le Chauve, leur demi-frère. Ce dernier est né en 822 du second mariage de leur père – après la mort de sa première femme Ermengarde – avec Judith, une Bavaroise, issue de la puissante famille des Welfs. Judith, avec la complicité de Louis le Pieux, cherche à donner une part d'héritage à son fils Charles. Lothaire, éloigné dans ses terres italiennes, dépouillé de son titre impérial, est dépossédé au profit de Charles de ses terres d'Alsace, de toute l'Alémanie, d'une partie de la Bourgogne et de la Rhétie suisse et autrichienne. Ce nouveau royaume s'articule désormais autour de celui de la famille de sa mère, les Welfs. Cette donation est entérinée par l'Assemblée générale de Worms, en 829.

Les trois frères du premier lit se liguent alors contre leur père pour son indulgence vis-à-vis de Charles le Chauve.

L'Alsace est le terrain de cet affrontement, peut-être parce que sa noblesse n'aime pas Louis le Pieux. L'affrontement a lieu à la fin du mois de juin 833 dans la plaine d'Alsace, entre Colmar et Kaysersberg. Louis, flanqué de sa femme et de son dernier fils, dresse son camp au lieu-dit Rotfeld. L'armée des trois fils aînés occupe le village de Sigolsheim. Le pape Grégoire IV se rallie à leur cause et s'efforce de convaincre leur père. Le bruit de son excommunication se propage. Le 30 juin, l'attaque est imminente, mais les soldats de Louis le Pieux, persuadés que Dieu est du côté du pape, refusent le combat. Louis le Pieux se rend sans combattre en implorant le pardon de ses fils. Sourds à ses supplications, ils exilent Judith en Italie et enferment leur père et leur demi-frère dans des monastères après les avoir humiliés par des pénitences publiques.

Louis le Germanique reçoit le lot d'héritage naguère attribué à Charles ; l'Alsace change de mains. Mais pas pour longtemps. A la suite de mésententes entre les trois fils, Louis le Pieux reprend le pouvoir et offre à Charles le Chauve, Lothaire et Louis le Germanique un nouveau partage territorial. Une nouvelle guerre intestine s'ensuit.

Louis le Germanique ne peut admettre que l'Alsace lui échappe et, au lendemain de la mort de son père, il occupe militairement la rive gauche du Rhin qui est revenue à Lothaire. Il s'allie à Charles le Chauve et l'armée de Lothaire est vaincue en 841 à Fontenay-en-Puisaye, près d'Auxerre. Quarante mille soldats sont tués.

Le 14 février 842, à Strasbourg, Louis le Germanique et Charles le Chauve, victorieux, jurent de s'entraider. Ce célèbre serment de Strasbourg est prononcé en présence des armées, en langue romane par Charles et en tudesque par Louis. Louis et Charles s'emparent alors d'Aix-la-Chapelle, fief de Lothaire, pour imposer un nouveau partage. Effrayé, Lothaire l'accepte. Après une longue négociation, un traité est signé à Verdun en 843. Il peut être considéré comme le premier traité européen.

Une nouvelle configuration européenne

L'Europe carolingienne est divisée en trois bandes verticales. A l'ouest, Charles hérite de la Francie occidentale, de la Bretagne à la Champagne ; cette France est au-delà d'une ligne dessinée par quatre fleuves, l'Escaut, la Meuse, la Saône et Rhône, qui constituent sa frontière orientale jusqu'à la fin du Moyen Age. A l'est, Louis le Germanique règne sur la Francie orientale, comprenant Saxe, Austrasie, Alémanie, Rhétie, Bavière et Carinthie. La bande médiane, Lotharingie, Bourgogne, Provence et Lombardie, revient à Lothaire. C'est un vaste territoire s'étendant de la mer du Nord au Tibre et, d'ouest en est, de la Meuse jusqu'au Rhin. Le titre d'empereur revient à Lothaire. L'Alsace est soustraite à la Germanie et appartient à cette Lotharingie, ainsi dénommée par son possesseur.

Le traité de Verdun revêt une grande importance car il donne naissance à deux *Franciae*, deux régions qui ne s'opposent pas encore en tant que nations, mais qui sont les lointains ancêtres de la France et de l'Allemagne. Les nouveaux rois prêtent serment devant le souverain pontife, désormais autorité suprême de la chrétienté depuis la mort de l'empereur.

De graves difficultés extérieures contraignent alors les frères à s'entendre. Les Normands ou Vikings attaquent les rives de l'ancien Empire carolingien et remontent le cours de ses fleuves à l'aide de leurs drakkars. Hambourg, Paris et Bordeaux sont ravagées. Charles le Chauve est mis à l'épreuve. Au sud, les Sarrasins, partis de Tunis, envahissent l'Italie, dévastent Saint-Pierre et atteignent la Provence. A l'est, les Slaves battent à deux reprises les armées de Louis le Germanique.

La triple division du royaume de Charlemagne ne peut être maintenue. Les différences ethniques et géographiques du territoire échu à Lothaire ne permettent pas de le maintenir unifié et autonome. Lothaire n'arrange pas les choses en divisant à son tour son royaume entre ses trois fils, Louis II, sacré empereur, Charles et Lothaire II. Ce dernier reçoit les Flandres, l'Alsace, une partie de la Lorraine et la Franche-Comté. Louis le Germanique en profite pour tenter de reprendre l'Alsace. Il y parvient en 870 à la suite d'une affaire de mœurs compliquée.

La femme de Lothaire II, Theuteberge, est stérile. Le royaume risque de tomber en déshérence et l'Etichonide Liutfrid, conseiller de Lothaire, l'a persuadé que la survie de son royaume, face aux prétentions de Louis le Germanique, exige un héritier. L'empereur Lothaire II tente alors de répudier sa femme au profit d'une concubine, Walrade, à laquelle il veut donner le titre d'épouse et de reine ; un fils, Hugues ou Hugon, est né de cette union illégitime. La reine est accusée de relations incestueuses avec son frère, l'abbé Hubert. La demande de divorce est transmise en janvier 860 à un petit groupe d'évêques complaisants, choisis par Lothaire et présidés par l'archichapelain, archevêque de Cologne, Gunther. Liutfrid est dépêché vers le pape qui refuse d'admettre qu'un mariage chrétien puisse être cassé au profit d'une maîtresse. Les prélats passent outre. La reine Theuteberge est bafouée et exilée dans le royaume de Charles le Chauve, qui réclame un jugement impartial.

Lothaire II, inquiet des réactions de Charles et d'Hincmar, archevêque de Reims, se tourne alors vers Louis le

Germanique, qui accepte de le soutenir, à condition que l'Alsace lui revienne, sans que l'on sache s'il s'agit d'une cession ou d'une promesse de transfert de souveraineté après sa mort. Lothaire II accepte cette monnaie d'échange et réclame en contrepartie l'annulation de son mariage et la reconnaissance de son union avec Walrade.

Le pape Nicolas Ier, saisi de l'affaire, veut réunir un concile des évêques des trois royaumes intéressés. Mais Lothaire achète leur neutralité et obtient une sentence favorable de la part d'un concile d'évêques réuni à Metz. Le pape Nicolas refuse cette complaisance et casse l'union de Lothaire et de sa maîtresse. Lothaire, Walrade et deux évêques qui leur sont favorables tentent alors un coup de force contre Nicolas. Louis II d'Italie, frère de Lothaire II, est poussé à marcher sur Rome. Le pape résiste et les évêques du royaume de Lothaire lui restent fidèles. Les deux évêques dissidents sont condamnés.

En 867, le nouveau pape Adrien II faiblit devant Lothaire qui persiste dans sa requête et relève Walrade de l'excommunication.

Charles le Chauve et Lothaire sont alors libres de partager la Lotharingie. L'Alsace, bien que reconnue comme territoire appartenant à Louis le Germanique, suscite encore la convoitise de Charles. Celui-ci croit s'attirer la complaisance des Lorrains, et sans doute celle des Alsaciens, en épousant à Aix-la-Chapelle, le 22 janvier 870, la fille d'un comte lorrain, Richilde ou Richeute, nièce de Theuteberge. Il se fait couronner à Metz et reçoit en Alsace la soumission des comtes Hugues II et Bernard, négligeant ainsi les traités de 842 et de 868 qui le lient à son frère (voir carte 1, p. 412).

Louis le Germanique accourt alors de Ratisbonne où il est en campagne et menace Charles. Celui-ci accepte de le rencontrer à Meersen, dans les Pays-Bas, le 8 août 870.

Hugon, héritier de Lothaire II, décédé en 869, est exclu du partage. Louis le Germanique obtient ce qu'il veut, c'est-à-dire Aix-la-Chapelle, Cologne, Trèves, Mayence, Thionville, Metz, toute l'Alsace, la porte de Bourgogne et le Jura suisse.

En trois générations, l'Empire carolingien et franc a été scindé en deux royaumes, *Francia* et Germanie, qui tracent désormais leurs propres histoires. La nouvelle frontière est à la fois politique et linguistique. A l'ouest de la crête des Vosges où l'on parle la langue romane, le comte Eudes de Paris qui a vaincu les Normands se fait couronner roi de Francie occidentale – on commence à dire « roi de France » ; à l'est dans les pays de langue germanique, Arnulf von Kärnten (Arnulf de Carinthie) se prépare à être roi de la Francie orientale ou germanique.

Un dernier sursaut carolingien, mais de faible ampleur, survient après la mort de Louis le Germanique en 876. Charles le Chauve acquiert l'Italie, s'y fait couronner empereur, et part à la reconquête de la Lorraine orientale. Mais il est vaincu à Andernach par son neveu Louis III de Bavière, dit Louis le Jeune, fils de Louis le Germanique. Celui-ci fait une entrée triomphale à Aix-la-Chapelle. Louis III de France, fils de Louis II, dit le Bègue, et petit-fils de Charles le Chauve, doit céder la Lorraine occidentale à la Germanie (traité de Ribemont de 880, voir carte 2, p. 413).

Charles III le Gros, frère de Louis II de France, répondant à l'appel du pape Jean VIII, vainc les Sarrasins en 879. Il acquiert ainsi l'Italie. A la mort de ses frères Carloman et Louis, il regroupe la Germanie et reconstitue de ce fait l'empire de Charlemagne. Mais il ne peut venir à bout des Normands qui menacent Paris en 885. Il est déposé et sa mort en 888 marque définitivement la fin de la lignée carolingienne en *Francia* occidentale.

Le sort de l'Alsace

Pendant ce temps, la province d'Alsace est gouvernée par Hugon, bâtard de Lothaire II, qui, profitant de la confusion générale, essaye de restaurer une Lotharingie indépendante de la Germanie. Il est soutenu par un large mouvement de sympathie, peut-être entretenu par la noblesse alsacienne et lorraine, à laquelle appartiennent les Etichonides qui furent conseillers de son père et de son grand-père. Mais la révolte contre les Carolingiens échoue et Hugon est exilé dans l'abbaye de Saint-Gall en Suisse, les yeux crevés.

Charles le Gros de Germanie, dit Carloman, frère de Louis le Jeune de Bavière, qui a reçu l'Alsace et l'Alémanie, administre directement et avec talent la province jusqu'à sa mort en 880.

Le traité de Meersen distingue le comté d'Alsace du Nord – le Nordgau – et le Sundgau méridional. Les premiers comtes sont Hugues pour l'Alsace du Nord et Liutfrid dans le Sud. Ils ont tous deux pour mission de gérer les domaines royaux et de rendre justice. Les Habsbourg qui domineront plus tard l'Alsace sont peut-être leurs descendants. Arnulf de Carinthie succède par élection à Carloman en 880 et règne jusqu'à sa mort en 899 sans avoir recueilli l'adhésion populaire ; son fils légitime n'a que sept ans et c'est son bâtard Zwentibold qui lui succède. Par souci de sécurité, celui-ci s'en prend à Hugon, le transfère de l'abbaye de Saint-Gall à celle de Prüm qui est plus proche, et le contraint à entrer dans les ordres. Zwentibold est assassiné deux ans plus tard par des Lorrains révoltés par sa cruauté et son libertinage. Son frère, Louis, dit Louis IV l'Enfant, devient malgré son jeune âge roi de Lorraine et d'Alsace. Il meurt à l'âge de douze ans en 911.

La dynastie carolingienne a définitivement perdu son hégémonie germanique et les prétentions françaises vont se taire pendant sept siècles.

En 912, Conrad, duc de Franconie, est reconnu empereur de Germanie sans l'assentiment des Saxons, des Bavarois et des Alamans. Le roi de France se saisit de l'occasion et tente de restaurer son pouvoir sur l'Alsace, province perdue et jointe à l'Alémanie en un duché gouverné par l'Alaman Burcard. Conrad ne contient pas les Français qui, sous la commande du roi Louis IV d'Outremer (936-954), arrière-petit-fils de Charles le Chauve, assiègent Brisach en 917. Il ne résiste pas davantage aux incursions des Magyars (Hongrois) qui ravagent Bâle et Murbach, et meurt prématurément en 919.

L'aristocratie choisit un homme vaillant, riche et respecté pour lui succéder. Il s'agit d'Henri Ier, dit l'Oiseleur, Heinrich von Sachsen (919-936), qui inaugure la première dynastie capable d'assurer une défense ordonnée en Germanie. Il refoule définitivement les Slaves et les Hongrois hors de ses terres et les Français hors d'Alsace. Il assoit son autorité en réunissant les duchés de Germanie, Franken, Schwaben, Bayern et Sachsen, en une entité politique indissociable. Il croit la légitimer en l'appelant « romaine » (*Römisches Deutsches Reich*). A Strasbourg, le jour de Noël 925, les grandes familles alsaciennes sont pourvues en biens fonciers pour les fidéliser. L'Alsace est alors rattachée à la Souabe (l'actuel Bade-Wurtemberg et la Suisse alémanique centrée sur le Bodensee) pour mieux coordonner la défense contre les tentatives d'invasion. Le nouveau duché de Souabe est amputé d'une myriade de petites enclaves, évêchés et abbayes, indépendantes de l'autorité ducale et impériale. Othon Ier (936-972) succède à Henri l'Oiseleur. Les structures carolingiennes sont maintenues en prenant appui sur des princes laïcs et ecclésiastiques, bien qu'ils ne soient pas toujours fidèles.

Othon Ier, dit le Grand, est le premier empereur du Saint-Empire romain germanique. Il est aussi duc de Saxe et roi d'Italie. Son soutien le plus efficace est l'Eglise de l'Empire à laquelle l'Alsace participe activement.

4

L'Alsace du Saint-Empire romain germanique

Pendant le haut Moyen Age (911-1254), l'Alsace est une province de l'Empire germanique qui prétend à l'hégémonie et qui s'est d'abord appuyé sur la papauté. L'Eglise alsacienne, extrêmement active, fait de sa terre une région essentielle qui vit au rythme de l'ensemble germanique auquel elle appartient.

Otto Ier, dit Le Grand (936-973), fils d'Henri l'Oiseleur, duc de Saxe et roi d'Italie, a mérité son nom après avoir soumis des princes laïcs et religieux, dont l'évêque de Strasbourg, et défait les Magyars. Ceux-ci sont parvenus aux portes de Paris et de Rome en dévastant tout sur leur route ; de 917 à 935, ils ont menacé trois fois l'Alsace. Otto remporte sur eux une victoire décisive en août 955, au Lechfeld près d'Augsbourg, ce qui sauve la papauté. Il a aussi vaincu les Lombards. Il réussit facilement à se faire couronner à Rome le 2 février 962 par le pape Jean XII sous le nom d'empereur des Romains. Otto fonde alors l'Empire romain germanique (*Heiliges Römisches Reich Deutscher Nation* ou *Sacrum Romanorum Imperium Nationis Germanicae*). L'adjectif « Saint » sera ajouté plus tard en 1157 sous le règne de Frédéric Barberousse.

L'empereur veut rassembler tous les Etats et les principautés de l'Occident chrétien sous une même monarchie universelle et prétend recréer l'Empire carolingien qui s'était appuyé sur la papauté et l'Empire romain. Mais il ne peut faire plus qu'unir Germanie et Italie, ce qui s'avère d'ailleurs rapidement peu gérable. Les descendants d'Otto, parés de la dignité impériale et du sacre papal, parviennent pendant trois siècles à dominer le nord et le centre de l'Italie, au détriment des affaires allemandes. Pour s'assurer la fidélité de régions qu'il ne visite pas souvent, Otto le Grand a transféré tout ou partie de ses droits régaliens et certaines possessions impériales à des princes qui le représentent. Il a ainsi fait naître des concurrents qui sont particulièrement nombreux en Alsace. Ses descendants ne changeront pas cette politique. Les successeurs d'Otto vont vite éprouver des déboires. Otto se débarrasse des Etichonides, à ses yeux trop puissants en Alsace, et confisque leurs terres dans cette province et dans le Brisgau. Mais le duché de Souabe, comprenant l'Alsace, l'actuel Bade-Wurtemberg et la Suisse alémanique, pièce essentielle du Saint-Empire, est en quête d'autonomie et de pouvoir.

Otto II (973-983) n'a pas la puissance de son père. Il transfère ses droits régaliens à des princes laïcs et religieux, ce qui dissout son autorité, suscite des concurrents et amorce un morcellement territorial. En 965, l'évêque Erckenbald de Strasbourg, prince d'Empire, homme de lettres et grand religieux, reçoit le droit de rendre justice et de battre monnaie. Le duc de Souabe Hermann von Swaben s'insurge contre ces privilèges et dévaste Strasbourg. Werner Ier de Bavière, évêque de la ville après Erckenbald, reste fidèle à l'empereur Henri II (1002-1024), petit-fils d'Otto II. Les velléités du Souabe sont contenues.

La dynastie ottonienne

La dynastie ottonienne construit un Saint-Empire appuyé sur l'Eglise romaine, auquel sont soumis les royaumes d'Italie (1014) et de Bourgogne (1033). Le roi Henri II fait graver sur son sceau l'inscription *Renovatio Regni Francorum*, rénovation du royaume des Francs. Otto III (983-1002) veut faire de Rome le centre de la chrétienté, voire du monde ; le pape et l'empereur y siègent. A la mort d'Henri II, la dynastie s'éteint. Le vote des Grands de l'Empire désigne Konrad, dont le comté est dans le voisinage de Speyer, et qui est riche. On lui donne le nom de *Salier* en mémoire des Francs Saliens. Il inaugure la dynastie salique.

Konrad II (1024-1039) suit la tradition de ses prédécesseurs. Il est roi de Rome, et fonde dans ses terres familiales la cathédrale de Speyer. Sous Henri III, dit le Noir (1039-1056), qui succède à Konrad, l'Empire germanique est à son apogée. Son souverain cumule les couronnes de Germanie, d'Italie, de Bourgogne et de l'Empire ; son prestige est immense dans toute l'Europe. La papauté est soumise à la volonté impériale.

Mais des mouvements de contestation apparaissent au sein de l'Eglise qui réclame une plus grande indépendance. En 1046, l'empereur Henri III fait déposer le pape et le remplace par l'évêque allemand Suidger de Bamberg qui meurt l'année suivante.

Henri III, sûr de lui, appelle alors sur le trône pontifical un Alsacien, Bruno d'Eguisheim, évêque de Toul, qui devient Léon IX (1049-1054). La famille des comtes d'Eguisheim est illustre en Alsace où elle possède château et vastes terres. Le pape favorise l'Eglise alsacienne, consacre l'église octogonale d'Ottmarsheim, offre un fragment de la croix du Christ à celle de Woffenheim et canonise Richarde, ancienne abbesse d'Andlau et femme de Charles le Gros. Mais il conteste de façon inattendue l'ingérence du pouvoir matériel dans les affaires spirituelles. L'affaire enfle sous l'empereur Henri IV (1056-1106) qui s'oppose au nouveau pape Grégoire VII (1073-1085). Le pape, dans sa réforme dite grégorienne, veut purifier les mœurs de l'Eglise en interdisant le mariage des prêtres et en se débarrassant de toute interférence laïque. Henri IV ne cède pas. La querelle s'envenime et devient « querelle des Investitures ». L'Eglise grégorienne réussit, après de longues et difficiles luttes, à ôter aux laïcs le contrôle des nominations ecclésiastiques ; en prenant son indépendance, elle cherche à réformer les mœurs et les comportements de ses membres. Le pape réitère les volontés de ses prédécesseurs contre la simonie et renouvelle l'interdiction d'assister aux messes célébrées par les prêtres qui vivent en concubinage. Il s'en prend à deux évêques d'Alsace, Henri de Spire et Werner II de Strasbourg ; le premier n'avait pas l'âge requis – vingt-cinq ans – lorsqu'il a été ordonné en 1067 et le second vit en concubinage.

Deux camps s'affrontent, celui qui donne raison à l'empereur et celui qui défend la position du pape. Le conflit favorise l'émiettement des anciens duchés nationaux du Saint-Empire. Les comtes d'Eguisheim-Dabo sont fidèles à la papauté à laquelle l'un des leurs a accédé ; ils n'en respectent pas moins l'empereur qui nomme les évêques ; les autres évêques allemands lâchent Henri IV. Les ducs de Souabe s'en prennent aux évêques en accusant Werner (1065-1077), originaire du comté d'Achalm près de Reutlingen, de simonie et d'insoumission aux décisions romaines. Chaque camp, celui de l'empereur et des laïcs comme celui des religieux et des fidèles au pape, menace l'autre, qui de déposition, qui d'excommunication. Henri IV, appuyé par les évêques de Strasbourg et de Bâle, Werner et Burchard, et par une vingtaine d'autres prélats allemands, met le pape en accusation. Il écrit à ce dernier qu'il est désigné par Dieu comme vice-gérant temporel du Christ, ce qui l'autorise naturellement à choisir les évêques. Malgré cet argument d'autorité, Henri IV ne sort pas vainqueur de la querelle des Investitures. Les princes allemands, réunis à Tribur en octobre 1076, décident de se détourner définitivement d'Henri si son excommunication se prolonge plus d'un an. Accompagné de l'évêque Werner, Henri doit solliciter le pardon du pape, l'intransigeant Grégoire VII, à Canossa (25-28 janvier 1077), ce qui cause un dommage irréparable à la dignité impériale. Un compromis n'est trouvé qu'en 1122 sous le règne d'Henri V (1106-1125), lors du concordat de Worms, qui distingue les investitures temporelle par le sceptre et spirituelle par l'anneau. A dater de cette réunion, l'Empire et la papauté exercent des pouvoirs différents. La France, l'Italie et l'Angleterre se sont ralliées à la politique pontificale. La soumission a été particulièrement facile dans la France des Capétiens.

Ce conflit représente la première défiance de l'Allemagne vis-à-vis de Rome. Il constitue peut-être un lit lointain de la Réforme.

Les Hohenstaufen

L'ère des Hohenstaufen commence en 1138. Cette famille, issue du Bade-Wurtemberg, est à la tête du duché de Souabe depuis un demi-siècle ; elle exerce en Souabe et en Alsace des prérogatives souveraines, ducales et seigneuriales. Henri IV, beau-père de Frédéric de

Büren, premier de la dynastie, les lui a données en 1079. Ce Frédéric, dit l'Ancien, est fils d'un petit seigneur du Wurtemberg qui habite le village de Büren au pied de la colline Hohenstaufen. Il adopte ce nom et épouse une riche héritière alsacienne dénommée Hildegarde. Henri IV a aussi porté Otto, frère du duc de Souabe, à la tête du diocèse de Strasbourg. Cette désignation impérative est rejetée par le puissant Hughes d'Eguisheim, qui est supprimé. Hildegarde, honteuse et indignée de ce meurtre qui témoigne de l'ambition de sa belle-famille, se repent en comblant l'Eglise alsacienne, fonde un prieuré bénédictin et fait construire l'église Sainte-Foy à Sélestat. De son côté, l'évêque Otto, pour faire oublier le drame de son intronisation, cherche à attirer la sympathie des Strasbourgeois en accordant à la ville ses premiers statuts. Il s'oppose avec force à la persécution des Juifs et les accueille chez lui.

Le deuxième duc de Souabe, Frédéric de Hohenstaufen, dit le Borgne (1105-1147), aime si intensément la province alsacienne qu'il y construit deux châteaux, au Haut-Koenigsbourg et à Haguenau. Il se déclare duc de Souabe et d'Alsace. C'est un homme fort, riche par ses terres, proche du souverain et né dans une noble famille. La basse Alsace devient le cœur de l'Empire dès que cette puissante famille accède au trône royal, puis impérial.

Le Hohenstaufen Frédéric Ier, dit Barberousse (1152-1190), parvient à prendre la couronne du Saint-Empire romain germanique. Il cumule les titres de duc d'Alsace et de roi d'Allemagne. Les possessions patrimoniales sont confondues avec les possessions impériales, et l'Alsace devient le centre de l'attention du nouveau souverain. Frédéric restaure la dignité impériale en luttant à nouveau contre la papauté, l'autonomie des villes de l'Italie du Nord et l'émancipation des seigneurs féodaux, en particulier d'Henri le Lion et du duc de Saxe. Il fait d'Haguenau une résidence impériale qui reçoit en 1164 la première charte de franchise, ce qui est une inestimable source de revenus. Le bourg devient une capitale où Frédéric, à l'exemple de Charlemagne, s'entoure de ministériaux et de seigneurs fidélisés. C'est de là qu'il part pour la troisième croisade, dont il ne reviendra pas. Mais il séjourne aussi à Sainte-Odile, Colmar et Mulhouse. Malgré le rayonnement de sa capitale et de sa cour, c'est sous son règne que s'affirme le morcellement territorial qui dégrade le pouvoir central. Une multitude de petites principautés indépendantes et de villes libres apparaissent. Les grands vassaux arrachent de grands privilèges.

Cet affaiblissement va se poursuivre avec les descendants de Frédéric Barberousse, Henri VI (1190-1197), Philippe de Souabe et Frédéric II de Hohenstaufen (1215-1250). Henri VI, marié à Constance, héritière du royaume des Deux-Siciles, rêve d'un vaste empire germano-italien. Frédéric II, quant à lui, aime l'Alsace. Il y a mis des hommes sûrs, tels que le bailli Wölfelin qui réside aussi à Haguenau, gère le patrimoine royal avec habileté, construit des châteaux forts et entoure les bourgs de remparts pour les élever au rang de villes (Sélestat, Kaysersberg, Mulhouse et Colmar). Ce gouverneur choisit aussi les landgraves de haute et de basse Alsace qui servent en principe à protéger l'empereur face aux seigneurs locaux. Mais la féodalité laïque et religieuse survit encore par ses grandes familles et ses princes ecclésiastiques. Les grandes familles, habituellement rivales, entrent parfois en conflit (la *Fehde*). Au nord, ce sont entre autres les familles Werden et Oettingen qui convoitent le landgraviat et, au sud, les Habsbourg qui s'étendent en 1282 jusqu'en Autriche. La conception du prince (*Fürst*) évolue progressivement. Dans le passé, ce titre désignait tous les seigneurs ; il est maintenant attribué à ceux, laïcs ou religieux, qui se mettent sous la dépendance immédiate du roi et qui se considèrent souvent comme de petits souverains. Les princes constituent alors une caste d'Empire qui se situe au-dessus de celle des nobles.

L'impossibilité d'entretenir une administration favorise aussi l'émergence d'une mosaïque de pouvoirs privés plus étendus que les pouvoirs publics. Frédéric II fonde les couvents des Franciscains de Strasbourg et d'Haguenau, et celui des Dominicains de Strasbourg ; il donne la possibilité à l'évêché d'acquérir le titre de landgraviat du Nord ; surtout, en 1220, il accorde aux princes ecclésiastiques tous les droits d'Empire, la frappe de la monnaie, l'édification de fortifications et l'exigence d'un droit de péage. La dynastie des Hohenstaufen est populaire en Alsace, particulièrement dans les villes qui profitent largement de leur générosité pour se développer et communiquer avec celles de l'espace rhénan.

La dynastie des Hohenstaufen s'éteint à la mort de Konrad IV en 1254. S'ensuit un long « interrègne » (1254-1273) indécis, jusqu'à l'avènement de Rodolphe de Habsbourg. Cette période floue laisse libre cours aux convoitises et aux ambitions seigneuriales sur la province, aux velléités d'indépendance de petits municipes ; le territoire alsacien se disloque en une foule de seigneuries ecclésiastiques et laïques. Une société sans souverain ne peut fonctionner. Pourtant, sans unité politique, l'Alsace continue de prospérer, campée sur ses traditions et sa situation. L'effondrement des Hohenstaufen fait disparaître l'espoir d'un Empire germanique occidental universel et amorce le déclin du pouvoir central. Mais les pays européens ne profitent pas de cet affaiblissement. La France, en particulier, est absorbée par sa lutte contre l'Anglais et les croisades en Terre sainte.

Couronné en 1180, Philippe Auguste est en effet en guerre contre Henri II Plantagenêt, roi d'Angleterre, et ses fils, Richard Cœur de Lion puis Jean sans Terre. Le roi de France réussit à confisquer le fief français de ce dernier, à combattre l'hérésie albigeoise et à vaincre la coalition menée contre lui par Otto de Brunswick, que la réussite française inquiète.

Louis IX, dit Saint Louis (1226-1270), réussit à mettre en place une monarchie féodale, à battre Henri III d'Angleterre, à devenir arbitre de la chrétienté en se rangeant aux côtés du pape et à lutter contre les infidèles sur leurs terres. La France capétienne n'a pas le temps de penser à l'Alsace.

Un renouveau de la société alsacienne

Les évêques ont gardé leur fidélité à l'empereur qu'ils conseillent et aident jusque dans ses expéditions militaires lointaines. Ils jouissent de biens fonciers pérennes et de droits considérables, mais des failles apparaissent dans leur pouvoir après l'affaire d'Hausbergen en 1262. Strasbourg a acquis un demi-siècle plus tôt de Philippe de Souabe les privilèges de ville impériale. Elle est désormais émancipée et jouit d'une certaine autonomie dans l'Empire. Ses habitants ont cherché progressivement à se soustraire à l'autorité territoriale de l'évêque en profitant de la tolérance ou de la faiblesse des prélats. Le Conseil urbain de Strasbourg, initialement dans les mains de l'évêché, est élargi par la participation de quelques riches bourgeois.

Le 8 mars 1262, le nouveau chef du diocèse, Gautier de Geroldseck, cherche à affermir son autorité par la force et lève une armée de 300 chevaliers qui est battue par l'armée des adversaires de l'évêque. Celle-ci est formée des familles de l'aristocratie urbaine, de la bourgeoisie riche (*Constofler*), des *Hausgenossen* associés dans la frappe de la monnaie, de quelques villes alliées et de la famille de Habsbourg. Cette défaite a deux conséquences importantes. Elle décourage les évêques succédant à Geroldseck, Conrad III et Frédéric de Lichtemberg (1273-1305), Jean de Dirpheim (1306-1328), Berthold de Buchek (1328-1353), de reprendre les pleins pouvoirs épiscopaux. Ils préfèrent vivre en bons termes avec la population. La domination épiscopale sur Strasbourg, ville libre d'Empire, est achevée.

Une émancipation du joug seigneurial accompagne le rejet de l'autorité épiscopale et les cités deviennent progressivement indépendantes et autonomes. Les commerçants et les artisans, patriarcalement soumis à un maître et exploités par celui-ci, aspirent à s'organiser librement et à exercer leur propre justice. Les Grands du moment appuient ce mouvement. Frédéric Barberousse, Frédéric II, des évêques strasbourgeois précédant Geroldseck, Henri II de Veringen et Henri III de Stahleck, le duc de Souabe, le Grand Bailli pour l'Alsace, le *Landvogt* Albin Wölflin, accordent des libertés municipales et des franchises à Strasbourg, Haguenau, Colmar, Sélestat, Kaysersberg et Brisach. L'autonomie dynamise la vie citadine et l'enrichit.

Les seigneurs ecclésiastiques et laïcs encouragent aussi le développement indépendant de Marmoutier, de Munster et de Guebwiller qui se dégagent de la tutelle des abbés ; l'indépendance de Strasbourg vis-à-vis de son évêque conduit Molsheim et Rouffach à faire de même. Les seigneurs, échaudés par la puissance montante de ceux auxquels ils ont fait confiance, chevaliers et ministériaux entre autres, se consolent dans leurs châteaux vosgiens. Ils dominent encore leurs terres et leurs sujets mais les petites villes et les villages de la plaine qu'ils ont quittée gagnent chaque jour en indépendance. Les grandes familles, les Zorn et les Mullenheim entre autres, facilitent ce mouvement par leurs querelles. Dans les villes, la plèbe se soulève contre la noblesse. Une vague de démocratisation sans précédent apparaît avec les nouveaux Conseils des hôtels de ville. D'une façon générale, la noblesse ministérielle en est écartée au profit de bourgeois juristes, connaissant le droit romain. Mais la noblesse conserve des représentants modérés. Surtout apparaissent en nombre des représentants des corporations d'arts et métiers ; chaque profession a son représentant et son sceau.

On adjoint aux *Stettmeister,* représentants du patriciat et responsables de quartiers des villes, un *Ammeister* annuel qui parle au nom des classes laborieuses ; celui-ci devient le président effectif de l'administration de la ville. Des chevaliers « ministrables » sont réclamés par les maires et les notaires d'Eglise pour conforter leur indépendance.

Les campagnes se libèrent aussi. Les ouvriers et paysans libres augmentent en nombre et en proportion. Le vignoble alsacien s'y prête, car les vignerons sont des gens qualifiés qui savent gérer leur affaire, se libèrent de la dépendance seigneuriale, rachètent des corvées aux nobles et partent à la conquête de nouvelles terres.

Cette période de changement est plus progressive que révolutionnaire. La hiérarchie sociale n'est pas encore complètement détruite par les glissements de pouvoir. L'empereur est encore souverain, des princes lui sont fidèles. Mais les princes s'emparent aussi de droits régaliens, dépouillent leurs vassaux de leur compétence juridique et la transfèrent à des fonctionnaires dociles et révocables. Les comtes et les sires (*nobiles, Edelfrei, Herren*)

– dont le lignage remonte au XIe siècle pour les Ferrette, Horbourg, Eguisheim-Dabo, Ribeaupierre et Habsbourg –, des nobles dignes d'être échevins (*Schöffenbar, Mittelfrei*) et de nombreux chevaliers (*Ritter, Knechte*) deviennent « ministériaux » pour obtenir l'aide matérielle nécessaire à la survie de leurs traditions. La petite noblesse s'émancipe également du souverain qui lui abandonne des droits régaliens (construction de château, droit de battre monnaie, droits de péage, d'ouvrir des foires et des marchés). Des princes contribuent à la transformation de la société. Ils organisent leur cour, ont leur chancellerie et leur sceau. Plusieurs territoires deviennent ainsi, de fait, de petits Etats souverains ; des duchés, des comtés, des évêchés et des abbayes acquièrent une administration et une justice propres ; ils ont parfois une armée entretenue par un budget rigoureux.

Le haut Moyen Age alsacien et germanique voit donc paradoxalement l'épanouissement d'une société gagnant en autonomie à tous les niveaux par un affranchissement des structures impériales passées, mais aussi le renforcement de grandes seigneuries. C'est une période de morcellement. Mais les XIIe et XIIIe siècles représentent aussi une ère faste. Au progrès social s'associe un remarquable développement religieux, sociétal, démographique, culturel, artistique et commercial.

La vie religieuse

Les abbayes fondées dans cette période de paix et de prospérité sont innombrables. La réforme bénédictine les libère de la tutelle des nobles et les exempte de charges. Les abbayes bénédictines de Murbach, Marmoutier, Ebersmunster, Wissembourg sont gérées avec une discipline sévère et exploitent leurs domaines. L'abbaye de Walbourg, dernière grande abbaye médiévale d'Alsace, fondée vers 1105 par le duc Frédéric Ier de Hohenstaufen, dit le Borgne, et par le comte Pierre de Lutzelbourg, occupe des terres héritées en commun à l'orée de la Forêt Sainte d'Haguenau. Les Hohenstaufen assurent sa prospérité. En 1227, le duc Henri VII accorde à ses moines le grand privilège de naviguer librement sur le Rhin. La fondation du prieuré bénédictin de Sainte-Foy à Sélestat est aussi l'œuvre des Hohenstaufen.

La vie monastique est profondément modifiée à cette époque par l'installation de nouveaux ordres monacaux, qui se distinguent par la sévérité de leur règle, les tâches manuelles, les astreintes religieuses et la vie communautaire. La première fondation cistercienne de Lucelle (près de Besançon) essaime en Alsace ses moines blancs et fonde les couvents de Neubourg, Pairis, Baumgarten, les abbayes de Neubourg et de Maulbronn. Les chanoines de Prémontré s'installent à Saint-Gorgon au pied du mont Sainte-Odile, à Saint-Nicolas d'Haguenau, dans le Sundgau et en Forêt-Noire. Les chanoines de saint Augustin sont les plus nombreux avec quatorze maisons de chanoines et de chanoinesses en Alsace, le monastère de Sankt-Peter en Forêt-Noire, le prieuré de Sankt-Märgen et l'hospice d'Obersteigen dépendant de l'abbaye d'Andlau, qui recueille les voyageurs après l'éprouvante traversée du col de Valsberg entre la Lorraine et l'Alsace. Plus tard ce sont des chartreux qui s'installent à Koenigshoffen (1339) puis à Molsheim. Des dominicains fondent un couvent d'hommes à Strasbourg en 1224 ; en quelques dizaines d'années, des couvents dominicains apparaissent dans de nombreuses villes, Haguenau, Sélestat, Colmar, Wissembourg et Guebwiller, sans compter les fondations féminines (voir carte 3, p. 414).

Les franciscains à Strasbourg offrent en 1262 un *studium generale* enseignant les sept arts libéraux (grammaire, dialectique, rhétorique, astronomie, arithmétique, géométrie, musique), la philosophie, la théologie et le droit canon. Un autre *studium* est fondé à Colmar en 1297.

La vie monacale ne se limite pas à l'imploration et à la célébration du Créateur. Les abbayes alsaciennes associent à la vie spirituelle une forte contribution intellectuelle et artistique. Les moines, aidés de laïcs, écrivent des livres d'histoire religieuse et des commentaires sur les événements de leur temps. Des bibliothèques liturgiques sont assemblées. On y écrit en latin et en tudesque sur des parchemins, on enlumine les textes religieux et l'on dessine des cartes du monde. On y est informé des textes et des inspirations artistiques qui s'échangent d'abbaye en abbaye. Frédéric Barberousse a fait venir de Bavière l'abbesse Rélinde pour qu'elle réforme l'abbaye bénédictine de Hohenbourg du mont Sainte-Odile selon la règle de saint Augustin. Elle y réalise une sorte d'encyclopédie, qu'une de ses élèves achèvera, réunissant toutes les connaissances de l'époque et destinée à la formation des jeunes filles. Ce texte rappelle l'histoire religieuse chrétienne, puise dans des écrits carolingiens et rapporte des pensées plus récentes telles que celles d'Honorius d'Autun, de Pierre Mangeur (histoires ecclésiastiques) et de Pierre Lombard (sentences). Il est présenté en 1189 à l'empereur Frédéric Barberousse sous le nom d'*Hortus deliciarum*, le *Jardin des délices*. Cette somme théologique et pratique de quelque 300 pages, ornée de 336 enluminures, est composée de quatre chapitres de connaissances religieuses et de recommandations nécessaires pour gagner le paradis.

Un *Codex Guta-Sintram* est composé à la même époque par le chanoine Sintram de Marbach et la moniale Guta de Schwarzenthann ; un calendrier, des homélies, la règle de saint Augustin et celles que la congrégation doit suivre sont présentés dans l'ouvrage.

L'écriture des manuscrits concernant la liturgie, la vie des saints et des chroniques ne cesse de s'affirmer pendant ces deux siècles où la religion chrétienne impreigne la vie de tous. On peut encore admirer des fragments originaux ou des copies des *Annales* de Marbach, de la *Chronique* d'Ebersmunster, de l'*Historia Constantinopolitana* du cistercien Gunther de Pairis, d'un *Fabellum* anonyme avec une vie de saint Jean-Baptiste, de *l'Evangéliaire* d'Alspach, et des *Martyrologes* de Wissembourg et Munster. La bibliothèque de Colmar conserve une part importante de la production alsacienne.

Les clochers, qui sont encore des tours, font partie du paysage alsacien. A Strasbourg, en 1015, l'évêque Werner fait construire une cathédrale sur le modèle rhénan avec trois nefs, un transept surplombé d'une coupole et des façades armées de tours ; le chantier de la cathédrale actuelle s'ouvre un siècle plus tard, sur les fondations des travaux de Werner et financé par la générosité des Strasbourgeois. La plupart des églises alsaciennes de l'époque sont à plan basilical, à trois nefs avec transept et chœur. Des colonnes apparaissent souvent au premier étage, les clochers prennent des formes de tours trapues et fortes (à Gundolsheim, Merxheim, Meyenheim, Reguisheim, Ungersheim, au sud de Rouffach et le long de la vallée de la Lauch), à Rosheim et à Gueberschwihr. Certaines églises paroissiales sont à plan orthogonal et à coupole, d'autres ont une forme de croix latine. La plus célèbre église orthogonale est celle d'Ottmarsheim qui imite la chapelle de Charlemagne.

L'arrivée des Habsbourg

La société alsacienne du Moyen Age est structurée par quatre pouvoirs. L'empereur possède des terres et des villes (Obernai, Sélestat, Kaysersberg, Colmar) mais il ne se préoccupe guère d'une vie régionale. La haute noblesse – comtes du Nordgau, sires de Fleckenstein, comtes de Frankenbourg, sires de Geroldseck, sires d'Hunebourg, sires et comtes de Lichtenberg, comtes de Salm, comtes de Sarrewerden, comtes de la Petite-Pierre, nobles de haute Alsace à Dabo, Ribeaupierre et Eguisheim – vit dans des châteaux imprenables et administre tant bien que mal ses fiefs. La petite noblesse s'approprie de plus en plus difficilement le travail de ses sujets et perd son influence dans la gestion des villes et villages qu'elle possède. L'organisation religieuse menée par évêques et moines est encore très puissante. Le pouvoir des cités s'accroît toutefois. Autrefois confondues dans une même structure coiffée par une cour impériale, les instances décisionnelles tendent de plus en plus à diverger. Les villes du XIIe siècle s'administrent elles-mêmes, en continuant à respecter le pouvoir spirituel mais en recourant progressivement à une organisation laïque autonome. Elles ont leurs notables et leurs bourgeois, leurs artisans, leurs commerçants, leurs marchés et leurs foires. Elles s'intègrent dans un vaste réseau commercial, de plus en plus étendu et de plus en plus dense, qui les relie aux foires du Saint-Empire, Ratisbonne, Francfort et Lübeck. Ainsi s'écoule la riche production des champs alsaciens, définitivement acquis à l'assolement triennal, des vins et des draps. Des ponts sur le Rhin sont devenus nécessaires. Ils apparaissent à Strasbourg, Brisach et Bâle. Pendant l'interrègne, en 1254, 70 villes d'Alsace, de la

Rhénanie et du Palatinat s'unissent pour améliorer le commerce. Des pratiques monétaires et judiciaires communes, associant nobles et bourgeois, sont également instituées. Une association du même type existe en Saxe et précède l'union des villes de Souabe et la Hanse. Ces interrelations fortes suscitent l'inquiétude des princes d'Empire.

Rodolphe de Habsbourg monte sur le trône de l'Empire en 1273 avec le titre de roi des Romains. Il est comte de Habsbourg, du Sundgau, landgrave de haute Alsace et empereur de Germanie. Il règne jusqu'en 1291. Les racines de la famille Habsbourg sont en Aargau et en haute Alsace. Elle tire son nom d'une de ses possessions, située au confluent de l'Aare et du Reuss. La dynastie des Habsbourg, issue d'Alsace, s'étend en Europe sur l'Autriche et, bien au-delà des terres allemandes, jusqu'à l'Espagne. Elle s'est maintenue de manière ininterrompue au pouvoir pendant plus de six siècles, jusqu'en 1918.

Lorsque Rodolphe de Habsbourg devient roi, l'Empire est affaibli par un interrègne dominé par les rivalités des prétendants au trône et l'émancipation de toutes les couches de la société. Rodolphe le sait d'autant mieux qu'il s'est associé aux villes de Strasbourg, Colmar et Mulhouse pour résister à l'évêque de Strasbourg. Il veut cependant devenir un monarque puissant et renforce l'autorité royale dans l'Allemagne du Sud-Ouest. Un Grand Bailli (*Landvogt*), son neveu Othon d'Ochsenstein, exerce son autorité sur l'Alsace et le Brisgau ; il est responsable de la gestion des villages impériaux autour d'Haguenau et des villes dites d'Empire, Wissembourg, Haguenau, Rosheim, Obernai, Sélestat, Kaysersberg, Turckheim, Colmar, Munster, Mulhouse ; le bailli d'Haguenau doit veiller aux biens de l'Empire et de ses sujets. L'empereur coordonne cette action avec celle des bailliages voisins, de Souabe en particulier. Rodolphe s'appuie sur les bourgeois, qui lui sont fidèles, pour contrecarrer les princes séculiers ou spirituels.

Il est aussi servi par la chance : la dynastie des Babenberg, margraves et ducs d'Autriche depuis le Xe siècle, s'éteint en 1282. Un énorme territoire couvrant l'Autriche, la Styrie et la Carniole (l'actuelle Slovénie), s'étendant du Danube à l'Adriatique, est convoité par le roi de Bohême, Ottokar II, un prince puissant, fastueux et ambitieux. Mais Rodolphe s'oppose à lui par les armes. Le roi de Bohême meurt au combat et Rodolphe attribue l'héritage autrichien à ses fils. Les Habsbourg deviennent alors l'une des plus puissantes familles de l'Empire ; le danger d'une émancipation de la Bohême est éliminé pour longtemps. Rodolphe encourage les grandes familles de l'Empire à suivre son exemple en affirmant leur force par héritage ou mariage (*Hausmacht*), sans réaliser que ces unions peuvent diminuer la puissance impériale en morcelant l'Empire. Les princes en viennent ainsi à écarter son fils aîné, Albert de Habsbourg, de la succession au profit d'un seigneur sans grande envergure, le comte Adolphe de Nassau (1292-1298). Albert lui déclare la guerre et le tue, ce qui lui permet d'être élu empereur en 1298. Grand prince, mais dépourvu de l'autorité de son père, il est assassiné, dix ans plus tard, en 1308, par l'un de ses neveux. Le XIVe siècle s'annonce mal.

5

Les malheurs du XIVe siècle

A la fin du Moyen Age, l'Europe traverse une période tourmentée. La guerre de Cent Ans, la peste, le massacre des Juifs et le brigandage terrifient le continent. L'Alsace est envahie par des grandes compagnies de mercenaires désœuvrés, venues d'outre-Vosges, notamment de France. Le XIVe siècle inaugure l'histoire européenne de l'Alsace. L'Eglise se déchire entre les papautés de Rome et d'Avignon. L'Alsace tente de surmonter le morcellement territorial, les rivalités de sa noblesse et l'éloignement des empereurs du Saint-Empire germanique dont elle est partie intégrante, en réorganisant sa société aux dépens de la noblesse et au profit des citoyens des villes. Un remarquable essor démocratique se fait jour. Dix villes s'associent en 1354 pour parer au désordre ambiant. Celui-ci profite à quelques puissances régionales, comte palatin et République de Strasbourg au nord, maison d'Autriche au sud.

Après l'assassinat d'Albert de Habsbourg, les Electeurs craignent de mettre en place une royauté héréditaire. Ils décident alors de faire appel à un comte de Luxembourg, Henri VII. Celui-ci délaisse ses possessions allemandes pour se perdre dans les remous italiens provoqués par l'exil du pape en Avignon en 1309. A la mort d'Henri en 1314, les Electeurs, une fois de plus, ne savent pas qui choisir des deux candidats à la royauté, Frédéric d'Autriche, fils aîné d'Albert, et Louis Wittelsbach, duc de Bavière. Les Wittelsbach ont reçu la Bavière de Frédéric Barberousse. Après un combat compliqué, évidemment influencé par les intérêts des deux familles et de leurs fidèles, Louis de Bavière l'emporte sur son concurrent et devient souverain du Saint-Empire.

Louis de Bavière règne de 1314 à 1348. Charles de Luxembourg, roi de Bohême, petit-fils du malheureux Henri VII, lui succède de 1348 à 1378. Fait rare, deux souverains seulement couvrent le XIVe siècle germanique. Louis IV et Charles IV font face à de nombreux problèmes chroniques, que Charles parvient à surmonter pour construire son royaume, ce que son prédécesseur n'avait pas su faire.

La peste

Les deux empereurs sont confrontés à la terrible épidémie de peste qui atteint l'Europe médiévale en automne 1347. Introduite par des marchands génois revenant des rives de la mer Noire, la maladie frappe d'abord Marseille. En trois ans, transmise d'homme à homme par voie respiratoire (peste pneumonique) ou par les puces (peste bubonique), la peste progresse sans entrave vers le nord de la France. Elle atteint Strasbourg au deuxième semestre de l'année 1349. Rien n'arrête l'épidémie, ni les prières, ni les flagellations des citoyens qui veulent ainsi expier leurs péchés, ni les thérapeutiques illusoires des médecins de l'époque ; on ne sait alors rien de la cause de cette maladie et de sa prophylaxie ; le caractère foudroyant de la peste pneumonique affole les populations. Le nombre de morts est tel que l'on peine à les inhumer : les cercueils ne suffisent plus et l'on entasse bientôt les cadavres dans des fosses communes.

Un tiers de la population alsacienne succombe à l'épidémie. Les villes, quoique moins touchées, ne sont pas épargnées : 15 % de la population de Strasbourg disparaît. Cette surmortalité aggrave les problèmes économiques de l'époque. Les terres sont laissées en friche, faute de bras. La famine de 1349 est terrible et accroît l'hécatombe. La raréfaction de la main-d'œuvre élève le coût du travail.

L'antisémitisme

Les Juifs sont mal aimés en Europe depuis le XIe siècle, sans que l'on connaisse leur histoire et que l'on puisse les accuser de fautes précises. Ont-ils suivi des missionnaires chrétiens ? Certains sont arrivés dans la vallée du Rhin en même temps que les légions romaines. Les autres ont-ils quitté la Palestine plus tard ? Sont-ils des autochtones convertis par des rabbins itinérants ? Les premiers témoignages de leur présence remontent au IVe siècle, lorsqu'en 321 Constantin impose aux Juifs de Cologne de participer à l'administration de la ville. Les premières communautés juives d'Alsace se constituent vers l'an mille. Entre le XIe et le XIIIe siècle, les Juifs prospèrent dans plusieurs dizaines de villes et bourgs alsaciens, entre autres Wissembourg, Lauterbourg, Haguenau, Rosheim, Obernai, Saverne, Marmoutier, Westhoffen, Colmar, Ribeauvillé, Jungholtz, Rouffach, Sierentz, Ensisheim, Thann et Mulhouse. Les Juifs de Strasbourg commercent avec ceux des pays rhénans, établis à Spire, Mayence, Worms et Trèves. Quoique l'empereur protège les communautés juives, les Juifs sont progressivement chassés des corporations professionnelles par l'Eglise et les bourgeois qui jalousent leur réussite commerciale. Ils ne peuvent posséder une terre et il ne leur reste que le négoce de cuir et de peaux, le commerce de bétail et de chevaux, le prêt d'argent et la médecine.

La chrétienté les a vite tenus pour responsables des malheurs du temps. Des persécutions, voire des massacres, antisémites sont perpétrés en France depuis Philippe Auguste et Louis IX ; en Angleterre, les Juifs sont pourchassés depuis l'avènement de Richard Cœur de Lion. La Rhénanie supérieure n'est pas épargnée.

La population juive alsacienne, elle aussi persécutée, n'est cependant pas déclarée hors la loi comme dans les autres pays européens. Cette relative indulgence a favorisé l'essor du judaïsme alsacien : à la fin du XIIIe siècle, on compte 14 communautés juives ; cinquante ans plus tard, on en trouve dans 53 villes et bourgs ; on ne recense qu'une pierre tombale juive datant d'avant 1200, mais une vingtaine entre 1270 et 1349. A Strasbourg, les Juifs ont leur rue, leur synagogue, une prison et des bains rituels. Les deux évêques Gautier (1260-1263) et Henri IV de Geroldseck (1263-1273), peut-être par respect de la parole impériale, peut-être aussi par intérêt, les protègent. Les Juifs frayent avec leurs voisins chrétiens et n'ont pas honte de porter l'accoutrement qui leur a été imposé par le concile de Latran en 1215. On les reconnaît à leur chapeau pointu, à la manière de l'Ancien Testament, que décrit, entre autres, l'*Hortus deliciarum* de Munich et un rituel de prière de Leipzig daté de 1330.

Les Juifs, doués en affaires, se font naturellement prêteurs auprès de ceux qui peinent à financer leur train de vie, leur administration et leur politique. Les seigneurs d'Alsace, contraints à engager leurs terres, sont leurs clients. Les Juifs sont acceptés par les notables pour cette raison, mais la population d'Alsace ne leur témoigne pas la même mansuétude.

Les Juifs sont riches et font des envieux. Deux chroniqueurs de l'époque, Closener et Koenigshoven, disent que « le poison qui les tua fut leur richesse ». Avant même l'apparition de la peste, l'Alsace est alors pleinement gagnée par l'antisémitisme européen. Dans plusieurs villages, dès 1320, on les persécute. En 1337, un ancien aubergiste qui se fait appeler le « Roi du bras de cuir » parcourt le pays en haranguant les foules, proclamant la nécessité de chasser ou de tuer le Juif. Mille cinq cents Juifs sont exterminés à Rouffach et à Ensisheim, en un lieu que l'on a longtemps appelé le *Judenfeld*. L'arrivée de la peste, la « mort noire » *(schwarze Tod)*, libère l'hostilité latente de la société : les Juifs sont accusés de polluer l'eau des puits et des fontaines et de diffuser ainsi la maladie. Une vague d'antisémitisme sans précédent déferle avec violence sur l'Europe, provoquant des massacres en Espagne, en Savoie et en Suisse. Rien n'arrête ce mouvement, pas même l'excommunication que le pape Clément VI proclame le 4 juillet 1348 à l'encontre de quiconque brutalise un Juif. On met des sceaux sur les puits et on accuse les Juifs de les briser. En janvier 1349, les Bâlois brûlent les membres de la communauté juive. Le 9 février 1349, la fureur s'empare de la foule strasbourgeoise. Les représentants des évêques, princes, sires et représentants des villes réunis à Benfeld approuvent majoritairement l'extermination des Juifs strasbourgeois.

Mais Strasbourg ne suit pas entièrement ; son *Ammeister*, Pierre Schwarber, refuse le massacre, car il n'a rien à reprocher aux Juifs. Le bruit court que des *Stettmeister* se laissent corrompre. Le *Stettmeister* Nicholas Zorn de Bulach propose la destitution de deux de ses pairs. L'*Ammeister* est également banni ; il est remplacé par un certain Jean Betscholt. Le nouveau Conseil, voulant prouver son intégrité, excite davantage la colère du peuple contre les Juifs. Un immense bûcher, dressé dans leur cimetière, extermine quelque 2 000 Juifs. Les lettres de créance au profit des défunts sont annulées et leurs biens partagés.

Les Juifs ne retrouvent pas avant longtemps une situation régulière dans la société alsacienne. Jusqu'à la Révolution française, à Strasbourg comme à Colmar, ils sont en principe interdits de résidence dans la ville qu'ils doivent quitter à la tombée de la nuit. Ils regagnent alors la campagne où ils subissent les exigences des seigneurs locaux. Ces interdits concernent les Juifs sans argent, de loin les plus nombreux. Au XIVe siècle, après les massacres et les expulsions, une centaine de familles représentent le peuple juif d'Alsace ; elles sont dispersées en petites communautés n'excédant pas 7 familles. Vers 1390, seulement 26 familles juives ayant une certaine aisance parviennent à être admises à Strasbourg, comme en témoigne un registre de fiscalité. Elles y retrouvent leur bain rituel. Mais la plupart des Juifs qui ont échappé au massacre se réfugient dans des bourgs et des villages. La synagogue de Rouffach date de cette époque. A la fin du siècle, on dénombre une soixantaine de familles juives en basse Alsace et une cinquantaine en haute Alsace. Bergheim, avec 17 familles, est la communauté la plus importante.

Le brigandage

Le brigandage est endémique. Des prédateurs et hors-la-loi menacent le commerce dans la vallée du Rhin et le transport de marchandises qui transite par l'Alsace. L'Alsace est en effet une zone d'échanges, qui reçoit des biens de l'Italie et de l'au-delà de la Forêt-Noire et qui exporte vers le Nord et le bassin parisien. Les Vosges sont franchies par les cols de Saverne, du Bonhomme et du Bussang. Trois ponts traversent le Rhin, à Strasbourg, à Brisach et à Bâle. Strasbourg, par sa situation géographique entre deux fleuves, le Rhin et l'Ill, qui se prêtent au transport lourd, acquiert le monopole de ses bateliers jusqu'à Mayence. Sa douane est très convoitée par les brigands et les voyous. En 1333, une soixantaine de ces mauvais garçons, habitués à la guerre, occupent le château de Schwanau, une imposante forteresse sur une petite île du Rhin entre Strasbourg et Sélestat ; plusieurs milliers d'hommes, chevaliers, soldats, bourgeois et artisans venus d'Alsace, de Souabe et d'Autriche, ainsi que des catapultes, permettent d'en venir à bout. Les péages officiels, pourtant de plus en plus nombreux, ne parviennent pas à s'opposer aux brigands. Des bandes à cheval n'hésitent pas à rançonner les convois. Un chanoine bâlois du XVᵉ siècle décrit la Souabe et l'Alsace comme des « cavernes de brigands ». Plusieurs raisons expliquent cette situation calamiteuse. Il n'y a plus de véritable autorité depuis l'interrègne de 1254 à 1273 qui suit la disparition des Hohenstaufen. L'Empire est vaste et l'empereur, souvent loin, est difficilement joignable. Les nobles se réfugient derrière les murailles de leurs châteaux, parfois construits à la hâte. Les revenus de leurs terres et de leurs gens ne suffisent pas. Guerriers avant toute chose, ils ne tardent pas à convoiter les revenus du voisin et à lui faire la guerre. Cette guerre privée, interdite en France depuis Saint Louis, est tolérée dans l'Empire germanique jusqu'en 1495 ; elle accentue le désordre et l'insécurité. Il n'est d'autre havre que les villes entourées de murailles et progressivement gérées par des Conseils responsables.

Les premières incursions

Le règne de l'empereur Charles de Luxembourg est moins menacé par la peste, qui récidive pourtant en 1358, que par les armes. Jusque-là, le Saint-Empire germanique s'est surtout intéressé à ses voisins de l'est et du sud. Il a ignoré la France, malgré quelques escarmouches avec les Capétiens qui convoitent la Bourgogne et la bataille de Bouvines qui, en 1214, oppose le roi Philippe Auguste à l'empereur Otton de Brunswick, à la tête d'une coalition d'Anglais et de Flamands. La lutte de la France contre l'Angleterre détourne franchement l'attention de ces deux pays pour leur voisin germanique.

Les barons français qui préfèrent le Capétien Philippe de Valois, neveu de Philippe Le Bel, à Edouard III d'Angleterre, son petit-fils, sont cependant indirectement responsables de conflits ultérieurs en Alsace. Des causes économiques se surajoutent au nationalisme. La première phase de cette guerre (1337-1360) est désastreuse pour la France. En 1340, le roi d'Angleterre détruit la flotte française ; en 1346, à Crécy, les chevaliers français sont lourdement défaits par les armées anglaises et, l'année suivante, les bourgeois de Calais donnent les clefs de la ville à Edouard III ; en 1356, le roi de France, Jean le Bon, est blessé et fait prisonnier par les archers anglais. En 1360, les Français et les Anglais signent enfin une paix à Brétigny-Calais. Edouard III d'Angleterre renonce à la couronne de France mais reçoit le quart du royaume, annexe le Nord (Calais, une partie de la côte picarde) et le sud-ouest de la France (Poitou, Limousin, Périgord et Guyenne).

Les mercenaires, engagés par la couronne anglaise, sont alors mis à pied et privés de solde. L'Alsace devient le terrain de chasse de ces soldats. Ils ont appris à vivre aux dépens des civils lors des accalmies de la guerre et ils recommencent à plus grande échelle, maintenant que les hostilités cessent durablement. Les bandes de mercenaires sont repoussées vers la Bourgogne et la Lorraine qu'elles ravagent. Elles passent en Alsace et pillent la région par trois fois, en 1363, 1375 et 1439. Ces incursions ont des effets dramatiques. Elles appauvrissent le pays, ses campagnes surtout, et sèment la discorde : des seigneurs les engagent à leur service, tandis que d'autres veulent les soumettre. En 1375, une bande de 500 « Anglais » – provenant en réalité de diverses régions – se montre particulièrement sauvage : ce ramassis d'hommes dévaste, brûle et occupe toute l'Alsace sans rencontrer de résistance jusqu'à l'arrivée de Léopold, duc d'Autriche, et de ses troupes.

Les princes veulent se débarrasser des « Anglais » par tous les moyens. L'empereur Charles IV de Luxembourg (1346-1378) imagine avec le pape Urbain V de les expédier en croisade contre les infidèles ; il veut aussi envoyer ces bandes en Hongrie. Mais Léopold se heurte aux réticences des Conseils de Strasbourg, avides d'autonomie et qui ne veulent pas s'engager aux côtés des Habsbourg. Cette indécision aboutit à une catastrophe.

En juillet 1365, sous la conduite d'un certain Arnaud de Cervole, des mercenaires désœuvrés franchissent à nouveau le col de Saverne. L'empereur Charles IV, qui séjourne à Seltz en basse Alsace, ne s'oppose pas à eux. Il pense les employer à faire entendre raison aux Strasbourgeois récalcitrants. Les faubourgs de Strasbourg sont incendiés et saccagés. Les princes des Etats méridionaux du Saint-Empire prennent alors peur, craignant que leurs domaines ne soient aussi envahis. Ils exigent avec succès que l'empereur réunisse une armée pour venir à bout de ces brigands. Les « Anglais » sont enfin repoussés au-delà des Vosges, sans combats.

Mais, à partir de cette première incursion, l'Alsace continue à intéresser l'Occident. Les « Anglais » y retournent dix ans plus tard, poussés par des nobles avides d'héritage. Le Français Enguerrand de Coucy prétend avoir des droits sur l'Alsace des Habsbourg. Bien vu à la cour du roi Charles V de France, comte de Soissons et de Bedford et héritier de la brillante seigneurie de Coucy à quelques lieues de Laon, haut baron de France, il a épousé Isabelle, fille d'Edouard III d'Angleterre. Tout cela ne lui suffit pas. Il prétend être lié aux Habsbourg par sa mère Catherine de Savoie, fille de l'archiduc d'Autriche Léopold Ier et petite-fille de l'empereur Albert Ier, seigneur de Carinthie, du Brisgau, du Sundgau alsacien et de l'Argovie suisse. Après la mort de Léopold Ier, sa possession alsacienne revient aux descendants de ses frères et doit être partagée. Le sire de Coucy s'y oppose, prétendant que l'héritage lui revient. Le roi de France n'intervient pas, peut-être intéressé par une part de l'héritage, ou trop occupé à l'ouest à harceler l'occupant anglais et à lancer ses grandes compagnies en Espagne, où il convoite le trône de Castille. Coucy lève facilement une armée considérable d'anciens mercenaires du roi d'Angleterre que les chroniques locales dénomment les « autres Anglais ». En 1375, il se porte sur Montbéliard et s'allie avec le sire de Montfaucon, cousin des descendants des frères de Léopold, qu'il hait.

Les Habsbourg sont irrités par l'attitude de leur vassal Montfaucon. Pour le punir ou l'intimider, ils vendent la seigneurie d'Héricourt, proche de Montbéliard, au sire de Neufchâtel, leur obligé. Celui-ci lève aussi une armée.

Coucy obtient enfin une forte aide de Charles V, qui lui envoie une horde de 50 000 pillards dont 16 000 à cheval, qui viennent d'Angleterre, de Picardie, du Soissonnais, d'Artois, du Vermandois et du Hainaut ; il prévoit 40 000 livres pour leurs soldes.

Enguerrand de Coucy divise cette armée en deux corps ; son armée initiale, à Montbéliard, est étoffée de 21 000 hommes ; les autres combattants se portent vers le nord, à Saverne. En septembre 1369, il entre en Alsace et installe son camp à Masevaux. Il affirme aux municipalités de Strasbourg et de Colmar qu'il n'est là que pour retrouver un héritage injustement volé ; il ne veut pas inquiéter les bourgeois dont il souhaite une amicale neutralité. Il prépare cependant un plan de bataille avec Jewan-ap-Enion-ap-Griffith, un grand chevalier de France qui s'est mesuré avec succès au vaillant prince Noir d'Angleterre, fils du roi Edouard III.

Pendant ce temps, l'armée du Nord franchit le col de Saverne et guerroie en s'approchant de Strasbourg. Les villes alsaciennes ne réagissent pas. Léopold de Habsbourg, landgrave de haute Alsace, redoute d'engager le combat contre la troupe française, bien supérieure en nombre, et se retranche dans Brisach. Les habitants de Belfort s'enferment aussi derrière leurs remparts. Les Confédérés suisses, appelés à l'aide par un Habsbourg qu'ils détestent, restent sur la défensive. Cinq semaines après le début des hostilités, Coucy attaque en haute Alsace. Ses hommes pillent et dévastent jusqu'aux couvents sur leur passage ; ils s'emparent enfin de la place forte de Wattwiller et se portent sur Mulhouse.

Mais l'hiver arrive. Les troupes du Nord piétinent. Celles du Sud sont contraintes de cantonner en Suisse. La conquête de l'Alsace est remise à plus tard. Les Suisses, qui viennent de l'emporter sur l'Autriche, ne l'entendent pas ainsi. Des luttes épuisantes s'engagent dans les environs de Berne. Six ans après le début de sa campagne, Coucy assiège Altkirch, mais l'apparition d'un météore suffit à décourager ses troupes. Mulhouse et Guebwiller ferment leurs portes. Découragé, sans doute renié par le roi de France, le triste sire repasse les Vosges. Sa défaite est aux yeux de tous celle d'un homme qui prétend à un héritage auquel il n'a pas droit.

Mais on ne peut exclure que Charles V ait voulu, par personne interposée, conquérir une province des anciens Empires franc et carolingien. Certains auteurs parlent même de reconquête sur les Alamans. Cependant, le roi de France est encore menacé par les Anglais, dont le connétable Du Guesclin n'est pas encore venu à bout. Si la France n'a pas eu de rôle direct dans cette affaire, une étape importante est franchie : l'Alsace apparaît comme une terre enviable, et accessible parce que mal défendue. Les aventuriers et les rois de France s'en souviendront lorsque la tragédie du début du XVe siècle – guerre civile entre Armagnacs et Bourguignons (1407), désastre d'Azincourt (1415), bataille d'Orléans (1429) et procès de Jeanne d'Arc (1431) – sera enfin maîtrisée.

Les Habsbourg et la papauté

Dix ans plus tard, l'Alsace oublie à ses dépens qu'elle doit sa liberté à la Suisse. En 1386, les chevaliers des petits seigneurs de Souabe et d'Argovie se joignent à l'armée de Léopold III de Habsbourg, duc d'Autriche, qui menace toujours la Suisse. Ce bel ensemble se porte contre les gens de Lucerne, d'Uri, de Schwyz et d'Unterwald, réunis depuis un siècle dans une résistance vis-à-vis des Habsbourg. Ces Confédérés ont déjà défait Léopold Ier à

Morgarten. Ils manifestent à nouveau leur indépendance le 9 juillet 1386 à Sempach dans le canton de Lucerne. La défaite du camp Habsbourg est cuisante. Léopold III meurt au combat et ses chevaliers alsaciens sont décimés. Pour la première fois dans l'Histoire, des bourgeois et des montagnards défont une troupe en armes. Leur héroïsme oblige les Habsbourg à reconnaître l'indépendance de la Confédération helvétique.

Les Habsbourg ont perdu le trône impérial depuis 1308, et ne le retrouveront qu'en 1438. Mais ils continuent, au sein d'un empire gouverné par des dynasties étrangères, à jouer un rôle essentiel en raison de leurs possessions. L'empereur Louis IV de Bavière (1314-1346) est attiré vers d'autres horizons que l'Alsace. Guerrier vaillant plus que diplomate, chevalier honnête et preux, franc et direct, aimé des petites gens, il est aussi un homme impulsif, coléreux, hanté par le désir d'accroître sa maison. A la Bavière, il ajoute de force le Tyrol, le Brandebourg et la Hollande, ce qui inquiète de nombreux princes, soucieux de préserver leur autonomie. Pendant son règne, il lutte avec acharnement contre la papauté. Le pape d'Avignon Clément V, lié aux Français, s'est en effet opposé à son élection en soutenant son adversaire Frédéric d'Autriche. Louis s'est alors tourné vers l'Italie, s'est fait couronner à Rome par un antipape et entretient grand commerce avec tous ceux qui veulent restaurer la grandeur de Rome et affirmer l'indépendance des Etats libérés de la domination d'une Eglise décadente. Le philosophe Marsile de Padoue est ainsi un ardent défenseur de l'empereur. La cour de Munich est le refuge de tous les contestataires des pompes, des finances et des intrigues de l'Eglise établie ; on y rencontre des franciscains persécutés par Avignon, l'illustre philosophe anglais Guillaume d'Occam qui se méfie des dogmes, et des princes allemands qui entendent que le pape n'intervienne pas dans leurs affaires et respecte l'élection, régulière, de Louis de Bavière. Pourtant, en 1324, le pape Jean XXII excommunie l'empereur ; la ville de Strasbourg, rangée aux côtés de ce dernier, est privée de culte pendant seize ans. En 1338, la Déclaration de la plaine de Rhense, soutenue par l'archevêque Baudoin de Trèves, réunit les arguments des princes-électeurs, des franciscains, de Marsile et des juristes allemands pour clamer la liberté de l'Empire allemand vis-à-vis du pape.

La crise de l'Eglise catholique – marquée par le séjour du pape en Avignon (1309-1377), le grand schisme (1378-1417) qui en découle et la Déclaration de Rhense – a une importance considérable sur la destinée de la religion chrétienne. En France, l'Eglise est placée sous la tutelle du roi. Dans le Saint-Empire romain germanique, on cherche à se démarquer du pouvoir papal avec un empereur plénier. La Réforme, à nouveau, se prépare.

L'Alsace a été saccagée par une épidémie tragique et des conquérants venus de l'ouest. Sa détresse économique et politique est grande. La peste n'est pas totalement éteinte, des problèmes climatiques l'accompagnent, gels, pluies intenses et inondations, sécheresse d'été et secousses telluriques meurtrières, particulièrement en 1348, 1356 et 1372. Le tremblement de terre de 1356 détruit la ville de Bâle et une partie du Sundgau. Le banditisme est encore chose courante dans la vallée rhénane. La campagne alsacienne ploie sous une fiscalité abusive. Les paysans sont prêts à se révolter. Le prix des céréales s'effondre. Cette ambiance délétère est aggravée par une déviation des routes commerciales : en 1239, le pont jeté sur la Reuss détourne le commerce avec les pays méridionaux qui empruntait la rive gauche du Rhin ; le trafic avec la riche Italie et Milan se fait désormais par le

Gothard et gagne directement Nuremberg, Ulm et Augsbourg, des villes souabes dont les foires sont plus vastes que celles de l'autre rive rhénane. L'Alsace doit se rabattre vers les marchés moins riches des pays du Nord.

Affirmation de la province alsacienne

La survie de l'Alsace est due à l'intervention d'un empereur éclairé, Charles IV de Luxembourg (1346-1378), qui succède à l'impulsif Louis de Bavière et réorganise les villes. Ce roi de Bohême élevé à la cour de France, où son père Jean l'Aveugle séjourne le plus souvent, s'est initié à la politique par de longs séjours en Italie ; il est fin et lettré. Il sait faire face au désordre causé par la mort de Louis en 1347, et à l'appétit des princes avides de prendre le pouvoir. La couronne impériale lui est remise en 1355 à Rome par un cardinal représentant le pape. Puis il se rend à la cour de Prague d'où il exerce une politique radicalement différente de celle de son prédécesseur. Il réussit à se réconcilier avec le pape, et à soutenir son retour à Rome. Son pouvoir impérial, assuré par une élection sans contestation, inaugure pour une longue période la continuité de la maison Luxembourg à la tête de l'Empire.

La *Bulle d'or*, véritable charte du Saint-Empire romain germanique, est présentée à Nuremberg puis à Metz en 1356. Elle restera dans ses grandes lignes en vigueur jusqu'en 1806. Elle codifie d'abord l'élection de l'empereur de manière à éviter toute irrégularité, déposition de l'empereur ou émergence d'un contre-roi. L'empereur n'est plus élu comme auparavant par le peuple ou par un accord flou des princes, mais par un collège électoral défini. Celui-ci se compose de trois princes-archevêques

(Cologne, Mayence et Trèves), et de quatre princes séculiers (comte palatin, duc de Saxe, margrave de Brandebourg et roi de Bohême). L'élection se dispense de l'avis pontifical. L'intangibilité de l'Empire est clairement prononcée, fixant les droits des princes et leurs rapports avec la couronne impériale. La *Bulle* est aussi une charte sociale : elle statue sur la guerre privée des seigneurs (*Fehde*), les ligues urbaines, la protection des Juifs, le droit de bourgeoisie pour ceux qui ne résident pas dans les villes et les péages illégaux.

L'Empire germanique s'organise encore par un *Reichstag*, réunion de princes et de nobles venus de toutes les régions de l'Empire, qui devient indispensable à l'exécution de l'autorité du souverain, qu'il s'agisse de l'imposition ou de l'envoi de contingents princiers à l'armée impériale. Une incertitude persiste néanmoins au sujet des villes qui, depuis trois siècles, par leur croissance soutenue, leur enrichissement et leur émancipation politique, se sont peu à peu éloignées de l'autorité des seigneurs territoriaux, séculiers ou ecclésiastiques dont elles relevaient à l'origine. Cette évolution ne déplaît pas à l'empereur, car elle affaiblit les princes ; elle soulage en outre les finances impériales. Des privilèges royaux sont ainsi accordés aux villes libres. Haguenau devient « ville royale » en 1164 sous le règne de Frédéric Ier Barberousse, et se voit octroyer des libertés municipales. Strasbourg devient ville libre en 1201, par la volonté de son protecteur, le duc Philippe de Souabe. Le Grand Bailli d'Alsace, le *Landvogt* Albin Woelflin, met à l'abri de murailles les deux villes ouvertes de Colmar et de Sélestat. Frédéric II de Hohenstaufen les dote de franchises, de même que Kaysersberg et Brisach. Des autorités religieuses se joignent aux autorités civiles dans ce mouvement. Henri II de Veringen et Henri III de Stahleck, évêques de Strasbourg respectivement en 1202 et en 1245, établissent les premiers statuts municipaux. En 1262, l'évêque Gaultier de Geroldseck, sourd à l'évolution de son temps, essuie un terrible revers à Hausbergen en voulant ramener la ville sous sa crosse. Ses successeurs de 1273 à 1353, Conrad III de Lichtenberg, Frédéric Ier de Lichtenberg, Jean Ier de Dirpheim et Berthold II de Buchneck, adoptent une attitude plus tolérante, sous la pression des familles de l'aristocratie urbaine, des familles bourgeoises riches (*Constofler*) et des *Hausgenossen* qui coopèrent dans la frappe de la monnaie.

Le XIVe siècle, miséreux pour les campagnes qui abritent 80 % de la population, progresse par ses villes, où les organisations professionnelles, au sein de l'Assemblée des échevins, prennent le pas sur la noblesse. Le Conseil municipal est assisté d'un Sénat élu. L'émergence de cette forme de démocratie est cependant fragilisée par des révoltes nobiliaires. En 1358, les nobles de Colmar revendiquent fortement leurs droits perdus. Plus tard encore, de 1419 à 1422, la noblesse de basse Alsace s'en prend à la ville de Strasbourg (guerre dite de Dachstein). D'autre part, l'administration urbaine s'effrite peu à peu. Les collèges qui ne sont pas soumis au renouvellement annuel prennent progressivement le dessus sur le Sénat ; l'Assemblée des échevins est de moins en moins convoquée ; elle ne le sera plus du tout au XVIe siècle. Le pouvoir démocratique glisse donc vers une hiérarchie stable, composée de représentants des comités et collèges permanents.

Une véritable solidarité citadine est cependant mise en place. Elle concerne les impositions, la défense civile contre des clans et la défense militaire contre les dangers extérieurs. Strasbourg, affranchie de son évêque depuis 1262, est une petite république dotée d'une Constitution de 269 chartes. Il en est de même pour Seltz, Haguenau et Bâle. Mais nombre d'autres villes alsaciennes, bien que gérées de façon autonome, s'abritent encore sous des protections seigneuriales : Colmar, Obernai et Sélestat sont reconnues « villes royales », ne pouvant totalement s'affranchir de leur suzerain. Dembach et Boersch sont placées sous la protection de l'évêque de Strasbourg. Des bourgs plus petits sont qualifiés de « villes » par des seigneurs qui veillent sur eux tout en les soumettant à leur profit. Bouxwiller est la ville des seigneurs de Lichtenberg, Ensisheim, celle des ducs d'Autriche, et Ribeauvillé, celle des sires de Ribeaupierre. D'autres se sont mises sous la protection d'abbayes proches ; c'est le cas de Wissembourg, Andlau, Marmoutier et Munster.

En cette période de transition, le peuple et les Conseils urbains rachètent les charges nobiliaires, mais la noblesse, quoique très diminuée, ne s'est pas encore complètement effondrée : dans les petites villes, elle fournit des fonctionnaires, prévôts et baillis, toujours nommés par un empereur éloigné mais néanmoins présent.

Des associations défensives de villes libres mettent en place des « paix provinciales ou régionales » (*Landfrieden),* c'est-à-dire des temps de paix associant pour un temps donné souverains, villes et nobles trublions. Depuis longtemps ces alliances sont militairement efficaces : des villes alliées aux Habsbourg l'emportent sur l'évêque de Strasbourg à Oberhausbergen ; en 1333, elles anéantissent le château de Schwanau, repaire de voyous.

Une ligue rhénane, une ligue des villes souabes et surtout la Hanse en Allemagne du Nord se mettent ainsi en place. La Hanse, à son apogée au XIVe siècle, réunit plus de 300 cités, des ports de Bruges dans les Flandres jusqu'à Riga en Livonie, et contrôle des centres commerciaux de l'intérieur du territoire. Ce réseau échappe largement à l'autorité impériale. Charles IV, voulant en 1353 créer une ligue qui lui soit soumise et qui protège des incursions étrangères, crée en Alsace une Décapole, associant dix villes – Mulhouse, Colmar, Munster, Turckheim, Kaysersberg, Sélestat, Obernai, Rosheim, Haguenau et Wissembourg – sur les plans politique, financier et militaire. Sa relative autonomie permet au souverain de quitter l'Alsace pour ses terres de Bohême puis d'Autriche. La Décapole est sous protection impériale par l'intermédiaire d'un Grand Bailli (*Landvogt*). Elle doit verser à l'empereur, contre sa protection, un léger impôt annuel et fournir des troupes en cas de conflit. La Décapole résiste aux conflits religieux et politiques jusqu'à la Révolution française. En 1358, elle expulse de Colmar les nobles qui veulent confisquer le pouvoir des artisans au sein du Conseil de la ville. Landau rejoint la Décapole en 1511 et Mulhouse la quitte en 1525, pour s'allier aux villes de Berne et de Soleure, liées à la puissante Confédération helvétique.

Strasbourg, république libérée de l'empereur et de son évêque, ne rejoint pas la Décapole. En 1381, elle s'unit à la Confédération rhénane qui rassemble Francfort-sur-le-Main, Mayence, Worms et Speyer. Cette ligue s'associe à la Décapole et à la ligue des villes souabes. Elle s'oppose en 1388 au comte palatin Ruprecht Ier, à la ligue souabe et aux prétentions du comte Eberhard II de Wurtemberg. Cent ans plus tard, pour lutter contre l'inflation, elle décide de battre sa propre monnaie, le florin rhénan *(Rappen)*, en association avec d'autres villes du Rhin supérieur. Pendant près de deux siècles, sa gestion est assurée par la petite ville de Neuenburg sur le Rhin.

6

Les intrusions françaises, bourguignonnes et suisses du XVe siècle

Le XIVe siècle, avec le long règne de Charles IV de Luxembourg, était une période de maturation. Le XVe siècle prolonge et amplifie les tendances précédentes au point de faire de l'Alsace, frontière du Saint-Empire germanique, une région âprement convoitée par des pays voisins. A l'ouest, la France, libérée de l'Anglais, peut s'intéresser à l'Europe continentale et n'oublie pas ses convoitises passées ; au sud, la puissante Bourgogne considère que l'occupation de l'Alsace va de soi dans la reconstruction de la Lotharingie.

L'Alsace ne plie pas devant ces prétentions. Terre fidèle à la papauté, dans la mesure où celle-ci n'intervient pas dans sa gestion, elle place son destin sous le signe de la chrétienté ; en 1439, la cathédrale de Strasbourg est achevée, après deux siècles d'un labeur pieux, obstiné, savant et artistique. L'imprimerie se développe en Alsace à partir de 1458. Les envahisseurs sont repoussés, permettant aux villes de devenir des centres de culture prenant le pas sur les monastères. Cette vie citadine privilégiée donne essor à un art prometteur. L'Alsace entre dans la modernité.

L'Alsace, cible de la France

On peut faire remonter l'intérêt de la France pour l'Alsace à 1363, lors de l'arrivée des « Anglais ». Il n'y a pas alors de volonté réelle d'annexion de la part des Valois mais Charles V comprend que l'Alsace est un bon exutoire pour les mercenaires désœuvrés qui sont une menace pour son royaume.

Plusieurs bandes, telle celle du comte Jean de Vergy, cherchent à répéter l'épopée de Coucy et pénètrent en Alsace en 1382-1384. Leurs rapines n'ont pas de conséquence politique majeure. Elles confortent cependant l'idée que l'Alsace est une terre à prendre.

En 1435, la position de la France vis-à-vis de l'Alsace se précise. Charles VII (1422-1461) et son puissant vassal, le duc Philippe de Bourgogne, signent à Arras un traité d'entente pour mettre fin à la guerre de Cent Ans. Les deux souverains réorganisent leur armée en enrôlant les mercenaires volontaires et en écartant ceux qui préfèrent rester dans l'errance. Cette décision provoque en quelque sorte une récidive de l'affaire des « Anglais ». Une première colonne de ces « écorcheurs » (*Schender*) ou « pauvres gueux » (*armen Gecken*), comme on les dénomme maintenant, passe le col de Saverne en 1439 et entre en Alsace, guidée par le sire de Fénétrange. Cette intrusion aurait été sollicitée par l'évêque de Strasbourg qui aurait souhaité lancer ces soudards contre les villes qui lui échappent.

La cohorte se monte à 16 000 hommes ; elle dévaste les campagnes alsaciennes sans trouver de résistance, repousse les milices strasbourgeoises, les chevaliers du comte Jacques de Lichtenberg et du comte palatin. Les villes entourées de remparts résistent, mais les petites bourgades sans protection sont exposées aux méfaits de l'envahisseur. Cette « grande compagnie » de barbares, que l'on nomme aussi les « Armagnacs », profite de ses rapines pour évaluer la situation générale de l'Alsace, et sans doute transmettre ses conclusions à la cour française. La noblesse d'Alsace, divisée, minée par son opposition aux bourgeois, se montre incapable de constituer une véritable force de défense.

Les Habsbourg s'opposent aux cantons helvétiques depuis le XIIIe siècle et leur antagonisme est activé par leur succession à la tête du Saint-Empire, la maison Luxembourg ayant été écartée. Les empereurs habsbourgeois se succèdent donc, Sigismond de Luxembourg (1410-1437), Albert II de Habsbourg (1437-1440) et surtout Frédéric III (1440-1493). La maison Habsbourg d'Autriche est établie à Ensisheim, capitale de ses possessions en haute Alsace depuis 1431.

Malgré le traité de Sempach reconnaissant l'indépendance de la Confédération suisse et rompant toute attache avec le Saint-Empire, les Habsbourg cherchent à affirmer leur pouvoir en s'alliant avec les Valois, ce qui pourrait servir leurs prétentions sur la Suisse. Ils projettent d'unir le jeune archiduc Sigismond de Tyrol, neveu de Frédéric III, à la fille de Charles VII. Un traité est signé pour entériner le projet secret. L'appui de la couronne française à Frédéric III, n'en reste pas moins modéré. Quelques milliers d'hommes au plus ont rejoint les « Armagnacs », mais la France peut désormais compter sur la neutralité des Habsbourg et profiter de la division alsacienne pour s'avancer dans la province.

Une formidable armée française de 40 000 hommes, commandée par Louis, dauphin de France et futur Louis XI (1461-1483), se met en route pendant l'été 1444. Sous prétexte de débarrasser la province des pillards, le pouvoir royal français, restauré par les derniers Capétiens, cherche à assouvir son nationalisme et son expansionnisme à l'Est, à la recherche d'une frontière perdue depuis mille ans.

L'Alsace est à nouveau prise en tenaille. Au nord, sous le commandement du maréchal Philippe de Jalognes, du comte de Montgomery, du damoiseau de Commercy et de Robert Brézé, frère du Premier ministre, un corps d'armées se dirige vers Saverne. Les comtes de la Petite-Pierre, parmi d'autres, s'opposent à leur passage, puis les prennent à revers pour leur infliger des pertes. Le corps d'armée du Sud, commandé par le Dauphin, se dirige vers le comté de Montbéliard, s'approche ensuite du Rhin pour menacer Bâle. Il établit son quartier général à Waltighoffen près d'Altkirch. Les Confédérés suisses qui se sont portés au secours de Bâle, inférieurs en nombre, sont massacrés par les Français le 26 août 1439, sous les murs de la ville, au cimetière Saint-Jacques. Leurs émissaires, dont l'évêque d'Augsbourg, réclament la paix. Un traité est signé à Ensisheim le 18 septembre, qui reconnaît les cantons suisses et protège le diocèse de Bâle.

L'importance des pertes françaises conduit Louis à renoncer au combat contre les Suisses, quitte à mécontenter ses alliés Habsbourg. Négligeant les montagnards helvétiques, il se dirige vers la rive droite du Rhin et la Forêt-Noire, qu'il atteint sans rencontrer de résistance. Puis il se ravise, revient en Alsace et établit son quartier général à Ensisheim. De nombreux nobles, comme le comte de Thierstein et le seigneur de Ramstein, irrités par l'autoritarisme des Habsbourg, se rallient au Français pour sauver leurs biens et leurs terres. Les villes, au contraire, refusent de négocier avec l'envahisseur français. Louis de France décide alors de les attaquer. Se heurtant à la résistance de Mulhouse, l'armée royale n'insiste pas. Elle se porte vers le nord et prend successivement Rouffach, Herrlisheim, Sainte-Croix, Châtenois, Eguisheim, Barr, Markolsheim et Rosheim ; elle établit une liaison avec le corps d'armée de Philippe de Jalognes, entré par Saverne. Le bourg d'Obernai, protégé par Strasbourg, est épargné. Le Dauphin continue de promettre la vie sauve à ceux qui l'accueillent. Il est blessé à Dambach, au quatrième jour de résistance des milices de la ville. A l'exception des villes impériales, l'Alsace lui est, à cette date, soumise.

Le temps des négociations commence. Les Habsbourg se tiennent cois. Les archevêques de Trèves et de Cologne s'affirment partisans des Français. Charles VII affiche une fermeté apparente mais reste accaparé par les derniers sursauts de la guerre contre les Anglais. Louis soigne sa blessure à Nancy. Deux réunions de conciliation se tiennent à Molsheim le 15 novembre et à Mayence le 21 février 1445. L'empereur Frédéric III délègue prudemment ses pouvoirs à l'évêque d'Augsbourg.

Pendant ce temps, les troupes françaises poursuivent leurs sévices, violant, pillant et incendiant à tel point que, sur les plaintes répétées des Etats d'Alsace, une diète réunie à Spire proclame une guerre d'Empire contre l'envahisseur. Le pouvoir impérial est délégué au comte palatin qui a pour mission de déloger les « barbares armagnacs » que la diplomatie distingue encore des troupes régulières françaises. Albert, son frère, est chargé des pourparlers avec le roi de France. Le généralissime palatin s'unit à l'armée épiscopale que l'évêque de Strasbourg a mise sur pied pour s'opposer à une éventuelle alliance de la ville avec les Cantons suisses. Les Français sont attaqués à Illkirch le 16 janvier 1445 et les Palatins remportent un important butin.

Louis, cependant, ne désespère pas d'obtenir un résultat par la diplomatie. Tournant le dos à la maison d'Autriche, il prétend protéger la noblesse alsacienne opprimée par les Habsbourg. Ses émissaires, les comtes de Lützelstein et de Moersperg, proclament ses bonnes intentions : il ne peut abandonner un pays si chèrement conquis, surtout en hiver ; il ne peut envisager son départ sans indemnisation de la part des Habsbourg ou, à défaut, des nobles alsaciens.

Ces propositions sont présentées à la conférence de Boppard, sur le Rhin, qui le 3 mars 1445 réunit le comte palatin, les conseillers de l'archevêque de Mayence et du duc de Saxe et les archevêques de Trèves et de Cologne, toujours favorables à la cause française. Les « Armagnacs », éprouvés par la famine, se rendent aux prières de l'Electeur de Trèves et quittent l'Alsace, non sans emporter un grand butin. Charles VII, quant à lui, las des tergiversations avec le Palatin, décide brusquement de retirer ses troupes d'Alsace, le 20 mars 1445, en renonçant à tout dédommagement. Un désaccord entre Charles et son fils expliquerait cette volte-face. Louis aurait pris trop de liberté ; il n'aurait su se rallier ni la noblesse ni le peuple alsaciens, manquant de la suzeraineté morale qui conditionne toute politique ultérieure. Charles aurait par ailleurs, à plusieurs reprises, fait part aux émissaires des Habsbourg de son intention de battre en retraite.

Cette incursion des Français, la première dans l'histoire de la province, ne laisse que des sentiments de haine, d'épouvante et de rancœur à leur égard. Le retrait des forces françaises provoque naturellement des représailles contre les seigneurs qui ont soutenu le Dauphin. Des milices bourgeoises sont dirigées contre les châteaux forts de la plaine et des Vosges. Malgré son évidente défaite, Charles VII échange pendant deux ans, jusqu'en

1447, une correspondance acerbe avec l'empereur, réclamant des indemnités, assurant que le droit des seigneuries alsaciennes justifie son intervention. Il n'obtiendra pas de réponse du Habsbourg – aveu, sans doute, de faiblesse militaire et politique.

Appétits bourguignons

De 1363 à 1477, les ducs de Bourgogne ont bâti dans l'Europe médiane un vaste Etat, qui s'étire de la Hollande au lac de Genève et rassemble sous son autorité Flandre, Zutphen, Brabant, Hainaut, Luxembourg, Artois, Lorraine et la Bourgogne originale. Leur ambition est de reconstituer l'Empire carolingien de Lothaire par la force et par des unions matrimoniales entre les maisons régnantes. Malgré de nombreuses difficultés et quelques révoltes, cette grande Bourgogne devient un Etat prospère enrichi par les relations commerciales qui l'unissent à Gand, Bruges, Bruxelles et les rives du Rhin.

Charles le Téméraire (1433-1477) est le quatrième et dernier duc de Bourgogne de la branche des Valois. Depuis la fin de la guerre de Cent Ans, il inquiète la France et ses voisins, Lorraine et Suisse, par sa volonté de réunir les deux parties de son domaine, Flandres et Bourgogne. Il use de diplomatie pour séduire la couronne anglaise, l'empereur et les princes allemands. Charles a peut-être l'ambition secrète de prendre la tête du Saint-Empire. Il épouse Marguerite d'York en 1468, unit sa fille à Maximilien, héritier du Saint-Empire, et se heurte par les armes à Louis XI en Somme et en Picardie.

En mai 1469, le duc Sigismond d'Autriche, cousin de l'empereur, brouillon et toujours à cours de trésorerie, après s'être tourné en vain vers le roi de France, trouve auprès du duc de Bourgogne l'argent qui lui fait défaut. Il lui donne en gage, contre 80 000 florins, ses droits sur ses propres domaines d'Alsace, entre Belfort, Colmar et Bâle. Le duc de Bourgogne accepte, espérant trouver en Alsace un appui stratégique en vue de conquêtes ultérieures et d'une consolidation de l'axe nord-sud de son royaume. Charles le Téméraire se plaît à Brisach et à Ensisheim. Il nomme comme *Landvogt* Pierre de Hagenbach, un Alsacien qui s'est illustré dans son armée, connaît les règles de l'administration et lui voue une parfaite obéissance. L'insolence, l'orgueil et les débauches de cet homme le font vite haïr des Alsaciens et des Suisses. Il met fin à la tranquille anarchie qui régnait dans la province, rend justice, réprime le brigandage et lève des impôts pour rembourser les hypothèques du domaine de Sigismond. Hagenbach veut contraindre les villes d'Alsace à payer. Celles-ci répliquent en formant, autour de Bâle, un ensemble de communes, dit de Basse-Union – par opposition à la Haute-Ligue qui regroupe les cantons suisses. L'Alsace s'inquiète des véritables intentions de Charles le Téméraire. Celui-ci répand des propos lénifiants, rassure Mulhouse en lui affirmant qu'il ne cherche qu'à apurer ses finances, et rend ses franchises à Thann. Tour à tour souverain hautain et prince courtois, il parvient à apaiser la révolte soulevée par Hagenbach. Les négociations engagées entre Sigismond d'Autriche, les cantons suisses, les villes de Strasbourg, Colmar et Bâle se concluent à Constance le 30 mars 1474 par une « paix perpétuelle ». Le duc de Bourgogne n'a pas gagné pour autant. Le 11 avril, Brisach se révolte, arrête Hagenbach et le jette en prison. De Constance, Sigismond annonce au duc de Bourgogne qu'il arrive et qu'il a rassemblé 80 000 florins pour recouvrer ses domaines. Charles se dit prêt à négocier un règlement équitable, à condition toutefois que le *Landvogt* lui soit remis sain et sauf.

Cette requête soulève des tempêtes : Hagenbach est soumis à la torture et à une parodie de procès devant des juges alsaciens et suisses. Il est décapité à Brisach dans la nuit du 9 au 10 mai 1474. Charles le Téméraire n'entreprend aucune action contre les Confédérés, mais commande à ses troupes de saccager et de brûler tout ce qu'elles rencontreront en Alsace.

La mégalomanie de Charles de Bourgogne ne fait que s'accroître pendant les années 1474 et 1475. Il revendique Cologne et son évêché, assiège Neuss sur la rive gauche du Rhin, s'allie avec Edouard IV d'Angleterre pour défaire Louis XI et lui prendre le nord et l'est de son territoire. Il attaque et bat l'empereur allemand Frédéric III qui s'est allié à Louis XI. Les Français assiègent ses arrières sur la Saône, la Picardie et l'Artois. Charles s'en prend aux Flamands avant de signer à Amiens un traité de paix avec la France et l'Angleterre.

Il se tourne alors vers la Lorraine, qu'il envahit le 13 septembre 1475. Deux mois plus tard, il préside les états de Lorraine, avec l'infinie satisfaction d'avoir fait une grande Bourgogne des Pays-Bas à la Franche-Comté, avec Nancy pour capitale. Son bonheur sera de courte durée.

Les Confédérés suisses, les *Eidgenossen,* soutenus par Louis XI et dont les rangs sont grossis de Strasbourgeois, de seigneurs locaux et de troupes de la Décapole, entrent en guerre contre Charles le Téméraire. Ils envahissent la Comté et, au printemps 1475, s'emparent de Grandson, à l'extrémité du lac de Neufchâtel ; l'armée de Charles le Téméraire, pourtant imposante, y est défaite. Le Bourguignon veut sa revanche ; il est cependant à nouveau battu à Morat (*Murten*) en juin 1476. Il se porte alors avec une armée réduite vers Nancy que René, duc de Lorraine, a reprise. Les Suisses appuient René, affrontent les Bourguignons qu'ils écrasent. Le Téméraire meurt au combat, sous les murs de Nancy, le 5 janvier 1477.

L'effondrement de la maison de Bourgogne rétablit des frontières stables entre les Valois et les Habsbourg. La Lorraine se soumet en grande part aux zones d'influence française et les Habsbourg retrouvent le calme sur leurs marches occidentales. Frédéric III et Maximilien Ier (1493-1519) ne poursuivent pas la politique de leurs prédécesseurs, qui n'a consisté qu'en un modeste agrandissement territorial. Maîtres de la haute Alsace, du Brisgau et des Pays-Bas, ils se tournent vers la vallée rhénane, active et enrichie par le commerce, les lettres et les arts, avec, bien évidemment, de secrètes prétentions de domination.

L'Alsace pendant les agressions

Pendant le XVe siècle, la campagne alsacienne a souffert de l'intrusion des armées françaises, palatines, helvétiques et bourguignonnes. Une ère de stabilité succède cependant aux conflits avec la France, la Bourgogne et la Suisse. Le jeu politique intérieur est stabilisé par l'amalgame des petites seigneuries en deux maisons princières. Au sud, en haute Alsace, le regroupement se fait au sein de la maison Habsbourg et l'on attend que celle-ci change sa dignité de landgrave en une maîtrise absolue. Maximilien Ier hérite de l'ensemble des possessions autrichiennes, de l'Alsace à la Hongrie. Par son mariage avec Marie de Bourgogne, il acquiert les Pays-Bas, la Belgique, le Luxembourg et la Franche-Comté actuelle.

En basse Alsace, la maison électorale palatine domine les terres situées au nord du *Landgraben*. Malgré l'opposition de la noblesse, le comte palatin a été élevé à la dignité de bailli d'Alsace (*Landvogt*) par la volonté impériale. Il est de plus soutenu par l'évêché de Strasbourg, en particulier par deux évêques de la maison Wittelsbach, Rupert de Simmern et Albert de Bavière, qui ont gouverné leur diocèse de 1440 à 1478. Si bien que l'on peut, sans trop d'exagération, considérer le prince palatin comme propriétaire et régisseur des terres s'étendant de Strasbourg à Mayence.

Cette configuration bipolaire, affirmée dans la seconde moitié du XIVe siècle, s'oppose à la formation d'une entité provinciale. L'amitié de l'Alsace avec la Suisse s'oppose à des liens fermes avec l'Empire et augmente sa diversité. La Décapole a souffert pendant les hostilités avec la France de l'allégeance de Rosheim au maréchal Philippe de Jalognes, représentant de la couronne française. Mulhouse se détache à son tour de la Décapole à la fin du siècle.

Pourtant, la province alsacienne tout entière, malgré son morcellement politique, est unifiée du nord au sud par une culture, des traditions et des manières de vivre communes. Dans les grands bourgs et dans les petites villes, l'intelligence humaine, les arts et les techniques ont incroyablement progressé. Dans toutes les grandes villes, à Strasbourg et dans la Décapole, la pensée humaine foisonne et s'épanouit. L'aisance matérielle annonce la Renaissance.

La société alsacienne, protégée contre les périls extérieurs, peu à peu débarrassée des exigences de la noblesse, fortement administrée par des artisans et leurs représentants, évolue vers la reconnaissance d'un nouvel ordre bourgeois, serein et florissant. Les métiers de l'alimentation, du cuir, du textile, des métaux, et le négoce avec la campagne font sa prospérité. Des Constitutions urbaines, bâties sur le modèle rhénan, protègent les droits des citoyens. Strasbourg est aussi importante que les villes impériales du sud de l'Allemagne ; en 1444, elle compte 16 000 habitants. Colmar, Mulhouse et Haguenau s'affirment également dans leurs territoires. L'Alsace est une contrée riche en pierres, bois, fer et eau qui conditionnent à l'époque un développement rapide. Les constructions de bâtiments civils sont stimulées par le développement des administrations politiques et économiques. La ferveur religieuse, avant toute autre avancée spirituelle, se manifeste par l'explosion de l'art gothique. L'activité spirituelle et intellectuelle prend un essor remarquable dès la seconde moitié du XVe siècle. Les abbayes participent activement à ce renouveau en attisant la foi chrétienne et la culture. La cathédrale de Strasbourg est en 1439 le symbole le plus remarquable de cette évolution heureuse. Elle témoigne de l'ardeur d'une population laborieuse qui dédie son travail à Dieu, et d'un épanouissement technique et artistique achevé. Commencée en 1190, elle porte la trace de toutes les techniques médiévales, de l'art roman au gothique flamboyant. L'architecture et les sculptures gothiques dominent avec une vivacité remarquable, dès le deuxième siècle de sa construction. Le bras sud du transept avec le pilier des Anges et les statues du portail sud datent de 1220-1240 ; la grande nef est remarquable par sa voûte élancée, ses croisées d'ogive, ses hautes fenêtres et ses piliers puissants, mis en place de 1250 à 1275. La première pierre de la façade est posée le 25 mai 1277 par l'évêque Conrad de Lichtenberg.

La construction de la cathédrale est la somme de projets architecturaux émanant de plusieurs générations d'architectes et d'ouvriers. Le premier est celui d'un maître d'œuvre formé sur les chantiers français. Il aurait été inspiré de Notre-Dame de Paris et de Saint-Urbain de Troyes. Mais, dès la mise en place des contreforts et des portails, il est modifié par le maître alsacien Erwin, surnommé de Steinbach, qui décide de la création d'une magistrale rose. Les portails sont achevés à la mort d'Erwin. Jean Erwin poursuit l'œuvre de son père. En 1365, les maîtres d'œuvre achèvent les tours, jusqu'à la hauteur de la plate-forme actuelle, lui donnant la même allure générale que les cathédrales de Paris, d'Amiens et de Reims.

Les bourgeois de Strasbourg veulent aller plus haut. Au XIVe siècle, l'inspiration artistique ne venant plus guère de France, on fait appel à des architectes allemands. Michel de Fribourg, de la célèbre famille d'architectes Parler, originaire de Gmünd, est suivi de Claus de Lore, du pays de Bade. A la fin du siècle, on fait appel au célèbre Ulrich d'Ensingen, qui décide d'édifier la tour nord et sa flèche. Jean Hütz, de Cologne, achève l'œuvre et lui donne sa forme définitive. La cathédrale de Strasbourg est donc essentiellement d'inspiration germanique.

Du XIIIe au XVe siècle une foi passionnée, alliée aux progrès de la technique architecturale et de l'emploi du grès et du bois, diffuse l'art gothique dans toute l'Alsace. Plusieurs églises paroissiales ou collégiales remplacent des édifices romans devenus trop exigus. Plusieurs d'entre elles sont directement inspirées de la cathédrale de Strasbourg, notamment Saint-Georges de Sélestat, Saint-Martin de Colmar, Notre-Dame de Rouffach, Saint-Florent de Niederhaslach et Saint-Pierre-et-Saint-Paul de Wissembourg. De nouvelles églises surgissent à Strasbourg même, Saint-Thomas, les deux Saint-Pierre et Saint-Nicolas. Les sculpteurs, verriers et peintres y exercent leur art, embrassant tout le champ du savoir profane et sacré et l'illuminant par la foi. A Strasbourg, le grand portail de la cathédrale est orné de sculptures témoignant de l'histoire du salut ; le portail droit abrite des illustrations sculptées de la Parabole des vierges sages et des vierges folles, imitées à Bâle, Fribourg-en-Brisgau et Magdebourg, et deux statues de la Synagogue et de l'Eglise ornent le portail du transept sud. Des sculpteurs viennent de partout pour réaliser tout ou partie de ces œuvres : Woelfelin de Rouffach, Nicolas d'Haguenau, Veit Wagner et Peter Bischof von Agelsheim sont les plus connus. Des retables naissent à Strasbourg sous les pinceaux de Hans Hirtz et Jost Haller, de Martin Schöngauer à Colmar, qui a sans doute eu comme élève l'incomparable Mathias Grünewald. Sa magnifique *Vierge au buisson des roses* a longtemps été exposée dans le chœur de l'église des Dominicains. L'atelier de verrerie de Jean de Kirchheim travaille au pied même de la cathédrale de Strasbourg. Il en fournit les vitraux.

Strasbourg compte depuis longtemps nombre de chroniqueurs, historiens et théologiens. Un historien séduit particulièrement le Saint-Empire, Jacques Twinger de Koenigshoven, auteur du *Bon Chanoine de Saint-Thomas* au ton populaire et parfois critique. Les théologiens appartiennent à la mouvance de Maître Eckart, qui enseigne plusieurs années à l'école des dominicains de Strasbourg vers 1312. Les prédicateurs, tel Geyler de Kaysersberg, prédicateur à Strasbourg en 1478, cherchent à imiter l'illustre Jean Tauler (1300-1361). Une école latine ouvre ses portes à Sélestat en 1441. Cette activité intellectuelle jointe à la dévotion du clergé et des élites urbaines justifie le recours à des copistes qui produisent des manuscrits délicatement illustrés. L'atelier de Thiébaut Lauber (1427-1467) à Haguenau occupe au moins cinq copistes. Vers 1450, à Mayence, apparaissent les premiers exemplaires fabriqués à l'aide de caractères métalliques mobiles reproduisant parfaitement l'écriture humaine – c'est la naissance de l'*ars scribendi artificialiter*.

L'invention géniale de Gutenberg, comme bien d'autres découvertes, éclot dans un climat propice, servie par un savoir-faire commun. Gutenberg se réfugie d'ailleurs à Strasbourg vers 1429, à la suite d'un conflit avec l'administration de Mayence, sa ville natale. Son activité professionnelle à Strasbourg culmine dans les années 1434-1444. En 1439, un procès qui l'oppose à un associé révèle les secrets de sa technique, associant l'art de la métallurgie, la gravure sur papier et l'utilisation de la presse.

Une bible latine à 49 lignes est imprimée en 1460 ; elle est suivie d'une bible allemande en 1466. Les imprimeurs prolifèrent alors, Mentelin à Strasbourg, Johann Froben à Bâle, Günther Zainer à Augsbourg, entre autres. La famille Mentel, de Sélestat, de Jean, ancien enlumineur, à son petit-fils Jean Schott, devient l'imprimeur le plus prestigieux. L'Alsace est propice au développement de l'imprimerie : les Gruniger, les Pruss, les Knobloch, les Flach, puis les Riehl et les Zetzner œuvrent à Strasbourg, les Anshelm et les Secer à Haguenau. Leur technique est imitée dans toute l'Europe, jusqu'à Venise (Nicolaus Jenson). Les publications se diversifient : après les livres de religion, des ouvrages de jurisprudence, des romans de chevalerie et des recueils d'adages sortent des presses. Près d'un siècle plus tard, en 1517, l'imprimerie jouera un rôle considérable dans la diffusion de la Réforme.

7

La Réforme et la guerre des Paysans

En 1482, par le traité d'Arras, signé avec le Habsbourg Maximilien Ier, Louis XI acquiert la Bourgogne et la Picardie. Il a reçu par héritage l'Anjou, le Maine et la Provence. Son fils Charles VIII (1483-1498) estime avoir des droits sur le Royaume de Naples, qu'il tiendrait d'un lointain ancêtre. La fragilité politique de la Péninsule, due à la rivalité entre ses Etats, conduit ceux-ci à faire appel à l'étranger lorsqu'ils se sentent par trop menacés. Charles VIII passe les Alpes en 1484, entre à Florence puis à Rome et s'installe à Naples en 1495. Il est défait par une ligue formée à l'instigation de Venise. Louis XII (1498-1515), qui lui succède, conserve le duché breton par un remariage. Lui aussi est tenté par les splendeurs italiennes, d'autant plus que la route du Saint-Empire lui est barrée, il conquiert Milan puis Naples ; perd Naples en 1503 ; triomphe à la bataille du Garigliano et, en 1504, par le traité de Blois, reçoit le Milanais tandis que le roi d'Aragon reçoit Naples. En 1513, à la suite d'une politique guerrière compliquée et de l'hostilité de Venise, de Florence, des Cantons suisses et de l'Angleterre, il ne lui reste rien de ses conquêtes italiennes. François Ier (1515-1547) reprend le combat contre le duché de Milan, acquiert le Milanais en 1515 et, dix ans plus tard, se heurte à l'empereur Charles Quint qui ne peut accepter les revendications territoriales françaises en Italie. La France, riche et prospère, s'étend jusqu'à la Franche-Comté, à la Lorraine à l'est et à l'Artois au nord.

Face à elle, l'Empire des Habsbourg est un vaste conglomérat de quelque 350 principautés, seigneuries et villes, s'étendant de la Poméranie à l'Italie septentrionale et de la Lorraine à l'Autriche et à la Bohême. Le jeune Charles de Habsbourg, petit-fils de Maximilien, risque de prendre la couronne et, par son héritage, d'encercler la France. François Ier, pour éviter ce danger, se porte candidat à la couronne du Saint-Empire germanique. La guerre est inévitable. L'Angleterre soutient le Saint-Empire. Six guerres « italiennes » opposent Valois et Habsbourg de 1521 à 1559. La paix de 1559 est conclue par des souverains accaparés dans leurs pays respectifs par les progrès de la Réforme ; la France y perd de nouveau ses conquêtes italiennes.

Le Saint-Empire germanique

L'Alsace est très éloignée du champ de bataille, qui s'est cantonné aux terres méridionales. Elle ne fait cette fois l'objet d'aucune convoitise directe de la part des Français, empêtrés dans des conflits politico-religieux face à plusieurs adversaires. Mais la province subit de plein fouet les secousses internes du Saint-Empire.

Plus encore que les siècles précédents, le XVIe siècle alsacien est celui de l'Allemagne. Une grande effervescence règne dès les premières années, due à la faiblesse du pouvoir central, à l'éparpillement persistant des pouvoirs locaux, à la richesse des villes que contredit la pauvreté des campagnes et à la prétention d'une noblesse décadente. Ce remue-ménage est entretenu par le grand problème de la chrétienté, confrontée à la Réforme.

L'empereur Maximilien Ier (1493-1519), aimé des humanistes et des artistes, est surtout un chef de guerre, trop accaparé par l'émancipation des Suisses, les usurpations vénitiennes sur le Frioul impérial et les prétentions françaises sur le Milanais pour s'occuper des problèmes de politique intérieure.

Charles V de Habsbourg (Charles Quint), son petit-fils, lui succède en joignant les Pays-Bas, la Franche-Comté, Naples, l'Espagne, la Sicile et l'Amérique latine à l'Allemagne. Il rassemble en effet l'héritage Habsbourg et celui de sa mère Jeanne la Folle, d'Espagne, qui lui a transmis le duché de Bourgogne. Charles Quint est duc de haute et de basse Autriche, duc de Styrie, de Carinthie et de Carniole, comte de Flandres, duc de Brabant, roi de Castille et d'Aragon, roi des Romains et empereur. Il rêve de l'établissement d'une « monarchie universelle », projet pour lequel il lui faut lutter contre François Ier, inquiet de voir son royaume pris en tenaille et avide de terres italiennes, contre les Ottomans qui s'infiltrent vers l'Autriche, puis contre les protestants qui s'insurgent contre la puissance catholique qu'il prétend incarner.

Son désir de conserver, et même d'agrandir, son immense empire le pousse à une politique intérieure anarchique, à une incurie administrative et religieuse. Le Saint-Empire, fort à l'extérieur, est secoué de révoltes internes. Entre les années 1521 et 1526, les héritiers de la noblesse féodale, qui remonte essentiellement au règne des Hohenstaufen, se plaignent de la perte d'un pouvoir central fort et de la considérable régression des pouvoirs princiers ; ils s'en prennent aux pouvoirs locaux et aux villes. Cette chevalerie quasi indépendante, développée en Rhénanie centrale, en Souabe et en Franconie, est activée par Ulrich von Hutten et Franz von Sickingen. Sickingen attaque successivement l'Electeur palatin, de grands domaines princiers et l'archevêque-électeur de Trèves. Les villes de Metz et de Worms sont menacées. Cinquante places fortes sont brûlées dans la seule Souabe par des *Raubritter* (chevaliers pilleurs). Les agitateurs sont finalement maîtrisés, mais l'empereur s'est révélé lointain et inaccessible, et l'Empire y a perdu sa noblesse et son unité.

Seules les villes germaniques poursuivent leur renaissance artistique, soutiennent d'immenses progrès techniques et maintiennent leur aisance. Les plus grands artistes se mettent sous la protection de l'empereur et des princes. Maximilien Ier ouvre sa cour aux grands peintres – Dürer, Rubens, Altdorfer, Lucas Cranach, Roland Frueauf et Hans Schäuffelein –, aux sculpteurs Peter Vischer, Veit Stoss, Adam Krafft, et au musicien Heinrich Isaac. En Alsace, une remarquable pléiade d'humanistes, d'écrivains et de poètes participe à la vie citadine, fait de cette province et de ses villes, Strasbourg, Colmar et Bâle, l'un des plus brillants foyers de la Renaissance. Parmi ces humanistes illustres se comptent Sébastien Brant (1458-1522), Jacob Wimpheling (1450-1528), Beatus Rhenanus (1485-1547), Thomas Murner (1475-1537), Johann Fischart (1546-1591) et Martin Bucer (1491-1551). L'organisation démocratique des cités favorise cet essor. Le mécontentement et l'appétit de réformes viennent essentiellement des campagnes.

Martin Luther

Le monde germanique du XVIe siècle est donc tout à la fois grandeur et désordre. La réforme de l'Eglise, prônée par le moine Martin Luther, contribue à la confusion. Quoiqu'elle aspire à élever les âmes et à calmer des esprits inquiets, elle suscite aussi des réactions sociales puis politiques qui vont peser lourdement et durablement sur le destin de l'Alsace. Le jeune Martin Luther – il est alors âgé de vingt-deux ans – pousse le 17 juillet 1505 la porte du couvent des Augustins d'Erfurt. Indigné par les mœurs de l'Eglise catholique romaine, critiquant une hiérarchie ecclésiastique qui ne permet pas à l'homme de se placer sous la dépendance directe de Dieu, dédaignant les pompes et privilégiant l'amour du prochain, il donne naissance à une nouvelle façon de croire. La Réforme séduit tant dans l'Empire germanique que chez ses voisins européens. La parole de Dieu s'impose plus vite que les armes.

En 1517, Martin Luther condamne la pratique des indulgences dans les *95 thèses* affichées sur les portes de l'église du château de Wittenberg. Pendant les dix années suivantes, son excommunication et sa mise au ban de l'Empire par la diète de Worms sont une condamnation de l'homme, mais contribuent à diffuser ses idées. Les fondements du luthéranisme, qui reposent sur la prédication et la familiarité avec les Ecritures, sont servis par la publication de la traduction en allemand par Luther du Nouveau Testament. L'ouvrage est diffusé à des dizaines de milliers d'exemplaires. L'Allemagne est en ébullition ; l'obstination de Luther devant ses juges, son exil au château de la Wartburg, protégé par Frédéric de Saxe, soulèvent des tempêtes. Les humbles et les opprimés, qui se révoltent contre les fastes et les autorités de leur temps, dont ceux de l'Eglise, suivent Luther. Les princes se divisent.

La guerre des Paysans

La guerre des Paysans commence par des mouvements locaux alimentés par des revendications sociales, la lutte contre le servage dans les campagnes et l'autorité de certains seigneurs, d'autant plus insupportables que la richesse des villes augmente.

Le soulèvement des campagnes se produit à peu près simultanément en Alsace, en Forêt-Noire, en Franconie et en Thuringe, à la suite d'une succession de mauvaises récoltes. En 1493, le sursaut alsacien se produit dans les environs de Soultz, Dambach et Scherwiller. Jean Ulmann, bourgmestre de Sélestat, en prend la tête. Les révoltés des différentes régions se rejoignent et se fédèrent, sous l'emblème de la grosse chaussure à lacets des paysans, dans une ligue des *Bundschuh*. La conspiration est découverte ; Jean Ulmann est écartelé vif et nombre de fédérés sont exécutés.

L'insurrection ne s'arrête pas pour autant. De nouveaux *Bundschuh* se forment sur les deux rives du Rhin, dans les évêchés de Strasbourg et de Spire et dans les terres des Habsbourg, et entrent en rébellion ouverte de 1505 à 1513. Les armes, à nouveau, les font taire, mais entretiennent une haine croissante vis-à-vis des riches. A Ensisheim, siège du gouvernement autrichien sur le Rhin supérieur, un tribunal d'exception (*Malefitzgericht*) condamne 60 personnes, généralement des petites gens, à l'échafaud.

Ces révoltes, à leurs débuts tout au moins, n'ont pas de rapport avec la religion. La situation change en 1527 lorsque Luther affiche ses thèses. Dans tout l'Empire, les paysans espèrent trouver en lui un soutien. Jean Berner en haute Alsace, Balthasar Hubmaier dans la Forêt-Noire et Thomas Münzer en Thuringe appuient alors leurs revendications sociales sur l'Evangile. Les livres de Luther soutiennent ces idées et les diffusent. Quatre de ces ouvrages sont imprimés à Strasbourg en 1519, et dix-sept en 1520.

En 1525, la révolte paysanne prend un tour plus violent et véritablement guerrier. Les princes et les seigneurs d'Alsace, incapables de se protéger par leurs propres forces, font appel à leurs voisins armés, le duc Antoine de Lorraine et son frère Claude de Guise. Ceux-ci lèvent une forte armée qui descend sur Saverne le 25 mai. Elle achève une première ère de dix ans de révoltes. Pendant cette décennie, des bandes de paysans et de rustauds ont dévasté l'Alsace, ses monastères et villages, incendiant et pillant sur leur passage. Ils revendiquent « douze articles », douze améliorations de leur condition, qui ont été rédigés en Souabe. Ils occupent par milliers des villes, Saverne et Wissembourg entre autres, et Strasbourg où ils tentent de pactiser avec les Réformés. Des humanistes les soutiennent, tels Nicolas Prugner à Mulhouse, Wimpheling à Sélestat et Jacques Sturm à Strasbourg.

En basse Alsace, Erasme Guerber et Georges Ittel, leurs chefs, se réclament d'une légitimité divine, ce qui tente les petits et épouvante les Grands. Ils menacent le clergé, les princes et les Juifs. En mai 1525, ils sont véritablement maîtres du pays et refusent le compromis qui leur est proposé au camp d'Altdorf par Martin Herlin, ammeistre de Strasbourg, et par Martin Bucer, principal prédicateur de la ville libre, pourtant émule de Luther à Strasbourg.

Erasme Guerber, qui refuse tout compromis, se porte à la rencontre de l'armée des princes de Lorraine. Le 16 mai, la bande qu'il dirige subit un échec au village de Lupstein, près de Saverne. Guerber et ses hommes gagnent alors Saverne et se mettent à l'abri derrière ses remparts. Mais les lansquenets d'Antoine de Lorraine en viennent à bout en les affamant. Ils se rendent sans armes le 19 mai, sous la promesse d'une vie sauve. Ils sont en réalité massacrés à peine sortis de la ville : près de 18 000 paysans alsaciens sont ainsi passés par les armes.

Mais les paysans se remobilisent en moyenne et haute Alsace. Antoine de Lorraine, sur le chemin du retour, les rencontre près de Scherwiller. La cruauté des mercenaires et la puissance de leurs canons infligent une nouvelle et écrasante défaite aux révoltés. Les paysans s'enfuient en laissant derrière eux 10 000 morts et blessés. La répression se solde encore par des centaines d'exécutions, d'emprisonnements et d'amendes. D'août à septembre 1525, les insurgés s'opposent dans le Sundgau à la Régence autrichienne catholique par des escarmouches et des incendies. Ce n'est qu'à la fin de l'année que la révolte est maîtrisée. Elle a été épouvantablement meurtrière : 5 à 10 % de la population alsacienne a disparu ; la paysannerie est décapitée alors que les villes impériales, demeurées neutres, sont intactes. La répression s'est appuyée sur une rétorsion catholique qui accuse la Réforme d'avoir fomenté la révolte. Celle-ci, pourtant, a commencé avant les prédications de Luther ; en 1525, Luther la désavoue même dans sa célèbre *Exhortation à la paix, à propos des douze articles des paysans de Souabe, et aussi contre l'esprit de meurtre et de brigandage des autres paysans ameutés*. Il n'en reste pas moins que Luther a largement insufflé espoir aux paysans opprimés.

La Réforme

La Réforme s'est vite répandue en Alsace, terre de contestation. Les presses de Strasbourg diffusent la Bible de Luther ; des prédicateurs, des théologiens et des humanistes convainquent le peuple d'adopter le protestantisme ; Mathieu Zell, Hédion, Oberlin, Martin Bucer et Jacques Sturm surtout, réorganisent la vie politique, religieuse et administrative suivant les principes de la Réforme. Un vote solennel de la bourgeoisie fait en février 1529 de Strasbourg une ville luthérienne, qui s'associe aux autres villes réformées, aux ligues protestantes, à la Protestation de Spire, à la ligue de Smalkalde (1531), au prince-électeur Johann Friedrich de Saxe et au landgrave Philippe de Hesse, qui s'apprêtent à combattre le catholicisme par les armes. Le magistrat de Strasbourg entre en opposition avec les puissants catholiques, l'empereur Charles Quint, les archiducs d'Autriche et les princes-évêques de Strasbourg. Ces derniers, Guillaume III de Honstein (1506-1541) et Erasme de Limbourg (1541-1568), se font cependant discrets jusqu'à ce que Charles Quint défasse les protestants par les armes en 1547 à Mühlberg.

Un groupe de conseillers de la ville protégés par Sigismond de Hohenlohe, doyen du chapitre de la cathédrale, et une population de plus en plus enthousiaste soutiennent Bucer, ancien dominicain rallié aux idées de Luther. Bucer prêche en Alsace, en Allemagne du Sud et en Hesse ; il devient le directeur de la Réforme alsacienne en 1525. Il participe, avec Wolfgang Capiton, à la rédaction de la *Confession d'Augsbourg* qui officialise le luthéranisme, sous la forme d'une confession « tétrapolitaine » (Strasbourg et trois villes souabes, Memmeingen, Constance et Lindau). La messe est supprimée, la liturgie est énoncée en langue allemande. La position doctrinale sur la Cène s'approche de celle des théologiens suisses Oecolampe (à Bâle) et Zwingli (de Zurich) : la présence réelle du Christ au moment de la consécration est reconnue. Luther approuve ce nouveau texte en 1536. Cependant, Strasbourg reste ouverte à d'autres tendances de la Réforme. En 1538, Jacques Calvin (1509-1564), chassé de

France, est nommé titulaire d'une chaire de théologie et administrateur de l'Eglise réformée de langue française. Il rencontre à Strasbourg Melanchton, principal disciple de Luther.

Charles Quint est trop occupé pour suivre les premiers pas de la Réforme en Alsace, mais il s'inquiète de voir les princes territoriaux et les villes d'Empire séduits par la scission religieuse. La victoire de Mühlberg, qu'il remporte le 24 avril 1547 sur la ligue protestante de Smalkalde, lui permet de tenter de mater l'hérésie. La petite République de Strasbourg, malgré l'autorité qu'elle a acquise au siècle précédent, est en effet fragilisée par son choix religieux, qui s'oppose à celui de l'empereur. Martin Bucer, chef de file des protestants de la ville, s'exile à Cambridge où il décède en 1551. Menacée tant que le concile de Trente n'a pas rendu ses conclusions, dans cette période dite de l'intérim (1547-1559), Strasbourg cherche un soutien. Elle ne peut plus compter sur ses alliés suisses, las de mener des guerres à l'extérieur de leurs frontières. Certains Strasbourgeois pensent solliciter l'appui de la France, qui se prépare d'ailleurs à faire à la ville une offre, non sans arrière-pensée.

En 1560, le renforcement de la doctrine réformatrice fait oublier la tolérance qui prévalait jusqu'alors. Après l'intérim et la mort de Jean Hédion, successeur de Martin Bucer à la tête du couvent ecclésiastique, la situation religieuse se clarifie. Jean Marbach et Jean Pappus imposent peu à peu la *Confession d'Augsbourg* et ferment l'Eglise réformée française aux courants minoritaires radicaux. Les anabaptistes, qui refusent le baptême sous l'impulsion du jardinier Clément Ziegler, survivent une dizaine d'années. Le courant de Schwenckfeld, qui est un rejet de toutes les institutions ecclésiastiques, du dogme et de la liturgie, est plus durable, mais finit par perdre aussi son influence. Un couvent ecclésiastique, comprenant tous les pasteurs et trois membres laïcs du magistrat, est mis en place par les autorités municipales ; on y débat des questions de doctrine et de ministère. Les offices ne sont plus célébrés qu'en allemand, et selon une liturgie dépouillée et moins démonstrative ; l'usage de l'encens et les processions sont supprimés ; des couvents se sont vidés, parfois dans un climat de tension, et de nombreuses paroisses choisissent la nouvelle doctrine. Le gouvernement, dominé par les partisans de la Réforme à partir de 1524, est modéré ; il proscrit la spoliation des biens des clercs et des couvents, qui deviennent des institutions de charité et d'enseignement sous le contrôle de la ville. Jacques Sturm est *Stettmeister* de Strasbourg, presque sans interruption, de 1527 à 1550. Il représente les protestants d'Alsace aux diètes de l'Empire. A Strasbourg, il réussit à apaiser les conflits entre les protestants et les quelques catholiques restants. La ville est devenue un refuge pour les huguenots qui fuient les persécutions royales, Mme de Roye et les fils de Condé, les enfants de d'Andelot, la femme de Coligny ; l'amiral lui-même demande au magistrat de lui accorder son hospitalité en cas de défaite. En 1580, la *Formule de concorde*, publiée en Saxe et promulguée à Strasbourg, remplace la « Tétrapolitaine ».

La Haute Ecole, première école secondaire d'Alsace fondée en 1538, rayonne dans toute l'Europe. Installée dans l'ancien couvent des Dominicains, elle enseigne un humanisme de base. Elle devient académie en 1566, puis université de plein exercice en 1621, enseignant les arts, la médecine, le droit, la théologie. Sa vocation, clairement affirmée par son fondateur, Jean Sturm, consiste à former de bons citoyens et de bons chrétiens au service de la ville et de la religion. En 1581, Jean Sturm, à la tête de l'institution, est destitué.

Le protestantisme se diffuse dans toute la province, dans sa campagne et dans ses villes. Wissembourg, Colmar et Mulhouse l'adoptent aussi, à la façon de Strasbourg, comme religion municipale. En 1545, le comté de Hanau-Lichtenberg en basse Alsace enregistre 55 paroisses protestantes. La diffusion du protestantisme est, de manière inattendue, moins rapide dans les campagnes que dans les villes ; les paysans, sous la pression des princes, réclament le droit de choisir leur religion, tout en craignant de changer une liturgie millénaire, souvent difficilement apprise. Dans son ensemble, l'Alsace devient néanmoins terre protestante. La première réaction catholique organisée ne se manifeste qu'en 1580, sous l'influence des jésuites de Molsheim.

Nouvelles ambitions françaises

La « monarchie universelle » de Charles Quint repose sur une union de l'Espagne et de l'Allemagne. La France de François Ier se sent menacée. Elle a engagé, en deux dizaines d'années, trois tentatives pour récupérer le Milanais, soumis à la puissance impériale. Lors de la dernière, François Ier est battu à Pavie le 24 février 1525 et fait prisonnier. Pour recouvrer la liberté, il abandonne à son adversaire le Milanais, lui restitue la Bourgogne et lui abandonne la suzeraineté sur la Flandre et l'Artois. Mais il dénonce bientôt cet accord signé sous la contrainte et reprend la guerre avec l'appui du roi d'Angleterre Henri VIII, inquiet des succès de Charles Quint. En 1529, la paix de Cambrai attribue le Milanais à l'empereur et restitue la Bourgogne au roi de France. La guerre reprend sept ans plus tard, pratiquement sans interruption de 1536 à 1544, jusqu'à la paix de Crépy.

L'issue de la guerre est indécise ; François Ier recherche alors l'appui des adversaires de l'empereur, les Turcs et les princes protestants allemands.

Henri II (1547-1559), qui succède à François Ier sur le trône de France, poursuit la politique extérieure de son père et conserve son agressivité à l'égard des Habsbourg. En 1551, il presse les Ottomans de relancer la guerre maritime dans le bassin méditerranéen. Le 15 janvier de l'année suivante, il signe le traité secret de Chambord avec les princes allemands réformés. Le duc Maurice de Saxe, craignant la réaction catholique, organise la rencontre. Henri II assure les princes de son soutien contre Charles Quint s'ils s'engagent à ne pas contrarier ses ambitions sur les trois villes épiscopales de l'Est. Il s'empare alors des évêchés de Metz, Toul et Verdun avec l'accord de ses nouveaux alliés. Henri II se rapproche, tout au moins géographiquement, des Strasbourgeois, qui songent, on l'a vu, à solliciter son appui contre l'empereur. L'attitude d'Henri II est ambiguë. Malgré son appui aux protestants germaniques, il met en place en France des tribunaux d'exception et des « chambres ardentes » qui envoient les hérétiques au bûcher ; il entend protéger Strasbourg la protestante mais cette attitude n'est pas désintéressée, l'Alsace pouvant servir de base militaire contre les Habsbourg. Il garde sans doute en mémoire les tentatives de ses ancêtres, Charles V, Charles VII et le dauphin Louis (futur Louis XI), pour rattacher l'Alsace à la France. Les guerres italiennes ne sont pas encore terminées, mais le pape Paul IV, élu le 13 mai 1555, s'est allié à Henri II pour reprendre le Royaume de Naples aux Habsbourg.

Les ambitions françaises sont vite connues. Une résistance s'organise : les intellectuels strasbourgeois acquis à la cause protestante, Jacob Wimpheling, Beatus Rhenanus,

Jérôme Guebwiller, Sébastien Brant, Thomas Murner et Johann Fishart, se montrent franchement hostiles à la France et nient aux Valois catholiques tout droit sur la rive gauche du Rhin.

Le 3 mai 1552, Henri II quitte Metz, gagne le col de Saverne et descend dans la plaine d'Alsace à la tête de son armée. Il se dirige vers Strasbourg, en principe pour protéger l'Alsace de la réaction catholique. Le Valois affirme ne pas avoir l'intention de nuire à la ville et ne réclame que des vivres et du fourrage pour son armée. Les conseillers de Strasbourg envoient au-devant du roi une délégation accompagnée de l'historien Sleidan, l'un des avocats de la ville. La rencontre n'a pas lieu, la délégation s'étant perdue vers Fénétrange, alors qu'Henri II passe plus au sud entre Lunéville et Blamont. Le bruit que le roi de France veut s'emparer de Strasbourg, comme il l'a fait de Metz, se répand. Le maréchal de Tavannes écrit dans ses mémoires que « le roi marche à Strasbourg pour y faire de même qu'il avait fait à Metz ». Strasbourg se prépare à être assiégée et renforce sa défense militaire. Elle refuse courtoisement de nourrir l'armée royale : le pain viendra des environs, Dorlisheim, Geispolsheim, Erstein, et d'outre-Rhin. Le 6 mai, le roi de France campe à Brumath puis gagne les collines d'Hausbergen, d'où l'on voit la flèche de la cathédrale. Il semble que Strasbourg ait alors accepté d'ouvrir ses portes à quelques Français pour qu'ils puissent faire des achats. Henri II, accompagné d'une forte escouade, tous déguisés, s'approche donc des remparts, mais la troupe essuie un feu violent. Les Strasbourgeois, méfiants, ont usé de leur plus fort canon, le *Meiselocker* (« Piqueur de mésanges »). Quelques hommes sont blessés et Henri II se retire, pour reprendre sa marche deux jours plus tard vers Haguenau et Wissembourg, qui lui ouvrent leurs portes sans résister. La cavalerie atteint Spire le 11 mai 1552, mais deux nouvelles vont infléchir la marche du roi. Les Espagnols, venus des Pays-Bas, ont à nouveau envahi le nord de la France et Maurice de Saxe annonce qu'il traite cette fois avec l'empereur et les princes allemands catholiques, réunis à Worms. Henri II reçoit la demande pressante de ne pas entrer plus avant dans l'Empire. Il arrête sa progression.

L'empereur, en annonçant une amnistie générale et permettant le libre exercice du culte (à l'exclusion des calvinistes), coupe l'herbe sous les pieds des Français. Le 15 mai, l'armée française lève son camp d'Altenstadt, près de Wissembourg. Henri rentre en France par Bitche, Deux-Ponts et Sarrebruck. Le 20 mai, il reçoit une délégation des cantons helvétiques insistant à nouveau pour qu'il épargne Strasbourg et quitte la région au plus vite. Henri II s'engage à ne pas attaquer les terres de la Régence autrichienne d'où les Suisses tirent une partie de leur alimentation.

Le traité de Passau (août 1552) et la paix d'Augsbourg (septembre 1555) mettent un coup d'arrêt aux guerres de religion. L'empereur et les princes protestants allemands admettent que les citoyens suivent la religion de leurs princes ou des autorités de leurs villes – « *Cujus regio ejus religio* » –, ce progrès vers la paix religieuse ne respectant en rien les libertés individuelles. Une « liberté religieuse » relative s'installe ; l'Electeur Frédéric de Saxe et le landgrave Philippe de Hesse, ardents réformateurs, chefs de la ligue Smalkalde, qui avaient été emprisonnés par le pouvoir catholique, sont libérés. L'Alsace retrouve sa tranquillité au sein de l'Empire.

8

La guerre des Deux Evêques

En 1555, la paix d'Augsbourg ramène dans le Saint-Empire une paix relative, tandis que les dissensions religieuses gagnent la France, l'exposant à des guerres civiles pratiquement ininterrompues de 1559 à 1598. Les préoccupations des Valois se replient sur leur domaine.

Le théologien Jean Calvin (1509-1564) active la protestation religieuse en affirmant, comme Luther, la toute-puissance des Ecritures, mais en leur associant l'aide d'une Eglise terrestre. Ces hérésies sont combattues par Henri II (1547-1559) en Alsace, puis François II (1559-1560), Charles IX (1560-1574) et Henri III (1574-1589), épaulés par de grandes familles françaises – les Guise, d'Aumale, Montmorency et d'Alençon.

Pendant près d'un demi-siècle, les tentatives de dialogue entre les deux confessions et les édits se succèdent sans créer de tolérance réelle vis-à-vis de la diversité des cultes. Les massacres et les opérations militaires l'emportent sur la paix, et la tyrannie sur la clémence. Par contraste, le Saint-Empire, malgré des conflits religieux latents, est épargné par les grandes violences. La paix d'Augsbourg ne satisfait pas entièrement les protestants, qui demeurent dépendants de la religion de leurs souverains. La sécularisation des biens d'Eglise, reconnue par la Réforme, est figée en l'état de 1552, mais elle n'est pas abandonnée de fait : certains prélats et abbés, demeurés longtemps fidèles à l'Eglise romaine, n'hésitent pas à devenir protestants pour s'emparer du temporel de leur charge. Il n'est pas exceptionnel qu'un prince protestant profite d'une vacance religieuse catholique pour nommer un laïc ou un protestant. Le calvinisme, introduit en 1559 par l'Electeur palatin Frédéric III, diffusé en Hesse et dans le Brandebourg, complique la situation puisqu'il n'est pas reconnu comme religion par la paix d'Augsbourg.

Au concile de Trente (1545-1563), l'Eglise catholique reprend de la vigueur et jette les bases d'une Contre-Réforme. Le catholicisme s'affirme en Allemagne du Sud, notamment en Bavière et dans les possessions héréditaires des Habsbourg. Sa volonté de reconquête se heurte aux bastions protestants de l'Allemagne du Nord, de l'Allemagne moyenne et de nombreuses villes libres impériales qui dépendent de l'empereur (immédiateté) tout en étant de véritables petites républiques autonomes. Ces conflits, pourtant nombreux, ne se règlent pas par les armes.

L'Alsace vit à l'unisson des autres terres de l'Empire germanique. Quelques bandes armées, lancées par les protestants allemands au secours des huguenots, traversent la région à plusieurs reprises (1567, 1575, 1588) mais sans prétention politique. De nombreux immigrants, chassés pour des raisons religieuses, arrivent de Souabe, de Bavière, de Bourgogne et de Lorraine ; s'y ajoutent des protestants persécutés et fuyant le Royaume de France. Les procès-verbaux du magistrat de Strasbourg font ainsi état d'un très grand nombre de « Welches » et de « Français ».

Trois Habsbourg succèdent à Charles Quint, son frère Ferdinand Ier (1555-1564), puis son fils Philippe II (1555-1576) et son neveu Maximilien II (1555-1576). Tant qu'ils président aux destinées du Saint-Empire, pendant une vingtaine d'années, la paix confessionnelle n'est pas sérieusement troublée en Alsace ; les comtés catholiques et ceux qui ont adopté la Réforme se tolèrent. L'Alsace n'échappe cependant pas au clivage religieux et aux difficultés qui s'affirment à mesure que les deux confessions s'affermissent. L'Alsace est majoritairement luthérienne mais reconnaît le catholicisme des territoires ecclésiastiques des évêchés de Strasbourg, de Spire et des possessions des Habsbourg. A l'image de l'Empire germanique, le protestantisme est majoritaire au nord d'une ligne allant de Strasbourg à Saverne ; au sud, en haute Alsace, il ne concerne que quelques îlots – 10 % de la population environ. Les comtés de Hanau-Lichtenberg, de la Petite-Pierre et de Nassau-Saarwerden, les seigneuries du Nord et les 19 paroisses rurales de la ville de Strasbourg sont luthériens. La religion – recrutement des pasteurs, liturgie et discipline – est organisée depuis Strasbourg. Mulhouse, bien qu'entourée des terres catholiques du Sundgau, suit la mouvance protestante de Bâle. Trois villes de la Décapole, Wissembourg, Munster et tardivement (1575) Colmar, ont adopté le protestantisme.

L'Eglise catholique alsacienne, mal défendue par les évêques, s'effondre, matériellement et spirituellement, pendant la première moitié du siècle. Le concile œcuménique de Trente (1545-1563) a certes promulgué des réformes, mais la renaissance catholique a besoin d'hommes. Certains évêques jouent un rôle éminent, comme celui de Wurzbourg, Julius Echter von Mespelbrunn, et le cardinal Otto von Waldburg, évêque d'Augsbourg. Les jésuites reprennent à Ensisheim le collège initié en 1579 par le curé Johann Rasser, ardent défenseur du catholicisme, et font de Molsheim un centre spirituel et missionnaire où s'implantent également des capucins.

Le fragile équilibre entre les deux confessions se rompt avec l'avènement de l'empereur Rodolphe II (1576-1612), petit-neveu de Charles Quint. Elevé par des jésuites madrilènes afin de pouvoir succéder à Philippe II d'Espagne, d'esprit assez soumis, il vit sous l'influence de son éducation et adopte vivement le mouvement de Contre-Réforme qui se fait pleinement sentir pendant les premières années de son règne. Cette fois, l'Alsace n'échappe pas à la tension religieuse. Le comte Jean de Manderscheid, élu prince-évêque de Strasbourg en janvier 1569, suscite une grande animosité par son intolérance vis-à-vis des luthériens. Il refuse, après son élection, de souscrire aux bonnes relations établies entre les deux communautés, rompant ainsi avec la coutume. Il entre en conflit ouvert avec la ville de Strasbourg, ce qui l'amène devant la Chambre impériale de Spire. La réconciliation, suscitée par l'intervention du Grand Chapitre et signée en 1578, est peu solide. La Réforme luthérienne fait de nombreux adeptes à Colmar et Haguenau. A Cologne, l'archevêque Gebhart Truchsess de Waldburg sécularise les biens de l'Eglise, les confisque et se marie.

Les catholiques de l'Empire, soutenus par l'empereur, l'Espagne et le pape, parviennent à chasser l'hérétique qui se réfugie en Alsace. Le Grand Chapitre, stimulé par le renvoi de l'archevêque, y continue sa lutte antiluthérienne et veut se faire entendre en le destituant et en poursuivant les chanoines protestants de Strasbourg. Ceux-ci se mettent sous la protection du magistrat de la ville, parviennent à expulser des chanoines catholiques vers Saverne et Molsheim et à recruter de nouveaux chanoines protestants.

La ville libre de Strasbourg demande alors l'arbitrage du roi de France Henri IV qui a réussi en France à concilier catholiques et protestants en changeant plusieurs fois de religion.

Son émissaire, le vicomte de Turenne, négocie un accord : les biens de l'Ordre des Chartreux, situés aux portes de la ville, reviennent à la ville de Strasbourg en échange des sommes prêtées au roi de France. Cette décision est contestée par Jean de Manderscheid, de plus en plus sectaire et revanchard ; il fortifie les villes de l'évêché, s'allie au duc catholique de Lorraine et reproche à Rodolphe II d'usurper ses droits. Le magistrat de Strasbourg parvient à un compromis le 8 novembre 1591, mais six mois plus tard l'évêque s'effondre, frappé d'apoplexie. Sa disparition ouvre une crise mémorable. Les chanoines protestants, réunis à Strasbourg le 30 mai 1592, désignent comme administrateur de l'évêché l'un des leurs, le jeune margrave Jean-Georges de Brandebourg, petit-fils du prince-électeur. Leurs confrères catholiques, réunis à Saverne, portent leur choix sur le prince Charles de Lorraine, déjà cardinal et évêque de Metz, en contestant immédiatement l'élection du margrave, prétendument trop jeune. La « guerre des Deux Evêques » commence.

L'intervention d'Henri IV

Chaque parti recrute des mercenaires. La ville de Strasbourg, où les protestants, majoritaires, contrôlent les institutions municipales, recrute des troupes sur place et met la main sur différentes possessions de l'évêché. Charles de Lorraine, de son côté, envoie ses mercenaires qui se livrent à des déprédations et à des pillages sur le territoire strasbourgeois. Dès le mois de juin, la ville libre de Strasbourg adresse d'émouvantes suppliques au roi de France, implorant son aide contre la « tyrannie barbarique » du duc de Lorraine.

Mais Henri IV n'est pas en mesure d'intervenir efficacement, parce qu'il mobilise alors toutes ses forces dans les opérations militaires projetées contre les Habsbourg d'Espagne. Le parti protestant de Strasbourg fait alors appel à ses alliés – le prince Christian Anhalt qui revient d'une campagne en France – puis à ses voisins. Le recours à Anhalt s'avère peu rentable ; en revanche, les Alliés suisses envoient 3 000 hommes.

Les médiations de la Régence autrichienne, du duc de Wurtemberg et de l'évêque de Bâle sont inefficaces. La lutte se prolonge, sans trop d'incidents, jusqu'au mois de février 1593, lorsque des commissaires impériaux parviennent à proposer un compromis en attendant que l'affaire soit réglée par la diète d'Empire, seule juridiction compétente pour trancher en dernier ressort. La commission chargée de régler le conflit se compose de trois princes catholiques et de trois princes protestants. En attendant le jugement, les revenus de l'évêché de Strasbourg sont partagés entre les deux camps ennemis.

La diète d'Empire n'étant pas parvenue à trouver une solution acceptable pour les deux parties, les protestants se tournent à nouveau vers le roi de France pour obtenir sa médiation. La guerre contre l'Espagne fait toujours rage, mais il se sent cette fois concerné. Du camp de Travecy, près de La Fère, il se porte garant le 22 novembre 1595 du maintien du *statu quo* à Strasbourg. Il en appelle à son « très cher neveu le cardinal de Lorraine et à son « très cher cousin » le marquis de Brandebourg. L'un et l'autre s'engagent alors à ne pas « attaquer offensivement » et lui-même promet, « en foi et parole de Roi, de prendre les armes pour assister celui des deux qui le premier aurait été agressé hostilement par l'autre ».

L'autorité d'Henri IV est à cette date suffisamment établie pour que sa protection soit efficace. L'Alsace retrouve la paix et s'efforce de combler le fossé financier creusé par la querelle religieuse. La paix ne dure pas. En 1602, malgré la réconciliation entre protestants et catholiques français arrêtée par l'Edit de Nantes (30 avril 1598), les Lorrains et les Brandebourgeois reprennent leurs affrontements. Henri IV contribue encore à rétablir l'équilibre : par le traité d'Haguenau du 22 novembre 1604, Charles de Lorraine est reconnu seul prince-évêque de Strasbourg au prix d'une importante compensation financière pour le candidat brandebourgeois et de quelques avantages consentis aux chanoines protestants.

Le nouveau prince-évêque n'a guère le temps de savourer sa victoire. Il meurt peu après, en ayant toutefois fait désigner par le chapitre un coadjuteur ayant droit à la succession. Il s'agit de l'archiduc Léopold de Habsbourg, frère de Ferdinand de Styrie et futur empereur Ferdinand II. Personne ne conteste qu'un Habsbourg occupe le siège épiscopal de Strasbourg, la maison d'Autriche régnant alors sur le Sundgau, la majeure partie de la haute Alsace et le Grand Bailliage d'Haguenau. Les Habsbourg auraient pu prendre possession de toute l'Alsace, mais les interventions françaises ne lui en laissent pas la possibilité.

La victoire du parti catholique à Strasbourg inquiète quelque peu les protestants de l'Allemagne du Sud, qui gardent néanmoins l'assurance, en cas de litige, de pouvoir s'appuyer sur le roi de France.

L'humanisme, l'habileté politique, le pacifisme et la tolérance d'Henri IV ont réussi à maîtriser les tensions religieuses en France ; les pays germaniques ont également reconnu ses qualités d'arbitre. La politique aventureuse, agressive et désordonnée des Capétiens et des Valois fait place à une diplomatie d'assistance. L'Alsace retrouve quelques années de paix grâce à un voisin français visiblement débarrassé de ses prétentions territoriales. La confiance retrouvée permettra à Louis XIII et Richelieu d'intervenir quelques années plus tard dans la province sans trop inquiéter ses habitants.

La Renaissance alsacienne

Le Saint-Empire germanique a assez peu souffert dans la seconde moitié du XVIe siècle ; la vie quotidienne y fut relativement peu perturbée en comparaison des autres pays européens gagnés par le protestantisme – France, Angleterre et Pays-Bas.

L'Alsace tire profit de ce calme relatif. Son agriculture, ses cultures maraîchères et viticoles, son industrie textile et son commerce sont florissants ; elle est le grenier à grains *(Kornkasten)* du sud-ouest de l'Empire. Colmar est célèbre pour ses textiles et son vin. Strasbourg est une place d'échange orientée vers Francfort. Certains de ses marchands, les Prechter, Ingold, Minckel, Obrecht, sont connus d'Anvers à Venise. Les arts sont largement influencés par la Réforme luthérienne. La sobriété remplace l'art religieux flamboyant, pourtant très vivace dans la vallée du Rhin. L'architecture se tourne, dans les bourgs viticoles, vers les constructions privées, ornées de tourelles, de balcons, de pignons, de portails enjolivés et de hauts toits pentus et mansardés. Ils s'équipent de bâtiments publics, mairies, halles et puits de toute nature, encore visibles aujourd'hui. L'art mobilier exploite le bois de riches forêts. Dans les villes, à Strasbourg surtout, un remarquable essor intellectuel explose dans tous les domaines du savoir et de l'art, accompagné par le développement de l'imprimerie. On écrit encore en latin, mais l'allemand s'affirme de plus en plus. Du côté catholique, deux auteurs franciscains marquent leur époque : Jean Pauli, disciple du célèbre prédicateur Geiler de Thann († 1510), et Thomas Murner d'Obernai. Le premier écrit une littérature populaire et souvent facétieuse ; le second, plus violent, s'en prend pêle-mêle aux travers de ses contemporains, épinglés lors de ses voyages de Cracovie à Rome et Paris, aux femmes et à leurs admirateurs, aux colères du magistrat de Strasbourg, à l'historien J. Wimpheling, aux Confédérés bernois et naturellement à Luther. Dans le camp luthérien, Johann Fischart (1546-1591) est le plus grand écrivain de son temps. Mayence et Strasbourg s'en disputent la naissance. Son œuvre est tout à la fois satirique, polémique et moralisatrice. Il traduit avec succès le *Gargantua* de Rabelais en l'adaptant à un « méridien germanique ». Il aime passionnément sa religion, son pays et sa langue.

Des drames populaires et des contes sont propagés par Valentin Boltz, et George Wickram de Colmar. Jérôme Boner de Colmar, Michel Herr de Strasbourg traduisent des classiques grecs et latins ; Materne Berler de Rouffach et Bernard Hertzog de Woerth sont chroniqueurs ; Gart, auteur de théâtre. Jean Philippson, plus connu sous le nom de Sleidan – il est né à Sleide –, est un grand historien. Ses *Commentaires sur l'état de la Religion et de l'Empire durant le règne de Charles Quint* (1555) sont unanimement loués ; Jörg Wickram signe le premier roman bourgeois de la littérature allemande avec *Rollwagen-Büchlein*.

Béat Bildt, de Sélestat, est archéologue et philologue ; Conrad Pellican de Rouffach, le premier hébraïsant de son temps ; Mathias Zell, un chroniqueur qui succède à Geiler et initie la Réforme à Strasbourg ; Martin Bucer, un théologien écouté dans toute l'Europe ; Jean Sturm est directeur de l'académie et organisateur du premier gymnase (1538) ; Conrad Diasypodius, un mathématicien qui réalise, de 1550 à 1574, la seconde horloge astronomique de la cathédrale de Strasbourg. Avec l'aide d'un autre mathématicien, David Wolkenstein, et des horlogers suisses Isaac et Josias Habrecht, il y rassemble les connaissances mécaniques et astronomiques de la Renaissance. Strasbourg possède aussi un illustre médecin, Jean Gonthier d'Andernach, directeur de l'hôpital, qui fut consulté par François Ier, et un grand botaniste qui écrit un *Krauterbuch*, l'un des premiers ouvrages en langue allemande consacré à la matière.

La Haute Ecole de Strasbourg est élevée, par privilège impérial, au rang d'académie en 1566, ce qui l'autorise à décerner les titres de bacheliers et de maîtres en art. Plus modestement des écoles luthériennes s'établissent dans de nombreuses villes, Mulhouse, Colmar, Wissembourg et Bouxwiller. Dans le cadre de la Contre-Réforme, des collèges jésuites apparaissent à Molsheim, Porrentruy, Haguenau et Ensisheim.

L'Alsace a pris conscience de sa richesse matérielle et culturelle. Ses différents territoires adoptent des modes de gouvernement identiques, ce qui assure une certaine cohésion à l'ensemble. Au sud, les terres des Habsbourg – la haute Alsace contemporaine – avec Ensisheim pour capitale, au nord la principauté épiscopale de Strasbourg, le territoire rural de Strasbourg et les douze villes libres sont présidés par des magistrats puissants et administrés par deux Chambres (voir carte 4, p. 415). Le magistrat est généralement choisi parmi la bourgeoisie ou la noblesse. Le milieu artisanal des corporations perd de son importance, au profit d'une oligarchie qui se recrute par cooptation.

Les magistrats des villes libres coordonnent leurs politiques par des réunions administratives et économiques fréquentes. La noblesse de basse Alsace se rassemble annuellement ; en 1598, elle établit même un directoire à

Strasbourg qui est maintenu jusqu'en 1789. L'Alsace s'est dotée d'états généraux, représentant des dizaines d'entités politiques, qui se réunissent régulièrement, généralement à l'initiative de l'évêque. Ils deviennent une institution permanente qui assure, malgré l'absence d'exécutif et les exigences de certains princes, une communauté politique, économique et judiciaire.

Malgré la diversité de ses composantes administratives et religieuses, l'Alsace est devenue une province individualisée au sein du Saint-Empire. Son attitude vis-à-vis de la France est mitigée : séduite par la coopération d'Henri IV, elle n'oublie pour autant ni les tensions antérieures ni l'opposition systématique des rois de France aux Habsbourg. Le droit de bourgeoisie est refusé à des francophones qui tentent de s'établir ; les Français – les « Welches » – ont en général mauvaise réputation. Loyale aux Habsbourg, l'Alsace a fait de la langue allemande, depuis Luther, celle de la religion, de l'école, de la littérature et du théâtre.

La guerre de Trente Ans qui commence en 1618 va s'avérer catastrophique pour de nombreuses provinces allemandes ; elle le sera particulièrement pour l'Alsace, séparée de sa matrice germanique, et jetée dans les malheurs des temps modernes.

9

Le traité de Munster : une Alsace française réelle ou virtuelle ?

Comment l'Alsace est devenue française

La construction de l'Alsace au sein du Saint-Empire germanique a duré douze siècles. Sa destruction n'a pris que quelques années. Il a suffi que la guerre de Trente Ans, née à Prague en 1618 entre protestants et catholiques, étende ses ravages jusque-là.

Dès 1621, le comte Ernest de Mansfeld et ses mercenaires, au service du Prince palatin Frédéric V, talonnés par l'audacieux et catholique Tilly, se sont engagés sur les terres autrichiennes de la Haute Alsace. Ils ont dévasté les évêchés de Würzburg, de Bamberg en Bavière, puis se sont emparés de la ville épiscopale de Lauterbourg. Arrivé devant Strasbourg, Mansfeld contourne la ville par le nord, s'empare de Wissembourg et met le siège devant Haguenau, tout en pillant les seigneuries de basse Alsace. Haguenau, menacé de bombardement, ouvre ses portes le 6 décembre. Mansfeld retourne alors en haute Alsace poursuivre ses exactions et dirige ses mercenaires vers Saverne, résidence épiscopale ; le comte de Salm, qui défend la ville, lui tient tête. L'arrivée de la cavalerie et des troupes palatines sème la terreur en Alsace. Rosheim et Obernai se rendent et payent de fortes rançons ; des milliers de gens, fuyant pillages et incendies, se réfugient à Strasbourg. Mansfeld échoue une deuxième fois devant Saverne et, abandonné par l'Electeur palatin, se retire en laissant derrière lui une Alsace exsangue et assoiffée de vengeance. L'empereur Ferdinand, dont les terres du Sundgau sont à peu près intactes, soumet les villes et la Décapole, effraie Strasbourg en la menaçant de lui retirer une partie de son autonomie. La guerre de religion fait rage, émaillée de massacres et de pillages.

En 1624, Richelieu avait promis l'appui français à Strasbourg. Dès son avènement, le duc Charles IV de Lorraine (1604-1675), confronté aux ambitions du Cardinal, cherche à maintenir l'indépendance de son pays, tiraillé entre l'Empire habsbourgeois et la France. Les « Trois Evêchés » de Metz, Toul et Verdun appartiennent au Saint-Empire, mais sont occupés par des garnisons françaises. La Lorraine est catholique et liée au Saint-Empire. Le duc de Lorraine se porte aux côtés de Ferdinand II pendant la guerre de Trente Ans et lui fournit troupes et subsides, multipliant les provocations à l'encontre du roi de France. En août 1633, Louis XIII marche sur Nancy et Charles de Lorraine capitule. La Lorraine est occupée par des troupes françaises, ce qui ouvre la route de l'Alsace et du Rhin.

De leur côté, les Suédois protestants, grâce au général Horn, tiennent alors solidement la haute Alsace et se heurtent encore aux Impériaux et Lorrains catholiques en basse Alsace. Les combats désolent le pays et des exactions sont commises, comme de coutume, sur les populations civiles et sur les religieux. Des villes, Wissembourg entre autres, sont occupées. Strasbourg, de confession protestante et en guerre contre l'empereur catholique Habsbourg qui tient la ville sous pression, recherche alors la protection des Suédois ; une alliance offensive et défensive est signée avec l'envoyé de Suède, Nicodème d'Ahausen. Mais la France, soucieuse de son influence, demande le 12 juillet 1632 à son représentant Melchior de l'Isle d'annoncer l'arrivée prochaine d'une armée royale qui contribue à la défense contre l'ennemi impérial catholique, ce qui est surprenant de la part d'un pays qui défend chez lui les catholiques contre les protestants mais logique compte tenu de la stratégie de « Pré Carré » hexagonal adopté par Richelieu. Des régiments de Louis XIII, traversent les Vosges et la basse Alsace en ordre pour aller vers Philippsbourg sur le Rhin en vertu d'une convention passée entre le prince électeur de Trèves, évêque de Spire, et Louis XIII ; ils arrivent à La Petite Pierre le 15 juillet. De là, les troupes françaises se mobilisent direction de Trèves, occupée par les Espagnols.

La France catholique chasse la Suède protestante d'Alsace

En 1634, une double occasion de chasser les Suédois d'Alsace se présente. L'évêché de Strasbourg n'est plus tenu par l'évêque Léopold II Guillaume d'Autriche (1625-1662) ; le comte de Salm l'administre mais pense ne plus pouvoir tenir longtemps les places fortes de Saverne et Haguenau et, plutôt que de les voir aux mains des Suédois, il les livre au roi de France qui en fait deux garnisons.

En septembre, la défaite suédoise des généraux Gustave Horn et Bernard de Weimar à Nordlingen, fournit au roi de France une seconde occasion. Les troupes suédoises refluent vers le Nord du pays, poursuivies par les armées de Ferdinand. Fuyant les pillages, les paysans affluent dans les villes, rapidement surpeuplées de sans-abri, d'affamés et de blessés. Les Suédois sont désormais trop faibles pour se maintenir en Alsace. Le 9 octobre 1634, le rhingrave Othon Louis et Mockel, résident suédois en Alsace, signent une convention militaire avec le maréchal de la Force selon laquelle toute la province, à l'exception de la ville de Benfeld, passe aux mains de la France. Louis XIII et Richelieu triomphent.

Un article du traité de Worms garantit l'occupation de toutes les villes d'Alsace par l'armée française, y compris la forteresse de Brisach sur le Rhin, et l'usage du pont de Strasbourg. Toutes les garnisons françaises de la rive gauche du Rhin retourneront au-delà des Vosges dès qu'une paix générale sera recouvrée, mais celle-ci est encore loin. En l'attendant, l'armée du roi de France occupe militairement toute la province.

Dissidence du duc Bernard de Weimar

En 1635, le camp protestant s'affaiblit à nouveau : l'Electeur de Saxe se retire de l'alliance suédoise et gagne le camp impérial. Les Suédois reculent jusqu'à la Baltique. Le prestige de l'Union protestante de Heilbronn et de son généralissime, le duc Bernard de Weimar, s'en trouve diminué. Feuquières, représentant Richelieu, offre alors à ce dernier une rente annuelle et les revenus des bailliages autrichiens de la haute Alsace et Haguenau mais « avec la dépendance et sous l'autorité de Sa Majesté le roi, se réservant aussi les places fortes desdits landgraviat et baillage ». Le duc de Weimar refuse d'abord cette soumission à Louis XIII, mais n'a finalement pas d'autre recours face aux troupes impériales. Le 27 octobre 1635, le traité de Saint-Germain fait de Weimar le premier landgrave d'Alsace, « avec tous les droits qui ont appartenu ci-devant à la maison d'Autriche », sans que l'on sache si le terme de *landgraviat* correspond à l'attribution politique ou simplement fiscale d'un territoire. Chacune des parties se réserve la liberté d'interpréter le contrat au gré des fluctuations de l'équilibre des forces. La même année, Colmar se met à la disposition de Richelieu par le traité de Rueil. Sélestat et Haguenau suivent, poussées par la faim.

En 1636, Weimar s'empare de Saverne, et le comte de la Suze, de Belfort. Pendant ce temps, les cavaliers de Jean de Werth et de Gallas, généraux impériaux de la maison Habsbourg, ravagent le pays et s'emparent de plusieurs petites places fortes du nord et du sud de la province, avec la volonté de les faire basculer dans le camp de Ferdinand II. Werth bat les Français à Wittenweyer, mais est vaincu à Rhinau. Le 3 mars 1636, camp français triomphe à nouveau des Autrichiens. Louis XIII engage alors Weimar sur la forteresse de Brisach, dernier point de résistance. La forteresse, après un siège prolongé, tombe le 17 décembre. Richelieu veut immédiatement prendre possession de la citadelle et de ses troupes, mais ses émissaires, Melchior de l'Isle et le maréchal de Guébriant, se heurtent au général Louis d'Erlach, fidèle de Weimar. Bernard de Weimar semble vouloir mener un jeu très personnel, prendre possession de la haute Alsace en faisant de Brisach sa capitale, et créer une principauté autonome. Il meurt du paludisme le 18 juillet 1639 au retour d'une randonnée victorieuse à travers la Franche-Comté espagnole. Son trépas, peut-être accéléré par un affidé de Louis XIII, fait tomber le dernier obstacle à la possession plénière de l'Alsace par le roi de France.

Un accord, signé le 9 octobre 1639 par les commissaires du roi, laisse à l'armée weimarienne une semi-autonomie, admet ses colonels comme *directeurs* et confirme

Erlach au poste de gouverneur de Brisach. Un lieutenant du roi est cependant placé à ses côtés. Il s'agit d'Oysonville, neveu de Des Noyers, secrétaire d'Etat à la Guerre qui reçoit le titre d'« intendant de justice, police et finances de l'Alsace, du Brisgau et du Sundgau ». Il est le premier fonctionnaire français de la province. Aussitôt, quelques notables alsaciens arrivistes lui font allégeance. Ainsi Josias Glaser, ancien secrétaire strasbourgeois, autrefois du côté suédois, propose ses services à d'Oysonville pour réorganiser l'Alsace sous la tutelle du roi Louis XIII.

Le gâchis alsacien

On a émis l'hypothèse que ni Louis XIII ni le Cardinal n'ont eu l'intention d'occuper durablement l'Alsace ; cette province leur aurait seulement servi de point stratégique pour s'opposer aux Habsbourg, et d'espace commercial avec les Pays-Bas, les villes rhénanes du nord et la confédération helvétique. Les arguments en faveur d'une action politique délibérée sont néanmoins nombreux, à commencer par le rappel des démarches annexionnistes antérieures de la France. Le roi de France a en outre clairement mis en jeu toutes ses forces dès que la situation militaire et politique lui a semblé favorable.

La guerre en Alsace est presque terminée après la nomination d'Oysonville. Les bandes de soudards de Charles de Lorraine continuent à inquiéter le nord entre Meuse et Rhin, mais la situation générale n'est pas affectée par la mort de Louis XIII (14 mai 1643) ni par celle de Richelieu (4 décembre 1642). Le cardinal Mazarin, fermant les yeux sur les exactions commises par l'armée française, maintient la fiction du désintéressement de la

France sur la province. En 1644, il affirme encore au magistrat de Colmar « qu'assurer l'indépendance des villes libres était la seule fin que la France proposait à ses armes... sans avoir ni dessein ni pensée de tirer aucun avantage de tant de sang répandu ».

Le maréchal Turenne, après avoir maté en juin 1647 une révolte de régiments de la cavalerie weimarienne cantonnée à Saverne, part au printemps de l'année suivante pour la Bavière, où il écrase la dernière armée de Ferdinand III (1637-1657). Cette victoire (17 mai 1648) met définitivement fin à la guerre. La volonté hégémonique des empereurs d'Autriche et de la Ligue catholique est enfin brisée. Mais à quel prix !

La guerre de Trente Ans a brisé une prospérité de cinquante années. La belle province alsacienne du Saint-Empire germanique est devenue terre d'affrontement et de passage militaire. En 1621, ce sont les mercenaires protestants de l'Electeur palatin ; en 1629, les mercenaires catholiques de Charles de Lorraine ; en 1632, les troupes suédoises et protestantes de Gustave-Adolphe ; en 1634, les hommes de Bernard de Weimar ; en 1636, les armées françaises et catholiques de Louis XIII ; dans les années 1640, l'armée de Charles de Lorraine à nouveau. Pendant vingt années, l'Alsace est envahie de mercenaires de tous bords, qu'il faut à toute force loger et nourrir. Des maraudeurs les rejoignent pour voler, violer et détruire. Les habitants, délogés avec brutalité, se réfugient dans les forêts et le relief vosgien ; leur sort est scellé par le manque de nourriture, les écarts thermiques et la maladie. Dans les plaines désertées, la famine et la peste déciment les populations résiduelles. Les glands de chêne, les petits rongeurs constituent l'essentiel de l'alimentation des exilés. Les bourgs et les villages perdent le tiers, voire la moitié de leurs habitants et de leurs constructions. Dix pour cent des localités disparaissent. En l'absence de statistiques fiables, quelques exemples sont éloquents. Reuss cite celui d'une commune florissante qui, avant la guerre, comptait environ vingt décès par an ; elle perd 258 habitants en 1635, 600 en 1636 et ses 108 derniers habitants en 1637. Les registres paroissiaux de certaines communes ne font état d'aucun baptême et d'aucun mariage pendant vingt ans. En 1643, un bénédictin suisse, le père Grau, relate qu'entre Strasbourg et Rouffach, sur une étendue d'une cinquantaine de kilomètres, les villages traversés sont tous morts. La basse Alsace souffre plus que le Sundgau, mais celui-ci déplore des raids de Lorrains en 1640. Les villes ne sont pas épargnées par la famine, la peste, les épidémies et les réquisitions. Strasbourg et Mulhouse tirent leur épingle du jeu, la première parce qu'elle s'enrichit par la garnison française, et la seconde parce que la neutralité helvétique l'autorise à commercer avec les armées. Mais on estime à 20 % la perte de la population citadine. Le commerce rhénan est paralysé pendant toute la guerre.

C'est donc une province exsangue que les Français annexent, mais peu leur importe. Le mythe de la frontière rhénane gallo-romaine, enfoncée douze siècles plus tôt par les Alamans, alors même que la France n'existe pas encore, ressurgit.

Les traités de Munster (avec la France) et d'Osnabrück (avec la Suède) garantissent une paix générale, dite de Westphalie, qui est signée le 24 octobre 1648. Français et Suédois réclament des droits et des possessions sur les Habsbourg vaincus.

Pendant les négociations de Munster, l'Alsace est représentée par deux diplomates, Marc Otto pour la ville de Strasbourg et Jean Balthasar Schneider pour Mulhouse. Il sont de peu de poids face aux délégués français et autrichiens, majoritaires, qui décident *in fine* du sort de la province. Dévastée, morcelée entre plusieurs chefs, autorités et institutions, l'Alsace n'a plus grand-chose à sauver. La politique française, indécise avant Noerdlingen, s'est affirmée à mesure que les Suédois perdent leur énergie et leur grandeur. Les intentions du roi de France sont désormais claires, il y est convenu que « le pays d'Alsace, en deçà du Rhin, serait mis en dépôt et sous la protection de Sa Majesté avec les places et villes qui en dépendent ». Il n'est plus question de rétrocéder les territoires occupés.

Le comte d'Avaux et Abel Servien, représentants du Royaume de France aux négociations de Munster, travaillent d'abord secrètement ; ils parviennent à s'assurer que « plusieurs princes d'Allemagne se résoudraient à laisser la Poméranie à la Suède et l'Alsace avec Brisach à la France ».

Les séances du congrès de paix commencent le 1er avril 1644. La régente de France, Anne d'Autriche, intervient à titre personnel. Elle tient à assurer, comme Louis XIII l'a fait avant elle, que rien ne serait entrepris contre l'Alsace. Les villes libres et impériales d'Alsace sont conviées à envoyer leurs délégués au congrès de paix « afin qu'ils fussent spectateurs de la conduite » des plénipotentiaires français pour découvrir « par eux-mêmes la candeur et la bonne foi qu'ils ont ordre d'apporter à la négociation ». Les Alsaciens ne sont pas dupes de l'hypocrisie française, et le principal commissaire impérial, le comte de Trautmannsdorf, qualifie de chimériques les revendications françaises sur toute l'Alsace et Brisach.

Le 7 janvier 1646, les représentants du jeune roi Louis XIV, de la régente et de Mazarin annoncent officiellement leurs prétentions. La France revendique, au titre d'indemnité de guerre, les Trois Evêchés, la haute et la basse Alsace, Sundgau et Brisgau, Brisach, Philippsbourg et les quatre « villes forestières » du Rhin – Saeckingen, Rheinfelden, Laufenbourg et Waldshut. Les négociations menées depuis deux ans avec l'empereur Ferdinand III n'ont pas avancé.

L'empereur autrichien accepte enfin de céder à la France les Trois Evêchés, la Franche-Comté et les terres et seigneuries habsbourgeoises en basse alsace. Il reçoit à titre de compensation une indemnité versable aux archiducs d'Innsbruck.

La question de Brisach reste en suspens, mais la France n'entend pas céder sur ce point. Le 2 août, par l'intermédiaire de Maximilien de Bavière qui recherche la paix, la ville garnison de Brisach passe aussi à la France. Une lettre adressée le 17 septembre 1646 à la régente Anne d'Autriche par ses diplomates en dit long sur l'état d'esprit de la cour de France : « Madame... Brisach et son territoire, les deux Alsace et le Sundgau sont accordés... Votre Majesté aura cette gloire que, dans un temps de minorité, Elle aura étendu les limites de la France jusqu'à ses plus anciennes bornes. » Le roi Louis XIV, qui n'a que huit ans à l'époque, est déjà soumis à une interprétation fallacieuse de l'histoire de son royaume.

La France et l'Autriche ont donc fini par s'entendre. Un traité définitif ne peut cependant pas être signé sans l'accord des Etats de l'Empire. Les représentants des Electeurs et des princes allemands réunis à Osnabrück n'acceptent pas l'aliénation de territoires d'Empire. A Munster, ils font valoir que les villes de la Décapole n'ont jamais dépendu de l'Autriche, elles ne peuvent donc être incluses dans la négociation. Le représentant français d'Avaux et le commissaire autrichien le Dr Volmar sont donc contraints de rédiger un traité dont l'imprécision et les contradictions permettent d'emporter l'adhésion générale.

L'article 75 du traité de Munster stipule néanmoins que l'empereur, en son nom et en celui de la maison d'Autriche et de l'Empire, cède tous ses droits sur les propriétés et juridictions de la ville de Brisach, sur le landgraviat de haute et basse Alsace, le Sundgau et la « préfecture provinciale » des dix villes impériales d'Alsace, ainsi que sur les villes qui leur sont soumises. Toutes sont transférées au Roi Très-Chrétien de France, mais conservent les droits et privilèges jadis accordés par la maison d'Autriche.

L'article suivant est plus opaque. Ledit landgraviat ainsi que tous les vassaux, sujets et serfs, villes, châteaux, forêts, mines, fleuves et rivières et les droits régaliens, sans réserve aucune, passent à la couronne de France ; le landgraviat lui est donné pour toujours, sans qu'aucun représentant de la maison d'Autriche ne puisse s'y opposer. Le roi de France doit toutefois s'engager à conserver la religion catholique telle qu'elle y est établie et à réprimer les religions hérétiques qui y ont pénétré.

L'ambiguïté tient ici à la définition du mot « landgraviat ». Pour Mazarin, il s'agit à la fois d'un titre et des territoires afférents. Pour les juristes autrichiens, il ne s'agit que d'un titre, privé de tout droit souverain. Cette différence tient à l'histoire des deux landgraviats préexistants en Alsace. Celui de haute Alsace, tenu par les Habsbourg, correspond à une possession territoriale à part entière. Tandis que celui de basse Alsace, porté par les princes-évêques de Strasbourg, n'est qu'un titre honorifique. On peut donc admettre que le traité de Munster donne à la France les terres héréditaires de la maison d'Autriche en haute Alsace, avec quelques villages de la préfecture d'Haguenau, et le *titre* de landgrave d'Alsace, comportant un vague droit de protection sur la Décapole et pouvant rapporter un peu d'argent. Mais, si l'on considère que le landgraviat concerne la province d'Alsace entière, on peut défendre que le traité de Munster donne l'Alsace à la France.

La situation est encore compliquée par le sort de certaines principautés et villes. L'article 89 du traité engage le roi de France à reconnaître les princes-évêques de Strasbourg et de Bâle, la République de Strasbourg et les Etats immédiats de l'Alsace et leurs seigneurs. Il s'agit des princes-abbés de Murbach et de Lure, de l'abbesse d'Andlau, de l'abbé de Munster, des comtes palatins de la Petite-Pierre, des comtes et barons de Hanau, Obernstein et Fleckenstein, et de la noblesse immédiate de la basse Alsace qui demeure dépendante des Habsbourg. Les dix villes impériales doivent reconnaître la préfecture d'Haguenau, mais gardent la liberté dont elles ont joui jusqu'à ce jour. Le roi de France doit se contenter des droits précédemment acquis par ces villes auprès de la maison d'Autriche.

En associant un « droit de suprême domaine », concédé à la France, et un lien d'« immédiateté envers l'Empire romain », le traité de Munster brouille la nature des droits exercés par Louis XIV. La plupart des historiens allemands considèrent que l'annexion française est presque virtuelle ; tout ce que la France a acquis peu à peu n'est qu'usurpation. D'autres historiens, généralement français, plaident au contraire pour la thèse d'une annexion réelle. Le dernier alinéa de l'article 89, inséré en sous-main par Servien, intitulé *Ita tamen* – « Et pourtant » –, conforte la thèse de la souveraineté du roi de France. Le désaccord profond séparant l'Autriche et la France persiste sous les signatures du traité de Munster et de la paix de Westphalie qui le suit (24 octobre 1648).

La paix de Westphalie stabilise les religions, chaque confession recouvrant les biens et droits possédés au

1er janvier 1624, le *statu quo* territorial est maintenu, hormis dans les villes de Sélestat et d'Haguenau où les luthériens sont persécutés jusqu'à ce que conversion ou expulsion s'ensuivent. Les calvinistes obtiennent enfin une reconnaissance juridique – que Strasbourg ignore jusqu'en 1788. Ces clauses, rassemblées en une Charte des protestants alsaciens, leur permettent d'échapper aux conséquences de la révocation de l'Edit de Nantes (1685). L'Empire germanique, enfin en paix, se dote d'une Constitution qui reste en vigueur jusqu'en 1806, et la maison d'Autriche se consacre à la politique des régions danubiennes.

Le traité de Westphalie ne clarifie pas la position de l'Alsace. La rupture avec une appartenance germanique de plus d'un millénaire, au prétexte d'une guerre de religion servant les ambitions territoriales de la France, est rude. Subsiste en Alsace un enchevêtrement de seigneuries, abbayes, villes libres, principautés ecclésiastiques ou laïques dont les droits et juridictions forment un inextricable fouillis féodal. L'Alsace, morcelée en entités politiques habituées à s'autogérer, parviendra-t-elle à assimiler l'organisation politique française, beaucoup plus centralisée ? Pour l'heure, elle n'est pour la France qu'un glacis périphérique ayant perdu tout pouvoir de décision sur sa propre destinée.

10

Persévérance et intransigeance françaises

Les grandes ambitions savent mettre à profit les circonstances. Pour asseoir son immense volonté hégémonique, Louis XIV (1643-1715) a remarquablement su exploiter le traité de Munster, la maîtrise de la Fronde, l'épuisement de la résistance protestante, la guerre des Flandres, la menace ottomane sur l'Autriche et la révolution anglaise pour s'emparer de l'Alsace, défiant les Alsaciens eux-mêmes et l'Europe tout entière. Il cherche par là à parachever la démarche de son père et à faire du Rhin moyen la frontière orientale de son royaume.

Pendant les vingt années qui suivent la signature de la paix de Westphalie, l'Alsace se remet progressivement des blessures de la guerre. Les campagnes sont défrichées et réensemencées, les villes restructurent leurs circuits commerciaux. Le roi de France, préoccupé par la Fronde, ne pense guère à redonner à son royaume de nouvelles frontières orientales. Près de dix ans se passent sans que la souveraineté du roi s'affirme dans les domaines héréditaires de la maison d'Autriche et sans que la question de la Décapole trouve une solution définitive. La nouvelle province se fait d'ailleurs oublier, se plaisant dans le flou de ses statuts. Quelques hommes tentent d'ailleurs d'en profiter pour s'emparer de la province, encore si peu amarrée à la France.

Le maréchal de Turenne suscite une révolte populaire, arrêtée juste à temps par d'anciens régiments weimariens payés par la Couronne ; mis en échec, il fuit à l'étranger. Henri de Lorraine, bien que comte d'Harcourt, lieutenant général du roi en haute et basse Alsace, Grand Bailli d'Haguenau et nommé par la régente, se laisse prendre aux sirènes des émissaires de l'empereur d'Autriche. Ils conçoivent ensemble le projet d'une Alsace indépendante, plus ou moins autonome et placée sous la suzeraineté de l'Empire. Après s'être heurté aux villes de la Décapole qu'il veut soumettre à ses droits de *Landvogt*, il s'engage finalement, en 1653, à les maintenir « dans leurs franchises, libertés et immédiateté avec l'Empire ». Ces tentatives aventureuses ne plaisent pas à la cour de France. Harcourt garde son titre mais la Couronne l'encadre étroitement. Des hommes fiables sont nommés gouverneurs de Brisach et de Philippsbourg et un frère de Colbert, Colbert de Croissy, prend les fonctions d'intendant d'Alsace. Ce jeune homme de vingt-six ans, ancien intendant à Toulon, énergique et parfaitement loyal, s'avère capable d'user judicieusement de ses pleins pouvoirs sur la basse et la haute Alsace. Pendant les six ans de sa charge, il réorganise dans les deux Alsace les finances, la Justice, l'agriculture, le commerce et l'artisanat que la guerre de Trente Ans avait gravement compromis. Des volontaires sont recrutés en Suisse, en France et en Souabe pour combler l'énorme déficit démographique laissé par la guerre. La province reprend progressivement vie et activités.

Colbert de Croissy suit en même temps les conseils de modération donnés par la Couronne. Il laisse dans un premier temps leur liberté aux territoires qui ne sont pas directement rattachés à l'autorité royale française, tels que la ville libre de Strasbourg, le domaine du prince-évêque de Strasbourg et le comté de Hanau. Il bride en revanche les villes impériales qui, regrettant leur liberté passée, protestent contre les « usurpations » du Grand Bailliage d'Haguenau, mis en place par la France. Il prend enfin en main l'administration des territoires habsbourgeois passés sous contrôle français.

Colbert parvient à contenir les revendications et crée en 1657 à Ensisheim, ancienne capitale de la Régence autrichienne, une Chambre supérieure de la justice pour les deux landgraviats, dont il prend la présidence. La Chambre supérieure est inaugurée le 4 novembre 1658. C'est un premier pas vers la possession et l'unification de l'Alsace entière. Un an plus tard, preuve de son intérêt grandissant pour l'Alsace, Louis XIV nomme le cardinal Mazarin gouverneur de la province et Grand Bailli d'Haguenau pour le récompenser d'avoir su négocier la paix des Pyrénées avec l'Espagne (1659). Le vainqueur de Dunkerque, ayant acquis le Roussillon et l'Artois, peut se tourner vers l'est. Le cardinal devient maître de la plupart des terres arrachées aux Autrichiens en haute Alsace, « pour en jouir perpétuellement et à toujours ». Il peut s'appuyer sur la Chambre supérieure. Louis XIV retire du même coup les « choses d'Alsace » des relations diplomatiques avec les pays étrangers. Le cardinal meurt en mars 1661, laissant ses propriétés à son neveu, personnage falot, vite submergé par l'autorité royale.

Les contestations de la Décapole ont repris de plus belle après l'arrivée du Grand Bailli Mazarin. Les dix villes restent soumises à la diète de Spire et contribuent comme par le passé au fisc impérial. En automne 1665, le roi de France, qui envisage d'intervenir contre les Espagnols en Hollande et ne veut pas s'embarrasser des affaires alsaciennes, soumet les griefs des dix villes à une commission réunie à Ratisbonne, composée de représentants de la France et d'envoyés impériaux. Robert de Gravel est le commissaire royal. La diète est tiraillée entre des prétentions inconciliables. Après deux ans de travaux inefficaces, la ville de Colmar continue de frapper sa monnaie, portant encore les aigles impériales, qu'elle dénomme des *Trusthalers* – des « thalers malgré tout ».

Louis XIV a réussi à arracher au duc de Lorraine et à réunir à la Couronne les villes de Nancy, Mirecourt, Epinal et Longwy, et la Franche-Comté. Les Habsbourg allemands, au prétexte d'aider les Habsbourg des Flandres, peuvent à nouveau se risquer à envahir l'Alsace. En 1672, Louis XIV déclare à nouveau la guerre à l'Espagne, cette fois en Hollande, afin de saisir les terres que sa femme Marie-Thérèse aurait dû hériter de son père Philippe IV d'Espagne, décédé sept ans plus tôt. La résistance s'organise en Hollande sous l'impulsion de Guillaume d'Orange, stathouder calviniste qui fomente une coalition européenne contre la France avec la participation de l'empereur germanique Léopold Ier (1657-1705) et du roi d'Espagne Charles II (1665-1700). L'Empire n'a pas perdu l'espoir de soutenir la liberté et l'autonomie des villes libres ; l'Alsace est en outre un lieu de passage pour les troupes germaniques accourant en Hollande.

Lorsque Louis XIV rompt avec les états-généraux de Hollande, inquiet des menaces qui pèsent à nouveau sur l'Alsace il envoie le Grand Condé, glorieux et à nouveau fidèle, pour couvrir la province, alors que les Impériaux et les Brandebourgeois viennent d'opérer leur jonction près de Francfort. Condé, ne se fiant pas aux promesses de neutralité du magistrat de Strasbourg, détruit dans la nuit du 14 octobre 1672 le pont sur le Rhin qui permettait aux troupes impériales d'atteindre la ville. L'indignation est grande dans Strasbourg et sur la rive droite du Rhin.

Louis XIV promet vaguement une réparation du pont, une fois la paix revenue. Cela ne suffit pas à calmer les Conseils strasbourgeois qui s'accusent mutuellement de trahison. Une violente émeute secoue la ville le 5 mai 1673. Condé prévient Louvois, secrétaire d'Etat à la Guerre, du risque que la situation fait courir à la domination française. « Je ne puis m'empêcher de dire, écrit-il, que l'autorité du Roi va se perdant absolument en Alsace. Les dix villes impériales, bien loin d'être soumises au Roi [...], sont presque ennemies. La noblesse de la haute Alsace va presque le même chemin [...]. Je crois que le Roi devrait prendre le temps qu'Il jugerait à propos pour mettre Colmar et Haguenau à la raison. »

Louis XIV se heurte à la résistance hollandaise à Maastricht ; l'ouverture des digues contrarie son avancée ; l'entrée en guerre de Léopold Ier menace son autorité ; il envoie ses troupes de Lorraine vers le Rhin supérieur, afin d'empêcher les troupes du margrave de Brandebourg, commandées par l'Electeur Frédéric-Guillaume, d'installer des têtes de pont sur la rive gauche. Sur le conseil de son maréchal, Turenne, il veut reconquérir l'Alsace. Précédé de Louvois et accompagné d'une solide escorte, maison militaire et cavalerie, Louis XIV franchit en personne les Vosges au mois d'août 1673 en direction de Brisach. Il installe son état-major du côté d'Andolsheim, près de Colmar.

Colmar, qui a l'outrecuidance de placer son artillerie, au demeurant modeste, sur les remparts, est assaillie le 28 août 1673 et cède sans difficulté. Le roi fait appel à des milliers de paysans du Sundgau pour démolir les remparts et éventrer ses tours, de manière à ce que « la ville fût totalement ouverte comme un village ». Quelques jours plus tard, Louvois procède de même à Sélestat et dans les villes de la Décapole, Obernai, Haguenau, ainsi qu'à Thann et Horbourg, où des armes sont découvertes. Ces destructions empêchent certes les fortifications alsaciennes d'être utilisées par l'ennemi. Mais elles font aussi haïr les Français et espérer l'arrivée des Impériaux. Turenne, s'attachant à contrer le mouvement de l'armée impériale vers la Hollande sur la rive droite du Rhin, défait l'ennemi, malgré son infériorité numérique, à Sinzheim en juin 1674, puis ravage le Palatinat, ce qui accroît la rancœur allemande. Revenu en Alsace, son lieutenant Vaubrun tente de prendre par surprise les fortifications de Strasbourg, afin d'empêcher le margrave de Brandebourg de prendre possession de la ville et d'en faire une tête de pont d'invasion. Cette nouvelle offensive exaspère les citoyens et les Conseils municipaux qui expulsent le résident français Frischmann. Le duc de Lorraine et le duc de Bournonville profitent du tumulte pour entrer dans Strasbourg le 29 septembre, suivis de peu par des contingents des Etats de l'Empire germanique. L'Alsace retombe dans le chaos.

Le vieux maréchal de Turenne affronte les Impériaux le 4 octobre 1674 sur les bords de la Bruche, près des villages de Blaesheim et d'Entzheim. Il ne cède pas aux forces adverses, pourtant supérieures en nombre. L'Electeur Frédéric-Guillaume à la tête des Brandebourgeois accentue encore ce déséquilibre numérique et force Turenne à se replier sur la Zorn à Dettwiller, aux environs de Saverne, puis à Ingwiller derrière la Moder. Il s'y retranche si bien que personne, malgré les objurgations de l'Electeur, n'ose l'attaquer. Le comte de la Petite-Pierre l'a aidé à réorganiser son armée, grossie de quelques renforts français. Turenne décide alors de gagner la haute Alsace pour que ses troupes y prennent leurs quartiers d'hiver. Il franchit le col de Saverne aux derniers jours de novembre 1674. Sur toute la longueur du versant alsacien des Vosges, dans la plaine d'Alsace, les troupes françaises non tenues, affamées et souvent malades, ravagent le pays. Soldats et population civile sont décimés par des épidémies. De la Lorraine, ils gagnent en décembre le sud de la haute Alsace. Les alliés impériaux se concentrent alors à la hâte vers Colmar, à l'entrée de la vallée de la Fecht, un petit affluent de l'Ill. Le maréchal de Turenne, avec l'audace qui lui est propre, contourne le flanc des Impériaux et s'empare de la ville de Turckheim sur laquelle s'appuie une aile ennemie (5 janvier 1675).

Les troupes impériales ne peuvent reconquérir le terrain perdu et se retirent vers Sélestat et Strasbourg. Les alliés impériaux repassent le Rhin, laissant derrière eux une Alsace à nouveau dévastée et miséreuse. Les historiens français qualifient souvent la bataille de Turckheim, sur la base de témoignages de lassitude d'une population éprouvée par la guerre, de « bataille de la libération ». La victoire française n'impressionne cependant pas Strasbourg qui se hâte de protester de sa neutralité.

Turenne poursuit les Brandebourgeois sur la rive droite du Rhin. Le 27 juillet 1675, il succombe à un boulet ennemi à Sasslach, au pied de la Forêt-Noire. Les troupes françaises, démotivées, repassent alors de l'autre côté du Rhin. Le nouveau généralissime de l'empereur Léopold, Montecuculli, les talonne et reprend une partie de la basse Alsace. Condé, rappelé à la hâte de Chantilly pour remplacer Turenne, s'installe au camp de Châtenois. Son arrivée ouvre deux nouvelles années d'affrontements incessants. En 1677, Louvois, redoutant que des villes ne tombent aux mains des ennemis, ordonne aux généraux français de les détruire. Une fois encore, Haguenau et Wissembourg sont incendiées et Bouxwiller et Saverne, démantelées. Les Impériaux, en face, reprennent Colmar puis gagnent Huningue. Au cours de l'été

1678, les troupes du maréchal de Créquy s'en prennent aux Impériaux puis détruisent les retranchements strasbourgeois du pont de Kehl.

La misère règne, les belligérants sont essoufflés et les finances de la France, épuisées. L'issue des combats est incertaine. Des émeutes commencent à agiter le Royaume de France. Se souvenant de la Fronde, Louis accepte une offre de médiation en mars 1674. Les négociations traînent pendant trois ans sans que les hostilités s'arrêtent. L'armée française poursuit le démantèlement des forteresses. Le magistrat de Strasbourg poursuit sa politique opportuniste en ménageant roi et empereur. Des Impériaux occupent à nouveau la ville ; ils en sont chassés par l'armée française.

Le traité de Nimègue, signé le 5 février 1679 entre les Pays-Bas et la France, à la suite des campagnes de Turenne et de Condé, ramène la paix en Alsace. L'Europe s'incline devant Louis XIV et l'empereur ne parvient pas à faire triompher ses prétentions sur la province. La France gagne définitivement la Franche-Comté et de nouvelles places dans les Flandres. Elle étend *de facto* son pouvoir en Alsace, où ses droits ne sont plus contestés, même si le traité de Munster n'est pas formellement modifié. Les négociations épargnent l'empereur Léopold et s'emploient à lui faire accepter une « paix honteuse ». Louis XIV fait avertir Mansfeld, représentant de la diète de Ratisbonne à Paris, que « si l'empereur veut détruire la souveraineté royale en Alsace », la couronne de France « saura la maintenir de toute manière ».

Le baron de Montclar, gouverneur militaire de la province, est élevé au titre de Grand Bailli. Il fait entrer ses troupes dans les villes de la Décapole et, en septembre 1679, les Conseils jurent fidélité à Sa Majesté le roi de France, même si elles conservent en théorie leurs anciens privilèges. Les villes de la Décapole sont placées sous le contrôle d'un préteur royal ; leur union politique est démantelée. En même temps, Montclar réorganise le Conseil supérieur de Brisach, jusque-là contrôlé par le Parlement de Metz, pour en faire un Conseil souverain d'Alsace ; celui-ci, représentant le roi de France, peut formuler des arrêts sans appel. La « supériorité » de Louis XIV ne peut désormais plus être contestée. Le 22 mars 1680, à la suite de réunions conduites à Metz, Brisach et Besançon, le Conseil supérieur invite les princes et seigneurs étrangers qui possèdent une terre en basse Alsace à prêter hommage et à jurer fidélité à Louis XIV. C'est le cas, entre autres, du duc de Deux-Ponts, du margrave de Bade, du comte palatin de Veldence, du baron de Fleckenstein, du prince-évêque de Spire et du duc de Wurtemberg. Le 22 mars 1680, la Cour, en fonction de la « constance » de la souveraineté du roi, déclare que tous les territoires dépendant des préfectures d'Haguenau et de Wissembourg sont rattachés à la couronne de France. Les habitants sont contraints de jurer fidélité au roi de France.

Un arrêt du 9 août complète le précédent : désormais, l'évêque de la ville libre de Strasbourg, le comte de Hanau-Lichtenberg, la noblesse de basse Alsace, le duc de Wurtemberg-Montbéliard, l'abbé de Murbach prêtent allégeance et leurs terres respectives passent sous le contrôle de la France et sont réunies au domaine royal. Les seigneurs qui refusent de prêter allégeance à la couronne de France sont déchus de leurs droits et ceux qui s'y soumettent conservent leurs titres et leurs droits de jouissance terriens. Quelques-uns protestent, sans résultat, auprès de la diète de Ratisbonne. D'autres acceptent, heureux de ne perdre pour le moment aucun avantage matériel. Les plus empressés sont le prince-évêque de Strasbourg, François Egon de Furstenberg, et la noblesse de basse Alsace ; ils sont récompensés sur-le-champ par la certitude de conserver leurs droits princiers et seigneuriaux.

La République de Strasbourg doit céder à son tour. Ses bailliages ruraux sont réunis au domaine royal. Louvois a pris toutes les précautions pour s'assurer de la possession de la métropole. Il a concentré des troupes, des armes et des vivres dans les environs. La ville, cernée par l'armée de Montclar, forte de quelque 30 000 hommes, qui a aussi pris position sur le pont du Rhin, ne peut résister. Le magistrat accepte de rencontrer Louvois, arrivé à Illkirch, et de négocier. Le ministre, sûr de lui et de la réaction royale, se montre accommodant. Au nom de Louis XIV, il garantit à la nouvelle « ville libre royale » le respect de sa Constitution deux fois centenaire et aux protestants le droit de pratiquer leur religion, à condition que la cathédrale soit rendue au culte catholique. Par ailleurs, la ville est occupée et son armement, saisi. Les premiers régiments français investissent la place le 30 septembre 1681 sous la conduite de Louvois et d'Asfeld. Le 4 octobre, les membres des Conseils reconnaissent, contraints et forcés, leur soumission au roi de France. Le 23 octobre 1681, Louis XIV fait son entrée en grande pompe dans la ville. L'évêque François Egon de Furstenberg, fier et heureux de retrouver son église, accueille avec la plus grande déférence Sa Majesté aux portes de la cathédrale où retentit un *Te Deum* solennel. Le magistrat présente ensuite son humble soumission. Le roi termine sa visite par une inspection des fortifications que Vauban commence à édifier autour de la ville et sur le Rhin pour prévenir une nouvelle invasion ennemie. Depuis une année environ des fortifications sont également en construction sur le Rhin, devenu frontière, à Huningue, Fort-Louis et Landau. L'annexion de l'Alsace par la France s'achève derrière un rempart, comme au temps des Romains.

Louis XIV n'a cure des indignations européennes motivées par l'annexion d'une ville libre. Un congrès s'ouvre à Francfort en janvier 1682 pour entériner l'annexion française. On redoute une incursion de Louis XIV outre-Rhin. L'empereur d'Allemagne, malgré la pression des Turcs et la révolte des Hongrois, tente de monter une nouvelle coalition contre la France à laquelle il associe des protestataires de Franche-Comté et de la haute Alsace. Léopold veut sans doute davantage mais ne peut y parvenir, confronté à l'invasion ottomane, au siège de sa capitale par les Turcs et à la révolution hongroise. Le 15 août 1684, à Ratisbonne, l'empereur, accablé de surcroît par les défaites espagnoles aux Pays-Bas, et les dirigeants des Etats de l'Empire signent une trêve. La France occupe pour vingt ans Strasbourg, Kehl et tous les territoires « réunis » en Alsace, c'est-à-dire toute la province, la haute Alsace prise à la maison autrichienne, la basse Alsace arrachée aux seigneurs et Strasbourg qui perd son indépendance. La Sarre et le Luxembourg passent également sous domination française.

L'ambition de Louis XIV est sans limite. A l'intérieur, il révoque en 1685 l'Edit de Nantes. A l'extérieur, à peine la conquête de l'Alsace achevée, il se porte contre le Palatinat, frontière nord de l'Alsace, à la mort de Charles, dernier Electeur du Palatinat de la branche de Simmern. Il voit en effet d'un très mauvais œil l'installation à Heidelberg de son successeur, Philippe-Guillaume de Palatinat-Neubourg, énergique défenseur des intérêts de la maison d'Autriche et beau-père de l'empereur. Toujours obsédé par la sécurité de ses frontières, Louis revendique, au nom de sa belle-sœur Elisabeth-Charlotte d'Orléans, sœur unique du défunt, la part d'héritage qui lui revient : le duché de Simmern, une partie du comté de Sponheim, les villes d'Oppenheim et d'Ingelheim, le péage de Baccarach, soit près de la moitié du Palatinat. Afin de ne pas rompre la paix de Ratisbonne et de laisser à l'empereur les mains libres contre les Turcs, il accepte de ne pas entrer en possession de son dû, et s'en remet à l'arbitrage du pape. L'Europe exaspérée forme contre lui la Ligue d'Augsbourg en 1686 qui rassemble l'empereur, le roi d'Espagne pour le cercle de Bourgogne, le roi de Suède pour ses possessions germaniques, l'Electeur de Bavière Maximilien-Emmanuel et le cercle de Franconie. Le cercle du Haut-Rhin, l'Electeur palatin Philippe-Guillaume de Neubourg et le duc de Holstein-Gottorp y sont rapidement associés.

Louis XIV est par ailleurs empêtré dans un conflit avec le Saint-Siège, qui refuse d'accorder à l'évêque de Strasbourg l'archevêché et l'Electorat de Cologne. Or Louis XIV appuie les demandes de Furstenberg pour le récompenser de sa fidélité et se ménager un appui en Allemagne. En vain. Louis, furieux, fait occuper Cologne et Liège et assiège Philippsbourg. En 1688, la France met à sac le Palatinat. Le baron de Montclar incendie Mannheim et le comte de Tessé ravage Heidelberg et son château. La guerre de la Ligue d'Augsbourg, qui dure neuf ans, s'ensuit. La France se heurte à nouveau à l'Autriche, les Provinces-Unies, l'Angleterre, l'Espagne et la Savoie. Mais les coalisés manquent d'unité et la France est affaiblie. Louis cherche à négocier dès le début de ces nouvelles hostilités. La guerre s'enlise.

Les plénipotentiaires des belligérants se réunissent à Ryswick en 1689. L'empereur persiste à réclamer Strasbourg et Louis XIV campe sur son refus, réaffirmant sa souveraineté sur les dix villes. Les négociations durent quatre années. Enfin, le 20 septembre 1697, l'Angleterre, l'Espagne, les Provinces-Unies concluent une paix séparée avec la France. L'empereur Léopold, lâché par ses alliés, n'a d'autre choix que de s'associer à la signature, le

31 octobre 1697. L'Empire germanique renonce pour toujours au moindre droit sur Strasbourg. Mais Louis XIV rétrocède Kehl, le Palatinat, Fribourg-en-Brisgau, Philippsbourg, Vieux-Brisach, le duché de Deux-Ponts et les têtes de pont de Huningue et de Fort-Louis. La mauvaise situation économique de la France le contraint à cette concession. Le Rhin moyen devient une frontière, ce qu'il n'a pas été depuis les temps reculés de l'Empire romain.

La guerre de succession d'Espagne éclate cinq ans plus tard. L'Autriche, l'Angleterre et la Hollande s'opposent à ce que la succession du roi d'Espagne revienne à Louis XIV. Les traités d'Utrecht et de Rastadt mettent fin en 1713 et 1714 au conflit et ne se prononcent pas sur l'éternelle revendication impériale sur Strasbourg. Mais le roi doit rendre à nouveau plusieurs de ses conquêtes, Luxembourg, Namur, Charleroi, Nieuport, les Flandres espagnoles. Il doit aussi reconnaître le Royaume de Prusse de l'Electeur de Brandebourg. Tel est le prix à payer pour que l'Alsace reste au sein du Royaume de France.

11

La francisation de l'Alsace

Dans la seconde moitié du XVIIe siècle, l'Alsace est enfin soumise à la France après treize siècles dans le giron germanique. Seule la petite ville de Mulhouse garde son indépendance en raison de ses liens privilégiés avec les Cantons helvétiques, eux-mêmes alliés à la France.

L'Assemblée provinciale d'Alsace, instituée par l'édit de Louis XVI du 22 juin 1787, qui permettra l'ébullition révolutionnaire de 1789, réforme la vie publique. Elle est le premier signe d'une appartenance indiscutable de la province à la France. Cette première représentation d'un Etat alsacien révèle des hommes capables de tenir une place honorable aux Assemblées constituante et législative, de servir le roi de France loyalement et de négliger pour la première fois les droits des princes étrangers et seigneurs territoriaux de la province.

Cet événement essentiel de l'histoire alsacienne, plus d'un siècle après que le roi de France a obtenu les droits sur les possessions autrichiennes des Habsbourg en Alsace, soulève plusieurs interrogations.

Comment concevoir que les cent ans qui séparent l'Assemblée alsacienne de la paix de Ratisbonne ont suffi à substituer, sans conflit majeur, une dépendance française à une très longue germanisation de douze siècles ?

Celle-ci est-elle aussi complète que l'histoire veut bien le dire ? L'imprégnation culturelle germanique a-t-elle été effacée par les traités politiques et l'effervescence verbale prérévolutionnaire ?

Permanence de la configuration territoriale

Dès 1629, Melchior de l'Isle conseille à Louis XIII d'entrer en Alsace avec beaucoup de prudence. Les conseillers de Louis XIV tiennent le même langage. La maxime favorite du pouvoir central est de « ne pas toucher aux choses d'Alsace » (selon les termes du maréchal d'Huxelles), ou du moins d'y toucher le moins possible. La situation de l'Alsace est en effet compliquée par une organisation territoriale propre, la persistance d'anciens rouages administratifs, de traditions ancestrales et d'un dialecte germanique ; les souverains français ne peuvent lui imposer un changement brutal.

A vrai dire, ils recherchent plus un accroissement territorial que le bien-être des populations annexées, qui conservent leurs écoles et restent dispensées de service militaire.

Cette retenue française a donné pendant longtemps aux Alsaciens l'impression que leur annexion au Royaume de France n'est qu'un remaniement, somme toute bienfaisant, et que la guerre n'a pas changé leur culture. Le régime français s'est implanté en sourdine, ce qui explique que la majorité des Alsaciens y soient restés indifférents. Malgré quelques agressions contre les luthériens et les calvinistes en basse Alsace, le XVIIIe siècle commence apparemment dans une permanence traditionnelle et de paisibles circonstances qui font oublier les violences du siècle passé. L'Alsace peut en quelque sorte vivre comme elle l'entend, à l'abri des fortifications de Vauban.

Le morcellement de la province est maintenu en grande partie. L'article 89 du traité de Munster, par lequel le roi s'engage à reconnaître les territoires des princes-évêques et des Etats immédiats, est respecté. Pour l'Alsace, c'est une garantie d'indépendance relative, tant vis-à-vis de la France que du Saint-Empire.

Les changements de la configuration territoriale provoqués par l'annexion ne sont pas trop importants. Les princes possessionnés deviennent vassaux du roi, mais conservent la régence de leurs terres ; les ducs de Wurtemberg, les landgraves de Hesse-Darmstadt, les Electeurs palatins et les ducs des Deux-Ponts ne sont pas déplacés. Les terres autrichiennes de l'ancienne Régence d'Ensisheim, les seigneuries de Morimont, d'Altkirch, de Thann, de Belfort, de Rougemont, de Landser et de Masevaux, les bailliages d'Ensisheim, de Cernay, d'Issenheim, de Bollwiller et de Villé, enlevés aux Habsbourg au cours de la guerre de Trente Ans, sont donnés aux Mazarin puis reviennent, jusqu'à la Révolution, à leurs alliés, les Grimaldi. Après 1680, quelques domaines habsbourgeois sont également conférés à des officiers généraux au service du roi – les Montclar, Rottembourg et Zurlauben. La seigneurie du Haut-Koenigsbourg, également terre autrichienne, fief de la famille Sickingen, célèbre dans l'histoire du Palatinat, devient par décision royale propriété de M. de Boug, premier président du Conseil souverain d'Alsace.

Louis XIV, par reconnaissance, confirme presque tous les anciens privilèges régaliens des princes-évêques de Strasbourg, landgraves de la basse Alsace, qui sont les plus riches propriétaires de la province. Ils possèdent environ 115 villes et villages assez éparpillés, placés par le pouvoir royal sous la Régence de Saverne. Il faut y ajouter d'autres territoires ecclésiastiques qui, bien que beaucoup moins importants, ont été reconnus par le traité de Munster : le bailliage d'Erstein qui dépend du Grand Chapitre, Murbach qui appartient à son prince-abbé, les abbayes de Munster (soumise à la Régence de Guebwiller), de Marmoutier et d'Andlau, les petits domaines de l'évêque de Spire au nord et de celui de Bâle au sud, et les commanderies du Grand Maître teutonique. Ces terres sont placées sous le contrôle de l'intendant d'Alsace, Colbert de Croissy en 1656, puis Charles Colbert (1662), Poncet de la Rivière (1670) et Jacques de la Grange (1674). Mais les régences princières conservent la plupart de leurs attributions administratives et judiciaires, gouvernent elles-mêmes leurs bailliages et reçoivent encore les ordres de leurs seigneurs.

Les seigneuries territoriales sont aussi respectées, en particulier les terres de Ribeaupierre, placées sous la régence de Ribeauvillé, et les terres également très morcelées du comte de Hanau-Lichtenberg, placées sous celle de Bouxwiller. Ces deux propriétés appartiennent à des Etats de l'Empire dont les chefs ne résident pas en Alsace. Le comté de Ribeaupierre est passé au gendre du dernier comte de la lignée, Chrétien II de Birckenfeld, dont le fils devient plus tard duc de Deux-Ponts. Une quarantaine de localités en dépendent, dont Ribeauvillé et Sainte-Marie-aux-Mines. S'y ajoutent encore les possessions des ducs de Wurtemberg, le comté de Horbourg et la seigneurie de Riquewihr, avec une vingtaine de villages.

En basse Alsace, les possessions de Hanau-Lichtenberg comptent, outre des domaines outre-Rhin sur le Main près de Francfort, une centaine de localités beaucoup plus modestes parmi lesquelles les bourgades d'Ingwiller, Woerth et Niederbronn. Le dernier comte de Hanau, Jean-Regnard III (1685-1736), fait preuve d'un grand respect pour le roi de France, ce qui lui vaut plusieurs privilèges financiers. A sa mort, le territoire revient à son gendre, le landgrave Louis VIII de Hesse-Darmstadt, qui devient le plus important prince du Saint-Empire encore présent en Alsace. Dans cette basse Alsace si morcelée, des bailliages dépendent aussi des diverses branches de la maison palatine, Cléebourg, Bischwiller, La Petite-Pierre, et les bailliages palatins et spirois entre la Lauter et la Queich, qui, bien que contestés, perdurent jusqu'à la Révolution française.

La République de Strasbourg, avec ses bailliages ruraux épars dans la plaine d'Alsace, dont ceux de Barr et de Wasselonne, est aussi préservée. La nouvelle « ville libre royale » garde sa Constitution de 1482, ses stettmeistres et ses ammeistres, ses Conseils des Treize et des Quinze, son Grand Sénat, et son Assemblée populaire souveraine de 300 échevins – qui n'a plus grand pouvoir dans une organisation devenue assez oligarchique. La ville, qui conserve une importance économique et militaire majeure, s'est remise de la guerre de Trente Ans et compte environ 25 000 âmes. Ses habitants appartiennent pour la plupart à la classe moyenne ; les plus aisés supportent des impôts croissants, mais s'emploient dans le commerce et les petites industries lucratives. La religion luthérienne, presque majoritaire jusqu'en 1681, ne fait que lentement place à la religion catholique : en 1697, on ne compte encore qu'une centaine de citadins catholiques, une petite communauté essentiellement bourgeoise et convertie par intérêt, le roi ayant ordonné que les places vacantes laissées dans les Conseils par des luthériens soient occupées par des catholiques.

La langue allemande

Le dialecte germanique persiste dans les actes administratifs et la vie de tous les jours. C'est le principal obstacle à la complète mise en place du pouvoir français. L'annexion semble en effet une affaire de politique lointaine qui ne bouleverse en rien la vie pratique quotidienne et les traditions héritées de l'appartenance au Saint-Empire germanique. Il n'est pas étonnant dans ces conditions que le glissement de la province dans l'orbite française ait pris un siècle. L'Alsace reste longtemps en position intermédiaire.

En 1698, l'intendant d'Alsace écrit que « la langue commune de toute la province est l'allemand », même si le français commence à être appris par la bourgeoisie érudite et si des fonctionnaires français civils, militaires et ecclésiastiques, envoyés par le roi, contribuent à la diffusion de cette langue. Mais il leur faut d'abord apprendre l'allemand, tâche d'autant plus ardue que les Alsaciens d'origine n'apprécient pas beaucoup la fréquentation des envoyés du roi. L'auteur anonyme des *Deux voyages en Alsace,* cité par Reuss, fait état de fonctionnaires d'Altkirch qui, après cinq années de séjour, ne parlent pas « deux mots d'allemand ». Le Conseil souverain d'Alsace autorise jusqu'en 1789 l'exercice de la justice en latin, français et allemand. L'Assemblée provinciale d'Alsace publie encore en 1787-1788 ses procès-verbaux et ses rapports en français et en allemand. La langue allemande résiste même au début de la Révolution française : en 1790-1791, la Société des amis de la Constitution de Strasbourg, à laquelle se rattachent une douzaine de sociétés analogues des villes d'Alsace et des citoyens actifs de plus de 80 communes, traite dans les deux langues des questions brûlantes d'actualité. La langue allemande reste également langue de culture. Le *Polyeucte* de Corneille et les *Sonnets chrétiens* de Charles de Drelincourt sont traduits en allemand en 1721 par Salomé Linck, femme d'un professeur de droit de l'université de Strasbourg. Louis-Henri de Nicolaï (1737-1820), professeur à Strasbourg puis conseiller d'Etat russe, compose en allemand des poèmes chevaleresques badins, imités de l'*Arioste* de Wieland. Théophile-Conrad Pfeffel de Colmar (1736-1809) brille avec des contes et des fables. Léopold Wagner de Strasbourg (1747-1779), ami de Goethe, s'illustre par son *Infanticide*. L'université de Strasbourg maintient la langue allemande comme langue d'enseignement.

Réorganisation politique

Il est temps que l'esprit français s'affirme franchement.

L'administration mise en place par le pouvoir royal reçoit des consignes de tolérance et de défense des droits des populations alsaciennes. Pour la première fois, la province alsacienne commence à se sentir gouvernée. Au temps du Saint-Empire, l'Alsace était divisée, autrichienne et habsbourgeoise dans le sud, morcelée dans le nord entre des pouvoirs de princes et de seigneurs laïcs et religieux, provinciaux et étrangers. Depuis l'avènement de l'empereur Mathias (1613), aucune diète générale de l'Empire n'avait pu être tenue et aucune concertation entre l'Alsace et le reste de l'Empire n'avait vu le jour. Entre 1649 et 1673, les liens avec la diète impériale permanente de Ratisbonne n'avaient repris, d'ailleurs sans beaucoup de force, que pour échapper à la France. A partir de 1680, la province réunie se trouve enfin devant une administration cohérente. Un intendant, nommé par le roi, devient responsable de l'administration de tout le pays. De Strasbourg, il est écouté par les ministres du pouvoir central. Il peut prodiguer des faveurs administratives et contrôle, seul ou à l'aide de délégués, les diverses régions alsaciennes par des régences établies dans les territoires princiers les plus étendus (Saverne pour l'Evêché, Bouxwiller pour le comté de Hanau, Ribeauvillé pour les terres de Ribeaupierre, Guebwiller pour l'abbaye de Murbach). Des préteurs royaux supervisent les magistrats dans toutes les villes, et veillent à ce que toutes leurs décisions soient conformes aux consignes royales. Le premier préteur de Strasbourg, nommé en 1645, s'appelle Ulrich Obrecht ; c'est un bourgeois converti au catholicisme. Les Klinglin, nobles passés au service du roi de France, lui font suite jusqu'en 1752. Ils défendent les intérêts de la ville de Strasbourg contre la Ferme générale, et cherchent à maintenir un équilibre entre les Strasbourgeois de souche, catholiques et protestants, et les Français nouvellement arrivés dans la ville. Le dernier Klinglin est emprisonné en 1749 pour corruption.

Les anciens territoires conservent leur organisation hiérarchique antérieure, mais l'intendant a la charge de veiller à ce que les nouvelles instructions royales soient progressivement appliquées. Les anciennes seigneuries territoriales évoluent ainsi, petit à petit, vers un état de simples divisions administratives. Elles sont soumises administrativement au pouvoir central, sans toutefois que l'autorité royale intervienne dans les frictions inévitables de l'administration civile. Les seigneurs terriens, qui ont dû supporter les oligarchies bourgeoises des villes, sont prêts à obéir aux représentants de la Couronne. Le seigneur continue de nommer ses baillis, chargés de faire rentrer les revenus, surveiller l'activité des prévôts des villages et diriger la justice criminelle. Les prévôts, chargés des intérêts villageois, assistés des élus de la commune, continuent à exercer leurs modestes fonctions en suivant des règlements ancestraux. Le paysan d'un petit village peut ne pas se rendre compte qu'il est devenu sujet de Louis XIV après avoir été celui de Ferdinand III et de Léopold II.

Le traité de Westphalie a transformé la Chambre royale autrichienne de Brisach en un Conseil souverain, exclusivement chargé de l'application des lois françaises dans toute la province. Il est constitué de trois Alsaciens et de quatre Français (dont Bénigne Bossuet, père du futur évêque de Meaux). La réorganisation de la Justice s'impose dès 1657. Les décisions du Conseil sont désormais communiquées au public en volumes d'« Arrêts notables » et de « Notes d'arrêts » édités par les présidents du Conseil. Le morcellement territorial permettait à la moindre cité, au plus petit seigneur d'exercer la haute et la basse justice à discrétion. Le recours en appel n'était possible qu'auprès des Chambres impériales de Spire ou de Rotweil, un privilège impérial donnant aux Etats immédiats le droit de tout juger en dernier ressort. Dans les villes la Justice ne valait guère mieux, dépendant de tribunaux composés de bourgeois peu instruits du droit. Seule exception à Strasbourg et à Colmar, où la justice était rendue par des jurisconsultes distingués. Mais de très grandes inégalités persistaient dans l'attribution des peines, sanctionnant la même faute du bannissement, du pilori ou même du bûcher. En 1675, le Conseil impérial reçoit le mandat de juger en appel. La population accueille favorablement cette cour qui met fin aux jugements sommaires et au pouvoir discrétionnaire des seigneurs. Le Conseil est transféré à Colmar en 1698, après la restitution de Brisach à l'empereur par le traité de Ryswick. Il y fonctionne jusqu'à la Révolution. Son personnel nombreux – conseillers, greffiers, avocats, huissiers – est surtout composé de Français d'outre-Vosges, ce qui stimule la francisation de la ville. Par ailleurs, la Justice royale accroît sa popularité par sa rapidité, son accessibilité à toutes les bourses et son équité.

La paix revenue apporte bien-être et prospérité. De 1697 à 1792, les invasions venues de l'Ouest ou de l'Est cessent pratiquement leurs ravages. Cette quiétude est sans doute relative – la France, depuis l'annexion de l'Alsace, est plus que jamais l'ennemie des Habsbourg –, mais les agressions sont limitées. Au début de la guerre de succession d'Espagne, les alliés impériaux germaniques s'emparent de Wissembourg et de Landau (10 septembre 1702). Ils avancent jusqu'à Bischwiller mais le maréchal de Villars les repousse au-delà du Rhin, prenant Kehl et Vieux-Brisach et reprenant Landau (17 novembre 1703). L'année suivante, Louis de Bade, accompagné du prince Eugène de Savoie et de Marlborough, avance jusqu'à Haguenau et reprend Fort-Louis, mais il est à nouveau arrêté par Villars qui passe sur la rive droite du Rhin et s'empare de Stollhoffen. Au mois d'août 1709, les armées coalisées, emportées par Mercy, passent le Rhin sur un pont de bateaux près de Neubourg et menacent la haute Alsace. Elles sont vite arrêtées par le général du Bourg. Ces deux attaques, coûteuses en hommes et en chevaux, montrent clairement que les alliés impériaux ne perdent pas l'espoir de réunir à nouveau l'Alsace au Saint-Empire germanique.

Louis XIV, pour tranquilliser l'ennemi, fait démolir la chaîne de fortifications édifiée par Vauban, qui court de Landau, Fort-Louis, Strasbourg, Sélestat, Huningue, Neuf-Brisach jusqu'à Landskron et Belfort. La province perd son caractère de glacis ; l'essentiel de l'armée occupe désormais les garnisons ; l'intérieur du pays n'est pas défendu. A Strasbourg, la construction entre 1682 et 1687 de la citadelle permet d'abriter une armée que l'on peut estimer à 6 000 hommes. Strasbourg devient capitale de l'Alsace française. Y résident l'intendant d'Alsace, le gouverneur militaire et les représentants du pouvoir administratif et judiciaire. Colmar abrite pour sa part le Conseil souverain d'Alsace et la Cour supérieure de la justice pour la province.

En 1713, la signature du traité d'Utrecht met fin à la lutte avec l'Angleterre et les Provinces-Unies, ce qui permet d'espérer une paix durable. Mais l'empereur Charles VI persiste à refuser l'arrêt des hostilités jusqu'à ce qu'une armée française mette le siège devant Landau, qu'elle reprend en août 1713. La malheureuse ville est presque en ruines, après quatre acharnements militaires. Le Habsbourg, isolé, consent enfin à négocier avec la France. Louis XIV lui restitue les forteresses de la rive droite du Rhin, Kehl, Vieux-Brisach et Fribourg ; Charles signe la paix de Rastatt (6 mars 1714) qui laisse l'Alsace entière à la France et ouvre trente années de paix. Strasbourg est progressivement devenue figure de proue du Royaume de France face à l'Empire germanique. La ville est appréciée par la société aristocratique européenne, mêlant les grands noms de la noblesse française et de la noblesse impériale. L'université et les cours princières donnent le ton. Elle ne reste pas pour autant en dehors des remous européens de l'époque.

La mort de l'empereur Charles VI en octobre 1740 sépare la couronne impériale et l'héritage dynastique des Habsbourg, Autriche, Hongrie, Bohême, Pays-Bas autrichiens, Milanais. Marie-Thérèse, fille de Charles VI, revendique alors ses droits sur les Etats héréditaires de la maison d'Autriche. Louis XV soutient la candidature de l'Electeur de Bavière, Charles-Albert, mais l'ambassadeur français, le maréchal de Belle-Isle, est belliqueux et pousse la France à une alliance avec la Prusse. Frédéric II de Prusse s'empare de la Silésie autrichienne et entre à Breslau. Les troupes françaises marchent sur Linz et Prague. L'année suivante est moins glorieuse : les troupes de Marie-Thérèse reprennent le dessus et Frédéric de Prusse quitte l'alliance française. L'armée de Louis XV se replie en perdant 8 000 hommes. Une nouvelle alliance se noue, qui réunit l'Autriche, la Saxe, les Provinces-Unies, la Sardaigne et le Hanovre contre Louis XV. En septembre 1744, l'armée française quitte l'Allemagne, mais la situation se retourne avec de nouvelles alliances ; la Suède, le Palatinat et la Prusse se rapprochent de la France. Les Impériaux et surtout les Saxons talonnent l'armée française dans son repli. Ils s'engagent en Sarre. L'Alsace, mal protégée par le maréchal de Coigny, est à nouveau envahie par le nord. Le prince Charles de Lorraine s'empare de Wissembourg le 1er juillet 1744, et sa cavalerie de Croates et de Hongrois aux « manteaux rouges » dévaste la basse Alsace. Strasbourg est encombrée de fuyards et de blessés. Des princes germaniques entrent à Haguenau et poussent leurs armées jusqu'aux murs de la ville. Louis XV quitte Versailles pour rejoindre ses armées mais, malade, s'arrête à Metz. Les maréchaux d'Harcourt et de Noailles font manœuvrer leurs troupes, mais Marie-Thérèse interrompt soudainement les hostilités en Alsace en rappelant Charles de Lorraine et les Impériaux en Bohême : Prague est à nouveau menacée par Frédéric II de Prusse (septembre 1744). L'Alsace, finalement épargnée par la guerre, goûtera cette tranquillité jusqu'à la Révolution française.

L'école

L'appartenance française perturbe peu l'enseignement jusqu'à la Révolution. L'école primaire demeure l'affaire des Eglises catholique et protestante. L'instituteur est rare. Mal payé, il cumule souvent ses fonctions avec celles de chantre, de bedeau ou de sacristain ; les plus instruits sont receveurs ou secrétaires du bailli ; quelques-uns exercent une profession manuelle ; d'autres sont des invalides de guerre ou des pâtres inemployés pendant l'hivernage des troupeaux. Dans de nombreux villages, l'instituteur n'est engagé que pour une période limitée. Le curé ou le pasteur le remplacent le reste de l'année et les élèves reçoivent davantage une instruction religieuse qu'un enseignement général.

Dans les villes, les instituteurs sont plus nombreux parce que mieux payés. Quant aux écoles d'obédience religieuse, elles dispensent un enseignement de meilleure qualité, quoique encore bien imparfait. L'absentéisme des enfants reste un problème. Dans l'une des paroisses luthériennes de Strasbourg en 1683, il n'est qu'un élève sur six ou sept qui suive les cours d'été.

La population alsacienne illustre parfaitement le niveau culturel prérévolutionnaire : ceux qui savent lire sont très peu nombreux et ceux qui savent écrire, encore moins. L'instruction commune se résume à quelques rudiments religieux, bagage insuffisant pour s'intéresser aux problèmes de société et de politique. La plus grande partie de la population n'a pas acquis de raison critique. Les écoles secondaires protestantes subissent de plein fouet l'appauvrissement de la bourgeoisie, la réduction des programmes et la diminution du nombre des classes. Le gymnase de Strasbourg, devenu Académie humaniste et luthérienne, perd son excellence. Les écoles de Colmar et de Bouxwiller, les écoles latines de Ricquewihr et de Landau suivent la même pente. Les écoles catholiques prennent en revanche leur essor, généralement sous la direction des pères jésuites, et naturellement avec l'appui des autorités municipales qui soutiennent la France. Il s'en crée à Strasbourg, Haguenau, Sélestat, Colmar, Ensisheim et Rouffach. Le Collège royal de Strasbourg ouvre en 1684 avec des pères français ; une école conduite par des franciscains ouvre à Thann en 1687 et à Saverne en 1715. Ces nouvelles écoles religieuses catholiques se conjuguent à la perte de puissance des écoles protestantes pour exercer une grande influence sur la bourgeoisie qui les fréquente. Les futures classes dirigeantes sont amenées par l'éducation, jésuite essentiellement, à connaître la France catholique. La religion favorise très nettement l'attachement à la France. Les protestants se réfugient dans un splendide isolement, situation nouvelle qui va se consolider au siècle suivant. L'Université protestante, créée en 1621 par l'empereur Ferdinand II, a immédiatement joui d'un grand renom soutenu par des maîtres illustres, Denis Godefroy, dernier représentant des huguenots qui ont quitté la France, Juste Meyer, juriste et originaire de Nimègue, Matthias Bernegger, ami autrichien de Kepler et traducteur de Galilée, Jean Schmidt et Jean-Conrad Dannhauer, partisans intransigeants de Luther.

Louis XIV n'a pas apprécié cette ouverture à d'autres pays européens, estimant à tort que la grandeur de la France rend superflue toute participation étrangère, et inaugurant ainsi une politique de repli qui a perduré jusqu'à nos jours. L'Université protestante doit être servie, selon le roi, uniquement par des protestants alsaciens, bientôt uniquement par des protestants strasbourgeois.

Le niveau de l'illustre *Fürstenschule* ne progresse guère, dans ces conditions. Le nombre de professeurs et d'étudiants stagne ou diminue. L'annexion de Strasbourg empêche la venue des étudiants d'Allemagne, surtout ceux du nord de l'Empire, très nombreux avant l'annexion. Des Baltes, des Allemands du Sud et de l'Est, des Scandinaves, des Britanniques et quelques Russes l'ont fréquentée. Ils sont remplacés par des étudiants appartenant à d'autres catégories, inconnues à Strasbourg jusqu'ici, des Alsaciens catholiques, des Lorrains, des Francs-Comtois, des Français de l'intérieur. L'excellente réputation de l'université résiste cependant à ces changements. Des étudiants étrangers venus d'Espagne, d'Italie et même de Pologne recommencent à s'y inscrire, heureux de la proximité de la culture française et préférant la vie strasbourgeoise à celle de Leipzig et d'Iéna. Goethe est parmi eux en 1770-1771.

L'Académie catholique a été créée à Molsheim pour y développer le collège de la Compagnie de Jésus. Animée par des jésuites essentiellement venus de la province de Trèves, elle est un centre d'influence religieuse reliant Molsheim à d'autres villes allemandes, Mayence, Trèves, Bamberg, Wurzbourg entre autres. L'académie de Molsheim contribue naturellement à une reprise du catholicisme en Alsace. Transférée à Strasbourg et confiée à des jésuites français de la province de Champagne, elle prend le nom d'Université épiscopale ; son enseignement est largement tourné vers la théologie et fondé sur une philosophie paternaliste. Son emprise sur les enfants de la bourgeoisie aisée est grande. Son prosélytisme se limite cependant à cette classe sociale, voire aux enfants de la noblesse, et reste discret.

Progrès généraux

La présence française s'est fait apprécier des Alsaciens en d'autres domaines. Le gouvernement royal, en tout cas à ses débuts, se contente des impôts seigneuriaux et des redevances fournies en nature ; en 1660, un édit royal fixe à 60 000 livres les impôts annuels de toute l'Alsace, ce qui ne représente pas une grosse somme. Les impositions directes et arbitraires prélevées par les seigneurs sont interdites. Le Conseil d'Ensisheim ordonne un contrôle sérieux des dépenses publiques pour éviter le gaspillage qui prévalait avant son intervention. Pourtant, à la fin du siècle, le budget de la guerre, alourdi par la multiplication des campagnes royales, finit par peser sur les populations. Pendant les dix dernières années du XVIIe siècle, l'imposition directe augmente dix fois, à coups de dépenses régulières et extraordinaires, mais les autorités royales veillent à ne pas trop charger l'Alsace par rapport à d'autres provinces. La couronne de France surveille aussi la restauration de l'agriculture et des eaux et forêts, saccagées par la guerre de Trente Ans. L'Alsace, qui était une terre fertile et merveilleusement cultivée, a été réduite à des friches et des broussailles. Les autorités royales et princières prennent des mesures pour favoriser l'immigration de travailleurs agricoles. Des terrains en friche sont offerts à très bas prix, voire gratuitement, et les émigrés, exemptés d'impôts. Dès la fin de la Fronde, des Suisses, des Allemands, des Bourguignons et des Lorrains profitent de ces conditions exceptionnelles. Un édit royal de 1687 précise que quiconque parvient à fertiliser sa terre peut l'acquérir pour des sommes dérisoires. Dès 1700, l'Alsace retrouve ses champs de céréales et de choux, ses vignes et ses arbres fruitiers. Le Nôtre plante des ormes dans l'enceinte du nouveau Strasbourg et des jardins à la française apparaissent chez les Grands du pays, à Ribeauvillé, Bischwiller et Bouxwiller. La forêt vosgienne attire également l'attention de l'Intendance royale qui, par plusieurs décrets de 1661 à 1674, met de l'ordre dans les pratiques des bûcherons. L'une des grandes richesses de la province est dès lors préservée.

L'industrie alsacienne est dans le marasme lors de l'annexion par la France. Les mines d'argent, de plomb et de cuivre ne sont plus guère exploitées. Les mines de fer de la vallée de la Bruche le sont davantage, mais ne progressent plus. Les essais de faïencerie, menés du côté d'Haguenau, ne réussissent pas. Seul le travail du verre est actif. Louvois tente de remédier à cette situation en 1683 : deux Bâlois reçoivent le privilège exclusif d'une manufacture de draps et de couvertures de laine à Strasbourg. Le ministre encourage aussi la production de bière : en 1650, il n'y a qu'une douzaine de brasseries ; en 1723, on en compte 26. Pendant la seconde moitié du XVIIe siècle, l'Alsace consolide sa place sur le marché du tabac. Son tabac à chiquer et à priser est exporté jusqu'en Europe de l'Est et en Russie. Sur les voies commerciales, terrestres et fluviales, le commerce est facilité par des actions de gendarmerie débarrassant le pays des malfrats qui prolifèrent.

Louis XIV dote enfin l'Alsace des défenses qu'elle n'a jamais eues. Strasbourg n'a jamais été couverte que par des défenses transitoires et incertaines et les seigneurs ont recouru à des lansquenets allemands et suisses plutôt que d'armer leurs sujets dont ils se méfient depuis les soulèvements des paysans du XVIe siècle. Les fortifications de Vauban sont occupées en permanence par des garnisons fixes, ponctuellement augmentées de troupes venues de la province. Les Alsaciens, qui ont la réputation d'être belliqueux, ont jusque-là servi en tant que volontaires sous les bannières impériales. Louis XIV leur donne la possibilité de s'enrôler dans des régiments français cantonnés dans la province, l'Alsace-Infanterie, le Rosen-Cavalerie qui devient le Royal-Allemand, ou l'Alsace-Cavalerie. Louvois organise à partir de 1688 deux régiments de milice, recrutés par un tirage au sort dans chaque paroisse, suivi d'une sélection. Cette mesure, irrégulièrement appliquée, ne prend jamais l'allure d'une conscription obligatoire. Les régiments suffisent. L'Alsace est en réalité affranchie de tout service militaire obligatoire jusqu'à la Révolution, ce qui représente une autre source de satisfaction pour la population.

Le temps de Louis XV (1715-1774)

Pendant le règne de Louis XIV, l'Alsace apprend à découvrir les avantages que lui procure sa dépendance de la couronne française dans la réorganisation territoriale et administrative, la réforme de la Justice et la tolérance fiscale, militaire et religieuse. En dépit de tous les efforts déployés par les jésuites, il n'y a en 1697 à Strasbourg que quelques centaines de catholiques sur une population d'une trentaine de milliers d'âmes. Avec l'avènement de Louis XV, l'Alsace, quoique pleinement française, reste une province à part, qui a conservé de nombreuses particularités. Les Alsaciens se sont peu à peu attachés à leur monarque. Plus royalistes que patriotes, ils fêtent sa venue à Strasbourg en octobre 1744, applaudissent la dauphine Marie-Antoinette lorsqu'elle franchit le pont de Kehl en 1770 et célèbrent la commémoration du centenaire de l'annexion de Strasbourg en 1781.

La population est contente de ses intendants. La dizaine d'hommes qui se succèdent à cette charge jusqu'à la Révolution sont tous nommés par la Couronne et portent des noms français – Le Pelletier de La Houssaye, Bauyn d'Angervilliers, Feydeau de Brou, de Lucé, de Blair ; les plus marquants étant d'Angervilliers (1716-1724), Mégret de Sérilly (1750-1752) et Chaumont de La Galaizière (1777-1789), tous trois épris de leur province d'accueil. Ils assoient leur administration ; sans abuser du pouvoir absolu qu'ils détiennent, ils font preuve de modération et de justice dans les conflits qui les opposent aux seigneuries encore à moitié indépendantes. Ils œuvrent pour que l'Alsace s'éloigne des goûts et des mœurs germaniques, tout en défendant la cause de leur province à Versailles. Ils se font assister de nobles, de bourgeois cultivés, d'officiers et de délégués qui surveillent les baillis ; tous sont attirés par la culture française et se sont mis à l'apprentissage de la langue ; l'acclimatation linguistique est néanmoins progressive, comme en témoignent les actes notariés de l'époque, qui laissent apparaître des toponymes et des traductions hasardeuses des noms de famille.

Le monopole postal, qui existe dans l'ensemble du royaume, est introduit par un édit royal le 21 novembre 1681, sécurisant et améliorant considérablement les communications. Des courriers réguliers unissent désormais Strasbourg, Paris, Lyon et Marseille, mais aussi Francfort, Augsbourg et Bâle. Le commerce, les relations entre les grands marchés et les grandes foires en bénéficient considérablement, tout comme les relations politiques et administratives avec la capitale.

Les préteurs royaux donnent pleine satisfaction à Strasbourg et aux villes de la Décapole. Les Alsaciens se sont faits à leur Conseil souverain ; la noblesse de robe est, là encore, remplacée par une bourgeoisie parlementaire issue d'une douzaine de familles, parmi lesquelles s'illustrent les Corberon et les Boug.

Les intendants dans la seconde moitié du siècle s'occupent aussi de la santé publique ; des recommandations d'hygiène sont diffusées à la population par ordre du roi. De brillants gouverneurs, les d'Huxelles, du Bourg, de Broglie et le maréchal de Contades (en poste de 1762 à 1788), sont nommés et chargés des 24 000 militaires de la province. Leur rôle est également culturel au travers des fêtes et réceptions qu'ils organisent, des représentations théâtrales en français qu'ils donnent, des palais et des jardins qu'ils font bâtir et de la brillante gastronomie qu'ils suscitent en Alsace.

Mais, en dépit de cette apparente francisation, l'Alsace conserve de nombreux particularismes. En premier lieu, son morcellement persiste ; les princes étrangers qui y ont une possession conservent leurs biens tout en reconnaissant l'administration des régences. C'est un motif de relation durable avec le Saint-Empire. La deuxième étrangeté est celle d'une noblesse peu nombreuse et peu recherchée. Ne le souhaitent que quelques membres du Conseil souverain et une poignée d'hommes d'affaires catholiques cherchent l'anoblissement ; la plupart font confirmer leur titre par l'empereur, malgré son absence de pouvoirs sur la rive gauche du Rhin. Enfin, la grande masse des ruraux alsaciens vivote, repliée sur soi, indifférente au remaniement administratif et politique. C'est tout juste si elle connaît l'existence des tribunaux, des échevins ou des prévôts. La vie municipale n'en est qu'à ses premiers pas. Dieu reste le seul maître, et les conversions du protestantisme au catholicisme sont rarissimes dans cette couche sociale qui ne parle que son patois germanique. Les connaissances linguistiques de la moyenne bourgeoisie sont évidemment plus développées mais, si elle parvient à se faire comprendre en français, elle continue de parler allemand pour ses affaires courantes. Il n'est en fait que la haute bourgeoisie et l'administration qui parlent un français acceptable (l'allemand reste langue administrative jusqu'en 1789).

La quatrième spécificité alsacienne tient aux liens que l'université de Strasbourg entretient avec celle de Göttingen, la plus illustre des universités allemandes de l'époque. Les Alsaciens y représentent un quart des effectifs et les Allemands, la moitié. S'y ajoutent des Scandinaves, des Baltes et des Suisses. L'Alsace est encore tournée vers le centre géographique de l'Europe. Quant à la diversité religieuse, l'Alsace la maintient sur son territoire, tandis que le reste de la France redevient exclusivement catholique, sous le coup de la révocation de l'Edit de Nantes. La religion catholique s'est néanmoins affirmée depuis l'annexion. A Strasbourg, les cardinaux de Rohan se succèdent pendant presque tout le XVIIIe siècle, depuis 1704, en lui donnant une forte impulsion. La présence des Rohan contribue à l'adoption du mode de vie français, même s'ils sont souvent à Versailles ou dans leur palais de Saverne. Ils participent à l'embellissement de la cathédrale et se font bâtir à Strasbourg un superbe palais épiscopal, qui témoigne du goût français de l'époque. Les protestants de Strasbourg représentent en 1650 environ les deux tiers de la population ; cent ans après, cette proportion a diminué de moitié, concurrencée par l'arrivée de Français catholiques. Dans les campagnes, le protestantisme se maintient par quelques conversions, et surtout une forte natalité ; il résiste à un ordre monarchique qui lui est peu favorable.

Les deux Eglises sont dynamiques. L'Eglise catholique, stagnante dans nombre de régions françaises, suit en Alsace l'essor et la prospérité de celle de l'Allemagne du

Sud. Les jésuites en sont la cheville ouvrière. Les capucins sont très populaires en raison de leur dévouement aux pauvres. Dans le centre et le Sud catholiques, les pèlerinages, les confréries, les fêtes religieuses, les processions, les ouvrages religieux abondent. En basse Alsace et dans l'Alsace bossue, le culte catholique se fait discret et le culte protestant s'impose, quoique plus sobrement, avec ses chapelles, ses retables et de petits pèlerinages dans le nord du Kochersberg et la région d'Haguenau. La religion fait partie de l'âme alsacienne. Les protestants sont écartés du pouvoir politique, sauf au plan municipal, mais ils conservent le pouvoir économique, social et culturel tant à Strasbourg que dans les localités mixtes. En haute Alsace et à Strasbourg, ils donnent un grand essor à l'industrie. Leur application et leur modestie, clés de leurs succès, suscitent aussi de la jalousie, sentiment encore perceptible aujourd'hui. Le protestantisme alsacien conserve des liens solides avec le protestantisme allemand ; il est donc parcouru par les mêmes courants de pensée, le piétisme – pratique intimiste venue d'Allemagne – ou le rationalisme né de l'*Aufklärung*, qui recherche un accord entre science et religion et a de nombreux rapports avec les loges maçonniques. Le piétisme original suscite un fort intérêt à Strasbourg et en basse Alsace, particulièrement dans le comté de Hanau ; l'église Saint-Pierre-le-Jeune de Strasbourg lui est officiellement consacrée et reçoit de l'argent de la communauté Herrnhut en Saxe. Le piétisme orienté vers l'action sociale est une tendance dérivée. Le pasteur Oberlin (1740-1826) en est le plus célèbre représentant. Il prône le progrès par l'enseignement – il ouvre une école dans chacun des villages de sa paroisse – et par la recherche – il introduit la culture d'une nouvelle variété de pommes de terre et de lin, la greffe des arbres et le tissage à domicile.

Les protestants citadins sont progressivement autorisés à avoir leur oratoire. Celui de Strasbourg est sis, à partir de 1788, dans la rue du Bouclier. A partir des années 1760, des oratoires apparaissent à Bishwiller, Sainte-Marie-aux-Mines et Mulhouse. De nombreuses interventions de coreligionnaires influents et de princes étrangers convainquent les autorités royales de mettre fin à la pratique du *simultaneum*, source de nombreux conflits. Cette mesure, qui remonte à Louis XIV, consiste, dans des localités comportant au moins sept familles protestantes, à attribuer le chœur des temples aux catholiques pour qu'ils y célèbrent leur messe. Il faut enfin noter en Alsace l'importance relative de la communauté juive, aussi nombreuse à l'échelle de la province que la communauté protestante de Strasbourg, et très soudée par la tradition et la résistance à des agressions presque constantes. La plupart des Juifs alsaciens vivent dans les villages et les campagnes, exerçant de petits métiers – colporteurs, meuniers, marchands de bétail et petits commerçants. Pauvres, absorbés par leurs efforts pour survivre, ils manifestent une certaine indifférence vis-à-vis des réformes royales. Quelques-uns cependant parviennent à des positions d'influence, tels Cerf-Berr et Moyse Blien.

L'*Aufklärung* ne fait pas évoluer de la même façon le catholicisme et le protestantisme alsaciens. Le catholicisme, appuyé sur une foi traditionnelle rurale et une hiérarchie cléricale qui prévaut dans l'espace rhénan, l'Allemagne du Sud et l'Autriche, évolue avec les Lumières vers la cléricalisation et l'ultramontanisme. La fidélité à Rome prime sur la fidélité au roi. De son côté, l'Eglise réformée adopte, avec sa nouvelle génération de théologiens, un certain rationalisme et une conception optimiste de l'humanité. En 1790, les mesures de laïcisation de l'Eglise n'entraînent pas de ce fait les mêmes réactions. Les catholiques s'indignent très vite, tandis que les protestants sont plus prudents et placides. Quant aux Juifs, ils se réjouissent de pouvoir acquérir à cette occasion leur citoyenneté.

Redécouverte d'une identité

L'essor de l'Alsace du XVIIIe siècle est à peine troublé par des récidives ponctuelles des guerres entre royauté et Empire, essentiellement en basse Alsace, et par quelques scandales politiques, tel celui du baron François-Joseph de Klinglin, préteur royal (1725-1752).

Avec la paix et la prospérité, la civilisation alsacienne connaît une double avancée dans les domaines industriel et culturel. Une nouvelle bourgeoisie de chefs d'entreprise fait son apparition, composée d'hommes de caractère qui enrichissent le pays. De véritables dynasties se forment pour plusieurs siècles. Les d'Anthès, Stehelin et Dietrich développent la métallurgie, les Koechlin et Dollfuss innovent dans l'impression sur textile à Mulhouse, de même que les Mieg et les Schlumberger ; les Haussmann sont à Colmar. Le négoce strasbourgeois est aux mains des protestants Brackenhoffer, Staedel et Zeyssolf qui tiennent la dragée haute aux catholiques Saglio et Livio. Des Juifs comme Cerf-Berr et Moyse Blien stimulent le grand commerce. Ces grands entrepreneurs n'ont d'autre prétention que de développer leur activité, alors que ceux de la France « intérieure » prétendent aussi acquérir un titre de noblesse. Le luthéranisme a certainement influencé l'idéal alsacien vers la simplicité.

La vitalité artistique et culturelle est remarquable. Strasbourg est un chantier qui voit naître de très beaux hôtels, des maisons bourgeoises et des collèges, tous d'inspiration française. Les autres villes alsaciennes édifient aussi leurs bâtiments publics, s'ornent de façades et de jardins dessinés à la française. Des réminiscences austro-bavaroises se font sentir dans l'architecture religieuse, notamment abbatiales et chapelles. La qualité de la sculpture se reconnaît à l'œuvre majeure de Jean-Baptiste Pigalle, qui signe le tombeau de Maurice de Saxe dans l'église Saint-Thomas de Strasbourg. Les portraitistes sont nombreux et talentueux. Les meilleurs, tel Jean-Martin Weiss, ont d'étroits contacts avec la peinture parisienne. L'artisanat d'art est très développé dans les domaines-phares de l'orfèvrerie, de la ferronnerie et de la poterie. Le milieu universitaire brille aussi. Jean-Daniel Schoepflin (1694-1771) enseigne l'histoire pendant un demi-siècle à Strasbourg. On lui doit la première histoire d'Alsace illustrée en latin, et une histoire de la dynastie bâloise. Il crée également le premier musée d'archéologie. Il est à Strasbourg le plus illustre représentant de l'*Aufklärung*, en phase avec les plus grands philosophes et savants européens, et contribue à la réputation européenne de l'université. La médecine et le droit ne sont pas en reste : la médecine de l'époque, remarquablement enseignée, bénéficie de la première école d'accouchement en Europe, créée en 1728 par Jean-Jacques Fried ; la chimie et l'histoire naturelle y sont fort avancées. La faculté de droit intègre le droit français et le droit germanique et présente un droit romain modernisé.

L'Alsace, par ses traditions et sa culture, est parvenue à se singulariser au sein du monde germanique et français. C'est une province riche par son industrie, sa culture agricole, son artisanat et son commerce. La démocratie y a considérablement progressé. La vie intellectuelle et artistique y est brillante. La province, ouverte aux populations voisines, n'en perd pas son identité pour autant.

Les guerres, les désastres naturels et les misères n'ont pu s'opposer à la construction d'une âme alsacienne, qui s'est accomplie sur plusieurs siècles. L'Alsacien, devenu sujet de Louis XIV malgré lui, d'abord indifférent à sa nouvelle condition, l'accepte finalement par obligation autant que par intérêt. Mais les mœurs, les traditions et la culture germaniques ne peuvent être oubliées. Les deux principaux témoins en sont la permanence de la langue allemande et la vivacité de la foi protestante. L'une et l'autre ont résisté à l'administration française, à l'immigration de nombreux catholiques et aux édits royaux exigeant le renouvellement du clergé alsacien par des prêtres français (édit Le Blanc de 1727). L'Alsace n'est devenue française que par des circonstances extérieures ; elle est restée allemande en profondeur et reconnue comme telle par les Français qui y voyagent. Cette double influence, d'abord allemande puis française, parachève l'image identitaire de l'Alsace. L'historien Schoepflin a beaucoup contribué à entretenir cette dualité, même si Voltaire, installé à Colmar en 1753 pour écrire les *Annales de l'Empire* promises à la duchesse de Gotha, qualifie l'endroit de « ville à moitié allemande, à moitié française et tout à fait iroquoise ». Ni la Révolution française de 1789, ni l'ordre napoléonien (1800-1813), ni la succession compliquée des régimes politiques français jusqu'en 1870 ne feront disparaître la conscience d'une identité régionale biculturelle.

Intégration à la France et préludes révolutionnaires

Le 22 juin 1787, Louis XVI, pour calmer les conflits qui éclatent entre la royauté et les parlements et l'agitation causée par la convocation de la première Assemblée de notables, ordonne l'institution d'une Assemblée provinciale alsacienne, de même que dans la plupart des provinces françaises. Chaque assemblée doit mettre de l'ordre dans la fiscalité, contrôler les dépenses publiques et surtout recueillir des propositions de réforme qui peuvent « améliorer le bien public ». C'est pour l'Alsace, qui n'a jamais eu d'états provinciaux, un événement de grande importance. L'assemblée est réunie pour la première fois le 18 août à Strasbourg ; ses 24 membres sont nommés par le gouvernement. L'assemblée compte des représentants de l'Eglise (cardinal de Rohan, évêque *in partibus* de Dora, prince-abbé de Murbach, abbés mitrés de Marmoutier et de Neubourg), des seigneurs (prince Victor de Broglie, comtes de Walner et de Montjoie, le lieutenant général de Falckenhayn), des nobles (MM. de Turckheim, ammeistre de Strasbourg, de Cointoux et de Dartein, respectivement préteurs royaux à Haguenau et à Sélestat, et le bailli de Hell) et de grands bourgeois (magistrats, jurisconsultes ou riches négociants). Les Alsaciens de souche et les catholiques sont majoritaires.

L'édit royal précise aussi les modalités de formation d'assemblées municipales, élues démocratiquement par les localités, autour du seigneur local ou de son représentant et du curé, tous deux membres de droit. Un syndic, lui aussi élu, défend le droit de tous les électeurs, faisant désormais fi des castes bourgeoises, des oligarchies et du prévôt seigneurial. Un régime de liberté individuelle est instauré. Les assemblées de districts concernent quant à elles les bailliages, les territoires princiers enclavés et les villes de la Décapole. Ces assemblées s'opposent clairement aux princes possessionnés, toujours en lutte avec l'administration royale, et aux ambitions résiduelles de la noblesse. Chaque district (Landau, Haguenau, Sélestat, Colmar,

Huningue et Belfort) est dirigé par une assemblée composée de 6 nobles, 6 membres du clergé et 12 roturiers, pour moitié nommés par le roi et pour moitié par l'Assemblée provinciale.

L'Assemblée d'Alsace, partagée en quatre bureaux – impositions, travaux publics, finances et bien public –, s'est mise rapidement au travail. La réforme fiscale est une préoccupation majeure. Une nouvelle répartition des impôts, moins inégalitaire, est proposée. Les exemptions partielles de la noblesse et du clergé et les exemptions totales ou presque totales des princes étrangers, de certains bailliages et des terres de Spire sont enfin dénoncées. Les membres privilégiés de l'Assemblée se sont félicités de la dénonciation des abus des princes étrangers, sans trop s'inquiéter de leurs propres avantages. Les assemblées municipales font plus ; elles proposent trop de mesures libérales et l'Assemblée provinciale convient de ne pas prendre de mesure définitive les concernant.

L'Assemblée provinciale siège pendant moins d'un an ; elle est relayée par une commission intermédiaire qui, pendant l'année 1788, dénonce encore quelques écarts de l'administration et rapporte sur des activités provinciales, commerciales en particulier ; elle est aussi absorbée par les différends qui opposent la petite bourgeoisie écartée du pouvoir et les nantis, magistrats perpétuels des villes, qui ne veulent pas le partager.

Les états généraux, ouverts le 1er mai 1789, mettent définitivement fin aux activités provinciales. R. Reuss a insisté sur l'importance de l'Assemblée d'Alsace malgré sa courte durée. Pour la première fois en effet, par le jeu des assemblées municipales, l'Alsace tout entière s'éveille à la vie politique et participe à celle du Royaume de France. En condamnant les privilèges dont jouissent encore les princes étrangers, elle montre clairement son allégeance au Royaume de France. Sa dualité culturelle n'en souffre pas, les procès-verbaux et les rapports étant toujours rédigés en français et en allemand ; les assemblées municipales sont toutes évidemment tenues en allemand.

L'Alsace des Hohenstaufen et des Habsbourg du Saint-Empire, des rivalités désordonnées du Moyen Age à la Réforme luthérienne et à la guerre de Trente Ans, est profondément gravée dans la mémoire collective. Mais, en 1789, elle se précipite dans l'effervescence de la Révolution française. L'histoire politique alsacienne se confond alors avec celle de la France.

L'élection des députés aux états généraux – forme de représentation nationale – est aussi difficile en Alsace que dans les autres provinces. L'inégalité des commissions électorales prévaut. Le nombre de députés envoyés par des commissions électorales, 26 – dont seulement 4 protestants – sur 1 200, surprend la province ; comme ailleurs, il est jugé insuffisant. Ces maladresses parisiennes font le lit d'une opposition aux nouvelles idées. Les partisans de l'opposition aux magistrats l'emportent partout dans la nomination des électeurs du second degré ; à Strasbourg cependant, les nombreuses abstentions – signe de méfiance ou de refus – compliquent l'élection.

Dans les campagnes, on se préoccupe essentiellement des réactions seigneuriales et des affaires locales. En outre, le monde rural, principalement germanophone, peine à comprendre ce qui lui est demandé. Aussi, aucun député n'est-il envoyé à l'Assemblée nationale par les campagnes. La rédaction des cahiers de doléances est lente partout, mais ne révèle pas de difficulté extrême en Alsace ; les cahiers de la noblesse et du clergé sont rédigés dans un esprit assez conservateur, bien que prônant la participation de tous les citoyens aux charges de l'Etat ; le clergé catholique s'oppose aux Juifs et aux protestants pour pouvoir s'imposer seul aux postes de responsabilité.

L'Assemblée de Belfort-Huninge est celle qui montre les dispositions les plus libérales en réclamant en particulier le vote par tête au lieu du vote par ordre. Les votes de la Décapole se montrent également hostiles à toute tendance conservatrice. A Strasbourg, l'ammeistre Jean de Turckheim, favorable à l'Ancien Régime et protestant, est élu pour son intégrité ; il est secondé par Joseph Schwendt, également conservateur libéral. D'une manière générale, les cahiers généraux de doléances réclament l'égalité devant l'impôt, une transparence des dépenses publiques, l'abolition des fermes, de la milice, dénoncent les abus dans le gouvernement des villes et des campagnes et prônent la suppression définitive des pouvoirs temporels et spirituels des princes étrangers. Les revendications alsaciennes sont, à l'image de celles de la France entière, désordonnées, souvent irréalistes et excessives, parfois faussement égalitaires.

A l'Assemblée nationale, les députés alsaciens, modérés, sont surpris par le tumulte général, les assauts d'éloquence inutile, et l'esprit d'utopie. Les quatre députés radicaux alsaciens, Gobel, Reubell, Pflieger et Lavie, sont minoritaires dans leur groupe, mais font entendre leur voix. Ces hommes n'ont cependant pas beaucoup d'influence, en tout cas au début de la Constituante, par rapport aux députés conservateurs-libéraux qui réunissent trois hommes de loi, quatre officiers du roi ou seigneurs, et deux médecins. Pourtant, en octobre 1789, ou au cours des deux années suivantes, certains députés modérés, n'acceptant ni les moeurs ni les orientations révolutionnaires, quittent la Constituante et sont remplacés par des radicaux.

Les députés alsaciens ne paraissent pas à la tribune ; ils se retrouvent à Versailles dans un monde inconnu. Seuls trois d'entre eux, l'abbé Aymard, franchement conservateur, le prince Victor de Broglie, du parti constitutionnel libéral, et Reubell, qui dès le début soutient le radicalisme, interviennent dans la défense des intérêts alsaciens.

Hélas, les voix raisonnables ne portent pas. Alors que l'on palabre à Paris et Versailles, des troubles éclatent dans toute l'Alsace dès le mois de juillet 1789. Strasbourg est secouée avant même que le renvoi de Necker ne soit connu ; l'opinion publique, réclamant la nomination d'un commissaire du roi remplaçant le préteur royal, met en place le baron Frédéric de Dietrich, un homme réservé et conservateur. Lorsque parvient la nouvelle du durcissement parisien, après quelques discours violents exaltant la population à se défier de la royauté, une émeute se forme pour saccager la maison de l'ammeistre Lemp et l'hôtel de ville. Ni Dietrich, ni le nouveau gouverneur de la province, Rochambeau, ni le commandant de la place, Klinglin, ne font de sérieux efforts pour disperser la foule. La contestation, livrée à elle-même, tourne au saccage. L'hôtel de ville est pillé et vidé de ses archives ; les caisses sont éventrées et la toiture, arrachée. Des maisons de nobles strasbourgeois sont également menacées. Rochambeau, réunissant une garde urbaine de quelques centaines d'hommes, met fin au désordre ; il arrête 200 voleurs et pillards, en pend un pour l'exemple.

En même temps, les bailliages ruraux se soulèvent contre leur magistrat en réclamant leur part de biens communaux. Le bourgmestre d'Obernai est assassiné ; à Saverne, les révoltés s'opposent violemment aux hommes du cardinal de Rohan. Dans les campagnes, le mouvement devient jacquerie : des abbayes de la région de Saverne et d'Haguenau sont pillées. La guerre des Rustauds de 1525 semble revenue en haute Alsace. L'agitation est entretenue par le bruit que le roi permet qu'on dépouille les privilégiés. Les seigneurs et les moines sont attaqués : abbayes de Munster, Masevaux, Lautenbach, Marbach, châteaux d'Hirsingen, Carspach, Hirtzbach, Ollwiller. La ville de Guebwiller, capitale du prince-abbé de Murbach, est prise et son château, démoli.

Les Juifs sont pris à partie autant que les nobles et le clergé ; la haine séculaire des paysans alsaciens à leur encontre se déchaîne avec violence, dans le Sundgau surtout. L'intervention de l'armée du général de Vietinghoff contre les bandes séditieuses (27-31 juillet 1789) est brutale : arrestations, pendaisons, envois au bagne. Une accalmie se fait, de courte durée. L'agitation reprend au lendemain du 4 août.

12

La faute religieuse

La nuit du 4 août 1789 met fin au système féodal de l'Ancien Régime et proclame le triomphe de l'esprit national. L'Assemblée nationale reconnaît, dans les jours qui suivent, une Justice égale et gratuite pour tous, l'abolition de toute servitude personnelle et de la dîme. Le rachat des redevances seigneuriales et des offices de judicature devient possible. Les paysans sont les grands bénéficiaires de ces décisions extraordinaires.

Les députés alsaciens sont divisés quant aux conséquences de la nuit du 4 Août. Reubell, enthousiasmé par les réformes, en profite pour intégrer sa province dans le cadre révolutionnaire français ; il s'enflamme : « Au moment où chaque province sacrifie ses privilèges, il y a peu de mérite pour nous à le faire, car cela signifie que nous nous unissons plus étroitement aux Français et ce nom est le plus beau qu'on puisse porter ! » M. de Turckheim affiche au contraire ses craintes et son pessimisme. A Strasbourg, de nombreuses assemblées mettent en doute la réorganisation du pays, « tout ce qui concerne nos affaires intérieures étant absolument indifférent à la Nation », mais les radicaux répondent en proclamant leur impatience à faire appliquer les réformes dans la province, et leur voix l'emporte. A Strasbourg, comme dans les campagnes, l'enthousiasme révolutionnaire gagne sur le conservatisme et la résignation. Quelques troubles surviennent, à Bischwiller, Haguenau et Sélestat entre autres, qui sont surtout le fait de révolutionnaires radicaux. Des gardes nationales locales sont mises en place. Le territoire alsacien est divisé en deux départements, Bas-Rhin et Haut-Rhin, dont Strasbourg et Colmar sont les chefs-lieux ; il est enrichi du pays de Porentruy, du comté de Montbéliard, de la principauté de Salm et des bailliages contestés du duché de Deux-Ponts. La noblesse alsacienne est directement touchée par ce bouleversement général, quoique les seigneurs possessionnés restent naïvement confiants. La Constituante ne prête guère d'attention à la défense de la noblesse, plaidée par l'abbé Aymard, leur principal avocat, car la fin de l'année 1789 détourne les esprits vers les menaces qui pèsent sur les rapports entre l'Eglise et l'Etat. Dès l'été 1789, l'Eglise catholique perd le rapport de la dîme et est mise à contribution pour combler le déficit de la nation. Lors de la réunion des états généraux du 2 novembre 1789, sur proposition de Talleyrand, alors évêque d'Autun, l'Assemblée déclare qu'elle met à la disposition de la nation « les biens du clergé ». Ce type de confiscation a déjà été décidé par la couronne d'Angleterre, les princes allemands sous le drapeau du protestantisme et par Joseph II d'Autriche, beau-frère de Louis XVI. Les fidèles sont pris de court, les relations entre l'Etat français et la Curie romaine se tendent, mais le transfert du dossier à l'Assemblée permet de calmer les esprits et d'aboutir à la mi-juillet 1790 à une Constitution civile du clergé.

La Constitution civile du clergé

L'idée d'une Eglise nationale, formulée par l'Assemblée constituante en 1790, repose sur un concept formulé par Robespierre : « La nomination des évêques est l'exercice du droit politique ; appeler les ecclésiastiques, par préférence aux autres citoyens, à cette nomination, c'est rompre l'égalité des droits politiques, qui est la base de la Constitution ; c'est donner au clergé une influence politique particulière ; c'est le reconstituer en corps isolé. » L'idée révolutionnaire est mise en concurrence avec la foi catholique. En Alsace, cette politique a failli devenir un tremplin contre-révolutionnaire. Depuis la nuit du 4 août 1789, la question du devenir du clergé, dans une société brutalement privée de ses ordres et de ses normes, est posée. La protestation contre la nationalisation des biens du clergé (18 mars 1790), la suppression de la dîme (2 novembre 1789) et des ordres religieux (18 mars 1790) est encore plus forte en Alsace que dans les autres provinces. La tolérance tacite de l'esprit révolutionnaire à l'égard des protestants et des Juifs achève de mettre les catholiques dans l'inquiétude.

La Constitution civile du clergé, proclamée le 12 juillet 1790, provoque l'indignation de la société alsacienne tout entière. La discussion sur la Constitution civile du clergé y débute le 27 mai 1789. Le 12 juillet, l'Assemblée constituante propose quatre articles de loi, stipulant l'adaptation des diocèses aux structures départementales : 83 évêchés départementaux remplacent les 130 structures diocésaines anciennes ; les offices privilégiés sont supprimés et le nombre des paroisses, réduit. Les mesures véritablement révolutionnaires consistent en la nomination du nouveau clergé par le corps électoral politique, tous cultes confondus, et l'obligation pour ce personnel ecclésiastique de prêter serment de fidélité à la Constitution (27 novembre 1790). Les réactions à ces premières mesures sont relativement modérées ; le bas clergé espère y gagner une amélioration de sa condition.

Le 22 septembre 1789, l'abbé d'Eymar, Grand Vicaire, représentant le prince-évêque de Strasbourg et les hautes autorités de l'Eglise alsacienne, est chargé de transmettre la protestation alsacienne à l'Assemblée constituante. En vain. Le député républicain alsacien Reubell prétend même que les protestations ont été omises du procès-verbal.

L'impuissance de l'Assemblée à régler la question religieuse fait craindre l'intervention de puissances étrangères et entraîne un durcissement de l'attitude antireligieuse. La résistance catholique ne tarde pas à se manifester. Les Chambres ecclésiastiques de Strasbourg et de Colmar s'indignent. L'Alsace se détourne de la France. « Par ses mœurs, son langage, son régime » le clergé d'Alsace doit être considéré comme un « clergé étranger » qui peut s'unir aux princes et aux Etats de l'Empire germanique pour protester contre toute action « contraire aux traités ». Cette déclaration recueille 1 300 signatures des hauts dignitaires de l'Eglise comme du petit peuple. Une version allemande de ce document est adressée à la diète germanique de Ratisbonne ; elle réclame « une gracieuse intervention des très hauts Etats de l'Empire » en faveur du clergé alsacien. Des tracts imprimés à Bâle, Ettenheim et Offenbourg sont diffusés dans les campagnes, incitant à la désobéissance civile et à l'insoumission aux impôts. Pourtant la diète et l'empereur ne répondent pas à cette supplique, qui leur permettrait de remettre l'Alsace sous leur protection. Est-ce par manque de moyens militaires ? Quant au silence du pouvoir républicain laïc de la province alsacienne, est-il un signe de complaisance vis-à-vis des protestataires ?

L'Assemblée constituante, indifférente aux rumeurs séparatistes, poursuit sa charge antireligieuse. Un décret du 15 janvier 1790 nationalise les biens ecclésiastiques ; un autre de février 1790 dissout les ordres religieux, non sans susciter un débat agité. On fait taire l'abbé d'Eymar. La cause des religieux d'Alsace, dont certains sont fort populaires, est défendue par une lettre de protestations des députés alsaciens de droite, rédigée au nom de la « majeure partie » de la province. Des députés du parti constitutionnel, parmi lesquels Victor de Broglie, Schwendt et Gobel, répondent en invoquant les principes républicains. Les protestations reprennent en Alsace et en Allemagne.

L'agitation est à son comble le 14 avril 1789, lors d'une nouvelle discussion de l'Assemblée sur les biens du clergé d'Alsace. Eymar reprend son plaidoyer : « tôt ou tard, [cette mesure] occasionnerait des troubles qu'il est de votre sagesse, de votre dignité, de votre intérêt même de prévenir », et l'Alsace proteste à nouveau contre les conséquences religieuses de la Révolution. On regrette le temps serein des traités.

Le 29 avril 1789, une contestation de l'inventaire des biens ecclésiastiques est adressée par la Chambre ecclésiastique de Strasbourg à toutes les corporations du diocèse. Dans le Bas-Rhin, les prêtres sont nombreux à s'opposer aux décrets révolutionnaires : Liebermann, curé d'Ernolsheim, prend la tête de la résistance. Les civils, les fermiers en particulier, sont appelés à résister : « Réunissez-vous à votre clergé et à vos seigneurs pour redemander l'ancienne Constitution d'Alsace garantie par les traités ! » réclame Liebermann. L'Assemblée constituante est alertée par le Comité des dîmes, qui rapporte que les prêtres alsaciens prêchent la révolte et promettent dans les confessionnaux le bonheur à ceux qui haïssent la liberté et les décrets révolutionnaires. Une brochure, *Avis aux Alsaciens*, s'indigne en outre des nouveaux impôts qui vont frapper la population. Cette résistance du peuple alsacien empêche pendant plusieurs mois les autorités républicaines d'appliquer dans la province les réformes de la Constitution civile du clergé. Le cardinal de Rohan use de son influence. Délégué de l'Alsace aux états généraux et apparemment favorable à un ordre républicain, il ne peut supporter l'agressivité antireligieuse de la Constituante. En mai 1790, sans renoncer à son mandat, il quitte Paris et se réfugie dans sa résidence de Saverne. Il gagne bientôt la partie de son diocèse située sur la rive droite du Rhin et s'établit dans la petite ville d'Ettenheim, qui devient un centre contre-révolutionnaire, moins important que Coblence, mais aussi actif : on y élabore des plans politiques et une petite armée s'y constitue. De sa nouvelle résidence, le 20 novembre 1790, le cardinal diffuse une Déclaration contre la Constitution civile du clergé ; il incite ses curés à la désobéissance. Le 27 novembre, l'Assemblée décrète que tous ceux qui refusent de prêter serment sont considérés comme démissionnaires, interdits de fonction ecclésiastique et condamnables pour avoir perturbé l'ordre public. Le lendemain, le cardinal diffuse une Instruction pastorale qui est un véritable appel à la rébellion, rappelant les véritables devoirs des prêtres et de leurs ouailles, dénonçant la Constitution civile du clergé et la résolution de l'assemblée à l'encontre des prêtres protestataires. Il se déclare prêt « à verser son sang pour la cause de Dieu et de Son Eglise ». L'Instruction est imprimée à Strasbourg en français et allemand, et largement distribuée dans le diocèse ; elle est aussi transmise à la diète de Ratisbonne, puisque le cardinal de Rohan est prince de l'Empire germanique. Un mois plus tard, Joseph de Roggenbach, prince-évêque de Bâle, chef spirituel du département du Haut-Rhin, fait connaître son adhésion à la résistance de Rohan.

L'Assemblée constituante demande alors au cardinal de comparaître devant elle, ce qui déclenche une nouvelle vague d'agitation en Alsace. Des plaintes remontent au Comité ecclésiastique, chargé des affaires religieuses à l'Assemblée. Le prince Joseph de Hohenlohe, représentant le Grand Chapitre, attise la révolte en déclarant que les fidèles obéissant à l'Assemblée nationale encourent l'excommunication et des poursuites légales ; les ventes de biens ecclésiastiques cessent alors sur la presque totalité du territoire alsacien. Des troubles violents entre partisans et adversaires de la Constitution civile du clergé éclatent. Des échauffourées enflamment Obernai, Saverne, Bischwiller, Sélestat, Haguenau, Colmar, Soultz, Huningue, Belfort et Ensisheim. La troupe est envoyée à Schlestadt. Les révoltes se font dans un grand désordre : des paysans dévastent champs et forêts, l'Assemblée nationale fait à tort incarcérer le syndic Westermann, futur général républicain de la Vendée ; le Directoire du Haut-Rhin s'enfuit à Bâle ; on profère des injures à l'encontre du gouvernement et des appels au retour du roi. A Strasbourg, l'ordre de procéder à l'inventaire du chapitre de Saint-Pierre-le-Vieux provoque le 3 janvier 1791 une grande émeute ; une foule de plusieurs centaines de personnes se rassemble dans l'église et les rues avoisinantes. La garde nationale est accueillie par des jets de pierre. L'agitation des fidèles est entretenue par la suppression des offices. Un arrêté municipal du 15 janvier, mettant en demeure le clergé de la ville de prêter serment à la Constitution, n'est suivi d'aucune réponse. Une Société des catholiques romains est constituée au Grand Séminaire. Le Conseil de la commune, d'abord tolérant, la suspend le 17 janvier 1791 lorsqu'il apprend que ses membres projettent de faire appel à l'étranger et sollicitent le ralliement de la troupe. Des pétitions sont envoyées par la résistance catholique à la Direction départementale, au roi et au pape ; elles demandent que la Constitution civile soit suspendue jusqu'à ce que le pape ait donné son accord. Une *Lettre à Notre Saint-Père le pape Pie VI* l'avertit du danger que la République française fait courir au clergé d'Alsace.

La municipalité de Strasbourg réagit en faisant appel à trois commissaires royaux et en réclamant à ses ecclésiastiques de prêter serment à la Constitution. Le clergé répète massivement son refus, à l'exception de l'abbé François-Antoine Brendel, professeur de droit canon à l'Université épiscopale et membre du Conseil général de la commune ; il est le seul professeur à prêter serment et on le récompense en le nommant à l'évêché du Bas-Rhin le 6 mars 1791. A Colmar, Jean-Baptiste Gobel, vicaire général favorable à la réforme révolutionnaire, est l'un des premiers prêtres à prêter serment ; il est élu évêque du Haut-Rhin à une large majorité. Nommé ensuite à Paris, il est remplacé par Arbogast Martin, principal du collège de Colmar. Brendel et Martin sont sacrés à Paris par Gobel. Le gouvernement révolutionnaire parisien s'est imposé.

Les « prêtres ralliés » et « assermentés » sont plus nombreux en haute qu'en basse Alsace : dans le district d'Altkirch, en 1792, on en compte 66 % alors que la moyenne pour le département du Bas-Rhin se situe à 27 %. La région de Colmar demeure un foyer de prêtres réfractaires, et les vallées vosgiennes sont leur refuge. La situation est particulièrement tendue en basse Alsace, où le nouvel évêque ne se déplace que sous la protection de l'armée ; les prêtres assermentés (8 %), rejetés par la population, ne peuvent occuper les cures dans les agglomérations importantes et doivent se placer sous la protection des gardes nationaux. La situation est très difficile à Molsheim, Rosheim et Obernai. Pour pallier ces difficultés, Brendel fait appel à des ecclésiastiques venus de régions plus enclines à respecter la Constitution civile et surtout d'Allemagne. Parmi eux se trouve Euloge Schneider, franciscain allemand, nommé professeur et vicaire épiscopal, qui s'illustre pendant la Terreur par son fanatisme.

Les commissaires royaux envoyés par l'Assemblée pour juger de la situation alsacienne sont J.J. Foissey, juge au tribunal de Nancy, M.J. Hérault de Séchelles et le colonel Mathieu Dumas qui est aide de camp de La Fayette. Ils sont détenteurs de pouvoirs étendus « pour procurer, par tous les moyens de prudence et de persuasion, l'exécution des lois et le maintien de la tranquillité publique ». Bien reçus par la municipalité strasbourgeoise, acquise à la Révolution, ils promettent aux Alsaciens « le plus profond respect pour la religion et ses dogmes », mais dépêchent des troupes de ligne vers les sites de résistance. Obernai et Molsheim sont mises sous surveillance. Les commissaires royaux se dirigent ensuite vers Colmar, qui est en état de véritable insurrection. Ils y sont accueillis le 4 février 1791 par des menaces de « pendaison à la lanterne » et des cris en faveur du roi. Les violences sont contenues de justesse par un officier municipal, le batelier Stockmeyer, qui se place à la tête de pêcheurs armés de triques. L'agitation persiste néanmoins après le départ des commissaires et s'accroît même lorsque l'abbé Rech, curé doyen de la ville, publie son renoncement au serment. La haute Alsace, malgré une plus grande tolérance vis-à-vis de l'esprit conventionnel qu'en basse Alsace, n'échappe pas à de nouvelles violences ; la suppression du couvent des capucins, sommés de gagner Belfort, et de celui des augustins, chassés vers Paris en mai 1791, provoque une révolte publique ; l'évêque Martin est insulté. Des scènes identiques se produisent dans toutes les villes qui voient leurs couvents menacés de fermeture – Ribeauvillé, Kaysersberg, Sainte-Marie-aux-Mines, Orbey et Thann.

L'Assemblée constituante finit par prendre des mesures sévères : le Directoire du département du Bas-Rhin est suspendu, des constitutionnels durs remplacent les modérés en poste, sous l'autorité de Jean-François Reubell. Les sociétés suspectes de défendre l'Eglise libre sont dissoutes : les meneurs du groupe du Séminaire s'enfuient outre-Rhin. La Constitution civile du clergé est proclamée le 20 février 1791. L'Assemblée législative (1791-1792), par décret du 29 novembre 1791, oblige tous les prêtres, fonctionnaires ou non, à prêter serment.

Les manifestations reprennent alors de plus belle. Les curés et les fidèles manifestent leur révolte ; les commissaires royaux sont injuriés avec une violence inouïe, et la municipalité du district de Strasbourg est durement prise à partie ; le maire Philippe-Frédéric de Dietrich, pourtant modéré, n'est pas épargné. Dans son *Mandement pour le Carême 1791*, le cardinal de Rohan s'insurge à nouveau contre la profanation de la cathédrale et l'idée qu'un évêque élu par le pouvoir civil puisse prendre sa place. « Toute personne qui aurait la témérité de prétendre à son siège ou de l'occuper de son vivant, serait un intrus, un larron, un voleur, selon l'expression de l'Ecriture », affirmait-il dans une déclaration du 2 mars. Les élections épiscopales qui amènent Brendel et Gobel à la tête de l'Eglise alsacienne sont ignorées par environ le tiers des électeurs. A Strasbourg, l'abbé Brendel n'est pas élu à la majorité absolue des inscrits mais des votants. Devenu évêque, il est assailli par le peuple jusque dans la cathédrale ; le curé Jaeglé, particulièrement violent, échappe de peu à la justice et se réfugie auprès de Rohan sur la rive droite du Rhin. L'élection de Gobel, candidat des constitutionnels dans le Haut-Rhin, est plus calme. Les abstentions sont nombreuses. Le cardinal de Rohan, le prince-évêque de Spire et le prince-évêque de Bâle condamnent ces élections et menacent d'excommunier les élus et les prêtres qui leur obéissent ; leurs sacrements sont sacrilèges et leur absolution, sans valeur.

Les constitutionnels s'entêtent, ignorant le risque, pourtant sérieux, de contre-révolution. La loi qui stipule que nul ne peut être prêtre s'il n'a pas la nationalité française et s'il n'a pas séjourné cinq ans dans un diocèse est bafouée. On fait appel – nouvelle erreur – à des prêtres parlant l'allemand pour combler le manque de religieux dans les campagnes. Ceux qui arrivent des universités épiscopales de Bonn, Cologne ou Mannheim, séduits par les avantages égrenés par les autorités constitutionnelles, préfèrent servir Brendel plutôt que d'affronter une population hostile. Il ne vient en définitive qu'une quarantaine de prêtres étrangers, tandis que s'affirme l'exil du clergé alsacien de souche. Ceux qui acceptent d'officier dans les campagnes sont haïs des paysans catholiques qui les considèrent comme des suppôts du Diable. Certains d'entre eux font appel à des volontaires pour se protéger. L'idéal contre-révolutionnaire s'affirme chaque jour davantage. L'agitation gagne le domaine politique. Des brochures éditées par des émigrés circulent en Alsace. Les résistants se déguisent en mendiants, en maquignons ou en colporteurs et sillonnent ainsi discrètement les routes d'Alsace. Les autorités ne désespèrent pas de mater les troubles. Deux agents du cardinal de Rohan, Dufresny père et fils, sont arrêtés à Wasselonne et dirigés vers la Haute Cour d'Orléans. En avril 1791, l'Assemblée nationale ordonne des poursuites à l'encontre du cardinal et des curés Jaeglé, Zipp et Wilhem, qui l'assistent. Mais des rumeurs courent que des émigrés en armes vont traverser le Rhin pour appuyer la révolte de l'Alsace et lorsque, le 22 mai 1791, à la fermeture des couvents de Colmar, on sonne le tocsin et qu'on assomme l'évêque Martin, ni le maire ni la garde nationale ne font le moindre geste pour rétablir l'ordre. Le lendemain, la majorité du Directoire du Haut-Rhin consent à ce que l'église des Augustins soit ouverte à tous les prêtres et préconise la tolérance « la plus absolue ». Cette solution pacifique fait néanmoins long feu, l'antagonisme entre constitutionnels et conservateurs étant trop absolu. Le 25 mai 1791, le Directoire du Bas-Rhin, au vu de l'irréductibilité de la contestation, réclame l'envoi de quelque 5 000 gardes nationaux sûrs provenant des départements voisins. La Convention qui examine cette demande perçoit les périls qui menacent la République, mais le clan révolutionnaire ne veut céder en rien.

De la résistance alsacienne

Deux ans après les premiers événements de la Révolution, l'Alsace se trouve donc dans une situation critique vis-à-vis du pouvoir central. La province ne demeure fidèle à la Constitution que par la volonté de l'Assemblée constituante.

Dans l'ensemble de la France, le pourcentage de prêtres assermentés est de 50 %. En basse Alsace, il est seulement de 8 %, et s'élève à environ 30 % dans le Haut-

Rhin, le premier chiffre étant fiable, le second plus incertain. Cette différence tient à plusieurs raisons : les idées nouvelles se répandent plus facilement par Bâle et Belfort que par Saverne ; le cardinal de Rohan et les jésuites, nombreux à Strasbourg et dans l'académie de Molsheim, ont entraîné une réaction rapide ; les protestants, souvent hostiles à la réforme de l'Eglise, bien qu'y étant moins intéressés que les catholiques, sont plus nombreux au nord qu'au sud de l'Alsace. D'assez nombreux témoignages indiquent que les raisons évoquées par les réfractaires sont principalement religieuses, sans qu'il soit possible de se prononcer sur l'existence de motivations annexes. Le recteur de l'Université épiscopale de Strasbourg refuse ainsi une « Constitution qui renferme tant d'articles contraires à la doctrine, à l'autorité et aux devoirs de l'Eglise ». Toujours à Strasbourg, le curé Jaeglé déclare que, « parmi les décrets de l'Assemblée nationale, il en est qui sont contraires à la sainte doctrine, aux canons de l'Eglise, à la jurisprudence du chef visible de l'Eglise et des évêques ». Le curé de Saverne, Jansen, affirme qu'« il n'a écouté que la voix de sa religion et de sa conscience ». Le professeur de droit canon public à l'Université épiscopale, un laïc du nom de Ditterich, démissionne de la républicaine Société des citoyens parce qu'elle adhère à la Constitution civile du clergé. Le 17 janvier 1791, Muegg, membre du Directoire du département du Bas-Rhin, rapporte que les paroissiens de Saint-Louis de Strasbourg se refusent énergiquement à honorer le seul curé de la ville qui est disposé à prêter serment.

Un Mémoire, adressé à l'Assemblée nationale, fait état de la très mauvaise situation religieuse dans le Bas-Rhin : « L'organisation du clergé (constitutionnel) n'a éprouvé dans aucune partie de l'Empire une opposition aussi générale et aussi opiniâtre que dans ce département. » Cette réticence s'explique. Elle témoigne d'abord de l'influence de la doctrine ultramontaine enseignée dans le Séminaire de Strasbourg, ainsi que de l'influence des jésuites qui occupent l'Université catholique de Strasbourg, l'académie de Molsheim, les séminaires de Strasbourg, et les collèges d'Haguenau, Strasbourg, Molsheim, Sélestat, Colmar, Rouffach et Ensisheim. Les jésuites sont depuis longtemps fidèles au pouvoir pontifical et à la tradition catholique romaine, et réfractaires à la philosophie des Lumières et de l'*Aufklärung*. Leurs élèves, devenus professeurs à l'Université catholique de Strasbourg, perpétuent cette mouvance. Pendant le XVIIIe siècle, dans les séminaires et collèges, l'enseignement se fait de plus en plus romain. En témoignent les cours de Louis, professeur de théologie dogmatique, les sermons de Jeanjean, recteur de l'université et supérieur du séminaire, et de Moser, professeur de théologie morale. De nombreux écrits, des thèses soutenues devant la faculté de théologie de l'université de Strasbourg, la théologie morale de Saettler et des livres de prières de l'époque illustrent le conservatisme religieux. La déclaration du curé de Saverne Jansen, qui affirme sa fidélité à l'Eglise romaine, précise ainsi que Saettler a écrit en conscience et non sous l'effet d'une « impulsion étrangère, comme on [l'] en accuse faussement dans une feuille imprimée par le clergé de Strasbourg ». Il n'en a peut-être pas été de même pour d'autres.

La Terreur et la persécution religieuse

La fuite du roi ruine le faible prestige qu'il conserve et dément les déclarations de ceux qui voient encore en lui un « monarque patriote » ; le roi paralyse du même coup le parti constitutionnel, qui perd la confiance du peuple.

La guerre, déclarée à l'empereur et aux princes allemands le 25 avril 1792, entraîne par ailleurs une chasse aux traîtres – prêtres non assermentés, civils suspects de connivence avec l'ennemi et émigrés. La Terreur révolutionnaire est en marche ; elle va se prolonger jusqu'en 1795. Un mois après la fuite à Varennes, les nouveaux commissaires chargés par l'Assemblée nationale de visiter les départements frontaliers se réunissent, à Strasbourg, avec toutes les autorités civiles et militaires de la province. Le procès-verbal dresse un bilan sans complaisance : « On ne rencontre presque pas un partisan de l'heureuse régénération de la France dans la majorité de la campagne » ; cette situation tient de « l'ignorance extrême du plus grand nombre » et de « l'attachement aux principes ultramontains et aux princes étrangers ». Le procès-verbal préconise donc de « réunir tous les ecclésiastiques dans un seul et même lieu, où l'on soit à même de s'assurer de la conduite des malintentionnés. Sans doute cette mesure peut sembler contraire aux lois et à la liberté ; mais elle est commandée par le service public ». Ainsi s'affirme la collaboration avec l'Allemagne des prêtres réfractaires. Strasbourg décide l'internement de tous les ecclésiastiques non assermentés et l'obligation pour ceux qui ne veulent pas résider dans la ville de se retirer à quinze lieues au-delà des frontières. Cette décision est confirmée le 17 juillet par l'Assemblée nationale, qui repousse la limite à trente lieues, c'est-à-dire au-delà des Vosges. L'Assemblée législative, élue le 30 juin 1791, compte des députés des deux départements alsaciens, modérés et patriotes. Les plus connus sont Koch, Arbogast, Ruhl, Brunk, Mathieu, Ritter, Delaporte, Bruat et Rudler. Quoique instruits, ce sont de mauvais orateurs.

Le 29 novembre, l'Assemblée législative reprend sa lutte contre le clergé non conformiste, en plein accord avec les autorités départementales : les offices célébrés par les prêtres réfractaires dans les églises louées sont interdits, ce qui enlève toute possibilité de culte public aux catholiques fidèles et les entraîne dans une contestation ouverte. Des vicaires de Brendel, Euloge Schneider et Philibert Sismond, commencent à manifester leur fanatisme révolutionnaire en accusant d'impuissance le parti constitutionnel, qui respecte la condition de prêtre assermenté, et en discutant la question du mariage des prêtres. Le maire Dietrich et ses amis modérés sont accusés de comploter le retour de l'Alsace sous la tyrannie des Habsbourg et d'entretenir des relations secrètes avec les émigrés. Les violents, sous la houlette de l'abbé franconien Euloge Schneider, d'un ancien capucin défroqué, Charles Laveaux, maître de langues à Berlin puis à Stuttgart, et de Pierre Monet, jeune immigré savoyard, tous fervents partisans de l'*Aufklärung,* fondent une Société des Jacobins exaltant le sauvetage de la patrie par la terreur. Laveaux propose une « croisade contre les Noirs », c'est-à-dire contre les curés. Les modérés perdent leur autorité devant les Ultras. Le 10 juin, à la suite de fausses informations, Dietrich est accusé d'être un instigateur de guerre civile ; une inculpation est dressée contre lui par Roland, ministre de l'Intérieur.

Le durcissement jacobin se fait encore plus fort après la déposition du roi de France, le 10 août 1792 ; le divorce est légalisé et tous les citoyens doivent à leur tour jurer fidélité à la Constitution en un serment que l'on appelle « Liberté-égalité ». Une forte émigration commence alors. On estime que 1 380 prêtres quittent l'Alsace, s'enfuient en Allemagne, en Autriche ou en Suisse. Les curés Liebermann et Beckmann enseignent la théologie aux séminaristes de Strasbourg réfugiés au couvent des Prémontrés à Allerheiligen, en Forêt-Noire. Sous la Convention nationale, girondine puis montagnarde (1792-1794), les prêtres demeurés auprès de leurs ouailles, Joseph-Louis Conrad, ancien professeur au collège royal de Strasbourg, et le père ancien cistercien Bernardin Juif, entre autres, sont obligés de se réfugier dans la clandestinité.

Les prêtres réfractaires sont pourchassés, incarcérés et envoyés à la guillotine ; ceux qui leur donnent asile encourent aussi la peine de mort. Les prêtres constitutionnels ne tardent pas à devenir eux-mêmes suspects ; ils sont incités à abjurer et à se marier. Les églises sont fermées et le culte rigoureusement proscrit. Les rues qui portent un nom de saint sont débaptisées. Le calendrier chrétien fait place à un calendrier révolutionnaire à dater du 22 septembre 1792. Les cultes de la déesse Raison et de l'Etre suprême remplacent les cultes chrétiens.

L'ancien vicaire Schneider, devenu l'un des Jacobins outranciers de Strasbourg, dénonciateur des catholiques, protestants et modérés, devient accusateur public ; il est au service de Saint-Just et de Lebas, représentants spéciaux de la Convention à Strasbourg. Il décrète que les parents et amis des prêtres réfractaires doivent être arrêtés. Il conduit une guillotine de ville en ville dans toute la province à la recherche des factieux, véritables ou supposés, qu'il condamne sans procès. Trente-trois têtes tombent, parmi lesquelles celles de Beck et Wolbert, vicaires à la cathédrale de Strasbourg, Bernard, curé de Saint-Pierre à Barr, Frey, franciscain originaire de Thann, J. Thomas, originaire de Guebwiller, D. Speyser et J. Freidrich d'Obernai. Des centaines de personnes sont arrêtées ; une soixantaine de prêtres sont emprisonnés dans le Grand Séminaire de Strasbourg transformé en prison, d'autres le sont dans celui de Besançon ; des prêtres sont déportés à Cayenne ou meurent en route.

Schneider, en conflit avec Saint-Just et Pierre Monet, est remplacé par ce dernier, devenu maire de Strasbourg après le renvoi de Dietrich. Arrêté le jour de son mariage, Schneider est guillotiné en avril 1974. Monet se montre plus violent encore que son prédécesseur. Il fait venir des Jacobins de diverses villes de la France de l'intérieur et les somme de pourchasser tous les symboles du christianisme. Des prêtres, même assermentés, défroquent face aux menaces ; l'évêque Brendel devient archiviste du Bas-Rhin, Anstett, curé de Schnersheim, et les curés d'Obernai et de Fegersheim reviennent à la vie civile. Le curé de Riquewihr se marie.

Dans le Haut-Rhin, le tribunal révolutionnaire envoie aussi ses prêtres réfractaires à la guillotine, mais la répression est un peu moins violente ; dans le Sundgau, aucun prêtre assermenté ne défroque.

Le 23 novembre 1793, la cathédrale de Strasbourg devient temple de la déesse Raison. Les statues et les symboles religieux, jusqu'aux croix tombales, doivent être détruits. Les plus belles pièces sont sauvées par la municipalité de Strasbourg, mais plus de deux cents disparaissent. Au printemps de 1794, la flèche de la cathédrale de Strasbourg est coiffée d'un immense bonnet phrygien pour que le patriotisme de la ville puisse se voir de loin, ce qui sauve d'ailleurs la flèche, également menacée de destruction. L'église Saint-Martin de Colmar, cathédrale de l'évêque constitutionnel, devient elle aussi temple de la Raison. La fête de l'Etre suprême est célébrée partout, mais à Huningue les paysans se soulèvent derrière leur curé constitutionnel contre cette fête qui leur est imposée.

La chute de Robespierre (27 juillet 1794, 9 thermidor an II) met fin à la Terreur. Le cardinal de Rohan, depuis Ettenheim, envoie des commissaires épiscopaux pour réorganiser son diocèse. Des prêtres émigrés reviennent en nombre. Les réfractaires sortent de leur cachette. Les révolutionnaires assagis, vainqueurs de Thermidor, proclament le 18 septembre 1794 la séparation de l'Eglise et de l'Etat, ce qui abolit de fait la Constitution civile du clergé. Le 21 février 1795, la liberté du culte est rétablie et les églises rouvertes aux divers cultes. La Convention thermidorienne (1794-1795) impose cependant aux prêtres la fidélité à l'esprit révolutionnaire et le refus de la royauté le cas échéant. L'Eglise constitutionnelle, qui prend le nom d'Eglise anglicane, se réorganise sans équivoque : un Comité des évêques réunis est fondé à Paris le 15 mars 1795 sous la présidence de Grégoire, évêque du Loir-et-Cher. Les cinq prélats décident de mettre en place des presbytères chargés de l'administration de l'Eglise en cas de vacance épiscopale.

Pourtant, dès le début du Directoire (1795-1799), les manifestations antireligieuses reprennent, soutenues par un mécontentement général de la population et sa déception face à la persistance d'inégalités sociales. L'Etat décide une nouvelle vague de répression : le retour des émigrés est bloqué, la cathédrale de Strasbourg, à nouveau fermée. Les ecclésiastiques qui n'ont pas adhéré à la Convention thermidorienne sont pourchassés. L'émigration des religieux reprend. Le Directoire demande au Conseil des Cinq-Cents le droit de déporter aux colonies, sans jugement, les prêtres réfractaires. Après le coup d'Etat du 18 fructidor (4 septembre 1797), une nouvelle flambée de persécution religieuse déferle sur l'Alsace : emprisonnements, déportations et exécutions punissent ceux qui refusent de prêter le serment de haine à la royauté. Jean Bochelen, vicaire à Seppois-le-Bois, accusé d'intelligence avec l'ennemi, est fusillé près de Colmar le 24 juillet 1798. Nombre de prêtres alsaciens périssent à l'île de Ré ou à Cayenne. La paix ne revient qu'avec l'avènement de Bonaparte, le 18 brumaire an VIII (9 novembre 1799). Le Concordat, conclu le 15 juillet 1801 entre le Premier Consul Bonaparte et le pape Pie VII, rétablit officiellement le culte.

La question religieuse soulève en Alsace à la fois l'adhésion à la Révolution française et le rejet de ses lois anticléricales. Le clergé alsacien, jusqu'aux premières mesures des états généraux et de l'Assemblée constituante de 1789-1791, n'est pas défavorable aux réformes. Il suit en cela la majorité de la province, qui croit en la nécessité des réformes et soutient avec fierté ses députés. Après l'Assemblée provinciale de 1789-1790, l'Alsace se perçoit enfin comme une province française à part entière, fière de ses hommes de mérite, de ses institutions ecclésiastiques, de ses prêtres et de ses citoyens impliqués dans la nouvelle politique. Des religieux, et non des moindres, de l'évêque de Strasbourg au prince-abbé de Murbach, constituent le quart des élus aux états généraux. La guerre contre la Prusse suscite une vague de patriotisme parfois plus forte que dans le reste de la France.

A partir de 1792, la Terreur défigure aux yeux des Alsaciens le pouvoir parisien, qui dépasse les initiatives locales de violence. Pourtant la Terreur n'expose pas plus l'Alsace que les autres provinces françaises aux violences antireligieuses.

La Révolution a ainsi paradoxalement affermi la conscience de l'appartenance française de l'Alsace, mais ce lien s'est par deux fois distendu à cause de la question religieuse. La province s'est trouvée en position de regretter son élan révolutionnaire dès les mesures de novembre 1789 et la brutale institution de la Terreur a confirmé ces regrets tout en muselant les tentatives de sédition. L'ambiguïté de l'Alsace vis-à-vis du pouvoir central parisien est déjà perceptible. A la différence de la plupart des départements français, les départements alsaciens n'adhéreront jamais au principe de laïcité républicaine.

13

Pourquoi l'Alsace est-elle restée française ?

Malgré de fortes réticences concernant la Constitution civile, malgré les appels répétés à une Contre-Réforme provenant d'outre-Rhin, malgré la proximité de princes et d'armées germaniques ennemis de la France révolutionnaire, l'Alsace est restée française au point que ses meilleurs sujets ont servi dans l'armée révolutionnaire. A cela, plusieurs raisons. La participation alsacienne à l'Assemblée provinciale puis aux Assemblées constituante et législative a induit chez les Alsaciens un sentiment d'appartenance à la nation française. Strasbourg accepte même un certain degré de jacobinisme. De nombreux citoyens alsaciens, à l'instar de la plus grande part de la population française, sont séduits par l'idéal révolutionnaire initial. Du côté germanique, jusqu'à la déclaration de guerre à l'Autriche (20 avril 1792), la Révolution française ne paraît pas dangereuse au point de la contrarier par la force. La philosophie de l'*Aufklärung* a même conduit à un élan de sympathie en faveur de l'idéal révolutionnaire français. Le prestige culturel dont jouit Paris en Europe plaide contre une issue désastreuse. Les empereurs Joseph II (1780-1790) et Léopold II (1790-1792) sont occupés à l'Est. Enfin, concourent à laisser faire la Révolution française la médiocrité de l'émigration française, la neutralité helvétique et la faiblesse de l'évêque de Bâle.

Lumières et **Aufklärung**

La philosophie française des Lumières et la philosophie allemande de l'*Aufklärung* divergent en bien des points, mais elles sont toutes deux animées par le même idéal, l'émancipation de l'homme et la recherche d'un droit naturel conduisant à la liberté. Elles reposent sur un même humanisme.

Au XVIIIe siècle, les idées et les hommes circulent facilement de part et d'autre du Rhin. Voltaire est édité à Kehl dans l'Etat du tolérant margrave Charles-Frédéric de Bade ; il est l'invité du grand Frédéric II, roi de Prusse, de 1750 à 1753. La Mettrie meurt à Berlin en 1751 ; l'abbé Raynal se réfugie en Allemagne. Montesquieu, en particulier son *Esprit des lois*, est très lu au-delà du Rhin. Mirabeau prend deux fois la route de Berlin en 1786 et 1787. En 1770 et 1771, Goethe étudie à Strasbourg.

Les défenseurs de l'*Aufklärung*, les Schlözer, Campe, Wilhelm von Humboldt, Lessing, von Halem, Reichardt, Kotzebue, Merckami et autre Klopstock, savent tout des idées de Diderot et de l'*Encyclopédie*. D'Holbach est originaire du Palatinat ; Frédéric-Melchior Grimm, originaire de Bavière, est également lié aux philosophes de l'*Encyclopédie* ; les Lumières françaises, plus précoces que l'*Aufklärung*, ont sans doute inspiré le mouvement allemand, mais de grandes différences se sont fait jour entre les deux courants philosophiques. En Allemagne, ce sont des souverains et des princes qui se plaisent à lancer la pensée humaniste. Un « absolutisme éclairé » naît en Prusse avec Frédéric II le Grand (1712-1786) et Joseph II

(1765-1790) de Habsbourg. Le premier se veut au service de son peuple et met en place une législation libérale (l'*Allgemeine preussische Landsrecht*), le second s'affaire à assurer une transparence totale de la vie publique et la liberté dans la pratique religieuse. Ils sont imités par plusieurs princes souverains.

Les *Aufklärer*, universitaires et hauts fonctionnaires, s'inspirent de la Réforme luthérienne ; ils ne prétendent ni entrer en opposition avec les princes ni soulever des insurrections populaires ; ils souhaitent des réformes progressives qui aboutissent à la reconnaissance des droits de l'homme et aspirent à ce que l'Etat se limite à ses fonctions indispensables. Les Girondins français, qui pensent que la Révolution française prendra fin avec la promulgation d'une Constitution, s'inscrivent dans leur ligne politique. Les Lumières françaises dévient en se heurtant au centralisme, et à la confluence de la monarchie et de la religion. La liberté humaine en exige la suppression et les révolutionnaires français n'hésitent pas à recourir à la violence pour ce faire.

Mais, en dépit de ces différences sérieuses, Français et Allemands affirment leur espoir de parvenir à une société reconnaissant les droits naturels de tous les citoyens. Si bien que Joseph Rovan parle d'une « attention passionnée » des Allemands pour la France ; Goethe s'enthousiasme pour les événements de Paris : « Dans ces jours d'effervescence, tous les peuples ne regardaient-ils pas vers la capitale du monde, qui avait été si longtemps, et qui, maintenant plus que jamais, mérite ce nom superbe. » Certes, quelques observateurs allemands ont émis très tôt des réserves sur le processus révolutionnaire, percevant déjà ses conséquences néfastes. Mais ils sont restés minoritaires jusqu'à ce qu'apparaissent les premiers excès français. Plus nombreux sont ceux qui pensent qu'une révolution peut atténuer les défauts français de l'époque – centralisation excessive, appétit de gloire, arrogance vis-à-vis des autres nations – et compenser le retard français en matière de despotisme éclairé.

Le projet d'une proclamation des droits de l'homme en Allemagne du Sud-Ouest en 1794, *Gleichheit, Freiheit, Sicherheit, Eigentum* (*Egalité, liberté, sécurité, propriété*), stimulée par la lecture d'Immanuel Kant (1724-1804), n'aboutit pas. La tentative centralisatrice de l'agitateur autrichien Rendler en 1792-1796 n'a pas davantage de succès. Il faut encore un siècle pour que les régions allemandes acceptent de se fédérer autour d'un idéal commun.

Les admirateurs allemands de la Révolution française appartiennent à trois cercles. Celui des Allemands qui vivent en France d'abord – négociants de vin à Bordeaux, nombreux à suivre les Girondins modérés, Allemands installés à Paris comme manufacturiers, artisans, peintres, graveurs, musiciens et médecins. Puis vient le cercle des Allemands « engagés ». Le plus célèbre est un dénommé Anacharsis Cloots, membre actif dès 1789 de la Société des amis de la Constitution ; il attire auprès de lui d'autres Jacobins allemands tels que Reinhard et Saiffer. L'« illuminé » bavarois et haut fonctionnaire Christan Wilhelm Dohm offre ses services à Mirabeau. Bode-Aemilius est un franc-maçon qui croit aussi en l'idéal révolutionnaire parisien. Tous sont des émigrés volontaires. Le vieux maréchal Luckner, qui est entré au service de la France en 1763, a « le cœur plus français que son accent » ; c'est à lui que Rouget de Lisle dédie sa *Marseillaise*. Le troisième cercle, enfin, rassemble des hommes interdits de séjour outre-Rhin et des exilés politiques. Parmi eux, quelques-uns n'hésitent pas à adhérer à la

Terreur et même à y participer ; Oelsner qui se proclame « pèlerin de la liberté » et Schneider, responsable des atrocités de la Terreur en Alsace, en font partie. Les Allemands modérés acquiescent aux développements révolutionnaires jusqu'en juin 1791, la fuite du roi à Varennes mettant fin à la Révolution « raisonnable ». Jusque-là, les événements politiques pourtant brutaux n'avaient pas découragé leur adhésion, que ce fût la nuit du 4 août 1789, la décision populaire des 5-7 octobre interdisant au roi de quitter les Tuileries, ou la Fête de la Fédération du 14 juillet 1790, pendant laquelle le roi jure sur l'« autel de la Nation » qu'il respecte la Constitution.

L'émigration française

L'abolition des privilèges et la grande peur qui a suivi, les sévices infligés à Louis XVI et, dans une moindre mesure, la promulgation de la Constitution civile du clergé déclenchent une première vague d'émigration. Pour Mme de Staël, « c'était mettre l'intolérance politique à la place de l'intolérance religieuse ». Les deux frères du roi, le duc d'Artois (futur Charles X) et le comte de Provence (futur Louis XVIII), et le duc de Bourbon sont en tête du mouvement. Bruxelles devient, pour quelque temps, le siège de la Cour émigrée. Ces premiers fuyards sont rejoints par une société composite constituée d'ecclésiastiques de tous rangs hostiles aux réformes religieuses, de citoyens du tiers état, plus nombreux que les aristocrates, de paysans et de déçus de la Révolution. Parmi ces derniers, le plus représentatif est l'avocat grenoblois Jean-Joseph Mounier, président de l'Assemblée constituante en automne 1789 et qui, face à l'évolution des événements, démissionne et quitte la France ; il se réfugie successivement dans plusieurs pays européens avant de fonder à Weimar en 1797 un institut éducatif pour garçons. En 1791, la Constitution civile du clergé chasse de France de nombreux prêtres réfractaires qui, pour la plupart, avaient soutenu le mouvement révolutionnaire initial. Le 10 août 1792, la prise des Tuileries par les sans-culottes et l'abolition de la monarchie font fuir des citoyens modérés qui restent attachés au principe d'une monarchie constitutionnelle. A ces exilés s'ajoutent des militaires de toute provenance et de tous grades, regroupés derrière le prince de Condé qui, installé à Worms, est le seul exilé ayant véritablement l'intention de se battre et de restaurer la monarchie. Des déserteurs de l'armée française, sentant qu'une guerre peut éclater entre la France et l'Autriche, gagnent l'étranger sans aller grossir les rangs de Condé.

L'émigration s'enfle en deux nouvelles vagues, en 1793 après la chute des Girondins, et en 1797 après le coup d'Etat antiroyaliste du 18 fructidor. La première vague compte 20 000 paysans alsaciens qui, après la victoire française de Valmy sur l'armée prussienne, le 20 septembre 1792, rejoignent les émigrés par crainte de ne pas être reconnus comme Français par l'armée de la République. Le général Dumouriez, pourtant vainqueur de la canonnade de Valmy, révulsé par la Terreur qui s'installe au lendemain de l'exécution du roi, passe aussi du côté autrichien et constitue la légion de Bourbon dans les troupes impériales, puis il se réfugie à Hambourg en compagnie de Beaumarchais. Ils sont tous deux inscrits sur la liste des traîtres à la Nation. De même, Lazare Carnot, « organisateur de la victoire » en 1793-1794 contre l'alliance austro-prussienne et la coalition européenne qui l'entoure, membre modéré du Directoire et totalement opposé à Saint-Just, s'enfuit en Suisse en 1799, puis à Augsbourg et à Nuremberg.

Le coup d'Etat bonapartiste et le Concordat mettent un coup d'arrêt à une émigration hétéroclite, aux motivations mal définies. Il n'y eut jamais plus de 60 000 Français hors des frontières. On estime à 5000 émigrés civils la communauté de Coblence et à 4 000 celle de Trier. L'organisation militaire hors frontières laisse beaucoup à désirer. L'armée des princes, principal corps recrutant, est dirigée par un Etat-major pléthorique de 500 princes, maréchaux et officiers, servis par 3 390 aides de camp ; mais cette armée ne compte que quelques milliers de fantassins et de cavaliers, essentiellement fournis par les émigrés de la première heure qui méprisent les émigrés tardifs. Quelques contingents armés plus structurés sont incorporés dans les armées austro-prussiennes. La militarisation des derniers émigrés est difficile : leurs provinces d'origine, leurs âges et leurs ressources sont variés, leur motivation, plus ou moins claire. Les différentes armées contre-révolutionnaires sont dans l'ensemble sous-équipées, manquent d'armes légères, d'artillerie, d'intendance et de service de santé. Le chevalier de Chateaubriand, émigré de 1792, décrit cette misère dans ses *Mémoires d'outre-tombe* : « Infanterie de soldats nobles et d'officiers ; quatre compagnies de déserteurs, habillés des différents uniformes des régiments dont ils provenaient ; une compagnie d'artillerie ; quelques officiers du génie [...]. Nous avions des tentes ; du reste, nous manquions de tout. Nos fusils, de manufacture allemande, armes de rebut, d'une pesanteur effrayante, nous cassaient l'épaule et souvent n'étaient pas en état de tirer. J'ai fait toute la campagne avec un de ces mousquets dont le chien ne s'abattait pas [...]. Bien différente était la nôtre, assemblage confus d'hommes faits, de vieillards, d'enfants descendus de leurs colombiers, jargonnant normand, breton, picard, auvergnat, gascon, provençal, languedocien. » Le camp d'Ettenheim, dirigé par le cardinal de Rohan, est, quant à lui, dépourvu d'une réelle force armée.

L'émigration civile est aussi mal organisée. Les réfugiés sont dispersés dans toute l'Allemagne, ce qui entrave la constitution d'une véritable politique contre-révolutionnaire. Ceux, nombreux, qui prennent Coblence comme ville de résidence principale, le regrettent vite. Les deux frères du roi, qui ont trouvé refuge dans le château de Shörnbornlust, mènent grand train et dilapident l'argent de la Couronne qu'ils ont pu emporter. Ils profitent de l'assistance des archevêques-électeurs de Trèves et de Mayence et du duc de Deux-Ponts, s'entourent d'une véritable cour de grands seigneurs prodigues, qui ressuscitent bientôt les intrigues et les frivolités de Versailles, sans assumer une politique courageuse de retour en France. Bruxelles, selon Chateaubriand, « était le quartier général de la haute émigration : les femmes les plus élégantes de Paris et les hommes les plus à la mode, ceux qui ne pouvaient marcher que comme aides de camp, attendaient dans les plaisirs le moment de la victoire ». Le Club contre-révolutionnaire de la Propagande a espéré de 1790 à 1792 que la noblesse allemande prendrait les armes contre la France révolutionnaire. Les émigrés français ne l'y ont guère encouragée. Rien ne permet par ailleurs d'affirmer que l'aide apportée aux émigrés par la coalition austro-prussienne ait été purement destinée à restaurer le pouvoir royal. La contribution autrichienne demeure ambiguë. Il n'est pas impossible qu'elle ait eu, entre autres intentions, celle de séduire les princes français pour qu'ils lui livrent, le moment venu, partie de leur territoire – l'Alsace sans doute. L'émigration a donc manqué d'idéal, de cohésion et d'âme pour pouvoir se transformer en un mouvement contre-révolutionnaire efficace. Elle a raté un rôle historique.

L'émigration et les rancœurs contre-révolutionnaires perdent beaucoup de leur signification lorsque les Prussiens menacent Paris. Le 20 avril 1792, la France déclare la guerre à la Prusse et à l'Autriche. Le danger et une puissante propagande exaltent le patriotisme, reléguant à l'arrière-ban des préoccupations le schisme clérical puis la Terreur. Si la victoire de Valmy contre les armées autrichiennes et prussiennes coalisées conforte le régime révolutionnaire, les méthodes de « levées en masse » de mobilisés et les mesures religieuses soulèvent des mouvements de contestation croissants. La Vendée, mais aussi Lyon, Bordeaux, Toulon sont le théâtre de soulèvements populaires. L'unité patriotique des Fédérations de l'été 1789, la grande fraternité du 14 juillet, la satisfaction collective d'avoir exclu monarchie et noblesse, ne survivent pas à cette hostilité aux réformes de la Constituante. La guerre de Vendée, considérée de Paris comme un complot visant à détruire la République par l'intérieur, est sous la plume de Furet « un formidable écho de la guerre civile entre l'Ancien Régime et la Révolution ».

L'Alsace révolutionnaire

Il est étrange que l'Alsace, terre religieuse par excellence, au passé féodal récent et fraîchement rattachée à la France, ne s'insurge pas comme d'autres provinces françaises ont su le faire.

Jusqu'en 1792, l'Alsace civile manifeste peu contre le pouvoir révolutionnaire. Le mécontentement provient presque exclusivement du clergé et de citoyens qui lui sont très attachés. Ce n'est qu'à partir de la Terreur de 1793 que surviennent les grandes manifestations contre-révolutionnaires, qu'inaugure celle de Molsheim en février. Mais les citoyens sont alors muselés par la crainte. La vie alsacienne bat au rythme des enthousiasmes et des peurs que suscite le processus révolutionnaire : compétitions pour accéder aux postes de la nouvelle administration, panique au renvoi de Necker, contestations parfois violentes des nouveaux magistrats, hésitations quant au bien-fondé de la politique révolutionnaire. Le 23 novembre 1789, le député de Turckheim dans son *Rapport sur la situation de l'Assemblée nationale* tente de convaincre ses concitoyens de Strasbourg que la Révolution fait fausse route. Il ne reçoit pas grand écho. Contrairement aux princes allemands possessionnés en Alsace, dont les rapports avec la Couronne sont encore réglés par des signatures royales, la noblesse alsacienne a tout à perdre des décrets des 4 et 5 août. Elle montre cependant une surprenante placidité. La plupart s'inclinent et peu choisissent l'exil. Malgré ce bouleversement de la vie civile, la nationalisation du clergé et de ses biens, l'Alsace n'entre pas en conflit avec le pouvoir parisien. La province fait preuve d'une certaine indifférence vis-à-vis de la politique centrale. Elle ne cherche pas à faire état d'un mécontentement qui lui serait propre. Les 24 députés qu'elle envoie à la Constituante sont des bourgeois citadins paisibles ; les magistrats des villes, pourtant conservateurs, se bornent à revendiquer le maintien des corporations (qui seront pourtant supprimées deux ans plus tard). Jusqu'en 1792, les Alsaciens sont des citoyens modèles, quoique dotés d'un esprit critique et parfois coléreux, participant bien aux élections, répondant aux appels de générosité publique et ne contestant que les décisions religieuses. Mais la Révolution se montre plus opposée à l'ancienne hiérarchie et à la tradition catholiques que véritablement antireligieuse. Elle respecte les religions minoritaires. Les protestants en retirent des avantages importants : ils accèdent librement aux carrières administratives et peuvent acheter des biens nationaux. S'ensuivent de remarquables témoignages de fraternisation : à Plosheim, le curé, qui est aussi maire de sa ville, invite les protestants à participer à son office ; le pasteur lui retourne l'invitation. Dans le canton du Kocherberg, qui comprend sept villages protestants et cinq catholiques, les drapeaux sont bénits en même temps par les curés et les pasteurs. Les Juifs obtiennent, pour la première fois dans l'histoire alsacienne, le 27 septembre 1791, l'égalité civique avec le reste de la population ; particulièrement respectueux de la Révolution, ils affichent un patriotisme sans faille.

Les citoyens alsaciens sont sensibles à l'humanisme révolutionnaire. Une Société des amis de la Constitution naît en janvier 1790, sur les cendres d'une éphémère Société de la Révolution, pour promouvoir en Alsace l'idéal d'égalité apporté par la Révolution. Le changement de nom n'est pas anodin ; il traduit la volonté de maîtriser les forces qui ont détruit l'Ancien Régime pour formuler un droit unitaire qui efface les intérêts individuels et les droits corporatistes. Seule l'application rigoureuse de la Constitution peut permettre de parvenir à ce changement de société. Elle implique ouverture et tolérance dans le respect des traditions alsaciennes locales. Cette recherche s'inscrit dans le droit-fil de la Déclaration des droits de l'homme du 26 août 1789, à laquelle l'Alsace tout entière adhère. Le club strasbourgeois devient très vite actif. Les 51 membres créateurs sont issus de couches sociales élevées, des officiers, des négociants, des administrateurs royaux et municipaux, des personnes exerçant une profession libérale et quelques personnes ayant eu des fonctions politiques dans l'Ancien Régime. Ils sont vite rejoints par des hommes de condition plus modeste qui veulent saisir la chance de participer à ce changement historique. La Société des amis de la Constitution fut d'emblée extrêmement populaire. Les Strasbourgeois comprennent la nécessité, plus importante qu'ailleurs, de renouveler la vie politique. La prise de l'hôtel de ville de Strasbourg en juillet 1789 est perçue comme l'équivalent de celle de la Bastille à Paris ; elle met fin à l'oligarchie de la capitale alsacienne. Les élections municipales de février et mars 1790 confirment le nouvel ordre de la cité et suscitent un sincère enthousiasme. La volonté d'ouverture et de tolérance est facilitée par la grande diversité culturelle de la province. En avril 1790, le club strasbourgeois décide de tenir ses séances aussi bien en allemand qu'en français. Avec la Révolution française, l'Alsace retrouve paradoxalement une partie de ses racines germaniques.

Strasbourg accepte cependant, plus facilement que par le passé, des citoyens venus d'autres régions de France dans la mesure où ils respectent un désir d'union nationale. Sur les 25 membres fondateurs dont le lieu de naissance est connu, la moitié seulement est née à Strasbourg. L'influence politique du club s'affirme dès les premières élections d'un nouveau Conseil général de la commune : plus de la moitié des élus sont membres de la Société des amis de la Constitution.

La Révolution a rendu les Alsaciens patriotes même si le dialecte alsacien, toujours très parlé, témoigne de la spécificité provinciale. L'histoire révolutionnaire de l'Alsace est donc strictement contraire à celle de provinces françaises comme la Vendée, qui ont rejeté l'ordre nouveau. Le morcellement de la province disparaît. L'Alsace constitue désormais deux départements français. Elle envoie à l'Assemblée des députés particulièrement actifs, tel Jean-François Reubell (1747-1807). Cet homme a été l'un des rédacteurs de la Constitution civile du clergé et est devenu, d'avril à septembre 1791, président de l'Assemblée, c'est-à-dire de l'Etat français, comme aiment le rappeler les Alsaciens. Il dirige ensuite le département du Haut-Rhin, est réélu député en 1792 et 1795, et plaide pour un rattachement à la France de l'entière rive gauche du Rhin, Belgique et Hollande incluses.

La Révolution, qui a proclamé l'union des peuples, cherche à essaimer outre-Rhin. L'Allemand Anarchasis Cloots est même placé à la tête d'une « députation du genre humain » au cours de la Fête de la Fédération parisienne. Lors de la fédération des gardes nationaux des départements de l'Est en juin 1790 à Strasbourg, des sympathisants de la Révolution sont venus d'Allemagne. Le président de la Société des amis de la Constitution, Xavier Levrault, clame au mois d'août 1790 qu'une « association de tous les peuples à la gloire et au succès de la Nation » est en train de se faire. Il parle de « grande famille européenne » et appuie ce concept sur l'existence d'une histoire commune entre Français et Allemands en évoquant « la liberté que les ancêtres communs avaient connue [...] dans les forêts de Germanie ». Les Allemands doivent être inclus parmi les frères et les amis de la Révolution. Les Alsaciens n'ont pas à rougir de leurs racines. Les patriotes strasbourgeois se félicitent de l'appui et de la sympathie de nombreux cercles intellectuels du Saint-Empire. L'éditeur Friedrich Cotta, d'origine allemande, s'enflamme pour la Révolution. Un médecin de Karlsruhe demande à être membre de la Société des amis de la Constitution. En 1791, plus d'une centaine d'Allemands viennent s'installer à Strasbourg. Parmi les plus connus,

Carl Clauer, juriste et publiciste à Berlin, Anton Dorsch, théologien et philosophe de Mayence, Georg Wedekind, médecin à Mayence, et Euloge Schneider, qui transforme malheureusement son enthousiasme en intransigeance pendant la Terreur. Quelques-uns deviennent membres de la Société des amis de la Constitution, et accueillent dans la société strasbourgeoise les Allemands nouveaux venus.

Le programme révolutionnaire unitaire ne résiste pas aux mesures religieuses – abolition de la dîme, confiscation des biens ecclésiastiques, dissolution des ordres religieux. Mais les Alsaciens veulent arrêter le processus révolutionnaire sans abandonner la Convention. Leur attachement à la France est indéfectible, nourri d'une aspiration humaniste commune aux territoires rhénans. Un ralliement à l'Empire allemand est dans ces conditions dépourvu de fondement.

L'Alsace patriote

Les Alsaciens, fortement attachés aux mesures civiles de la Révolution, au nouvel ordre révolutionnaire, font preuve d'un patriotisme ardent lorsque la patrie est mise en danger par la réaction monarchique. Ils s'efforcent de rallier à leur cause les officiers et les soldats de l'armée de ligne. Les Fêtes de la Fédération du Rhin de juin 1790 sont organisées dans ce but. Quarante-huit mille soldats citoyens, les 4 000 gardes nationaux de Strasbourg et toute sa garnison y participent. Douze lieutenants généraux et maréchaux de camp qui assistent à ces fêtes civiques choisissent néanmoins d'émigrer ensuite. La radicalisation du régime, qui suit la déclaration de la guerre à l'Autriche (20 avril 1792) et la chute de la royauté (10 août 1790), déplaît aux Alsaciens sans entamer leur enthousiasme patriotique. Le 25 avril 1792, le populaire maire de

Strasbourg, Friedrich de Dietrich, réclame un chant militaire. Il s'adresse à un capitaine du génie de la garnison de Huninge, Rouget de Lisle, dont il entonnera le lendemain la composition, accompagné du clavecin de sa femme. Le chant est interprété pour la première fois en public le 29 avril 1792 par la musique de la garde nationale de Strasbourg. Les Marseillais s'en emparent. L'hymne revient à Paris en juillet 1792, sous le nom d'*Hymne des Marseillais*, et devient hymne national en 1879.

L'Assemblée législative a envoyé un groupe de commissaires aux armées – Lazare Carnot, homme politique et scientifique, Prieur (de la Côte-d'Or) et Ritter (du Haut-Rhin) – vérifier l'ordre et le moral de l'armée nouvellement enrichie de nombreux volontaires. Ils sont satisfaits de la visite qu'ils font aux généraux Biron à Wissembourg, Kellermann à Lauterbourg, Custine à Landau et de l'accueil qu'ils reçoivent à Strasbourg et à Colmar. Le rapport de Prieur vante l'ardeur des populations alsaciennes à repousser l'étranger, leur énergie, leur courage et « leur haine contre les tyrans ». La guerre n'épargne pas l'Alsace. Après la canonnade de Valmy, l'armée révolutionnaire, poursuivant l'armée prussienne du duc de Brunswick, s'empare de Mayence le 21 octobre 1792, après être passée par Worms ; elle est aidée par l'intelligentsia de Mayence, acquise à l'idéal révolutionnaire. Les Coalisés qui reprennent la ville se rapprochent en mars 1793 de Landau et de Wissembourg. Au début de l'automne, ils enfoncent les lignes françaises établies dans le Palatinat. Le général Wurmser, un Alsacien qui commande l'armée impériale, conduit ses troupes au-delà de Landau et de Fort-Louis jusqu'à la hauteur de la Wantzenau, à deux heures de marche de Strasbourg. La ville reprend l'aspect d'un camp retranché. Le nord du Bas-Rhin est alors entre les mains de l'ennemi.

Le Comité de salut public, créé en avril 1793 pour faire face aux périls extérieur et intérieur et présidé par Danton, sauve la France et l'Alsace au prix de terribles souffrances. Les suspects de royalisme et de relations avec l'ennemi sont exécutés. Trois cent mille hommes âgés de dix-huit à quarante ans sont enrôlés de force dans l'armée révolutionnaire (les « soldats de l'an II ») tandis que sévit la famine. Les soldats de l'an II des armées de Moselle et du Rhin contraignent les Coalisés à reculer. Plusieurs milliers d'habitants de basse Alsace, craignant les exactions du Comité de salut public, les accompagnent dans leur retraite. Mais la majorité des Alsaciens ne quittent pas la province. Quoique désapprouvant la tournure des événements, ils ne reviennent pas sur leur patriotisme. L'Alsace est fière de ses généraux – Kléber et Rapp, mais aussi Lefebvre et Schramm. Le général Jean-Baptiste Kléber (1753-1800) devient un héros strasbourgeois par sa brillante carrière militaire, à Mayence, en Vendée, aux Pays-Bas et en Egypte – où il est assassiné. Son courage sous le drapeau tricolore a fait oublier les turbulences de sa jeunesse, et les neuf ans qu'il a passés dans l'armée autrichienne. Sa statue, sur la place strasbourgeoise qui porte son nom, est un symbole d'attachement à la République française.

14

Vers une puissance prussienne (1809-1848)

L'histoire de l'Alsace se confond avec celle de la France pendant la première moitié du XIXᵉ siècle. Comme le reste du pays, la province porte aux nues l'empereur Napoléon victorieux, puis le déteste dans son déclin à partir de la campagne de Russie (1812). Elle hisse le drapeau blanc des Bourbons sur la flèche de la cathédrale de Strasbourg, mais hait Louis XVIII dès 1815. Elle regrette l'épopée napoléonienne et préfère le libéralisme à la réaction royaliste de Charles X. En 1830, après l'abdication de ce dernier, l'Alsace se satisfait de Louis-Philippe jusqu'à ce qu'il se révèle méfiant et réactionnaire. Comme ailleurs en France, l'Alsace prépare le soulèvement populaire de février 1848 à coups de discours et de buffets réformistes. La province est immergée dans ce contexte très français de défenses et de combats pour l'Empire ou la royauté, le libéralisme ou le pouvoir monarchique réclamé par des Ultras, la pratique ou l'indifférence religieuses, la bourgeoisie ou la paysannerie, les patrons ou les ouvriers de l'industrie naissante. Mais l'Alsace ne peut qu'être aussi concernée par les événements d'outre-Rhin qui succèdent à l'ère napoléonienne.

Le bonapartisme

Lasse des incertitudes et des excès du Directoire, l'Alsace s'emballe massivement pour Bonaparte dès la préparation de la Constitution qui fait suite au coup d'Etat du 18 brumaire de l'an VIII. Elle fête toutes les étapes du nouveau régime et de l'ascension fulgurante de son chef – consul provisoire, consul, consul à vie et empereur. Elle se passionne surtout pour son odyssée militaire, en demeurant assez indifférente à ses mesures politiques, la centralisation, l'institution des préfets et la disparition de tout autonomisme administratif. L'Alsace se sent gouvernée par un pouvoir fort.

C'est de Strasbourg que le général Moreau s'élance vers la Bavière pour défaire les Autrichiens jusqu'à la victoire définitive de Hohenlinden qui amène l'empereur François II à signer le traité de Lunéville (9 février 1801). C'est de Strasbourg encore que Caulaincourt et Ordener partent arrêter le duc d'Enghien, soupçonné de comploter contre Bonaparte. Le maire de Strasbourg, Hermann, représente sa ville au sacre de Napoléon Ier le 2 décembre 1804. Le palais Rohan devient palais impérial : l'empereur et l'archiduchesse Marie-Louise y séjournent. Les préfets impériaux Adrien de Lezay-Marnésia en basse Alsace et Félix Desportes dans le Haut-Rhin se font aimer des populations. Les Juifs alsaciens reçoivent un statut de citoyens à part entière en 1808.

Une défiance vis-à-vis de l'Empereur succède cependant à l'enthousiasme en 1811. La reconstitution de l'armée prussienne, la conscription et quelques nouvelles difficultés religieuses suscitent du mécontentement dans la province. Sur le plan militaire, on estime qu'entre 1791 et 1807 la province alsacienne a fourni au moins

60 000 soldats dont seulement 10 % de volontaires. L'Empereur n'hésite pas à forcer le recrutement des jeunes Alsaciens, qui ont la réputation d'être bons guerriers. Il puise largement dans le vivier d'une province encore trop éloignée de la Cour pour qu'on y prête trop attention. « Peu importe que les Alsaciens parlent allemand, a coutume de dire Napoléon, l'essentiel est qu'ils sabrent français. » Sur le plan religieux, les catholiques supportent mal la rupture de Napoléon avec le pape, la dénonciation du Concordat et la nomination d'un évêque – Jean-Pierre Saurine – qui privilégie les prêtres assermentés. Les protestants quant à eux acceptent mal la création d'une Eglise consistoriale réservée aux notables.

Mais ce sont surtout les événements extérieurs qui contribuent à détruire l'image napoléonienne. Le soulèvement de la Prusse, la campagne de Russie, la formation d'une coalition européenne opposée à l'Empire français, et les défaites de Grossberen (19 août 1813) et de Leipzig (16-19 octobre 1813) sont d'autant plus difficiles à supporter qu'ils succèdent à une épopée inouïe.

La défaite napoléonienne est durement ressentie en Alsace. Les armées ennemies s'y ruent. Les cosaques sont à Colmar, les Bavarois les suivent, Strasbourg est assiégée pendant trois mois et demi. La défaite de Waterloo et la déposition de Napoléon le 22 juin 1815 soulèvent une forte rancœur. On craint à Strasbourg que l'Alsace ne soit à nouveau séparée de la France. Le Rhin va-t-il rester fleuve frontière ou devenir fleuve allemand ? Le vainqueur germanique est redouté aux traités de Paris (1814-1815) et au congrès de Vienne (1815) ; il est injurié à Strasbourg.

L'Alsace est trop française pour ne pas avoir la nostalgie des gloires de l'Empire. Son occupation pendant trois ans par les troupes alliées est difficilement supportée et les récoltes des années 1816 et 1817 sont mauvaises. L'ambiance ultraréactionnaire du règne de Louis XVIII, l'assassinat du glorieux maréchal Ney et des généraux La Bédoyère, Mouton-Duvernet et Faucher, fidèles à l'Empereur jusqu'à la fin, marquent profondément l'Alsace. Les massacres des protestants dans le midi de la France indignent la communauté réformée alsacienne. Le regret des fastes de l'Empire s'accroît sous Louis-Philippe. On regrette la politique civile de Napoléon, qui a fait resurgir l'indépendance des cultes, le foisonnement du catholicisme, la mutualité du protestantisme et de la franc-maçonnerie, et qui a généralisé un enseignement gratuit et bilingue. L'Empire a redonné à la France l'autorité que la Révolution lui avait fait perdre avec une armée tenant tête à toute l'Europe.

En Alsace plus que dans toute autre province française, le mythe impérial s'est développé, fondé sur le goût de la gloire militaire et l'espoir d'ascension sociale par la carrière des armes. On y célèbre la gloire des 70 généraux alsaciens dont les noms vont figurer sur l'Arc de Triomphe. Une vision enjolivée de la prospérité antérieure et le souvenir des grandes fêtes impériales entrent dans la légende. La province tout entière s'émeut des récits d'Erckmann-Chatrian à la gloire impériale. Les chansons de Béranger animent le souvenir impérial (« Il n'est pas mort, il n'est pas mort. De son sommeil, le géant va sortir, plus grand à son réveil... »). Il n'est pas de maison, tant à la ville qu'à la campagne, qui n'ait son portrait de Napoléon, familièrement surnommé « Nabi ». On écrit des odes et des pièces de théâtre célébrant l'Empereur ; on répète inlassablement des anecdotes le concernant. Des images de Napoléon ornent les objets les plus courants – pipes, tabatières ou assiettes. Le député-maire de Mulhouse, Jacques Koechlin, se fait bâtir une maison sur le plan du bungalow de Sainte-Hélène. Ce culte est favorable à Louis-Napoléon Bonaparte, neveu de l'Empereur, qui déclenche une nouvelle guerre contre la Prusse en 1870 ; il entretient aussi dans toute la province alsacienne une espérance de revanche militaire. Ce n'est donc pas par hasard qu'il choisit Strasbourg pour son premier coup de force contre la royauté. Le 25 octobre 1836, il quitte sa résidence d'Arenenberg pour une partie de chasse. Le 29, il est à Strasbourg et acclamé par le 4e régiment d'artillerie commandé par le colonel Vaudrey, acquis à la cause du prétendant par des promesses d'avancement et les charmes d'Eléonore Gordon, créature du prince. Louis-Napoléon ne cache pas ses intentions : « Au siège de Toulon, le grand Napoléon était capitaine du 4e d'artillerie. C'est encore le 4e qui lui a ouvert les portes de Grenoble lors du retour de l'île d'Elbe... » Le régiment reçoit cette fois la mission de faire revivre l'épopée napoléonienne. Mais le général commandant la place réussit à reprendre la préfecture avec l'appui de troupes loyales et arrête Louis-Napoléon et ses complices. Le prince est exilé. Après le soulèvement de 1848, l'Alsace soutient la Constitution républicaine proposée par Louis-Napoléon Bonaparte, cette fois prince-président. Les plébiscites qui réinstaurent un empire en France après le coup d'Etat du 2 décembre 1851 sont éloquents. Ceux du 20 décembre 1851 et du 21 novembre 1852 reçoivent respectivement 93 et 96 % de suffrages favorables.

Les traités de Paris et le congrès de Vienne

Les traités de Paris signés par Louis XVIII sont étonnamment favorables à l'Alsace. Celle-ci ne retourne pas sous la coupe de l'Autriche et de la Prusse comme on aurait pu le prévoir, mais à ses frontières de 1790. Avant la signature des traités, l'Autriche réclame l'Alsace parmi ses domaines, la Prusse revendique également la province, et le chancelier autrichien Metternich demande la démolition des places d'Alsace et la réduction de Strasbourg à sa citadelle. Le second traité de Paris (20 novembre 1815) entame l'ancien territoire de la monarchie française, laissé intact par le premier. L'Alsace perd les anciens bailliages contestés entre Lauter et Queich, et surtout la forteresse de Landau, tous donnés à la Bavière ; les fortifications de Huningue sont rasées et le *Thalweg* rhénan devient frontière franco-badoise. Au nord, la frontière suit le cours de la Lauter. Wissembourg reste française. L'article 5 du traité autorise la présence de quelques effectifs français dans les garnisons de plusieurs places dont Strasbourg, Sélestat, Neuf-Brisach et Belfort.

L'occupation militaire de la basse Alsace par des Bavarois et les Autrichiens est péniblement ressentie ; sur les rives de la Lauter de nombreux bourgs n'acceptent pas de redevenir allemands. Les Alliés restent néanmoins divisés sur l'avenir de l'Alsace. Les Anglais et les Russes cherchent avant tout, à l'instar de Louis XVIII, à se débarrasser de Napoléon. Les Alsaciens eux-mêmes sont divisés. Dans des bourgs du nord de la province, les réactions antibavaroises sont souvent vives, mais certains habitants sont séduits par les prétentions autrichiennes, qui veulent réunir l'Alsace au Palatinat pour en faire un royaume destiné à l'archiduc Charles. Des Alsaciens, redoutant les conséquences du retour des Bourbons, assurent qu'« ils préfèrent appartenir aux Autrichiens plutôt qu'aux Bourbons ; ils le préfèrent de mille fois... ». Le prince de Hohenzollern rassure le préfet du Bas-Rhin : « Vous soupirerez beaucoup après notre départ, et vous ignorez sans doute que la majeure partie de la population de votre département voudrait être sous la domination autrichienne et déteste le roi. » A Strasbourg, plusieurs personnes font ouvertement part de leur désir de voir l'Alsace réunie aux Etats autrichiens. Les occupants s'associent aux occupés pour fêter les grands moments de leur histoire. En 1815, de son camp de Reichshoffen, Wellington se déclare ami de la France ; en 1816, les Autrichiens organisent à Colmar un service funèbre pour honorer les guerriers morts à la bataille de Leipzig, indépendamment de leur nationalité ; ils fêtent chaque année l'anniversaire de leur empereur François II par un banquet rassemblant la population du village de Molsheim. Au Conseil régional d'Alsace du 5 juillet 1816, le préfet rappelle que « les agents de l'étranger prenaient à tâche de ne laisser entrevoir un terme à tant de calamités que de la réunion de l'Alsace à une autre puissance ».

Les dispositions du traité et ses conséquences politiques alarment moins les populations que l'occupation prolongée du territoire par les troupes alliées. Pendant trois ans, 40 000 soldats occupent l'Alsace. Les Autrichiens, sous la direction du général-baron de Frimont – émigré lorrain passé au service de l'Autriche –, commettent de nombreux excès. Ils insultent des officiers français et maltraitent les populations alsaciennes ; on compte parmi eux des déserteurs, des voleurs, des contrebandiers, voire des bandits. Dans l'arrondissement de Wissembourg, le corps des Wurtembergeois n'hésite pas à emprisonner les bourgeois qui le narguent. Des Bavarois, avec quelque 500 chevaux, saccagent le canton de Sarre-Union. Des rixes éclatent un peu partout, déclenchées par l'épuisement du pays, le prix des denrées et l'irrégularité des fournitures. L'ambiance générale est encore détériorée par la démobilisation des troupes françaises, une reprise en main, parfois maladroite, de l'administration française, la nomination de nouveaux préfets réactionnaires (De Bouthillier et De Castega), le remplacement des sous-préfets, des épurations administratives, des élections législatives houleuses et une ambiance de « Terreur blanche ». De faux bruits quant aux intentions de l'occupant circulent. On parle d'annexion de la basse Alsace par la Bavière, et du Haut-Rhin, incluant Strasbourg, par l'Autriche. A Belfort, on parle d'un retour de la dynastie Bonaparte. L'occupation militaire de l'Alsace est la véritable, sinon la seule, cause de tension. En 1816, le préfet Bouthillier reconnaît que les armées autrichiennes et l'ancienne armée française sont séparées par une haine indiscutable. Les incidents sont nombreux à l'occasion du tracé des nouvelles frontières en basse Alsace. Les Autrichiens interdisent à Strasbourg de convoquer à sa guise les collèges électoraux. Aussi le retrait des troupes occupantes en 1818 est-il une véritable délivrance, plus pour le peuple, semble-t-il, que pour les notables provinciaux, souvent hésitants. Le peuple s'est toujours tenu à l'écart des manifestations officielles auxquelles participaient « ses amis les ennemis ». Humiliée, saccagée par l'occupation, l'Alsace redoute pourtant la reprise chaotique de la vie politique et administrative française. De l'autre côté du Rhin perdure la haine de Napoléon. On y célèbre les faits de résistance et le souvenir des défaites de la Grande Armée. On édifie des monuments à la gloire des armées alliées et de l'armée prussienne.

Le congrès de Vienne, réuni de septembre 1814 à juin 1815, n'a pas beaucoup touché aux frontières franco-allemandes mais, en dissolvant la Confédération du Rhin voulue par Napoléon Ier, il a construit un foyer de l'âme allemande. La Confédération du Rhin n'est que la réunion artificielle de royaumes protégeant les frontières de la France prénapoléonienne et la séparant de ses vrais ennemis, la petite Prusse au nord et la grande Autriche au sud-est. Le traité de paix de Vienne pose des conditions favorisant une autre guerre. Le Royaume de Prusse acquiert la dimension d'une puissance politique ; quoique inférieur en taille à l'Empire austo-hongrois, il pèse désormais lourd dans l'aire germanique. La Prusse reçoit la Poméranie occidentale, suédoise jusqu'alors, la moitié nord de la Saxe – dont le roi est resté fidèle à Napoléon lors de la bataille des Nations de Leipzig en octobre 1813 –, la Westphalie et le nord de la Rhénanie avec les régions de Coblence, Cologne, Mayence et Trèves. Elle devient donc le nouveau voisin de la France, enfermant en quelque sorte l'Autriche entre ses terres. Ses seules difficultés sont la situation médiane du Hanovre, donné au roi d'Angleterre, qui la sépare en deux tronçons, et sa diversité religieuse puisqu'elle rassemble des protestants à l'est et des catholiques à l'ouest ; elle englobe par ailleurs la Westphalie, toujours administrée selon les principes napoléoniens, et des territoires orientaux admettant encore le servage. Ces inconvénients sont moindres cependant que ceux que l'Autriche rencontre. Elle est devenue un gigantesque Etat multinational où se côtoient Slaves (Tchèques, Slovaques, Serbes, Croates), Hongrois et habitants de Styrie ; elle s'étend en Carniole avec Trieste et inclut le Tyrol autour de Trente. L'Autriche regarde vers le sud, la Lombardie et la Vénétie.

L'éphémère Confédération rhénane est suivie par une Confédération germanique (*Deutscher Bund*). Elle rassemble les grandes puissances – Prusse (7,9 millions d'habitants) et Autriche (9,5 millions) – et un agrégat d'Etats de moyenne importance. Elle se dote d'une diète, d'un Bundestag, et d'un congrès permanent de délégués siégeant à

Francfort-sur-le-Main. Le roi d'Angleterre, en qualité de roi de Hanovre, le roi des Pays-Bas, au titre de roi du Luxembourg, et le roi du Danemark, duc du Holstein et du Lauenburg, sont associés à la Confédération. Le prince Clément de Metternich (1773-1851), ancien ambassadeur auprès de Napoléon, ministre autrichien des Affaires étrangères depuis 1809, a été l'instigateur de cette Confédération germanique avec l'intention de s'opposer à la puissance d'un Etat allemand unifié apte à menacer le trône des Habsbourg. La Confédération a pour attribution principale de réunir les armées des Confédérés. Sa structure ne permet rien d'autre ; les décisions y doivent être prises à l'unanimité ou à la majorité des deux tiers et la Confédération n'a pas de Constitution. Les Etats membres jouissent de la quasi-totalité des prérogatives de souveraineté.

Le congrès de Vienne, en reconnaissant la puissance de la Prusse, en a fait la rivale de l'Autriche – Habsbourg contre Hohenzollern. Il jette les bases de la future politique du prince Bismarck. Il déçoit naturellement tous ceux qui ont espéré la naissance d'une Allemagne libérale et unie, tels l'historien Joseph Görres, chantre d'une Allemagne médiévale, hostile à Napoléon et admirateur de la Prusse, ou les associations d'étudiants volontaires qui se sont battues contre l'empereur français. Malgré les intrigues de Talleyrand, le traité situe la France au niveau d'une nation européenne de faible importance. De plus, ce pays est ravagé par ses problèmes politiques intérieurs. La langue française perd son caractère de langue diplomatique : « l'emploi de cette langue ne tirera point à conséquence pour l'avenir ».

Des révolutions contagieuses

Pendant les années suivant le congrès de Vienne, de 1815 à 1830, la France n'est plus un pays digne d'intérêt pour la Prusse et l'Autriche. Elle souffre de sa défaite et s'insurge contre ses monarques qui négligent par trop les espérances passées, la Révolution de 1789 et l'Empire napoléonien de 1811. Les bonapartistes, plus nombreux en Alsace qu'ailleurs, s'indignent davantage des mesures royales (Terreur blanche dans le sud du pays, cens électoral, milliard des émigrés, alliance du Trône et de l'Autel) qu'ils ne s'inquiètent des relations avec les autres pays européens. Les puissances victorieuses sont elles-mêmes confrontées à des problèmes intérieurs et fatiguées par vingt années de guerres et de conflits. Avec Metternich, la Prusse et l'Autriche sont totalement revenues au système monarchique et dynastique du Saint-Empire. Le congrès de Vienne a balayé les aspirations libérales et nationales qui avaient éclos pendant l'époque napoléonienne ; la Prusse et l'Autriche ne daignent pas se doter d'une Constitution. Cette situation d'atonie politique soulève des contestations, notamment dans le milieu universitaire. Les étudiants, soutenus par certains de leurs professeurs, se regroupent en associations contestatrices, les *Burschenschaften*. Certains étudiants ont été volontaires dans les guerres de libération et pensent avoir droit à la parole. Le 18 octobre 1817, ils fêtent le tricentenaire de la Réforme et le quatrième anniversaire de la bataille des Nations sous les couleurs noir, rouge, or – celles du drapeau des chasseurs de Lützow, corps dans lequel des étudiants ont servi. Le slogan *Freiheit, Einheit, Vaterland* (« Liberté, unité, patrie ») retentit à la fête du Wartbourg le 18 octobre 1817. L'étudiant en théologie Karl Ludwig

Sand, ancien volontaire de 1813, assassine l'écrivain Kotzebue qui passe pour un agent de la monarchie russe. Les royalistes réactionnaires réagissent aussitôt. En septembre 1819, les décrets de Karlsbad pris par Metternich écrasent durement les velléités révolutionnaires en exerçant censures et enquêtes dans les milieux suspects ; les universités sont épurées, les *Burschenschaften,* interdits, et une instance centrale contre les menées révolutionnaires, créée. L'édifice érigé par le chancelier Metternich résiste encore quelques années aux assauts internes du libéralisme allemand, mais la détermination des libéraux est farouche.

Par un chemin singulier de l'histoire, c'est la France qui se charge de clarifier la situation allemande. Une nouvelle poussée révolutionnaire enfièvre Paris en juillet 1830, après que le roi Charles X a été mis en défiance par 221 députés opposés à son œuvre contre-révolutionnaire. Le récit des trois jours d'émeute insurrectionnelle parisienne (27-29 juillet 1830) se diffuse rapidement dans les provinces françaises et à l'étranger. Le 12 août, Strasbourg fête la proclamation de Louis-Philippe, devenu roi-citoyen. La révolte gagne la Belgique qui se dégage du joug hollandais, la Pologne, l'Italie et l'Allemagne. Partout, les insurgés aspirent à la même indépendance nationale libérée des puissances dominatrices, qui est le préalable nécessaire à la création de nations unifiées. En Allemagne, une vague de troubles politiques et sociaux envahit Hambourg, Cologne, Elberfeld, Aix-la-Chapelle, Munich, Berlin et se répand jusqu'à Vienne. Des barricades sont dressées et les combats de rue poussent les princes à accorder enfin quelques concessions libérales. Cédant à la pression populaire, les souverains de Hanovre, de Hesse et de Saxe promeuvent des Constitutions libérales et créent des diètes provinciales (*Landtage*).

Liberté et unité sont réclamées en 1831 par les libéraux badois et Carl Theodor Welcker au Bundestag. Le libéral Paul Pfizer s'y associe devant la Chambre de Wurtemberg par une profession de foi en faveur de l'unité nationale de l'Allemagne. Le 22 mai 1832, une manifestation réunit vingt à trente mille personnes dans les ruines du château de Hambach dans le Palatinat. Des étudiants, des vignerons, des artisans, des démocrates libéraux sont rejoints par des libéraux français et polonais. Les slogans insurrectionnels sont les mêmes pour tous ; on réclame une Europe républicaine confédérée. Les patriotes allemands assurent leur sympathie à la France et à la Pologne. Il n'y a qu'un homme, du nom de Wirth, pour prôner le rattachement de l'Alsace-Lorraine à l'Allemagne. On réclame un Etat national allemand qui ne prenne pas naissance contre l'Europe mais s'intègre dans une ligue des peuples européens. Dans ce projet, la France est un partenaire comme les autres pays.

Metternich réagit violemment à la fête de Hambach. Un mois plus tard, il fait adopter par la diète de Francfort les *Six Actes* qui réaffirment l'inviolabilité de la Confédération et introduisent des mesures contre-révolutionnaires. Des intellectuels (Börne, Herwegh) sont contraints à l'exil. Les positions se durcissent des deux côtés. Metternich parvient à un bref retour au calme, mais des manifestations contre l'absolutisme et l'immobilisme reprennent en 1837, à Mayence et à Nuremberg. On y consacre la grandeur du peuple allemand, on y célèbre la mémoire de Gutenberg, de Schiller, de Dürer et de Jean-Sébastien Bach. Mais, dans chacun des Etats, les réformes s'enlisent. La révolte ne parvient pas à fixer ses priorités – création d'un Etat de droit garantissant les libertés publiques, monarchie constitutionnelle ou révolution réclamant une souveraineté populaire. Les Trois

Glorieuses ont ouvert vingt ans d'affaiblissement des nationalismes. Cette quiétude est de courte durée. La révolution de 1848 va réinstaller en France un pouvoir impérial, ce qui rend plus pressante la nécessité de développer outre-Rhin un Empire allemand fort et uni.

1848 marque la fin du régime monarchique français ; la révolution est de plus animée par un fort mouvement de revendications sociales. Dépassant le cadre français, le mouvement exhorte les peuples européens à affirmer leurs droits et à se libérer des contraintes qui pèsent sur eux. La révolution commence à Paris par une manifestation de défiance vis-à-vis de la monarchie de Juillet et la réclamation d'un suffrage universel et égal. Le 22 février 1848, le drapeau rouge flotte sur des barricades dressées dans la capitale ; les combats de rue sont meurtriers. Le lendemain, la garde nationale se range du côté des manifestants. Le 24 février, Louis-Philippe abdique et s'exile en Angleterre. On proclame la République ; les premières lois sociales concernant le travail des ouvriers et le droit de vote sont adoptées dans les jours suivants. Louis-Napoléon Bonaparte est élu président de la République française le 10 décembre 1848. Quatre ans plus tôt, Karl Marx avait prophétisé que « quand toutes les conditions intérieures [seraient] remplies, *le jour de la résurrection allemande* [serait] annoncé par *le chant du coq gaulois* ». Les événements français de 1848 ont en effet une profonde influence sur la politique allemande et européenne. Ils inaugurent une série d'événements qui provoquent en une trentaine d'années le retour de l'Alsace à la germanité. Quoique les causes en soient nombreuses, les maladresses de Frédéric-Guillaume IV, roi de Prusse (1840-1861), de Ferdinand Ier (1835-1848) puis François-Joseph (1848-1916), empereurs d'Autriche, et de Louis-Napoléon Bonaparte, président puis empereur des Français (1848-

1870), jouèrent un rôle essentiel dans cette nouvelle cacophonie européenne. L'étincelle révolutionnaire franchit le Rhin dès le 27 février 1848. Les troubles commencent à Mannheim, Darmstadt et Karlsruhe, puis gagnent le sud-ouest du pays, du lac de Constance à l'Odenwald. Vienne est atteinte, puis Berlin le 14 mars où la guerre civile fait rage jusqu'au 19 mars. Les revendications sont partout les mêmes, dominées par un libéralisme bourgeois qui ne se contente plus du *statu quo* du congrès de Vienne. Les libéraux, appuyés par l'opposition radicale et démocrate, ont pour but premier la mise en place de Constitutions qui garantissent le droit à la parole. Ils réclament la liberté de la presse et des réunions, l'autorisation de constituer des partis politiques, et la création de milices populaires et citoyennes qui fassent contrepoids aux armées des princes. La convocation d'un Parlement s'impose pour parvenir à ces objectifs.

Les dirigeants viennois, absolutistes, ne supportent pas ces menaces ; la diète accorde à l'empereur un droit de veto absolu contre les décisions du corps législatif. Le « parti de la Cour » autrichien est décidé à s'opposer à la révolution. La démission de Metternich le 13 mars aggrave l'agitation générale à Vienne et à Berlin. Frédéric-Guillaume IV promulgue alors deux patentes, l'une abrogeant la censure et l'autre réclamant une Constitution commune à l'ensemble des pays allemands. Mais la foule berlinoise ne cesse pas pour autant ses manifestations. Le roi de Prusse prend le parti d'accélérer personnellement l'unité des princes allemands et des peuples allemands. Il demande la création d'une Assemblée provisoire des Etats allemands, un Etat fédéral unitaire et reposant sur une Constitution libérale ; il va même plus loin dans le processus d'intégration de son royaume à une Allemagne unie, en réclamant pour drapeau les anciennes couleurs allemandes, noir, rouge et or, ce qui lui vaut naturellement les foudres des conservateurs.

La réunion du Parlement allemand a été précédée par le travail d'un parlement provisoire (*Vorparlament*), rendu difficile par l'opposition entre radicaux et libéraux. Cette assemblée représente les peuples d'une Confédération germanique élargie à la Prusse orientale et occidentale et aux régions à population majoritairement allemande du grand-duché de Posnanie et du district de Santer. La Bohême et la Moravie sont réticentes, mais la frontière polonaise est encore repoussée à deux reprises vers l'Est. La Prusse devient ainsi le plus grand des Etats allemands.

Le Parlement allemand se réunit pour la première fois dans l'église Saint-Paul de Francfort le 18 mars 1848. La voie révolutionnaire est refusée. Les élections ont fourni, pour ce « Parlement de professeurs », une large majorité de notables modérés, sous la présidence du baron Heinrich von Gagern. Parmi d'illustres vétérans des guerres de libération contre Napoléon, on trouve l'apôtre de la gymnastique Friedrich Jahn, le poète Moritz Arndt et des pionniers du changement, Christophe Dahlmann, Jacob Grimm, Hermann von Beckerath, le radical Arnold Ruge et Robert Blum, ancré à gauche. La priorité des parlementaires est l'élaboration d'une Constitution allemande et, plus précisément, la définition des « droits fondamentaux du peuple allemand ». Deux problèmes essentiels surviennent dès les premières réunions. L'Autriche n'est pas exclue de l'Etat national allemand, mais on ne sait comment incorporer l'empire multiethnique des Habsbourg ; le vicaire d'Empire, l'archiduc Jean d'Autriche, c'est-à-dire le représentant du gouvernement provisoire, n'est pas accepté.

La deuxième difficulté vient de l'affaire du Schleswig-Holstein. La Confédération germanique souhaite que le

Schleswig lui soit intégré, ce qui déplaît au Royaume du Danemark ainsi qu'à la Russie et à l'Angleterre, soucieuses de préserver leurs libertés commerciales en mer Baltique. Des troupes sont mobilisées de part et d'autre. La Prusse accepte de signer un armistice à Malmö, prévoyant le retrait des militaires du Schleswig et du Holstein et l'administration de Kiel par un gouvernement mixte prusso-danois. Cette renonciation prussienne provoque d'une part une vague de protestations nationalistes au sein du Parlement, et d'autre part un soulèvement politique de gauche, qui trouve là l'opportunité de transformer, comme cela s'est fait à Paris, une révolution politique en révolution sociale. La future Confédération allemande est menacée d'une bipolarité gauche-droite inquiétante. Les députés se séparent en juin 1849 sans avoir pu mettre en place en Allemagne un régime constitutionnel et parlementaire. Cet échec est principalement imputable au roi, incertain et plus conservateur qu'il ne paraît, à la bourgeoisie libérale et modérée qui redoute de perdre ses privilèges et à l'Autriche, accrochée à ses territoires non allemands.

Pendant les mois suivants, la politique allemande est dominée par une rivalité des partis contre-révolutionnaires et de gauche, et par la détérioration des relations entre la Prusse et l'Autriche. De violents combats opposent révolutionnaires et conservateurs à Vienne. Le député Robert Blum, venu porter assistance aux insurgés, est passé par les armes le 9 novembre par la monarchie des Habsbourg. Le Parlement allemand exige alors le respect de l'immunité parlementaire et condamne le meurtre. La monarchie autrichienne donne l'impression de vouloir rompre avec le Parlement allemand de Francfort. Mais l'Assemblée de l'église Saint-Paul n'a pas le pouvoir de séparer Vienne des peuples slaves, tchèques, croates et slovaques de son vaste royaume. Le vent contre-révolutionnaire atteint Berlin. Le 12 novembre 1848, le roi Frédéric-Guillaume IV, soutenu par les conservateurs Léopold et Ludwig von Gerlach, refuse que la Constitution passe sous silence l'essence divine de la royauté. Refusant toute Constitution libérale, il dissout l'Assemblée de Francfort. En janvier 1849, une nouvelle diète prussienne est chargée de réviser la Constitution en reconnaissant le droit royal de veto absolu sur les décisions législatives des Chambres. L'Assemblée nationale prussienne est transférée de Francfort à Brandenburg, près de Potsdam. Ce coup d'Etat royal, véritable révolution « d'en haut », met un terme à la révolution prussienne de mars ; il est approuvé par une grande partie de la population.

La révolution est alors vaincue ou en recul dans presque toute l'Europe. Louis-Napoléon Bonaparte ne prétend pas encore à la restauration d'un empire français, quoique ses intentions ne fassent guère de doute pour les observateurs de la vie politique française. L'Etat unitaire des Habsbourg est intact et la fondation d'un Etat national allemand se révèle chimérique. La Prusse est libre d'agir. L'hypothèse d'une « grande Allemagne » a fait place au projet, plus réaliste et appuyé par les nationalistes allemands, d'une « petite Allemagne » sous l'égide de la Prusse, excluant l'Autriche. L'empereur autrichien François-Joseph, qui succède à Ferdinand Ier après l'abdication de ce dernier en décembre 1848, règle la situation en affirmant l'unité juridique de l'Empire des Habsbourg. L'éventualité d'une guerre entre la Prusse et l'Autriche, avec ses implications européennes, inquiète la majorité des députés allemands de droite. Ils voient en Frédéric-Guillaume IV (1840-1861), roi de Prusse, le prétendant idéal au titre d'empereur des Allemands par la grâce du peuple ; Frédéric-Guillaume refuse pourtant cette couronne, encore imprégnée d'un esprit révolutionnaire et qui risque de lui attirer l'hostilité du souverain autrichien et de son allié le tsar de Russie. Le 28 avril 1849, il refuse également le projet de la Constitution du Reich, ce qui sonne le glas du Parlement.

Cependant, dans le courant de l'année 1849, Frédéric-Guillaume projette à nouveau de confédérer les Etats allemands. L'Autriche, par l'intermédiaire de son chancelier Félix Schwartzenberg, s'y refuse, prétextant son conflit avec la Hongrie. Le 26 mai 1849, l'alliance « des trois rois » unit la Prusse, la Saxe et le Hanovre. Vingt-huit Etats allemands sont alors rassemblés pour jeter à nouveau les bases d'une Constitution qui fasse encore état d'un droit royal de veto absolu. Le Parlement de l'Union est réuni à Erfurt en janvier 1850 pour définir les règles constitutionnelles, mais les Royaumes de Saxe, de Hanovre et du Wurtemberg, sans doute manipulés par l'Autriche, se récusent au dernier moment. Le chancelier autrichien convoque des représentants des Etats de la Confédération allemande à la diète de Francfort, où l'Autriche fait encore sentir son influence. La rivalité entre Berlin et Vienne atteint son paroxysme en novembre 1850, à l'occasion d'un conflit constitutionnel entre le prince-électeur de Hesse-Cassel et son Assemblée. L'Autriche prend le parti du prince-électeur qui souhaite quitter l'Union prussienne ; la Prusse prend celui de l'Assemblée, alléguant notamment que la Hesse électorale fait toujours partie de l'Union. La Russie, qui a écrasé la révolution hongroise à la demande de l'empereur d'Autriche, se veut la puissance tutélaire de toutes les aspirations conservatrices en Europe centrale. Le tsar Nicolas Ier a déjà exigé que les duchés du Schleswig et du Holstein revendiqués par la Prusse soient placés sous domination danoise. Il rejoint l'Autriche dans l'affaire de Hesse.

Frédéric-Guillaume IV de Prusse n'a pas les moyens de déclarer une guerre à l'Autriche et à la Russie. Les ministres autrichien Félix Schwartzenberg et prussien Otto von Manteuffel se rencontrent à Olmütz le 28 novembre 1850. L'Union prussienne est dissoute sans que Manteuffel parvienne à lui trouver un substitut. Les troupes prussiennes sont désarmées et la paix revient dans le nord de l'Allemagne. Olmütz, humiliante reculade pour le roi de Prusse, évite une guerre civile entre Nord et Sud qui fait une nouvelle fois de l'Allemagne le champ de bataille de l'Europe. C'est ce qui pousse Otto von Bismarck, alors député conservateur au Landtag, à approuver la Convention d'Olmütz.

La Prusse est à nouveau seule. L'empereur François-Joseph l'a isolée et mise dans un état d'infériorité favorable au développement d'un nouveau nationalisme prussien. « Attendre l'Autriche, c'est la mort de l'unité allemande », s'est exclamé en janvier 1849 le *Reichsminister* des Finances allemand Hermann von Beckerath. Et, quatre années plus tard, le publiciste libéral Ludwig August von Rochau, partisan d'une *Realpolitik*, affirme : « La Prusse doit grandir pour exister et l'Autriche ne peut pas laisser la Prusse grandir, de peur de disparaître – voilà la situation qui décrit le vrai caractère des relations mutuelles entre les deux Etats. » Les bases du nationalisme prussien sont maintenant solides. La politique franco-allemande de la seconde moitié du XIXe siècle va s'en ressentir durement.

La révolution prussienne de 1848, quoiqu'elle n'aboutisse pas à la formation d'un vaste pays allemand libéral et constitutionnel, est d'une très grande importance. Elle jette les bases d'une monarchie constitutionnelle et permet l'apparition de partis politiques ouverts aux débats publics – conservateurs, catholiques, libéraux modérés, démocrates républicains et ouvriers. Elle fait prendre conscience aux libéraux et aux démocrates que, pour créer une nouvelle Allemagne, il leur faut au préalable se rapprocher et s'appuyer sur les grands Etats allemands, Prusse en tête. La révolution porte des fruits paradoxaux. La puissance de la Prusse, un Etat-nation fort aux frontières définies, reconnu et parfois jalousé par les autres Etats allemands, est la conséquence la plus nette de cette révolution manquée. Elle porte une responsabilité majeure, bien qu'indirecte, dans l'histoire catastrophique du siècle suivant.

15

Le nationalisme allemand

Dans le *Mémorial,* écrit en 1816, Napoléon déchu oublie les ravages que sa Grande Armée a commis en Europe et le ressentiment qu'il a suscité dans tous ses peuples. Il prétend avoir « voulu faire de chacun de ces peuples un seul et même corps de nations ». Et il décrit, sans se soucier de sa responsabilité dans le désordre européen, son aspiration imaginaire à construire l'Europe : « Cette agglomération arrivera tôt ou tard par la force des choses ; l'impulsion est donnée, et je ne pense pas qu'après ma chute et la disparition de mon système il y ait en Europe d'autre équilibre possible que l'agglomération et la confédération des grands peuples. » Le propos est hardi, pour ne pas dire plus. Jusqu'en 1806, avec la déroute des armées de Frédéric-Guillaume III à Iéna et Friedland et l'entrée triomphale de Napoléon à Berlin le 27 octobre, seul prévaut un sentiment romantique d'appartenance germanique, un culte de la grandeur passée, enracinée dans un Moyen Age mythique. L'hégémonie napoléonienne l'exalte sans qu'il s'inscrive encore dans une perspective politique. Les *Pérégrinations de Franz Strenbald* de Ludwig Tieck (1773-1853), les *Contes rhénans* de Clemens Brentano (1778-1842), le *Cor merveilleux de l'enfant,* publié en collaboration avec Achim von Arnim

(1781-1831), la *Grammaire* et le *Dictionnaire allemand* des frères Grimm (Jakob, 1785-1863, et Wilhelm, 1786-1859) ne sont qu'une recherche amoureuse des sources de la culture germanique, un témoignage de ses contes et de ses rêves, une exaltation des paysages mythiques et majestueux de la vallée du Rhin en particulier.

Or, qui d'autre que Napoléon Ier a fait naître le nationalisme allemand et l'a introduit en politique ? Toutes les conséquences de la victoire d'Austerlitz contre l'Autriche en 1805 (dissolution du Saint-Empire fondé par Othon Ier en 962, création d'une Confédération rhénane et effondrement des armées prussiennes en 1806) suscitent un nationalisme fortement imprégné de francophobie. Le nombre des « Etats allemands » est réduit de 300 à 40 ; les barons, les comtes d'Empire et plus de mille seigneuries autonomes disparaissent. Cette restructuration se retourne en fait contre la France, car elle accroît la puissance des nouveaux Etats, remembrés et agrandis. Les jeunes conscrits de la Confédération sont envoyés sur les champs de bataille. Les administrations allemandes doivent adopter un modèle français inadapté à leur histoire. Surtout, les prétentions belliqueuses de l'Empire déclenchent un sursaut de résistance germanique. Louise de Mecklembourg, exaspérée par une occupation militaire de sept ans, inspire un patriotisme prussien antifrançais.

Renaissance de la Prusse

Le sentiment national allemand, mouvement patriotique réclamant une nation réunissant tous les Allemands et toutes leurs « forces nationales », traduit une conviction à la fois politique et philosophique. Cette démarche veut donner une âme à l'Allemagne, principe que le Saint-

Empire romain germanique, pourtant unificateur, n'a jamais cherché à appliquer. Les réformateurs qui s'activent en ce sens sont prussiens ; il s'agit du baron impérial Karl vom und zum Stein, chef du gouvernement berlinois en 1807 et 1808, de Karl August von Hardenberg, longtemps chancelier d'Etat, de Gerhard Scharnhorst, réformateur de l'armée, et du feld-maréchal Neidhardt von Gneisenau. Stein, en rétablissant un Etat prussien fort, pense à l'Allemagne tout entière ; Hardenberg n'est pas un romantique amoureux du passé, mais un homme rationnel et froid ; le premier apprécie la Constitution anglaise et le second s'efforce d'analyser les réussites de la Révolution française et de l'Empire napoléonien. Ces hommes ont pour dessein de moderniser fondamentalement l'Etat et la société prussiens et ils y parviennent. L'Etat est désormais administré par un ministère d'Etat unique qui contrôle les divers champs de compétence. L'enseignement est réformé dans tout le pays, l'université de Berlin est fondée en 1810 et rompt avec les traditions corporatives estudiantines, le servage héréditaire des paysans est aboli, et les citadins reçoivent le droit d'autonomie administrative communale. Par ailleurs, l'économie tire profit d'une nouvelle liberté d'entreprise affranchie des contraintes corporatives, et les Juifs obtiennent l'égalité juridique avec les autres citoyens prussiens, même si les fonctions publiques leur sont interdites. Le pouvoir est fortifié par un organe consultatif appelé à participer activement à son exercice ; celui-ci donne à la Prusse le sentiment d'une représentation nationale. La révolution industrielle prussienne bénéficie de réformes qui suppriment guildes et corporations. Le libre-échange est encouragé. Grâce aux réformes, le divorce entre l'Etat et la société, jugé principal responsable de l'écroulement de 1806-1807, est comblé. L'édifice étatique repose sur une base renouvelée qui respecte les revendications nationales et sociales, sans pour autant abandonner les hiérarchies antérieures, noblesse, armée et administration. La conscience de l'appartenance à une nation prussienne s'assortit de la volonté de s'affranchir des occupants français. La paysannerie, désormais libre du servage et des droits féodaux, devient une classe de citoyens responsables, possédant ou gérant des exploitations qui représentent le fondement de l'économie. La grande propriété seigneuriale prussienne des Junkers n'est pas affaiblie pour autant.

Un patriotisme nouveau naît de ce bouleversement. Il anime l'armée prussienne réformée qui a largement contribué à l'éviction du Corse. Le traité de Tilsitt de 1807 consacrant la victoire de Napoléon sur la Prusse lui arrache les provinces sises à l'ouest de l'Elbe et limite à 42 000 hommes la force de son armée. Sous l'impulsion du général von Scharnhorst, le temps de service militaire est réduit, ce qui permet de multiplier le nombre d'hommes susceptibles de se battre. Le corps des officiers est épuré, et une école de guerre dotée d'un grand Etat-major est créée. L'armée bénéficie d'une nouvelle autorité morale qui permet de réunir les survivants les plus expérimentés de l'armée frédéricienne (von Blücher en fait partie) et les jeunes stratèges, à la manière de l'armée française. Napoléon, le premier, a en effet mêlé des hommes levés en masse à une armée experte. En 1811, la Prusse prend la tête du mouvement national allemand. Au printemps 1813, aux lendemains de la catastrophique campagne de Russie, elle reprend place dans la coalition antinapoléonienne aux côtés de l'Autriche et de la Russie, et joue un rôle majeur dans la libération du territoire allemand. Sous l'impulsion du major Adolf von Lützow (1782-1834), les étudiants et les volontaires donnent l'impression d'un soulèvement national.

Philosophie du nationalisme allemand

Friedrich Gentz, publiciste au service de l'Autriche, promeut l'idéal d'une « nation allemande » dotée d'un esprit patriotique « national-allemand » dans ses *Fragments pour une histoire de l'équilibre européen* (*Fragmenten zu einer Geschichte des europäischen Gleichgewichts*), publiés à Leipzig en 1806. Il y affirme que les malheurs du peuple allemand, infligés par Napoléon, sont dus à sa division, à l'éparpillement des forces allemandes, à la jalousie réciproque des princes et à l'éloignement des peuples germaniques constitutifs. Une nouvelle forme de regroupement allemand doit faire suite au Saint-Empire, sans chercher à le remplacer. Gentz veut faire de la nation allemande, non seulement une unité culturelle, mais aussi une formation politique, potentiellement étatique. Il pense déjà, en européen convaincu, pouvoir dépasser les patriotismes étroits des anciennes nations.

Georg Friedrich Wilhelm Hegel (1770-1831) analyse plus clairement la situation de l'Allemagne. Avec ses amis Hölderlin et Schelling, rencontrés au séminaire protestant de Tübingen, Hegel voue un véritable culte à la Grèce antique et s'enthousiasme pour la Révolution française en laquelle il voit, du moins à ses débuts, la résurrection de la démocratie athénienne. En 1802, il se passionne pour la question allemande. Depuis le traité de Westphalie de 1648, l'Allemagne n'a jamais existé en tant qu'Etat. Cependant, « elle est un Etat en pensée et n'est pas un Etat dans les faits ». Dès la dissolution du Saint-Empire par Napoléon le 6 août 1806, le philosophe espère que l'Allemagne se réorganise en « Etat indépendant, souverain et puissant ». Cette unification peut se faire, pense-t-il, par la « coopération des villes d'Empire et des

Etats provinciaux avec l'empereur et ses domaines héréditaires ». La Prusse seule ne peut mettre en place ce rassemblement. L'espoir hégélien d'un nouvel empire allemand ne suscite pas d'écho ; François II de Habsbourg, roi des Romains et empereur germanique depuis 1848, lui est indifférent. L'idée ne plaît qu'aux princes et barons qui ont perdu leur immédiateté, aux petits et moyens Etats impériaux, et à Karl Theodor von Dahlberg, prince-électeur et archevêque de Mayence, nommé par Napoléon « prince primat » à la tête de la Confédération du Rhin. Les bases d'une nouvelle idéologie étatique sont posées, mais elles restent encore bien utopiques.

Le véritable fondateur du nationalisme allemand est Johann Gottlieb Fichte (1792-1814), admirateur de Kant et brillant philosophe de la liberté. Les *Reden an die deutsche Nation (Discours à la nation allemande)*, prononcés à Berlin pendant l'hiver 1807-1808 et publiés aussitôt après, contribuent largement à secouer le monde germanique. Fichte érige les Allemands en *Urvolk*, peuple originel, et la langue allemande en *Ursprache*, langue originelle. Son quatorzième Discours est l'un des plus explicites : « Je m'adresse à toute la nation allemande, à tous ceux qui parlent la langue allemande. [...] Tout Allemand qui croit encore être membre d'une nation et l'estime grande et noble, qui est prêt à tout risquer pour elle, à souffrir pour elle, doit être rassuré sur sa croyance [...]. Plus que toute autre génération, vous êtes appelés à faire oublier le passé, à effacer cette honteuse période de l'histoire allemande [...]. Vous verrez s'épanouir autour de vous une génération qui vous assurera à vous et à tous les Allemands une page glorieuse dans l'Histoire. Cette génération rendra le nom allemand illustre parmi tous les peuples, et notre nation deviendra la régénératrice et la rénovatrice du monde. » Fichte justifie le rapport de l'identité allemande à la langue germanique par l'histoire, qui a protégé les peuples allemands du brassage des populations méditerranéennes et de la diffusion du latin. Le Moyen Age germanique a brillé par sa civilisation ; Luther a dénoncé la « mystification condamnable » de la papauté romaine ; la Réforme, selon lui, est le « dernier grand exploit universel, plus ou moins achevé, du peuple allemand ». De la fierté d'appartenir à ce peuple si proche de Dieu découle une obligation de patriotisme qui peut exiger la mort. « Pour que cet esprit [de l'Allemagne] soit libre de se développer et de s'élever à une existence indépendante, voilà pourquoi notre sang a coulé. C'est à vous de donner à ce sacrifice son sens et sa justification en mobilisant cet esprit dans l'hégémonie mondiale qui lui est destinée. » Le cosmopolitisme qui résonne dans l'idée de nation allemande fichtéenne ne représente rien de moins que l'hégémonie spirituelle mondiale des Allemands. Fichte n'est pas le premier à célébrer le culte de la nation allemande, mais les discours passés n'ont concerné que des détails, des nostalgies, des idéaux romantiques. D'autres conceptions nationalistes concernent la Prusse mais non l'ensemble du peuple allemand. La victoire du Chérusque Hermann (latinisé en Arménius) sur le proconsul romain Varus a été vantée par maints poètes et humanistes de la Renaissance et du XVIIIe siècle – comme Klopstock –, avant d'être célébrée par Heinrich von Kleist, contemporain de Fichte. La *Chanson des Niebelungen* relatant la tragédie de la disparition des Burgondes rhénans et de leurs rois Gunther, Gernot et Giselher est la chanson de geste préférée du peuple allemand et fait l'objet d'un poème dès le XIIIe siècle. Depuis la fin du XVIIIe siècle, Luther est érigé en précurseur des Lumières parce qu'il affranchit spirituellement l'Allemagne du joug romain. Les préjugés contre

« l'étranger », surtout sous son visage français, remontent au Moyen Age. Goethe et Schiller sont ouverts aux idées étrangères, tout en vantant la vocation culturelle des Allemands. Fichte, quant à lui, a construit un modèle de nationalisme soutenu par des arguments objectifs. Il s'agit d'abord d'un amour pour une patrie dont la force communautaire remplace celle de l'Eglise, sans pour autant la supprimer ; Dieu se fait très proche de la terre, ressemblant comme un frère à l'« l'Etre suprême » des Jacobins : l'amour de la patrie, pour Fichte comme pour les révolutionnaires français, est la véritable religion. Fichte combat en outre l'hégémonie monarchique universelle – mais temporelle – de Napoléon. Le philosophe allemand est avide d'un Etat allemand libéré de l'humiliation provoquée par l'empereur des Français. Les *Discours à la nation allemande* ne précisent pas l'organisation qu'il convient de donner à l'Allemagne, restauration de l'ancien Empire ou unification de la nation sous la tutelle de l'un de ses princes, empereur d'Autriche ou roi de Prusse. C'est peut-être en se souvenant de Thomas Abbt, esprit éclairé originaire d'Ulm mais prussien d'élection, qui quarante ans plus tôt dans *Vom Tode für das Vaterland* (*De la mort pour la patrie*) parle de la Prusse comme d'une « nation », que Fichte écrit en 1813 un *Entwurf zu einer politischen Schrift im Frühling* (*Projet d'écrit politique du printemps*). Il y explique que l'Autriche ne peut être la puissance dominante parce que son empereur est plus préoccupé par sa dynastie que par son empire ; c'est à la Prusse d'assurer la tutelle de la nouvelle Allemagne : « C'est un Etat véritablement allemand [...]. L'esprit de son passé l'oblige à poursuivre sa marche en direction de l'Empire, car c'est le seul moyen pour la Prusse de continuer d'exister. Faute de quoi, elle sombrera. »

Le 28 février 1813, l'alliance conclue entre Frédéric-Guillaume III et la Russie semble donner raison à Fichte. La Proclamation de Kalisz, annoncée par Koutouzov, commandant en chef de l'armée russe, évoque un rétablissement d'une Allemagne souveraine. Deux semaines plus tard, le 17 mars 1813, Frédéric-Guillaume de Prusse appelle son peuple à lutter contre le despote Napoléon. La levée des armées prussiennes dans une campagne de libération ne dure pourtant que quelques mois, à l'automne 1812, après la débâcle de la Grande Armée en Russie. La Prusse s'est insurgée d'elle-même, indépendamment de l'aide militaire de l'Autriche.

A la mort de Fichte, en 1815, le nationalisme allemand est vivifié par Friedrich Ludwig Jahn (1778-1852) et Ernst Moritz Arndt (1769-1860). Le premier est un Prussien originaire du Brandebourg, le second de l'île de Rügen, alors possession suédoise. Tous deux sont des intellectuels ardemment engagés dans la défense d'une nation allemande. Dès 1800, Jahn publie sous un pseudonyme un bref texte destiné à *Encourager le patriotisme dans l'Empire prussien ;* en 1810, il écrit *Deutsches Volkstum* (*La Nationalité allemande*), plaidoyer en faveur d'un patriotisme ardent. Le peuple allemand est béni des dieux, à l'instar de la Grèce classique : « C'est une volupté de la vertu, une divinité humaine que de bénir la terre en qualité de Sauveur et de planter dans les peuples le germe de l'humanisation. » Les héros fondateurs sont, d'après Jahn, Hermann, le « sauveur du peuple », Henri Ier, roi de Saxe, dit l'Oiseleur, qui rattache la Lotharingie à l'Allemagne (925), lutte contre les Slaves à l'est de l'Elbe et contient les Hongrois, et Martin Luther, le sauveur des âmes. Le roi de Prusse Frédéric-Guillaume IV, s'il a aidé son royaume à se libérer de l'emprise napoléonienne, a construit un Etat sans motiver profondément le peuple.

Or, sans peuple, un Etat n'est qu'« une œuvre d'art sans âme » ; à l'inverse, un peuple sans Etat n'est qu'« une ombre légère, désincarnée comme les Tziganes ou les Juifs qui errent à travers le monde ». Ce n'est pas l'Autriche, trop empêtrée dans le contrôle de populations dépourvues de sang allemand, qui peut diriger l'Allemagne. Elle doit être contenue dans l'espace danubien, de l'Europe du Sud-Est jusqu'à la mer Noire. Seule la Prusse, avec une majorité écrasante de population allemande, a cette capacité à diriger le peuple germanique. « Je pressentais en Prusse et par la Prusse un rajeunissement opportun du vieil et vénérable Empire allemand et, au sein de l'Empire, l'existence d'un grand peuple qui suivrait humainement le chemin sublime vers l'immortalité historique. » Un âge d'or, pour l'Allemagne et quelques autres pays voisins, va suivre la prise de pouvoir prussienne : « Si, unie avec elle-même sous la forme d'une communauté allemande, l'Allemagne déploie ses forces immenses, encore inemployées, elle pourra être un jour celle qui fondera la paix éternelle en Europe, l'ange gardien de l'humanité. » Ce mythe politique et cette politique symbolique, ainsi qu'on les désigne plus tard (*politischer Mythos und symbolische Politik)*, présents dans l'inconscient collectif de la nation allemande, ont sans aucun doute contribué aux dérives politiques de 1871 à 1945. Mais Jahn est un libéral qui ne diabolise pas tout ce qui vient de France. Il ne fait que préconiser les mesures visant à convaincre le peuple prussien de son existence et de son identité. Il n'a pas d'autre but que de développer la fierté des Allemands pour leur peuple, leur histoire, leurs coutumes et leur langue commune. Il l'encourage à délaisser les langues étrangères, en particulier le français, encore langue diplomatique, qui rappelle trop les ambitions républicaines et napoléoniennes :

« Allemands, il faut que, pleins d'orgueil viril, vous éprouviez à nouveau la valeur de votre noble langue vivante, que vous puisiez à cette fontaine primordiale qui jamais ne tarit, que vous dégagiez les sources enfouies et que vous abandonniez la flaque stagnante de Lutèce. »

Le philosophe, théologien et poète Ernst Moritz Arndt, contemporain de Jahn, est un autre avocat du nationalisme allemand. Il est à la fois un patriote mystique, un adversaire impitoyable de l'Empire français, un partisan exclusif de la langue allemande, un républicain convaincu de l'hégémonie prussienne. Ne sont originaux ni son patriotisme religieux et mythique ni sa haine de l'empereur Napoléon, qui apparaissent en 1810 dans son poème *Gebet* (*Prière*), puis dans son *Catéchisme pour les soldats allemands*. Sa francophobie sans réserve et son désir de vengeance à l'encontre d'un occupant qui vole des terres allemandes sont plus clairement exprimés que par ses prédécesseurs. « Un monstre est né, une abomination souillée de sang a surgi. Son nom est Napoléon Bonaparte, un nom de la douleur... Levez-vous, peuples ! Abattez-le. [...] Reconnaissez à l'unanimité et dans la béatitude de la paix que vous n'avez qu'un Dieu, l'ancien Dieu, le Dieu fidèle, et que vous n'avez qu'une patrie, l'ancienne Allemagne, l'Allemagne fidèle. » Dans son *Appel aux Prussiens*, il avertit en 1813 que « seule une haine sanglante du Français peut concentrer la force allemande, rétablir la souveraineté allemande, faire jaillir les plus nobles instincts du peuple et submerger les plus vils ». La véritable originalité d'Arndt tient à ce que sa vindicte antifrançaise se traduit par des revendications politiques. Les Français doivent être punis et haïs pour ce qu'ils ont fait aux Allemands, non seulement au cours des dernières années mais depuis plus de trois siècles. Dieu l'exige. La limite linguistique entre l'allemand et le français constitue la frontière réelle. L'Alsace et la Lorraine germanophones appartiennent à l'Allemagne, s'exclame Arndt en 1813 : « Cette frontière séculaire suit de toute évidence et immuablement le tracé des Vosges, du Jura et des Ardennes par la manière et la langue du peuple ; les Allemands ne convoiteront jamais rien de français, dont l'influence ne pourrait être que corruptrice. » Dans *Der Rhein, Deutschlands Strom, aber nicht Deutschlands Grenze* (*Le Rhin, fleuve d'Allemagne et non sa frontière*), écrit en 1813, Arndt réclame le retour de la frontière germanique à des marques séculaires. Il faut que l'Allemagne occupe le territoire qui lui a été donné par Dieu, l'Etat allemand s'étendant aussi loin que résonne la langue allemande, de la mer du Nord aux Carpates et aux Vosges, de la mer Baltique aux Alpes et à la Vistule. En 1814 et 1815, Arndt, avec l'espoir de voir s'établir un empire Hohenzollern, revendique aussi la Rhénanie, Mayence et le Luxembourg comme « marche occidentale » de la Prusse. Le temps des conflits sur sa marche orientale est désormais dépassé par le danger de l'antagonisme franco-allemand. Reprenant l'idée d'une *Germania* – formulée au XIVe siècle –, il propose que l'on accorde à la Hollande et à la Flandre une indépendance limitée, à condition qu'elles demeurent sous le contrôle allemand ; la Suisse, par ailleurs, doit se rapprocher de l'Allemagne pour éviter une guerre commerciale. La Scandinavie est finalement épargnée. Arndt ne s'en prend pas aux « Juifs en tant que Juifs » mais il leur conseille de se convertir au christianisme ; il s'oppose à ce que l'on accepte de nouveaux Juifs en provenance de Pologne et d'autres pays de l'Est. Les Juifs ne sont pas persécutés dans la mesure où ils ne prétendent pas exercer de fonctions publiques. Ils n'en représentent pas moins « le malheur et le fléau » du peuple allemand, quoiqu'il convienne de les traiter avec une certaine considération humanitaire, « même s'ils ne nous rendent guère la pareille [...]. Mais, pour ce qui est de leur accorder des droits civiques, je n'en vois pas de moyen hormis de leur trancher la tête à tous une nuit, et de les remplacer par d'autres, vides de toute idée juive. Quant à nous prévenir de ce danger, je ne vois pas, là encore, de moyen hormis de leur conquérir une Terre promise et de les y envoyer tous ». Ce pangermanisme mêlé d'antisémitisme annonce les idéologies du XXe siècle. Arndt a prétendu affirmer son adhésion aux concepts universels de liberté, égalité, fraternité, mais son véritable slogan est l'affirmation d'une supériorité de la race.

Le baron impérial Karl vom und zum Stein, chef du gouvernement prussien en 1807 et 1808, reconnaît, malgré son amour pour sa patrie, qu'une entente avec l'Autriche est nécessaire. C'est la clef de voûte d'une union des Etats allemands et d'une alliance de princes souverains dans la légalité et la liberté. Wilhelm von Humboldt (1767-1835), célèbre érudit et philologue, n'a pas d'autre idée. Il a vaguement envisagé une fédération allemande reposant sur la Prusse, l'Autriche et la Bavière, mais son *Denkschrifft zu deutschen Verfassung* (*Mémorandum sur la Constitution allemande*) ne fait aucune allusion à la création d'un Etat national allemand. L'idéal nationaliste n'est pas mort pour autant. Jahn et Arndt, à défaut d'avoir convaincu le pouvoir réformateur de la Prusse, recueillent l'approbation d'une grande partie de la société civile, prussienne tout au moins. Dans les campagnes et dans les petites villes, surtout dans le nord protestant de l'Allemagne, on réclame un patriotisme « évangélique ». Le nationalisme demeure une idéologie et une préoccupation essentiellement prussiennes. L'idée séduit car elle est fidèle à la formule du roi Frédéric-Guillaume II (1786-1797) – « Avec Dieu, pour le roi et la patrie » –

qu'ont exaltée ses successeurs, Frédéric-Guillaume III (1797-1840) et son épouse Louise de Mecklembourg-Strelitz (1776-1810). L'amour de la patrie prussienne imprègne les œuvres de charité féminines, séduit les hobereaux comme la haute noblesse. Dans les villes, les étudiants et la société cultivée et luthérienne militent vivement en faveur du patriotisme « religieux » prussien. L'idée d'une grande nation allemande, quoique moins répandue, n'est pas exceptionnelle en Allemagne de l'Ouest et du Sud.

La notion d'une nation allemande unique ne s'est donc pas imposée de toutes pièces aux lendemains de la défaite française et du congrès de Vienne, mais ces événements ont indiscutablement contribué à créer une conscience d'appartenir à l'ensemble de peuples naguère réunis dans le Saint-Empire romain germanique, partageant une culture commune, surtout diffusée par la bourgeoisie. Le véritable problème est celui, non tranché, de l'hégémonie, soit de la Prusse, soit de l'Autriche.

Les préalables historiques du nationalisme prussien

Le nationalisme prussien repose sur une longue histoire. Les Prussiens sont un peuple balte, qui occupe au Moyen Age le territoire de la future Prusse orientale. Celle-ci passe au XIIIe siècle sous commandement de l'Ordre teutonique allemand. Au XVe siècle, la défaite militaire de l'Ordre teutonique en fait un fief polonais. En 1525, l'Etat teutonique devient duché séculier de Prusse grâce à une convention avec la Pologne, puis revient en héritage au Brandebourg. Les Hohenzollern, issus de lignées de l'ouest et du sud de l'Allemagne, y règnent depuis 1415 en qualité de margraves et de princes-électeurs. En 1660, le Grand Electeur Frédéric-Guillaume

(1640-1688) réussit à se faire reconnaître duc souverain de Prusse. Cette reconnaissance a une importance essentielle : elle place la Prusse hors du Saint-Empire romain et de la dépendance du Habsbourg Léopold Ier. Le fils de Frédéric-Guillaume, Frédéric III, Electeur et duc, se fait couronner le 18 janvier 1701, sous le nom de Frédéric Ier, roi en Prusse (*König in Preussen*), avec l'accord de l'empereur. Le Brandebourg-Prusse accède à l'autonomie et devient une puissance politique.

A la différence de l'Autriche, Etat polyglotte et catholique intransigeant, la Prusse est d'emblée une puissance homogène, presque exclusivement germanophone ; les différences religieuses entre luthériens majoritaires, piétistes, calvinistes et catholiques minoritaires ne sont pas prises en compte. L'adhésion au calvinisme de la cour prussienne depuis la conversion de Jean Sigismond (1608-1619) a contribué à renforcer le pouvoir monarchique pendant un siècle. Elle n'est pas étrangère à l'impératif catégorique du devoir et du dévouement des monarques suivants, même s'ils se disent « éclairés » ; elle explique aussi la conception transcendantale de l'Etat à laquelle ils se soumettent. La religion est un moteur indiscutable de l'ascension prussienne. Frédéric-Guillaume Ier (1712-1740), qu'on appelle le Roi-Sergent, ne cesse de renforcer la puissance de l'Etat et de calquer la structure de l'armée, qu'il veut puissante, sur celle du pays ; les Junkers – seigneurs appuyés sur de grandes propriétés foncières – sont officiers, et leurs paysans, soldats. Cette militarisation de la société contribue à réduire la vulnérabilité qui découle de la division spatiale du royaume. La religion, là encore, vient au service des princes. Le piétisme, qui veut revivifier le luthéranisme, s'accommode fort bien du calvinisme royal. Le Roi-Sergent est entouré de piétistes silencieux qui le soutiennent et créent dans toute la Prusse des écoles et des établissements d'enseignement supérieur. Le piétisme persiste chez les descendants de Frédéric-Guillaume Ier sous la forme d'un devoir religieux à l'égard du souverain et de la patrie. L'essor de la Prusse-Brandebourg au XVIIIe siècle est appuyé par un autre phénomène religieux. A la révocation de l'Edit de Nantes en 1685, le Grand Electeur Frédéric-Guillaume promulgue l'Edit de Potsdam, invitant les calvinistes persécutés à se réfugier au Brandebourg. Environ 20 000 huguenots accourent et plus de 5 000 s'installent à Berlin, où ils représentent près du cinquième de la population. Ils s'y comportent en remarquables entrepreneurs, en universitaires brillants et appliqués. Grâce à eux, mais aussi aux fonctionnaires disciplinés que les Hohenzollern ont mis en place, la Prusse devint une puissance moderne qui organise son territoire : les marais sont asséchés, les cultures progressent, des routes sont tracées et les sciences et les techniques développées.

Pour acquérir sa puissance, l'Etat prussien doit parfaire son rayonnement intellectuel, posséder une armée forte capable d'agrandir son territoire et organiser sa vie civile. Le fils du Roi-Sergent, Frédéric II dit le Grand (1740-1786), ouvre son pays aux Lumières, devenant un despote « éclairé » et incarnant un nouveau type de dirigeant. Le roi philosophe de Sans-Souci se fait le premier serviteur de son propre Etat. La primauté qu'il accorde à la culture ne l'empêche pas de gagner son qualificatif de « grand » à la tête de son armée, par ses actions militaires. Frédéric II n'a eu d'autres intentions que celles de conquérir et administrer, pour le seul profit de l'Etat dont il a la charge. Eclairé dans sa politique intérieure, Frédéric le Grand se comporte en monarque absolu en Europe. L'Autriche des Habsbourg doit être écartée par la force et la politique. Profitant de la faiblesse momentanée de Vienne après la mort de l'empereur Charles VI, il s'en prend à l'impératrice Marie-Thérèse dès son accession au trône. Les deux guerres silésiennes (1740-1741 et 1742-1744) arrachent la Silésie à l'Autriche et la font passer sous tutelle prussienne, de même que quelques-unes des provinces italiennes de l'Autriche. En 1756, une nouvelle guerre, dite « des Alliances renversées », oppose pour sept ans la France, l'Autriche et la Russie à la Prusse. Frédéric s'allie avec l'Electeur de Hanovre, devenu en 1714 Georges Ier, roi d'Angleterre, par l'acte de succession écartant les Stuarts catholiques. L'Angleterre ne peut en effet tolérer l'union des plus grandes puissances continentales, qui ruinerait son pouvoir d'arbitrage et son influence, en particulier vis-à-vis de la France. La Bohême, la Saxe, la Silésie, la Thuringe et l'Allemagne du Nord-Ouest sont ravagées. Par deux fois, Berlin est occupée par des troupes ennemies. La Prusse est sauvée par la discipline et la combativité de ses officiers et soldats, par l'obstination sans faille de Frédéric, par l'apport d'argent anglais et par la sortie providentielle de la Russie hors de l'alliance. Celle-ci doit en effet régler les problèmes de succession liés à la disparition de la tsarine Elisabeth II en janvier 1762.

En 1772, Frédéric II réussit à s'allier avec ses anciens ennemis, la Russie de Catherine et l'Autriche de l'empereur Joseph II, pour participer au premier partage de la Pologne. Il s'empare de la Prusse dite polonaise ou royale, cédée en 1466 à la Pologne par l'Ordre teutonique et qui sépare le duché de Prusse des autres possessions des Hohenzollern. En signant la double paix d'Hubertsbourg de 1763, qui met fin à sept ans de combats et qui ouvre en Allemagne une période de trente ans de paix, Frédéric II hisse la Prusse au rang des grandes puissances européennes. L'histoire de l'Europe ne s'écrit plus sans elle. L'acquisition de la Prusse occidentale a été d'une grande importance. La continuité territoriale confère à la Prusse une véritable puissance. La Prusse orientale n'est plus une enclave lointaine en territoire polonais. Les nouveaux territoires sont mis en valeur par une politique énergique, conforme à celle que Frédéric a entreprise dans le Brandebourg. Des centaines de nouveaux villages sont créés pour répondre à l'immigration de Hollandais, de huguenots, de Westphaliens et, en plus faible proportion, d'Autrichiens, attirés par la liberté de culte et des promesses économiques. Frédéric s'occupe personnellement et avec succès de la reprise de l'économie, très éprouvée par la guerre. Il accorde des privilèges à la noblesse et lui assure l'autorité sur les paysans de ses domaines. Les charges d'officiers dans l'armée et les hautes fonctions administratives lui sont réservées. Le seigneur contribue à la stabilité sociale de ses domaines en administrant la paroisse et nommant pasteur, maire et instituteur. La campagne est soumise à une hiérarchie nobiliaire teintée de paternalisme. Frédéric II gouverne seul, mais il se veut despote éclairé, il aime les philosophes allemands et français, les arts, et la justice. Il fait preuve d'une tolérance totale pour les religions, ce qui permet une forte croissance de la communauté juive et son installation durable dans la bourgeoisie.

La Germanie des XVIIIe et XIXe siècles a deux têtes, Berlin et Vienne, qui s'équilibrent tant bien que mal jusqu'à ce que Bismarck rassemble les trois quarts des peuples allemands autour de la Prusse. Les victoires de Frédéric hors des frontières de Prusse confirment la faiblesse de l'Empire des Habsbourg ; l'ascendant de la Prusse s'est renforcé par l'échec de l'armée impériale, aux côtés des Français et des Russes pendant la guerre de Sept Ans. La politique prussienne réduit à néant les prétentions autrichiennes sur la Turquie, lorsque Autrichiens et Russes attaquent ensemble ce pays (1788-1789). La Prusse laisse au contraire la Russie s'emparer de vastes domaines arrachés à la Sublime Porte.

Frédéric a régné quarante-six ans, Marie-Thérèse et son fils Joseph II, cinquante ans. Pendant ce demi-siècle, Berlin et Vienne, naguère de simples bourgs agglomérés autour de châteaux royaux ou impériaux, deviennent des villes de 200 000 âmes. Capitales politiques incontestées, centres administratifs, commerciaux, industriels et financiers, elles dirigent le continent germanique. Mais Berlin prend le dessus sur Vienne et devient ainsi le socle du nationalisme allemand. En effet, la politique expansionniste prussienne est cohérente, visant les peuples germanophones sur un territoire unique. L'Autriche ambitionne au contraire l'annexion de territoires étendus de Vienne à Cracovie, Fiume et Split, de traditions et de langues différentes. Le pays recouvre des populations parlant allemand, hongrois, tchèque, slovaque, slovène, croate, serbe, roumain, italien, néerlandais et, depuis 1772, polonais, ukrainien et yiddish. Par ailleurs, les deux souverains conduisent leurs pays différemment. Frédéric II se comporte en monarque absolu mais tolérant, entouré d'une caste de serviteurs héréditaires, prenant pour modèle Sparte plutôt qu'Athènes. Joseph II d'Autriche n'a pas le génie, la volonté inflexible ni la logique de son adversaire ; il est indécis et impulsif dans ses réformes, désordonné dans ses décisions, catholique intransigeant et désireux de placer l'Eglise sous la tutelle de l'Etat.

Les concepts de « patrie » et de « nation » allemandes qui se font jour dans la seconde moitié du XVIIIe siècle ont donc, par nécessité, pris leur essor dans la Prusse protestante, tolérante et plus développée socialement et économiquement que jamais. Cette prospérité est propice à l'effervescence intellectuelle. L'essor du nationalisme est cependant contrarié par une certaine fidélité à l'empereur, la survivance de sentiments pangermanique et de communauté culturelle. L'Etat-nation tel qu'il existe en France, en Angleterre et en Russie peut sembler inaccessible. Le cosmopolitisme de certains poètes des trente dernières années du XVIIIe siècle s'inscrit aussi contre la reconnaissance d'une seule nation allemande. En 1773, Christoph Martin Wieland affirme que « la nation allemande n'est pas en réalité une nation, mais un agrégat de plusieurs nations ». Goethe dit de Francfort qu'elle est sa « patrie », comme le conservateur Justus Möser le fait d'Osnabrück. Friedrich Nicolai, éditeur berlinois, parle d'une nation bavaroise, de patriotes bavarois et nurembergeois. En 1796 encore, Goethe et Schiller proclament dans les *Xénies* : « Constituer une nation vous l'espérez, / Allemands, vainement ; / Commencez, vous le pouvez, / Par devenir des hommes libres. »

Les premiers balbutiements nationalistes ont été ceux de deux penseurs prussiens, Gotthold Ephraïm Lessing (1729-1781) et Johann Gottfried Herder (1744-1803), originaires de Lusace et de Prusse orientale. Lessing, correspondant et ami du philosophe juif Moses Mendelssohn, est imprégné de l'esprit des Lumières. Il prétend à la liberté de l'esprit et s'oppose au dogmatisme des théologiens et aux préjugés racistes. Il professe une foi inconditionnelle en l'homme, qui doit reconnaître son identité en se détachant des tutelles. Cosmopolite libéral, il aspire néanmoins à une émancipation de l'esprit allemand du joug du conformisme. Admirateur du système politique anglais, il souhaite développer des méthodes spécifiques adaptées au développement social allemand. Dans *Minna von Barnheim* et dans *Nathan le Sage,* il ne cache pas son mépris pour l'esprit français, capable de tricherie, que les Allemands ne doivent pas tenter d'imiter. Le nationalisme allemand doit uniquement procéder de sa propre réflexion.

Herder est quant à lui un philosophe de l'Histoire. Les peuples, venus du fond des âges, sont à ses yeux tous égaux mais tous différents. Les motifs ethniques, linguistiques et les intérêts de chaque peuple diffèrent, ce qui permet de les ériger en nations individualisées, insolubles les unes dans les autres et en situation de perpétuel conflit. Kant l'approuve : « la fierté et la haine nationales sont nécessaires à la séparation des nations », mais aucun peuple ne peut ni ne doit s'imposer à un autre. Les peuples et les nations sont les uniques personnes de l'histoire universelle. Lui aussi s'en prend à l'hégémonie et à l'impérialisme français car ils sont dominateurs, ainsi qu'à l'esprit de la Révolution française, qui prétend l'égalité du droit de tous les hommes. Cet universalisme s'oppose, selon lui, aux droits historiques de chaque nation, dont le fondement ne peut être subordonné à une norme éthique extérieure. Il importe que chaque peuple retrouve son identité parmi les autres, tous éminemment respectables. Herder est le chantre du nationalisme allemand, mais non celui des nationalismes simplificateurs qui vont suivre. Il s'agit d'un nationalisme souple, accommodant et respectueux des autres, qui a peut-être joué un rôle dans le fédéralisme, un sentiment radicalement opposé à l'ambition napoléonienne.

16

Vers une Prusse impériale

L'expansionnisme de la Prusse, appuyé par un nationalisme fort, l'a conduite à annexer pratiquement toute l'Allemagne du Nord. Pour cela, le chancelier Bismarck a su mener une habile politique sans s'interdire le recours à la violence. L'invasion prussienne de l'Alsace en 1871 est la conséquence de son ambition, même s'il s'en défend.

Le 22 septembre 1862, sur les conseils de son ministre de la Guerre, Albrecht von Roon, le roi de Prusse Guillaume Ier (1861-1888) appelle Bismarck au poste de chancelier et de ministre des Affaires étrangères. Il n'est pas coutume de nommer un ancien député rageur, devenu ambassadeur, à cette responsabilité, mais les difficultés que le Parlement oppose au roi l'obligent à choisir un homme fort. Bismarck, né en 1815 à Schönhausen, dans une famille noble de Poméranie, a été élevé dans le respect des traditions prussiennes. Dévoué sans réserve à son roi, à sa patrie et à l'organisation de ses domaines, pieux, entouré de familles nobles partageant le même idéal – les Thadden, Blanckenburg, Puttkamer, Mittelstädt et autre Gerlach –, il est un hobereau irréprochable pendant une trentaine d'années. En 1847, attiré par la politique, il accepte d'être le délégué de la noblesse de la

Marche à l'Assemblée des Etats provinciaux qui siège à Berlin. Cette « Assemblée des représentants » est mise en place par Frédéric-Guillaume III (1797-1840) pour donner à la Prusse une représentation « populaire ». Elle regroupe des émissaires des huit provinces, représentants de la haute aristocratie, de la chevalerie, de la bourgeoisie et des paysans, tous nommés par le pouvoir royal. Le baron de Stein, instigateur de cette réforme, a en effet prévu une représentation des classes sociales, et non une élection. A l'Assemblée, Bismarck se heurte, souvent violemment, à la majorité libérale. Ce représentant de la Poméranie conservatrice ne comprend pas le concept de « nation », à la mode depuis une dizaine d'années et hérité de la Révolution française. Pour lui, la nation se confond avec la patrie prussienne ; il ne peut tolérer la moindre entorse à ce cri de son cœur.

Les désordres de mars 1848 l'indignent : l'insurrection berlinoise, la promulgation de Constitutions libérales et démocratiques, les menaces de la rue à l'encontre du roi Frédéric-Guillaume IV (1840-1861), son emprisonnement par les hommes des barricades, le choquent profondément. Il tente secrètement, et en vain, de promouvoir Guillaume, héritier du trône et frère du souverain, qui lui paraît encore un homme libre. Il redoute la dénonciation des accords du congrès de Vienne qui ont enterré les idées de la Révolution française et considérablement étendu le territoire prussien. Les modalités de l'élection de la nouvelle Assemblée prussienne lui sont insupportables. Son étiquette de réactionnaire d'extrême droite lui interdit l'entrée dans un Parlement issu d'élections générales ; il se retire dans ses terres de Schönhausen et s'engage activement au sein de l'Association pour la défense des intérêts de la grande propriété, qui regroupe 400 Junkers poméraniens, menacés par le gouvernement de se voir retirer leurs privilèges de grande propriété. Deux composantes essentielles de la pensée bismarckienne se dégagent alors clairement. Bismarck est entièrement acquis à l'intangibilité du roi de Prusse, mais également de la terre prussienne, la terre si durement conquise par ses lointains ancêtres, devenus paysans cultivateurs, puis hobereaux. C'est là une revendication propre à sa région, que ne partage pas toute la noblesse prussienne.

Bismarck revient naturellement en politique lors de la contre-révolution et du coup d'Etat d'automne 1848. Il s'implique dans l'activité réactionnaire des Gerlach, Rauch, Manteuffel et Stahl de la « Camarilla », si bien qu'on pense le nommer dans un nouveau ministère. Il rejoint simplement le *Landtag* prussien en février 1849 grâce à l'influence de son cousin par alliance Hermann Barschall, qui ne lui garde pas rancune de s'être élevé quelque temps auparavant au Parlement contre l'émancipation de ses coreligionnaires juifs.

Bismarck dans l'imbroglio politique européen

A l'Assemblée nationale de Francfort, élue en 1848 sous la pression des *Länder* de la Confédération germanique, Bismarck donne une forte impulsion à la rédaction d'une Constitution. Tâche bien délicate dans une Assemblée dont la moitié des membres regrettent la structure du Saint-Empire germanique et dont l'autre aspire à la formation d'un ensemble allemand, gouverné par un Parlement affranchi de la souveraineté monarchique et de frontières internes. Le retour espéré d'un vaste Empire germanique pourrait conduire à y incorporer l'Alsace, la Hollande, la Suisse et les provinces baltes appartenant à la Russie. Par ailleurs, la formation d'une grande Allemagne, qui répond à la notion encore imprécise, mais à la mode, de « nation », pose la question de la prééminence de la Prusse. L'impuissance de l'Assemblée de Francfort à trancher ces problèmes donne raison à Bismarck qui la considère comme une institution chimérique. L'accession de la monarchie des Habsbourg à la tête de la nouvelle « nation » allemande lui paraît insoutenable ; l'idée d'un empereur élu, plus encore. Bismarck déclare au *Landtag* que l'honneur de la Prusse lui commande d'être hostile « à toute alliance honteuse avec la démocratie », qui n'est rien d'autre, selon lui, qu'un retour aux désordres de la République française.

La « reculade d'Olmütz » du 29 novembre 1850 révèle une autre composante de l'esprit bismarckien. Bismarck a assisté, sans trop y croire, à la formation d'une Union retreinte de la Prusse, de la Saxe et du Hanovre. Il ne pense pas qu'elle puisse survivre à une Autriche ayant réprimé, grâce à la Russie, l'insurrection hongroise. L'affaire de la Hesse lui donne raison et, pour la première fois, met à jour ses qualités en matière de politique extérieure. Le prince-électeur de Hesse, en conflit avec ses sujets, a pris la fuite sans prévenir l'Union mais en ayant imploré l'appui de l'Autriche. Les armées bavaroises et autrichiennes gagnent la Hesse sans que la Prusse se manifeste, bien que cette occupation rompe la continuité territoriale entre Prusse occidentale et Prusse orientale, mais l'armée prussienne est insuffisamment préparée. Les conférences de Dresde et d'Olmütz confirment son infériorité. L'Union se désagrège et Bismarck défend sa reculade devant le *Landtag* prussien : « Il est indigne d'un grand pays de se battre pour quelque chose qui ne concerne pas ses propres intérêts. » L'affaire, sans grande importance, révèle néanmoins chez Bismarck une attitude réaliste, une première manifestation de ce que l'on appellera plus tard une *Realpolitik*. Il participe encore, lors de missions d'ambassade, aux travaux de l'Assemblée nationale, qui se réunit de nouveau à Francfort. Pendant une dizaine d'années, il mûrit sa volonté d'assurer la prédominance de la Prusse sur l'Autriche et analyse l'équilibre précaire des nations européennes. L'Autriche exaspère Bismarck par ses prétentions au lendemain de la défaite d'Olmütz. Afin de réduire l'influence autrichienne, il parvient à placer la Prusse à la présidence du Bundestag. Bismarck est envoyé à Vienne en 1852, au lendemain de la mort du prince Schwartzenberg. Il parvient à empêcher l'Autriche de se joindre à la *Zollverein* (union douanière à majorité prussienne).

La guerre de Crimée, menée en 1854-1856 par la France et l'Angleterre contre la Russie, donne à Bismarck la volonté définitive de placer les intérêts de la Prusse au-dessus de tout, et d'entrer dans la cour de la diplomatie européenne. Le conflit de Crimée résulte de la pression que la Russie exerce sur les Détroits, contrôlés par la Turquie. L'Angleterre, en tant que puissance maritime, ne peut que déplorer la situation. Quant à l'empereur français, légitimé par le plébiscite de 1852, il cherche à asseoir son prestige personnel par les armes. Un courant conservateur modéré, le *Wochenblatt-Partei* (le Parti de la « feuille » hebdomadaire), souhaite que la Prusse s'associe aux Français et aux Anglais pour exclure l'Autriche de la scène internationale. Les « vieux conservateurs prussiens » ont au contraire proposé que la Prusse aide la Russie, alliée de longue date. La Prusse reste finalement neutre, tout comme l'Autriche qui, voulant renforcer sa position dans les Balkans, met la Russie en demeure d'évacuer les principautés danubiennes de Moldavie et de Valachie qu'elle occupe. Elle immobilise des troupes russes, fortes de 200 000 hommes, en Galicie.

Bismarck, tout en respectant l'attitude neutraliste de son souverain, profite de ce remue-ménage européen pour développer des liens avec la Russie et la France, afin de contrer l'Autriche. En tant qu'ambassadeur de Prusse au Bundestag de Francfort, il réussit à réunir une majorité de députés qui sont hostiles à la prédominance de l'Autriche.

Le traité de Paris, signé en mars 1856, met fin aux ambitions tsaristes de domination sur la mer Noire et à l'ordre postnapoléonien de la Sainte Alliance. La Russie perd toute chance de mener en Europe une politique forte. Les bonnes relations établies entre l'Autriche et la Russie sont durablement compromises et l'Autriche en sort affaiblie. L'ascension de la Prusse n'a plus d'entrave. La neutralité prussienne associée à la politique réaliste de Bismarck portent leurs fruits.

Bismarck rencontre Napoléon III à Paris pendant l'Exposition universelle de 1855. On ne peut savoir aujourd'hui si leur sympathie relève d'une certaine similitude entre les deux hommes, à la fois conservateurs et aspirant au changement, et satisfaits d'eux-mêmes, ou si elle n'est que connivence diplomatique contre l'Autriche, ennemie commune, et contre les ambitions russes en Europe. Cette dernière hypothèse se vérifie sous la plume de Bismarck, pour qui la France n'est qu'un pion sur l'échiquier de la politique, un « pion qu'il faut forcément jouer, quel que soit celui qui gouverne ».

En automne 1857, un accident neurologique conduit le roi à abdiquer. Lui succède Guillaume Ier, régent puis roi de Prusse (1861-1888), qui devient empereur en 1871. Bismarck est promu ambassadeur à Saint-Pétersbourg. De son nouveau poste, il se réjouit du respect que se portent Russie et Prusse, de la rancœur que la Russie entretient vis-à-vis de l'Autriche et de la guerre que fait la France à l'Autriche pendant l'été 1859. Après les victoires françaises de Magenta et de Solferino, François-Joseph signe une paix rapide avec Napoléon III. Le Piémont y gagne la Lombardie, reprise aux Habsbourg, mais non la Vénétie, tandis que la France obtient le rattachement, après plébiscite en 1860, de la Savoie et de Nice. Bismarck craint que le prince-régent, par mémoire des guerres de libération antinapoléoniennes, ne vienne en aide à l'empereur autrichien. Il l'en dissuade et propose que la Prusse s'agrandisse vers le sud-ouest jusqu'au lac de Constance, Bavière exclue. Il prétend recréer un grand royaume d'Allemagne soumis à la Prusse. Le prince-régent refuse ; il ne pourra plus le faire lors des poussées expansionnistes ultérieures de Bismarck.

En 1862, bien qu'ayant déçu ses amis conservateurs, attachés à une Confédération germanique qui légitime les petits princes, subi la critique unanime des libéraux et étonné roi et ministres par ses écarts de langage, Bismarck devient ambassadeur à Paris. Son impatience et son arrivisme sont comblés. Il remet ses lettres de créance le 1er juin et est reçu par l'empereur Napoléon III et l'impératrice Eugénie comme un ami de longue date. Une alliance inconditionnelle entre la France et la Prusse contre l'Autriche est évoquée, qui peut satisfaire sa priorité, réorganiser l'armée prussienne, déclarer la guerre à l'Autriche et réaliser l'unité allemande sous l'égide de la Prusse. Afin que Bismarck puisse prendre des mesures contre le Parlement qui refuse de voter les crédits militaires, Guillaume Ier le nomme ministre-président de Prusse le 23 septembre 1862. Bismarck commence par dissoudre le Parlement, majoritairement à gauche. Son premier discours, le 30 septembre, ne laisse aucun doute sur la manière dont il entend mener sa politique : « L'Allemagne n'a pas les yeux tournés vers le libéralisme en Prusse, mais sur sa puissance. La Prusse doit préserver sa force. Les grandes questions actuelles ne seront pas résolues par des discours et des décisions majoritaires, mais par le fer et le sang. »

Pendant les quatre années suivantes, il neutralise la méfiance royale et l'hostilité parlementaire par des alliances habiles et sans états d'âme, ainsi que par des changements surprenants d'attitude, acceptant tantôt les règles démocratiques, tantôt des comportements autocratiques. Bousculé par les pressions intérieures, Bismarck développe *a contrario* à l'extérieur une politique d'apaisement. En 1862, il attache toujours une grande importance à l'entente avec Napoléon III, même si Guillaume Ier ne confirme aucune alliance officielle. Napoléon III et Bismarck diffèrent sur l'aide militaire et financière que la France apporte aux nationalistes italiens. Mais Bismarck tient à l'immobilité de la France vis-à-vis de la Prusse ; il assure Napoléon de sa neutralité devant une tentative d'intrusion française en Belgique.

Bismarck n'est pas inquiet sur les relations de la Prusse et de la Russie. Les familles royales sont parentes et la Prusse jouit d'une certaine estime pour son attitude pendant la guerre de Crimée. Vis-à-vis de l'Italie, malgré ses réticences à l'encontre de Victor-Emmanuel et de Garibaldi, il admet la formation d'un Etat italien car celui-ci s'oppose nécessairement à l'Autriche.

Les relations avec la puissance britannique, dominant l'Occident par ses possessions outre-mer, son industrie, sa hiérarchie sociale et sa banque, sont plus complexes. Il sait que la Grande-Bretagne méprise la Prusse, mais que Victoria, en souvenir de son défunt mari Albert de Saxe-Cobourg, entretient avec l'Allemagne une relation sans préjugés. D'ailleurs le Premier ministre Palmerston est trop occupé à régler des problèmes lointains, aux Indes en particulier, pour se soucier des querelles opposant les Etats allemands continentaux.

Bismarck fait part alors à l'Autriche de la prétention prussienne, ferme mais limitée, à dominer l'Allemagne du Nord. Il s'engage à défendre Vienne contre toute insurrection intérieure. Un *statu quo* précaire s'établit entre les deux pays. L'année 1863 est difficile. Le *Landtag*, de plus en plus acquis au nationalisme libéral qui gagne le pays, se heurte à l'absolutisme du chancelier ; celui-ci ne se maintient au pouvoir que par sa dévotion complète au souverain Guillaume Ier. Bismarck a dépossédé le Parlement de son pouvoir ; ses maladresses envers la Russie malmenée par des révoltes polonaises éloignent de lui le tsar Alexandre II. Il accumule les erreurs diplomatiques, irritant la Grande-Bretagne, l'Autriche et même Napoléon III. Le gouvernement autrichien exploite à son tour la faiblesse de Bismarck en engageant une révision de la Confédération au cours d'une diète des princes allemands à Francfort. Bismarck a convaincu Guillaume Ier de ne pas s'y rendre, ce qui aggrave l'isolement prussien. Il ne conserve la confiance du monarque qu'en flattant son goût pour l'armée. Sous son impulsion, une *Landwehr* – une milice territoriale – est créée d'après le modèle suisse, instruite et équipée de manière à soutenir les troupes régulières.

Le *Landtag*, renouvelé en octobre 1863, réunit une majorité opposée au chancelier, à laquelle s'ajoute l'aversion du Kronprinz et de son épouse. Bismarck sait qu'il ne survivra pas à la fin du règne de Guillaume Ier.

La guerre du Danemark

Le roi Frédéric VII de Danemark meurt subitement le 15 novembre 1863. Deux prétendants se battent pour la Couronne : Christian, fils du roi, prétendant des Glücksbourg, en vertu d'une hérédité transmise par les femmes, en vigueur au Danemark et dans le Schleswig mais non dans le Holstein. Dans ce duché, la branche Holstein-Augustenbourg peut faire valoir ses droits. Christian succède à son père le 16 novembre, prenant le titre de Christian IX, roi du Danemark, duc de Schleswig et de Holstein. L'Augustenbourg se fait quant à lui reconnaître sous le titre de Frédéric VIII, duc de Holstein et de Schleswig, en se réclamant d'un décret royal du XVe siècle déclarant que les deux pays « ne seraient jamais séparés ». Le duché de Schleswig est au nord de la péninsule, celui de Holstein au sud. Les deux duchés sont alliés par libre choix au Royaume de Danemark depuis plusieurs siècles. Le duché de Holstein, partie de l'ancien Reich, est par conséquent membre de la Confédération.

Bismarck saisit l'occasion pour intervenir. La Prusse revendique le Holstein, lié à la Confédération ; le duc Frédéric est officier dans la Garde prussienne et un ami du Kronprinz. Les deux duchés, germanophones, peuvent revenir à la Prusse. Cela lui permettrait de s'agrandir vers le nord, bien que le Mecklembourg et le Hanovre s'interposent entre les provinces prussiennes de l'Ouest et le Holstein. D'autres difficultés surgissent. Le roi de Danemark ne veut pas abandonner de terres ; Frédéric tient à ses prérogatives ; la Confédération veut donner son avis ; le Parlement prussien et la société prussienne reconnaissent les prétentions de Frédéric d'Augustenbourg ; Guillaume Ier ne donne pas son accord à une intervention militaire ; Londres et Saint-Pétersbourg se méfient des changements qui perturbent l'entrée dans la mer Baltique ; l'Autriche enfin, malmenée par la politique bismarckienne, ne peut accepter une expansion de la Prusse. L'Autriche est la clé de l'opération car son refus, assorti d'une alliance avec l'Angleterre et la Russie, signifierait un échec certain de la Prusse. Bismarck s'offre alors un coup diplomatique magistral. L'Autriche et la Prusse signent seules, indépendamment de la Confédération, le Protocole de Londres qui considère que les deux duchés ne peuvent être réunis et gérés par une même Constitution. Des Autrichiens conservateurs, tel le comte Rechberg, désirent s'unir avec la Prusse « pour édifier un rempart contre la démocratie » et les mouvements nationalistes régionaux. Le Holstein est occupé par les troupes du roi de Saxe et de Hanovre, ce qui permet au duc Frédéric d'Augustenbourg de manifester à nouveau ses intentions. Christian IX maintient ses prétentions sur le Schleswig-Holstein. La Prusse et l'Autriche lui adressent conjointement un ultimatum. Le 1er février 1864, le maréchal prussien Wrangel, à la tête de ses troupes, franchit la frontière danoise. A Berlin, Bismarck révèle ses intentions : il n'est plus question de respecter le Protocole de Londres, ni de contester le devenir du Schleswig, mais d'acquérir les duchés pour la Prusse.

Les troupes de Prusse et d'Autriche contiennent sans peine dans le Holstein les troupes fédérales du Hanovre et de la Saxe. Quelque 60 000 hommes sont opposés à 57 000 combattants danois, qui se réfugient dans l'île d'Alsen et dans des positions de retranchement, dont la forteresse de Düppel. Helmuth Graf von Moltke, qui succède à la tête de l'Etat-major à Wrangel, veut anéantir l'ennemi. Les forces danoises, quoique inférieures en nombre, se montrent plus pugnaces et cruelles ; les troupes d'élite autrichiennes, incitées par leurs officiers, multiplient les exactions en représailles. La coalition prusso-autrichienne, mieux armée, finit par enfoncer les défenses danoises.

La reine Victoria d'Angleterre, poussée par le mariage de deux de ses enfants avec des membres des familles de Copenhague et de Berlin, réussit à négocier un armistice, discuté à Londres du 25 avril au 25 juin. Le duc d'Augustenbourg renonce à ses droits sur les deux duchés au profit de la Prusse. La paix signée le 30 octobre stipule l'occupation militaire des deux duchés par la Prusse et l'Autriche. Les industriels de Westphalie, appâtés par le projet de construction du port de Kiel et d'un canal unissant mer du Nord et mer Baltique, et la noblesse prussienne, soutenant par essence l'armée, sont favorables à une annexion par la Prusse. Mais le problème de la réaction autrichienne n'est pas réglé. Bismarck rejette une proposition de l'Autriche laissant les duchés à la Prusse contre son appui dans une reconquête de la Lombardie, lasse de la domination piémontaise. Bismarck, obnubilé par la place de la Prusse dans l'aire germanique, entend ne rien céder à l'Autriche. Une nouvelle réunion avec l'Autriche, dans l'été 1865, fait progresser la situation. Le Schleswig est abandonné à la Prusse, avec le port de Kiel et le Lauenbourg, province méridionale du Holstein. Bismarck essaye de s'attacher la neutralité des Etats allemands au sud du Main, Bade, Wurtemberg et Bavière. Il trouve un écho plus favorable dans les Etats du Nord qui sont déjà encerclés par la Prusse ; il ne lui est pas difficile d'obtenir la neutralité du Hanovre qui a toujours refusé toute coopération avec l'Autriche. Bismarck s'assure de l'aval des autres puissances européennes, de la neutralité de l'Angleterre, de l'indifférence de la France et de l'Italie, mais Napoléon III recherche un compromis avec l'Autriche au sujet de la Vénétie. Une alliance assez molle est finalement acquise.

La guerre de la Prusse contre l'Autriche

Le 9 avril 1866, l'ambassadeur de Prusse, représentant Bismarck, présente au Bundestag de Francfort une motion réclamant son élection au suffrage universel et une réforme de la Confédération. Bismarck cherche à produire la confusion qui facilite une déclaration de guerre. La crainte d'une séparation en deux de la Confédération, Prusse d'un côté, Autriche de l'autre, suscite de vives inquiétudes en Allemagne et en Europe. Un étudiant révolutionnaire tente d'assassiner le chancelier en plein Berlin, sur Unter den Linden ; quelques-uns de ses meilleurs soutiens conservateurs se détachent de lui, craignant que ses menées contre l'Autriche n'aboutissent à un désastre européen ; la reine Victoria et le tsar prient Guillaume Ier de calmer son chancelier. Napoléon III tente en vain de convoquer une conférence de paix, puis reprend son chantage diplomatique : il menace l'Autriche de s'allier à la Prusse à moins qu'elle ne cède la Vénétie à la France. Il exige aussi une révision de la frontière est de la France et la création dans la Confédération allemande d'un troisième Etat qui soit adossé au Rhin. L'Autriche accepte secrètement ces propositions.

Bismarck déclenche les hostilités en chassant les soldats autrichiens du Holstein. Le 11 juin, l'Autriche mobilise ses troupes et appelle les troupes confédérales à se joindre à elle contre la Prusse. L'ambassadeur de Prusse à Francfort conforte l'hostilité croissante à l'égard de son pays en proclamant la dissolution de la Confédération. Les perspectives immédiates ne sont pas rassurantes pour la Prusse, qui ne peut compter que sur les troupes de petites principautés. Aux côtés des excellents soldats autrichiens se rangent ceux de Bavière, de Saxe et du Wurtemberg, également redoutables. L'armement prussien conserve néanmoins l'avantage. Les fusils à aiguille tirent quatre fois plus vite que les fusils à baguette autrichiens. Un cinquième de l'artillerie prussienne est équipée des canons portés avec bouches en acier Krupp. Par ailleurs, les finances prussiennes sont en meilleur état que celles de l'Autriche. Dans la Hesse, les troupes prussiennes ne rencontrent pas de résistance ; en Saxe, les Autrichiens se replient à temps vers la Bohême. Dans le Hanovre, les forces prussiennes sont repoussées le 29 juin 1866 à Langensalsa, entre Saxe et Thuringe, mais parviennent deux jours plus tard à encercler l'armée hanovrienne qui capitule. La Prusse est alors maître de toute l'Allemagne du Nord. Le gros de l'armée autrichienne se concentre en Bohême pour former l'armée dite du Nord, renforcée des seuls Saxons ; les Allemands du Sud restent sur leurs territoires. L'armée du Nord est commandée par le maréchal Benedek, Hongrois protestant, excellent officier mais manquant encore d'expérience stratégique. C'est contre lui que le chef d'état-major prussien Helmuth von Moltke (l'Aîné) concentre ses forces – la première armée venant de Görlitz et de Zittau, l'armée de l'Elbe venant de Dresde et la seconde armée étant formée en basse Silésie et commandée par le Kronprinz. Le quartier général, établi à Gitschin, au nord-est de Prague, décide une attaque de front conduite par l'armée de l'Elbe et la première armée, tandis que la seconde armée attaquera l'ennemi par le flanc, portant le coup décisif au moment venu.

Les Autrichiens se retranchent dans la petite forteresse de Königgrätz, près de Sadowa. Les premiers engagements sont durs, l'armée autrichienne tirant avec une grande précision. Ses salves font reculer l'infanterie prussienne, jusqu'à ce qu'arrive enfin l'armée du Kronprinz. Les généraux prussiens Festetics et Thun reprennent l'avantage sur le front et l'armée du Kronprinz enfonce l'armée autrichienne dans sa position de Chlum. L'écrasement de l'armée autrichienne est lourd de symboles et de leçons. La puissance militaire de la Prusse est amplement démontrée et le courage de ses officiers connu de tous. Le roi a poussé son cheval contre son armée pour empêcher qu'elle ne recule sous le feu autrichien, le Kronprinz a été l'artisan de la victoire, et Moltke a répondu au roi, momentanément inquiet sur le sort de la bataille : « Ici, l'on ne recule pas. C'est la Prusse qui est en jeu. »

Bismarck est parvenu à faire de la Prusse un vaste royaume s'étendant de la Lituanie aux frontières orientales de la Hollande, de la Belgique, du Luxembourg et de la France. Pour cela il lui a fallu vaincre l'Autriche et en finir avec la Confédération allemande de Francfort. Dès décembre 1853, il écrivait à Leopold von Gerlach : « L'Autriche a besoin pour mettre au point sa politique de centralisation germanisante d'une bonne relation avec l'Allemagne ; Vienne a ordonné qu'elle place la Confédération sous son contrôle hégémonique. Ce qui adosse à un mur une Prusse de plus en plus peuplée, avec 17 millions d'habitants, qui aspire à pouvoir jouer son jeu dans un territoire allemand de plus en plus vaste. Notre politique ne peut tendre à autre chose qu'à une Prusse géographiquement unie, ce dont l'Autriche a aussi rapidement besoin pour elle-même. Pour les deux pays, il ne peut s'agir de faire valoir des droits ; nous ne pouvons supporter d'attendre. Nous respirons ensemble un même air, l'un doit respirer jusqu'à ce qu'il s'étiole et l'autre jusqu'à ce qu'il se renforce, ce qui signifie que nous devons nous considérer comme des adversaires. Cette réalité ne peut être ignorée. Je suis ferme sur ce point. »

Napoléon III avait espéré que la guerre prusso-autrichienne serait de longue durée et que la France pourrait intervenir comme médiatrice, faisant valoir ses prétentions sur la frontière rhénane. Sa lenteur stratégique scelle la défaite de l'Autriche, mais il ne renonce pas pour autant à ses prétentions de médiateur, car il espère que François-Joseph, humilié par sa défaite, cédera en fin de compte la Vénétie à la France. Bismarck, grand vainqueur, dicte à l'Europe ses conditions : annexion des duchés et des Etats du Nord, expulsion de l'Autriche de la Confédération, qui est réduite à l'administration du nord de l'Allemagne sous la conduite de la Prusse. Napoléon III ne peut imposer que quelques conditions dérisoires : les annexions ne doivent pas toucher plus de 4 millions d'hommes, les Etats du Sud peuvent conclure des alliances séparées et un référendum doit avoir lieu dans le nord du Schleswig où l'on parle le danois. La Russie s'inquiète des appels de Bismarck à la révolte de la « glorieuse nation tchèque » contre les Habsbourg, ce qui peut conduire les Polonais à se soulever contre la Russie. Cet appel à la sécession reste cependant à peu près sans effet sur les Serbes, les Roumains et les Italiens autrichiens qui redoutent moins les Habsbourg que les Prussiens. La paix entre Prusse et Autriche est signée le 26 juillet à Nikolsbourg. Bismarck ne fait valoir aucune exigence sur les territoires de l'est de l'Autriche, n'ayant cherché qu'une expansion vers l'ouest. Le référendum demandé par Napoléon III n'a pas lieu et ses revendications n'ont pas pesé dans le sort de la Vénétie autrichienne, cédée par François-Joseph à l'Italie.

La victoire de la Prusse clôt la première guerre-éclair d'Europe. En quelques jours, la Prusse devient la plus puissante nation allemande. L'Autriche suit tristement la voie tracée par la Suisse quatre cents ans plus tôt et par les Pays-Bas trois siècles auparavant, lorsque ces pays se séparèrent volontairement du Reich. Quelque 10 millions de sujets germanophones cessent de considérer l'Allemagne comme leur patrie ; ils sont devenus prussiens.

La bataille de Sadowa brise les relations de confiance franco-prussiennes. Vienne ne règne plus que sur une simple zone d'influence et l'Autriche est abandonnée à ses dissensions internes. Enfin, la victoire redore le blason du chancelier, héros de la nation prussienne. Depuis 1848, l'opinion publique allemande est majoritairement nationaliste et libérale. La prospérité économique contribue à diffuser, surtout dans la bourgeoisie, un nationalisme « mou », un sentiment d'appartenir à un peuple et de s'y trouver bien. Les idées « dures » de Hegel, Arndt et Fichte ne touchent qu'une minorité intellectuelle et militaire. Mais, après Sadowa, le concept de « nation » prend une tout autre dimension. Le peuple prussien se sent appartenir à une grande patrie. L'aigle prussien au bec acéré remplace l'aigle bicéphale de l'Empire. La « nation » prussienne est née et ses serviteurs, militaires ou paysans, en sont fiers. Après la victoire, l'Assemblée redevient majoritairement conservatrice. Bismarck en profite pour demander au Parlement l'impunité constitutionnelle (*Indemnitätvorlage*), c'est-à-dire la possibilité de faire voter *a posteriori* les dépenses engagées. Les députés sacrifient une part de leur pouvoir au héros. L'Assemblée vote en faveur de la proposition de Bismarck avec une très forte majorité, par 230 voix contre 75. Le vainqueur de l'Autriche vient de remporter une victoire autrement significative sur le *Landtag*.

17

L'Alsace redevient allemande

Napoléon III est insaisissable, alliant une passion pour la défense des nationalités, une volonté paradoxale d'expansion colonialiste, un besoin d'affermir sa gloire personnelle en jouant sur la politique étrangère, et un désir réel d'améliorer la condition populaire tout en soutenant la bourgeoisie. Louis-Napoléon a toujours eu une prédilection pour l'uniforme de général qu'il arbore volontiers, sans doute sous l'influence du souvenir de son oncle.

Ses discours précédant le rétablissement du Second Empire en 1852 définissent clairement ses ambitions de retrouver la grandeur de la France, perdue depuis 1815. « J'en conviens, cependant, s'écrie Louis-Napoléon, j'ai, comme l'Empereur, bien des conquêtes à faire. Je veux, comme lui, concourir à la conciliation des partis dissidents et ramener dans le courant du grand fleuve populaire les dérivations hostiles qui vont se perdre sans profit pour personne... Nous avons d'immenses territoires incultes à défricher, des routes à ouvrir, des ports à creuser, des rivières à rendre navigables, des canaux à terminer, notre réseau de chemin de fer à compléter. Nous avons en face de Marseille un vaste royaume à assimiler à la France [...]. Vous tous qui voulez, comme moi, le bien de notre patrie, vous êtes mes soldats. »

En Italie, en 1859, Louis-Napoléon défend sa politique des nationalités en aidant les Piémontais à réaliser l'unité italienne. Après une courte guerre victorieuse à Magenta et à Solferino, il signe un armistice avec l'Autriche ; le Piémont gagne la Lombardie et Napoléon III en profite pour rattacher, après plébiscite, la Savoie et Nice à la France. L'unité italienne n'est pas acquise pour autant. Napoléon III n'a fait qu'exploiter d'une idée généreuse pour acquérir de nouveaux terrains. En 1854, il aide militairement l'Angleterre à se battre contre la Russie pour protéger les chrétiens orthodoxes de l'Empire ottoman. Il veut aider la nation turque, mais il se sert de sa victoire de Sébastopol pour affermir sa position en Europe à côté d'une Angleterre accaparée par les Indes. Il s'oppose à la Russie en Pologne et sur les rives de la mer Noire. L'autonomie est accordée à la Valachie et la Moldavie et prévue pour le Monténégro et la Serbie, mais Louis-Napoléon se sert des guerres pour donner un deuxième souffle à l'Empire et industrialiser son propre territoire. Dans son expédition au Mexique en 1861, Napoléon III a encore voulu accaparer de nouvelles richesses tout en clamant l'indépendance d'un pays lointain. Il agit de même, combinant expansionnisme et intérêts, en Algérie, en Cochinchine et même en Chine.

Premiers conflits entre Bismarck et Napoléon III

C'est à la lumière de cette frénésie diplomatique qu'il faut aborder les réclamations de Napoléon III sur le Rhin après les revirements qui ont fait de la France l'amie de l'Autriche et, sinon encore l'ennemie de la Prusse, au moins la puissance dont elle doit se méfier. L'agressivité de Bismarck vis-à-vis de la France doit également être examinée avec attention.

Lors des négociations préliminaires de Nickolsbourg, le 26 juillet 1866, que confirme la paix de Prague un mois plus tard, il n'est pas question des prétentions françaises sur les régions rhénanes. La France ne reçoit que la Vénétie, prise à l'Autriche et presque aussitôt remise aux Italiens en quête d'unité. Le ministre des Affaires étrangères français, Drouyn de Lhuys, réitère les prétentions françaises d'annexion des territoires allemands de la rive gauche du Rhin et du duché de Luxembourg, quitte à se limiter dans un premier temps à une démilitarisation. Bismarck refuse énergiquement et publie sa réponse dans *Le Siècle*, avertissement donné à ceux des Etats du Sud (Bavière, Bade-Wurtemberg, Palatinat) qui pourraient être sensibles aux sirènes françaises. Bismarck répond aussi très clairement à l'ambassadeur Benedetti, venu renouveler les exigences dites de compensation de Napoléon III. Ce dernier propose un traité d'alliance avec la Prusse à condition de recevoir le Palatinat bavarois, la Hesse de la rive gauche du Rhin, la Sarre prussienne et la citadelle de Mayence. « Monsieur l'Ambassadeur, lui est-il répondu, ce serait la guerre entre nos deux pays. Je n'oserai même pas en parler au Roi... Il ne peut être question de vous céder une terre allemande ; mais regardez, autour de vous, les pays où l'on parle français : il y a le Luxembourg ; il y a la Belgique. »

Benedetti revient à la charge peu de temps après en réclamant à Bismarck « le concours de ses armées au cas où l'Empereur des Français serait amené par les circonstances à conquérir la Belgique ». Sans attendre de réponse, Napoléon III envisage au printemps 1867 d'acheter à Guillaume III, roi des Pays-Bas, le grand-duché du Luxembourg, qui est membre du *Zollverein* allemand. Une tempête de protestations s'élève dans toute l'Allemagne. Bismarck envisage la guerre. Cependant le manque d'adhésion des Etats du Sud oblige l'Allemagne, lors d'une conférence réunie à Londres pour statuer sur le devenir du grand-duché, à en garantir l'indépendance et la neutralité. Bismarck publie, cette fois dans le *Times*, sa réticence vis-à-vis d'un empereur français félon et utopiste. Napoléon III ne se cache pas les dangers de la situation : « Il y a, dans les émotions qui se sont emparées du pays, un sentiment légitime qu'il faut reconnaître et préciser. Les résultats de la dernière guerre contiennent un enseignement grave et qui n'a rien coûté à l'honneur de nos armes ; ils nous indiquent la nécessité, pour la défense de notre territoire, de perfectionner sans délai notre organisation militaire. »

De son côté, Bismarck ne mésestime pas « la voracité expansionniste des Gaulois et l'appât de territoires allemands et même prussiens sur la rive gauche du Rhin ». Dès la signature de la paix de Prague (entre Prusse et Autriche ; 23 août 1666), Bismarck se prépare à une guerre contre la France. Dans ses Mémoires, il écrit : « J'ai toujours considéré qu'une guerre contre la France suivrait fatalement une guerre contre l'Autriche... J'étais convaincu que l'abîme creusé au cours de l'Histoire entre le nord et le sud de la patrie ne pouvait pas être plus heureusement comblé que par une guerre nationale contre le peuple voisin qui était notre séculaire agresseur... Je ne doutais pas qu'il fallût faire une guerre franco-allemande avant que l'organisation générale de l'Allemagne eût pu être réalisée. »

Préparatifs guerriers

Pendant les quatre années suivant la paix de Prague, on se prépare donc à la guerre, en France comme en Prusse.

Louis-Napoléon est convaincu depuis longtemps de la nécessité de réorganiser l'armée française. Le temps des replâtrages des guerres d'Italie est terminé mais la guerre du Mexique complique la situation : elle a vidé les arsenaux et compromis le moral des troupes. L'assurance du peuple, qui croit posséder la meilleure armée de l'Europe, ne facilite pas les réformes. A ces difficultés s'ajoutent l'antimilitarisme des masses et le scepticisme des parlementaires. L'empereur impose le fusil à aiguille Chassepot, et le canon à tube rayé ; il met à l'étude un projet de mitrailleuse. Cela ne suffit pas : la Prusse, qui compte 22 millions d'habitants, réussit en 1866 à mettre 700 000 hommes sur le pied de guerre ; la même année, la France – 36 millions d'habitants – dispose d'une armée d'active de 385 000 hommes seulement, dispersés au Mexique, en Algérie et à Rome.

Le recrutement – environ 100 000 soldats par an – se fait par tirage au sort : les mauvais numéros effectuent sept ans de service, les bons sont libérés de toute obligation. Les bons numéros s'achètent. Napoléon III veut rendre le service militaire obligatoire pour tous et former, à côté de l'armée d'active, une garde nationale de 400 000 hommes. L'empereur se heurte à la Commission des réformes qu'il a lui-même mise en place ; les militaires redoutent qu'un recrutement élargi nuise à la qualité de l'armée ; les politiques, craignant l'impopularité de la réforme, estiment que la France n'acceptera pas une telle militarisation et ne croient pas, dans le fond, à une attaque prussienne. Napoléon III renonce à ses projets et fait voter, le 14 janvier 1868, un remaniement mineur du texte de 1832, conservant le tirage au sort et créant une garde nationale fantôme.

Pendant que la France, contestatrice et insouciante, ferme les yeux sur la réalité, Bismarck poursuit son œuvre. Aux lendemains de la paix de Prague, l'armée prussienne défile sous la porte de Brandebourg, Bismarck, Roon et Moltke en tête, applaudis par une foule délirante d'enthousiasme. Bismarck prononce un discours victorieux à la tribune. Il se préoccupe très vite de l'organisation de la Confédération de l'Allemagne du Nord. Elle est placée sous une Constitution fédérale modelée sur celle de l'Assemblée générale de Francfort de 1849 et des Etats-Unis d'Amérique. Le roi de Prusse en est le président ; il reçoit la direction de la politique extérieure, en temps de paix comme en temps de guerre, et le commandement de l'armée. L'administration intérieure, la Justice, l'enseignement et les cultes sont laissés aux différents Etats fédérés. Bismarck n'oublie pas que l'histoire allemande, depuis plus de mille ans, est celle d'une fédération d'Etats libres quant à leur organisation intérieure. L'organisme central de cette nouvelle institution, le *Bundesrat*, réunit des diplomates issus des divers Etats membres. Le vote se fait à la majorité simple, chaque voix étant pondérée selon l'importance et la taille de sa région d'origine. Le gouvernement prussien peut à tout moment contrôler cette assemblée. Un Reichstag, issu d'élections générales et dépourvu de pouvoir législatif, assume des fonctions purement consultatives, et exerce un contrôle sur le budget et les dépenses de l'Etat, à l'exception des dépenses militaires. En 1868, le *Zollverein* (union douanière), comprenant des membres du Reichstag du Nord et des députés du Sud, élus au suffrage universel, est adjoint aux deux Chambres prussiennes. Bismarck, chancelier fédéral, peut compter sur l'appui du nouveau parti national-libéral, mais a aussi des adversaires de poids. August Bebel (1840-1913) et Wilhelm Liebknecht (1826-1900) fondent, à partir du Parti du peuple saxon (*Volkspartei*), grâce à l'appui de partisans de Ferdinand Lassalle

(1825-1864), le Parti social-démocrate des travailleurs (*Socialdemokratische Arbeiterpartei*). Les deux hommes se rapprochent de la Première Internationale fondée en 1864. La scission entre prolétaires et bourgeois au sein du mouvement démocrate intervient en 1869. Les partisans de Marx et Engels proposent alors un programme de transformation radicale de la société, trop radicale pour pouvoir encore recueillir une audience susceptible de menacer Bismarck. Mais celui-ci se heurte à des opposants politiques plus traditionnels, appartenant essentiellement au parti libéral, à la gauche du parti du Progrès, au centre gauche et enfin à quelques vieux conservateurs. Quoique contesté par tous les échelons de la société, Bismarck est confortablement adossé à la victoire prussienne et à la défaite politique de l'opposition libérale.

La défaillance de l'Autriche et leur propre défaite a plongé les Etats du Sud dans la crainte de devoir prochainement adhérer à la Confédération du Nord, c'est-à-dire d'être placés sous l'obédience bismarckienne. Le titre XV de la Constitution du 16 août 1867 stipule d'ailleurs que les Etats du Sud ont la possibilité, s'ils le désirent, de rejoindre la Confédération. Aucun d'entre eux n'a par ailleurs la volonté et le dynamisme suffisants pour créer une Confédération des Etats du Sud opposable à celle du Nord. Une antipathie réelle à l'encontre de la Prusse envoie dans les Parlements des représentations antiprussiennes qui s'opposent au nouveau *Zollverein*. Par ailleurs le Wurtemberg et la Bavière songent à transformer leurs armées en milices, ce qui les soustrairait aux traités militaires conclus avec la Prusse.

Bismarck a indiscutablement hésité sur la conduite à tenir vis-à-vis de ces Etats. Est-il opportun d'étendre la domination prussienne au-delà du Main ? La tradition catholique du Sud ne va-t-elle pas heurter le nouvel Etat du Nord à majorité protestante ? Faut-il envisager la constitution d'un troisième Etat allemand, réclamée avec insistance par la France ? Celle-ci s'inquiète en effet du déséquilibre né de la bataille de Sadowa au profit d'une Prusse ordonnée et bien armée. La Prusse, d'un autre côté, a selon l'historien Werner Richter bizarrement « peur de la peur de la France ». Napoléon III imagine qu'un contrepoids peut être apporté à la puissance prussienne par une extension territoriale de la France ; abandonnant son projet initial sur la rive gauche du Rhin, il réclame la neutralité de la Prusse en Belgique et au Luxembourg. En 1867, Napoléon III renonce pourtant à ses visées sur la Belgique, par crainte d'une intervention de l'Angleterre, très attentive aux manœuvres étrangères sur les côtes de la mer du Nord. Ses prétentions se concentrent désormais sur le Luxembourg.

Le grand-duché a été membre de la Confédération germanique. A sa dissolution, il s'est orienté, sous la tutelle du roi de Hollande, vers une sorte d'indépendance. Napoléon III propose donc à Guillaume III de Hollande quelque 300 millions de francs pour acquérir le grand-duché. Mais Bismarck révèle, en réponse au député Carlowitz qui se plaint de la faiblesse de la Prusse vis-à-vis des Etats du Sud et du Luxembourg, qu'un traité secret d'assistance militaire a été signé entre la Prusse et l'Allemagne du Sud. Il télégraphie à son ambassadeur de La Haye : « Détournez immédiatement le Roi de son intention. Etant donné l'émotion soulevée dans le peuple, nous pourrions difficilement éviter la guerre, si les choses suivaient leur cours. » Napoléon III, qui a déjà signé le contrat de vente, doit renoncer au Luxembourg. Humilié, il doit accepter les conditions de la conférence de Londres, en mai 1867, défavorables à la France. Napoléon III renonce à ce territoire et la Prusse renonce au droit d'y tenir une garnison ; les ouvrages de défense sont démantelés. Le grand-duché conserve son alliance avec la Hollande.

Pourquoi Bismarck s'est-il opposé à l'annexion du Luxembourg par Napoléon III, qui n'aurait en rien entamé son influence dans la Confédération de l'Allemagne du Nord et aurait peut-être suffi à assouvir les ambitions françaises ? L'hostilité nationaliste prussienne vis-à-vis de tout développement français et la propre stratégie de Bismarck, nourrie de philosophies nationalistes, sont des explications concevables. On peut cependant tenir pour acquis que Bismarck ne cherche pas le conflit avec la France. C'est du moins ce qu'il répond à ses interlocuteurs, exposant à Roon en 1869 que « les voies suivies par son gouvernement n'étaient pas tracées et difficiles à prévoir, à l'instar de celles d'Hannibal lorsqu'il franchit les Alpes ».

L'Exposition universelle de Paris, en juin 1867, calme temporairement les esprits : un canon Krupp de 500 tonnes, entouré d'une fanfare militaire prussienne, crée l'attraction sur le Champ-de-Mars. Une revue militaire permet à Napoléon III, entouré du tsar et du roi de Prusse, de rivaliser de prestance à cheval. Par ailleurs, Bismarck, malade, s'isole longuement et fréquemment dans sa nouvelle propriété de Varzin en Poméranie. L'empereur français a aussi des ennuis de santé qui le conduisent à se ménager. La réforme de l'armée française, que Niel a entreprise à la demande de Napoléon III, n'a pas donné les résultats que l'on attendait. Serait-on revenu à une période de paix, peut-être forcée, mais réelle ? Au début de l'année 1870, le Kronprinz et sa femme séjournent à Paris. Emile Ollivier, président du Conseil, est un grand admirateur du génie allemand et le gendre de Franz Liszt. Il a par ailleurs réussi à convaincre Napoléon III et l'élite bourgeoise de ne pas s'opposer à la formation d'une grande Allemagne, puisque l'union de la Prusse et du Sud se ferait de toute manière à la faveur d'un conflit. Cet avis est partagé par Tocqueville dans ses *Souvenirs* : « La tradition française tendant à diviser l'Allemagne est dépassée depuis que la Pologne est aux mains des Russes. A présent que la grande puissance de l'Est représente un danger pour toute l'Europe, il est dans l'intérêt de la France de favoriser l'unification de l'Allemagne. » Le comte Daru, ministre des Affaires étrangères du gouvernement Ollivier et pacifiste, adopte le même sentiment.

Après la mort du maréchal Niel, sa réforme, fort impopulaire, tombe dans l'oubli. Les vagues projets d'alliance de Napoléon III avec l'Autriche et avec l'Italie contre la Prusse ont échoué. En mai 1870, une consultation populaire renouvelle sa confiance à la dynastie Bonaparte et à la politique de paix d'Ollivier. L'ambassade de France en Prusse nie toute intention de la Prusse d'attaquer la France. Quant à Bismarck, alors qu'Ollivier entreprend son expérience d'empire libéral, il affirme à Waldersee, son attaché militaire à Paris, que pour l'instant les deux pays sont éminemment pacifiques. Au Reichstag, le chancelier s'oppose vigoureusement au député national-libéral Lasker qui veut rattacher le pays de Bade à la Confédération du Nord, par peur de ses voisins du Wurtemberg et de Bavière.

Bismarck est par ailleurs persuadé que Napoléon III ne peut s'en tenir à son projet d'occuper la rive gauche du Rhin qui aurait à coup sûr déclenché contre lui la coalition de toute l'Europe. Le 30 juin 1870, Ollivier demande à la Chambre que les effectifs de l'armée soient réduits de 15 000 hommes : « Où que nous portions notre regard, nous ne pouvons découvrir une source de litige grave.

Jamais à aucune époque le maintien de la paix en Europe n'a été plus solidement garanti. » Les rumeurs de guerre, entretenues par le développement de la Confédération du Nord, les excitateurs de guerre nationalistes prussiens et français, le désir évident de certains Prussiens de franchir le Main vers le sud et les appétits de Napoléon III ne parviennent pas, à quelques semaines de la déclaration de la guerre, à rompre le pacifisme de surface.

Prodromes de guerre franco-allemande

Le 30 juin 1870, un événement rapporté par l'agence Reuter suscite une immense agitation dans les deux pays. Le Parlement espagnol, les Cortès, s'apprête à élire comme souverain le prince Léopold de Hohenzollern. La France du XVIe siècle a été prise en étau par les Habsbourg germaniques et espagnols ; celle de Napoléon III, quatre siècles plus tard, se retrouve dans la même pince. La France se considère menacée par le Chancelier de fer non seulement à l'est, mais désormais aussi au sud-ouest.

En 1868, le coup d'Etat du général Juan Prim y Prats réussit à chasser la reine d'Espagne Isabelle II de la dynastie des Bourbons. Le trône d'Espagne est à prendre. Bismarck s'intéresse très rapidement à cet événement, non parce qu'il concerne la Prusse, mais parce qu'il touche la France, liée aux Bourbons. En 1869 déjà, deux mois après la déchéance de la reine Isabelle, Bismarck semble avoir secrètement plaidé pour la succession d'un Hohenzollern en soudoyant les députés des Cortès. Il a espéré retenir les troupes françaises mobilisées sur les Pyrénées, de manière à avoir les mains libres pour éventuellement annexer l'Allemagne du Sud. Pour asseoir un

Hohenzollern sur un trône étranger, Bismarck peut compter sur deux données : il a déjà envoyé avec succès le prince Charles de Hohenzollern sur le trône neuf de Roumanie ; Napoléon III, d'autre part, est lié à la famille de ce prince d'aussi près qu'elle l'est à la branche prussienne : la grand-mère paternelle du prince est une nièce de Murat et sa grand-mère maternelle, une fille de Stéphanie de Beauharnais, cousine de l'impératrice Joséphine.

Les négociations traînent cependant en longueur. Guillaume Ier craint une guerre, mais doit contrer l'intention de Salazar, qui menace, au cas où les Hohenzollern se retireraient, de faire appel à un prince bavarois. Il finit par céder au rapport de deux experts prussiens envoyés en Espagne, qui estiment que rien ne s'oppose à la venue d'un Hohenzollern. Le roi de Prusse Guillaume Ier entraîne dans ses hésitations les deux princes Hohenzollern de la branche de Sigmaringen, son cousin, le père de Léopold candidat à l'élection des Cortès, et son frère Charles, qui est monté sur le trône de Roumanie. Fallait-il prendre le risque de monter sur celui d'un pays révolutionnaire ? La ténacité de Bismarck finit par triompher ; sa motivation est néanmoins incertaine. Veut-il contrebalancer le risque d'une alliance fomentée par Napoléon III contre la Prusse ? Il est plus vraisemblable qu'il cherche à fragiliser celui-ci afin de garder les mains libres pour réaliser l'unification de l'Allemagne. En témoigne ce qu'il dicte à un journaliste, membre de son parti : « Jusqu'ici Napoléon est convenable mais son humeur est changeante. Nous pourrions faire la guerre à la France et la gagner. Mais nous en sortirions affaiblis, et ce serait par conséquent une folie, si ce n'est un crime, quand on peut parvenir à ses fins par des moyens pacifiques. »

Léopold Hohenzollern accepte le trône d'Espagne le 19 juin. Guillaume Ier regrette cette ascension, mais ne s'y oppose plus. Bismarck souhaite que l'élection du nouveau roi par les Cortès se fasse le plus rapidement possible, mais l'Assemblée est dissoute pour affronter les rigueurs de l'été madrilène. Le délai de l'investiture, révélé au public espagnol par un journal, est rapidement diffusé en Europe par l'agence Havas. L'Europe a pris l'habitude de différer l'élection d'un souverain lorsque l'une des grandes puissances élève des objections à son encontre : en 1862, l'Angleterre a ainsi renoncé à la candidature du prince Alfred au trône de Grèce parce que la France et la Russie n'en voulaient pas. Or la France ne veut pas de Léopold Hohenzollern sur le trône d'Espagne. A Paris, Emile Ollivier s'affaire à réduire les tensions entre son pays et la Prusse. Gramont, son ministre des Affaires étrangères, sous-estimant le nationalisme allemand, commet la faute de lire à la tribune de la Chambre des députés une déclaration, approuvée par le cabinet, mais qui s'avère incendiaire : la France, dit-il, fait confiance à l'amitié des Espagnols et à la raison des Allemands pour aplanir pacifiquement les difficultés existantes. Si cet espoir est déçu, « nous saurons, Messieurs, faire notre devoir sans hésitation et sans faiblesse, forts de votre soutien et de celui de la nation ». L'agitation reprend. Nélaton, premier chirurgien de l'empereur, affirme que l'état de santé de celui-ci ne lui permettrait pas de prendre les armes ; Lord Lyons, ambassadeur d'Angleterre, clame le pacifisme de la France et atténue la portée des propos de Gramont ; Bismarck considère quant à lui que la déclaration est certes brutale mais sans réelle importance.

Benedetti, ambassadeur de France à Berlin, sollicite une audience de Guillaume Ier pour obtenir un apaisement, voire une déclaration désavouant la candidature d'un Hohenzollern. Il se rend à Ems, où le roi suit une cure thermale. L'entretien se déroule pour le mieux. Benedetti est convié à dîner et le souverain déclare qu'« il donnerait totalement son assentiment si Léopold retirait sa candidature », qu'il n'a été pour rien dans cette succession, et que celle-ci n'est qu'affaire de famille. Guillaume Ier ne mesure pas la gravité des circonstances. La faute revient à Bismarck, pense-t-il, en oubliant qu'il a lui-même donné son accord. Il regrette l'absence du chancelier, retiré sur ses terres de Varzin, qui aurait été mieux à même de répondre. Le malheureux doit par ailleurs faire face aux missives du tsar et de la reine d'Angleterre lui demandant instamment de désavouer la candidature de Léopold. Enfin, il affronte l'opposition de l'Allemagne du Sud à une guerre servant les desseins d'une dynastie étrangère.

Le flou de l'attitude du roi Guillaume entretient l'agitation parisienne. Le 12 juillet, Benedetti presse le roi de lui accorder une nouvelle audience. En l'absence de Léopold, injoignable, Guillaume Ier, qui a envoyé un représentant de sa maison militaire à Sigmaringen, reçoit de Charles-Antoine, le père de Léopold, l'assurance que les Hohenzollern n'ont aucune prétention en Espagne. La nouvelle calme les angoisses, aussi bien en Prusse qu'en France. La nouvelle du désistement des princes Hohenzollern précipite Bismarck à Ems. Désavoué par la renonciation des princes, Bismarck songe à quitter le pouvoir. Le prestige de la Prusse pâtira immanquablement de cette affaire et ses prétentions pour la Confédération du Nord, priorité de sa politique, sont compromises. Une immense maladresse de la diplomatie française va le sauver et plonger l'Europe dans la tourmente. L'impétueux Gramont charge en effet Benedetti de présenter à Guillaume Ier deux exigences : l'approbation écrite de la renonciation de Léopold, et l'engagement de ne jamais plus soutenir une candidature des Hohenzollern au trône d'Espagne. Guillaume accepte la première, mais refuse de s'engager sur la seconde. L'ambassadeur insiste maladroitement. Guillaume Ier dépêche le prince Radziwill pour lui faire part de la réception d'un message de Charles-Antoine de Hohenzollern, qui confirme officiellement la renonciation de son fils, mais refuse à nouveau de s'engager pour l'avenir. Il confie en outre à son collaborateur Abeken le soin d'écrire une dépêche d'information pour Bismarck, qui passe à la postérité sous le nom de dépêche d'Ems : « Le comte Benedetti m'a arrêté au cours d'une promenade, en me demandant, avec une insistance déplacée, de l'autoriser à télégraphier immédiatement que je m'engageais pour l'avenir à ne jamais donner de nouveau mon accord au cas où les Hohenzollern reviendraient sur leur candidature. Je l'ai finalement congédié avec sévérité, car on ne peut ni n'a le droit de prendre pour toujours de pareils engagements. Je lui ai dit, bien entendu, que je n'avais encore rien reçu, et comme, par Paris et Madrid, il était tenu avant moi au courant, qu'il veuille bien comprendre qu'encore une fois mon gouvernement n'était pour rien dans cette affaire. Sa Majesté a depuis reçu un message du prince [de Hohenzollern]. Puisqu'Elle avait dit au comte Benedetti qu'Elle attendait des nouvelles de celui-ci, Sa Majesté, prenant en considération l'exigence en question, ainsi que le rapport et celui du comte Eulenbourg [ministre de l'Intérieur de Prusse], a décidé de ne plus recevoir l'ambassadeur de France, mais de lui faire dire par son aide de camp que Sa Majesté avait à présent reçu du prince la confirmation de cette nouvelle déjà annoncée par Paris à Benedetti, et qu'Elle n'avait plus rien à lui communiquer. Sa Majesté s'en remet à Votre

Excellence de juger si cette nouvelle mise en demeure de Benedetti et son rejet doivent être de suite communiqués tant à notre ambassade qu'à la presse. »

Bismarck communique à la presse, sans consulter Guillaume Ier, une version remaniée et raccourcie de la dépêche, dans laquelle il passe sous silence les efforts de conciliation de Radziwill, l'indifférence certaine du roi à l'égard de la succession espagnole, doublée d'une espérance que le temps lui soit profitable : « La nouvelle du retrait du prince héritier de Hohenzollern a été officiellement communiquée au gouvernement royal espagnol par le gouvernement français. Depuis, l'ambassadeur français a adressé à Ems au Roi la demande de l'autoriser à télégraphier à Paris que le Roi s'engageait à tout jamais à ne point permettre la reprise de la candidature. Là-dessus S.M. le Roi a refusé de recevoir de nouveau l'ambassadeur et lui a fait dire par l'aide de camp de service qu'Elle n'avait plus rien à lui communiquer. »

Bismarck n'a pas souhaité de nouvelle guerre, tout au moins dans les premiers mois de 1870. Pourquoi se retourne-t-il si brusquement vers une politique résolument belliqueuse ? Premièrement, il souhaite sortir de l'impasse dans laquelle la politique royale l'a conduit : désavoué dans l'affaire espagnole, humilié, Bismarck veut rétablir sa prééminence politique. Ensuite, convaincu que la guerre est désormais inévitable, il ne voit que la provocation diplomatique pour pousser l'empereur français à l'agression et emporter l'adhésion populaire allemande à ses projets. Enfin, Bismarck est exaspéré par l'ambition et les palinodies de la politique napoléonienne autant que par l'arrogance des diplomates français. Cette attitude a eu raison d'une cordialité superficielle, et donne enfin au chancelier un prétexte pour passer à l'acte.

La guerre de 1870

Le 14 juillet 1870, la publication de la dépêche par la presse stupéfie le gouvernement français, d'autant plus qu'Ollivier s'apprêtait à renoncer à toute exigence concernant le long terme de la succession espagnole. Napoléon III se trouve contraint d'engager la guerre, tout en redoutant d'être désavoué par la population ; il croit néanmoins en son armée et en la possibilité de recouvrer la grandeur manquée à Sadowa. Les crédits militaires sont votés le 15 juillet.

Guillaume Ier, de son côté, hésite encore, revoit Benedetti pour tenter une conciliation de dernière heure. Peu sensible à la véhémence de Bismarck, il a peur de bouleverser l'Europe. Mais, en France comme en Allemagne, le peuple témoigne d'un élan belliqueux et d'un nationalisme agressif ; il faut d'un côté sauver la patrie républicaine en danger, et de l'autre défendre la grandeur prussienne. Bismarck est porté par l'enthousiasme populaire. Du 18 au 22 juillet, les offres de médiation de Gladstone, Premier ministre de la reine Victoria, et du pape n'aboutissent pas. Bismarck s'efforce de neutraliser l'opinion des pays européens ou de la retourner en sa faveur. Il rend public le projet franco-allemand de partage de la Belgique, rédigé par Benedetti, sans mentionner qu'il date de 1866, ce qui déclenche la colère de l'Angleterre devant la duplicité de la France. Victor-Emmanuel renonce à une alliance avec la France car les républicains Garibaldi et Mazzini penchent pour Bismarck. La puissante aristocratie hongroise est attachée à la Prusse et l'Autriche ne peut compter sur son alliance avec le tsar, dont l'armée est misérable ; l'alliance franco-autrichienne ne vaut guère dans ces conditions. En

Amérique, Washington n'a pas oublié l'incursion française au Mexique et affiche résolument des sentiments proprussiens. Napoléon III se retrouve isolé ; la sympathie ancienne que lui portent la Suède et la Turquie est de faible poids.

La faiblesse militaire de la France est d'emblée apparente. Son état-major, trop en retrait des lignes d'engagement, est incapable de mettre en œuvre le plan de percée du Palatinat destiné à couper la Prusse des armées du Sud ; les réservistes ne sont pas mobilisés dans les régiments dont l'insuffisance numérique est flagrante ; les trois armées françaises se réduisent à trois corps d'armée. Les défenses de Strasbourg sont inexistantes.

Bismarck, qui se veut au contraire proche de ses soldats, s'est installé à Mayence ; il est devenu un chancelier-soldat portant la capote bleue, le casque à pointe et les hautes bottes des cavaliers. Il surveille le roi pour éviter de nouvelles bévues diplomatiques. L'offensive allemande, le 4 août, surprend les Français. Moltke dispose de trois armées de Prussiens et de Bavarois disposées sur la frontière du Nord alsacien. La première attaque vise Woerth et Wissembourg ; elle est rondement menée, malgré de grosses pertes. La charge héroïque des cuirassiers français de Reichshoffen, le 6 août 1870 à Morsbronn-les-Bains, ne sert à rien. Les positions défensives de Mac-Mahon sont enfoncées de Goersdorf à Morsbronn. La division Bonnemain, composée des quatre premiers cuirassiers, est anéantie sous le feu de 48 canons et d'une infanterie allemande bien abritée. Les Allemands ont néanmoins perdu la moitié de leurs officiers et le tiers de leurs hommes engagés comme uhlans, hussards et cuirassiers. Mac-Mahon se replie au-delà des Vosges. Dans sa retraite précipitée vers Saverne et la Petite-Pierre, il n'a pas eu le temps de détruire les tunnels vosgiens. Les défaites de Froeschwiller et de

Woerth ont livré à l'ennemi une plaine alsacienne sans défense, ouverte sur la France de l'intérieur. L'offensive allemande se poursuit sans relâche. Strasbourg est assiégée et martyrisée. Moltke poursuit les armées de Mac-Mahon et de Bazaine au-delà des Vosges. Le 18 août, à Gravelotte, Bismarck et le roi sont directement menacés. La garde prussienne et l'infanterie saxonne, engagées à Saint-Privat contre les hommes de Canrobert, subissent des pertes importantes. Bismarck accuse Moltke de sacrifier inutilement la cavalerie, de mettre les corps d'armée en rivalité et de mal tirer profit du courage des hommes, ce qui provoque des pertes importantes et inutiles. Le propre fils de Bismarck, Herbert, est blessé le 16 août.

Mac-Mahon se porte au secours de Bazaine, assiégé dans Metz. Deux armées allemandes encerclent la ville et acculent Mac-Mahon à la frontière belge. Celui-ci, qui a la mission de protéger Paris, se replie dans la petite forteresse de Sedan, livre bataille et perd la place. Un armistice est envisagé par Bismarck, Moltke et le général Wimpfen, le chef d'état-major français. Bismarck convainc le Français de sa défaite ; le 2 septembre 1870, les 83 000 hommes de l'armée française capitulent. L'empereur Napoléon III se constitue prisonnier et abdique. A Paris, le gouvernement républicain de défense nationale, sous la présidence de Gambetta, décide de poursuivre la guerre sur un mode révolutionnaire. Bismarck souhaite temporiser, mais Moltke décide de mettre Paris à genoux et installe le quartier général allemand à Ferrières, puis à Versailles. La déchéance de l'empereur et la proclamation de la IIIe République sont prononcées le 4 septembre 1870. Thiers, nommé chef du pouvoir exécutif par l'Assemblée nationale réunie à Bordeaux, lève de nouvelles armées qui s'opposent au conquérant ; l'une franchit la Loire, repousse les Bavarois à Coulmiers et reprend Orléans. Bismarck, cependant, se montre à nouveau pacifiste, et demande aux généraux Moltke, Scharnhorst et Gneisenau de rester sur leurs conquêtes plutôt que de s'engager dans la France profonde. Les militaires n'ont cure de ces appels politiques à l'apaisement. Au début de l'année 1871, les généraux Chanzy, Faidherbe et Bourbaki, à la tête d'armées de volontaires, ont la prétention de bouter le Prussien hors des frontières. Moltke, soutenu par le nationalisme prussien, prône de son côté une « guerre d'extermination ».

Le siège de Paris détermine l'arrêt des hostilités. La ville, épuisée, affamée et bombardée, capitule le 28 janvier 1871. Bismarck, ayant renoncé à une victoire allemande absolue, souhaite une rapide négociation, toujours en désaccord avec ses généraux. Les négociations menées avec le gouvernement de Thiers conduisent à une paix définitive entre France et Prusse le 10 mai 1871. La guerre d'usure menée par les Français a aiguisé les exigences du vainqueur.

Le sort de l'Alsace

L'Alsace, à l'exclusion de la petite région de Belfort, est entièrement annexée par la Prusse ; la Lorraine allemande, avec Metz et Thionville, partage le même sort. Un million d'Alsaciens-Lorrains, 14 500 kilomètres carrés deviennent allemands. La France doit verser à la Prusse 5 milliards de francs-or d'indemnité de guerre, payables en trois ans.

L'Alsace est meurtrie. Elle a été en première ligne pendant la campagne de basse Alsace et le siège meurtrier de Strasbourg ; elle est arrachée à la France et devient un *Reichsland* intégré dans l'Empire allemand. Le 18 janvier

1871, le roi de Prusse prend possession de ses nouveaux territoires, dans la Galerie des glaces de Versailles, lors de la proclamation d'un Empire allemand regroupant la Prusse et les Etats du Sud.

Le siège de Strasbourg cristallise la rancœur alsacienne plus que l'annexion proprement dite, parce que la population civile a été directement exposée à l'ennemi. Le général Uhrich, rappelé de sa retraite pour défendre la ville, se trouve rapidement dans une situation inextricable. Strasbourg n'est protégée ni sur les collines qui entourent la ville à l'ouest ni sur les bords du Rhin. Sur ces points stratégiques, le général allemand von Werder installe sans entrave son artillerie lourde et décide de faire capituler la ville par des bombardements. Du 13 août au 27 septembre, la ville est soumise au feu incessant des canons prussiens. Les cibles – casernes du Finkmatt, fortifications et portes de la ville – sont d'abord militaires. Mais les habitations ne sont pas épargnées par la suite : les quartiers du Faubourg de Pierre, du Faubourg de Saverne et du Faubourg national sont lourdement touchés ; l'église des Dominicains, devenue le Temple neuf, les deux bibliothèques publiques, leurs admirables collections de manuscrits et de trésors artistiques et le musée de peinture et de sculptures logé dans l'Aubette sont détruits. La toiture de la cathédrale est incendiée ; ses dentelles de pierre et ses vitraux sont abîmés. Le palais de justice, la gare, l'église de l'hôpital civil et le théâtre sont également touchés. Les nuits des 24 et 25 août sont les pires. L'évêque Raess, appuyé par une requête suisse, ne parvient à obtenir la clémence de Werder que pour l'évacuation de trois convois de blessés et de vieillards. Pour le reste, le général (que les assiégés ont dénommé *Moerder,* l'assassin) demeure intraitable, exigeant une capitulation sans conditions. L'arrivée d'un nouveau préfet, Edmond Valentin, et le remplacement du maire Humann par Emile Küss ne changent rien. La capitulation s'impose lorsque les murs de la Porte de Pierre sont enfoncés par des obus. Le 28 septembre 1870, les Prussiens entrent dans une ville meurtrie : on déplore plus de 300 morts, dont des enfants, plus de 2 000 blessés, plusieurs milliers de sans-domicile – 500 maisons ont été détruites. La ville, en de nombreux endroits, n'est qu'un amoncellement de décombres. Les nouveaux maîtres de la région se heurtent d'emblée à l'hostilité des habitants. Leur décision d'annexer la ville est ressentie par la population comme un véritable outrage. Les élections législatives du 8 février 1871 envoient à Bordeaux des députés opposés à toute idée d'annexion par l'Empire allemand, dont Gambetta, Emile Küss, démocrate convaincu depuis 1848, et Jules Favre, ennemi de Napoléon III et négociateur avec Bismarck. En vain. Le martyre de Strasbourg marque profondément la mémoire collective et l'héroïsme strasbourgeois inspire plusieurs artistes parisiens, comme Gustave Doré et Théophile Schuler.

L'annexion de l'Alsace et de la Lorraine germanique ne semble pas avoir été clairement formulée par Bismarck dès le début des hostilités, à un moment où elle risque surtout de déclencher une large réprobation internationale et de mobiliser de fortes troupes d'occupation. Le chancelier ne parle alors que de militarisation de la région, pour parer à une revanche éventuelle. La destruction des forteresses et des ouvrages de défense peut suffire ; la situation n'est en effet en rien comparable à celle des guerres précédentes, déclenchées par une volonté expresse d'expansion au Danemark, de réunion de la Prusse en un seul territoire ou d'exclusion de l'Autriche.

Le projet d'annexion se précise en janvier 1871, lorsque la résistance française s'affirme, offrant le prétexte d'une riposte militaire violente. L'annexion de l'Alsace-Lorraine permet de répondre à la force par la force, tout en comblant les revendications nationalistes de plus en plus vives outre-Rhin. La Prusse renoue avec le fantasme d'une reconstruction du Saint-Empire germanique et d'une nation unie par la langue.

Bismarck n'ignore pas les problèmes soulevés par une annexion ; il garde en mémoire que les Strasbourgeois ont chanté *La Marseillaise* et vibré pour Napoléon Ier, que paysans et petits bourgeois parlant allemand ont oublié les temps du Saint-Empire. Mais l'annexion de l'Alsace lui apparaît désormais comme une condition préalable à une paix durable, une protection efficace contre la France et un devoir nationaliste.

La guerre de 1870 fait le lit des conflits mondiaux du XXe siècle. Pourtant, les décisions politiques qui y ont conduit ont été hésitantes, ont souvent reposé sur des motivations floues et des malentendus. La guerre ne s'est pas limitée à deux Etats belliqueux ; elle confirme et amplifie, contrairement à des idées nationalistes simplistes, l'interdépendance des nations européennes.

L'annexion de l'Alsace par la France au XVIIe siècle découle directement d'une volonté agressive et expansionniste. Les rois de France ont sans doute cherché à atteindre une frontière fluviale naturelle, qui leur permît d'installer une base avancée tournée vers un orient instable et convoitable. Mais cette volonté n'eût cependant pas pu s'exprimer sans le chaos politique lié au conflit religieux allemand, l'indifférence de l'Angleterre occupée par ses affaires intérieures et la passivité de la population alsacienne. L'Alsace n'est pas redevenue allemande par une volonté immédiate, délibérée du chancelier Bismarck ou de Guillaume Ier. La politique « de fer et de sang » n'a d'autre dessein à ses débuts que d'accroître la puissance de la Prusse. La guerre avec le Danemark a permis le rapprochement de deux provinces séparées depuis le traité de Vienne. Bismarck s'en est ensuite pris à l'Autriche, qui faisait ombrage à la Prusse au sein de la Confédération allemande. Jusqu'à la victoire de Sadowa, la France est restée extérieure à l'ambition prussienne. L'ambition maladroite de Napoléon III a cependant révélé à Bismarck que des hostilités contre une France agressive permettraient à la Prusse d'accroître son ascendant sur les pays allemands du Sud, dans le cadre d'un Reich indivisible. La naissance du Reich en janvier 1871 met un terme à une histoire commencée en 1815 par la mise en place d'une organisation confédérale d'Allemagne. L'unification « par le bas » des pays germaniques a été entravée par l'échec des courants libéraux et nationaux lors de la révolution de 1848 et par le rejet de la couronne impériale proposée au roi de Prusse. L'unification de l'Allemagne s'est donc réalisée « par le haut », par la guerre et la diplomatie. Les hommes politiques, emportés par leurs fantasmes et leurs passions, ont entraîné des citoyens aveugles. La schizophrénie qui en a résulté a déstabilisé l'Europe pendant presque un siècle. La province alsacienne n'a eu d'autre solution que celle d'un repli sur son identité.

18

L'Alsace, *Reichsland*

La francisation de la société alsacienne est devenue perceptible sous le Premier Empire. En 1850, elle est surtout manifeste dans les villes. Les mœurs parisiennes ont gagné les familles bourgeoises de Strasbourg et de Colmar. Le théâtre, l'opéra, le vaudeville français deviennent populaires et les milieux aisés découvrent la littérature française. La langue officielle de la nouvelle université de Strasbourg et dans les établissements d'Etat est le français. En 1830, l'allemand est le véhicule de la pensée alsacienne mais, à partir de 1850, l'allemand et le français sont à parité. Les prédications religieuses se font dans les deux langues, mais le français paraît progressivement l'emporter après 1850. Il se répand également dans les campagnes grâce au travail assidu d'une nouvelle génération d'instituteurs formés dans les Ecoles normales, mais la langue habituelle des paysans et des ouvriers demeure le patois alsacien. En 1870, grâce à l'influence des administrations, de la presse et des classes bourgeoises, les Alsaciens, s'ils ne parlent pas tous français, le comprennent en grande majorité.

La science et l'industrie alsaciennes sont bien considérées à Paris. Les chimistes Wurtz, Schutzenberger et Friedel y sont connus. Pasteur enseigne à Strasbourg de

1848 à 1854. Le chimiste F.G. Gerhardt est aussi appelé par la faculté strasbourgeoise des sciences. De grands industriels, des Koechlin, Dollfuss, Schlumberger, ont une réputation nationale. Quelques publications, surtout historiques et théologiennes, sont écrites en langue française.

Des débuts difficiles

Le traité de paix signé entre la France et la Prusse le 10 mai 1871 à Francfort, qui ratifie l'annexion de l'Alsace au Reich, bouleverse et maltraite évidemment la population alsacienne. Les Alsaciens-Lorrains qui désirent conserver la nationalité française et « opter » pour la France doivent émigrer avant le 1er octobre 1872. Ce choix accordé aux Alsaciens est douloureux. Qu'ils changent de nationalité et deviennent allemands ou qu'ils quittent leur pays pour des horizons hasardeux, ils subissent un arrachement complet. Selon B. Vogler, plus de 50 000 Alsaciens choisissent de s'expatrier, en très grande majorité vers la France. P. Arnold estime quant à lui que 238 642 ont quitté leur province entre 1871 et 1895. Les autorités allemandes n'entravent en rien ce mouvement car il purge la province d'éventuels opposants au régime. La plupart des migrants ont fait leur choix dès l'annexion, mais l'émigration s'est poursuivie au-delà du délai d'option. Elle concerne surtout des citadins, des cadres, des intellectuels et des membres de professions libérales qui ont tous la possibilité de retrouver leur métier en France. Ils sont rejoints par des jeunes gens fuyant le service militaire obligatoire allemand. De nombreux Juifs quittent également l'Alsace dès les premières années, poussés par la crainte de l'antisémitisme prussien et n'oubliant pas que leur religion est reconnue en France ; beaucoup d'entre eux sont assez fortunés pour prospérer loin de leur territoire d'origine et certains rejoignent en France un ancrage familial. Parmi eux, plusieurs deviendront illustres. Félix Alcan, fondateur des Presses universitaires, le rabbin Debré, père du pédiatre Robert Debré, Théophile Bader, fondateur des Galeries Lafayette, et la famille d'Alfred Dreyfus. Ce sont parfois des entreprises entières qui quittent l'Alsace pour s'installer en France. C'est le cas de l'imprimerie Berger-Levrault, des aciéries Fould, de l'usine métallurgique de Wendel, pour ne citer que les plus connues. Ces Alsaciens émigrés ont souvent gardé et célébré ensemble le culte de leur pays natal. Leur exil est quelque peu adouci par la possibilité de revenir librement chaque année dans leur province natale, à condition que leur séjour n'excède pas deux mois.

Par une loi du 9 juin 1871, au lendemain du traité de Francfort, l'Alsace devient, sans aucune transition, terre de l'Empire allemand (*Reichsland*). Bismarck tente néanmoins de ménager la population alsacienne, dans sa majorité hostile aux « faits accomplis ». Dès juillet 1871, il organise des élections municipales selon la loi française, maintient le Concordat, le caractère confessionnel de l'école publique, la loi sur la presse de 1868, la législation municipale française, et le code civil napoléonien. Strasbourg, joyau de la culture allemande, reçoit plus d'attention que Metz, forteresse militaire qui a pour mission essentielle de repousser une éventuelle attaque française. Bismarck sait que la réincorporation de l'Alsace et de la Moselle dans l'espace culturel allemand sera longue. Mais il affirme son inflexibilité devant le Reichstag. Il veut « faire craquer le superficiel vernis français » et faire en sorte que ces pays « retrouvent leur vraie nature allemande ». Le 31 décembre 1871, le Reichstag approuve la loi sur l'organisation politique et administrative des territoires annexés. L'Alsace reçoit le statut de *Reichsland*, relevant directement de l'autorité de l'empereur Guillaume et de son chancelier Bismarck. Le *Reichsland* est une organisation politico-administrative que Bismarck a conçue avec soin. Elle insère le territoire conquis dans la nouvelle confédération de l'Empire allemand, tout en lui réservant une situation d'infériorité par rapport aux *Länder* confédérés. L'empereur et le chancelier sont représentés par un président supérieur (*Oberpräsident*) résidant à Strasbourg, doté jusqu'en 1902 de pouvoirs exceptionnels pour mater toute revendication ; le premier est Eduard von Möller, de 1871 à 1879, l'homme fort qui a réalisé, après 1866, l'incorporation de la Hesse-Nassau à la Prusse. Sa mission en Alsace s'avère d'emblée plus délicate. Il doit installer une administration allemande, résoudre les problèmes posés par l'application du traité de Francfort et faire face à l'hostilité de ses administrés. De plus, son travail est surveillé par la Division d'Alsace-Lorraine que Bismarck a installée dans sa chancellerie berlinoise pour le surveiller.

Des mouvements francophiles apparaissent clandestinement dès la paix signée. La première consultation municipale est boudée et un maire francophile, Ernst Lauth, est élu à Strasbourg, ville meurtrie et traumatisée ; il est destitué par Bismarck peu de temps après pour avoir trop ouvertement affiché son attachement à la France. Berlin, sous d'apparentes conciliations, traite l'Alsace d'une main de fer. Les successeurs de Lauth sont des Prussiens énergiques, Otto Back, commissaire extraordinaire de 1873 à 1880 (et de 1886 à 1906), Stempel, également commissaire extraordinaire de 1880 à 1886, et Rudolf Schwander, maire de 1906 à 1918. En application de la Constitution d'Empire de 1874, l'Alsace peut envoyer des députés au Reichstag. Les 15 premiers députés élus (11 Alsaciens et 4 Lorrains) n'ont pas participé à la politique française d'avant-guerre et sont tous protestants. Ils ne sont pas entendus au Reichstag, où seulement trois d'entre eux, des ecclésiastiques, exercent réellement leur mandat.

Les nouveaux Conseils généraux, mis en place selon les lois françaises et interlocuteurs de l'administration allemande, sont paralysés par la démission de nombreux élus qui refusent de prêter serment. Des Assemblées départementales sont finalement, après de longues négociations, mises en place pour cogérer leurs domaines avec des fonctionnaires allemands. Au niveau du territoire, Möller institue un petit parlement, émanation des Conseils généraux, auquel on donne le nom de Délégation (*Landesauschuss*). Cette assemblée de 30 délégués est élue en 1874 ; elle n'a qu'un rôle consultatif ; elle est désignée par les Conseils généraux des trois départements (désormais *Bezirke*) – basse et haute Alsace et Lorraine. Elle est aussi majoritairement composée de protestants car elle doit faire appliquer les mesures anticatholiques du *Kulturkampf.* Jean Schlumberger, un notable mulhousien, réussit à se maintenir à la présidence pendant un quart de siècle malgré la germanophobie de ses élus. Une loi de 1879 établit un gouverneur (*Statthalter*) dont les pouvoirs sont assez larges, et un ministère d'Alsace-Lorraine, composé d'un secrétaire et de quatre sous-secrétaires d'Etat. Le premier secrétaire d'Etat est Karl Herzog, fidèle de Bismarck et supérieur hiérarchique de von Möller, ce qui génère des tensions contrariant les affaires. En une dizaine d'années, l'opinion change : farouchement antiallemande aux débuts de l'annexion, elle s'acclimate progressivement à son nouveau statut et accepte, main forcée, la domination germanique. Certains murmurent le mot « autonomie » ou rêvent de bi-appartenance à la manière de la génération qui a prôné une « fraternisation » en 1848. L'Alsace montre déjà clairement son malaise.

En 1911, une étape importante vers une intégration politique au Reich est franchie : l'Alsace-Lorraine devient un 26e Etat confédéré, un *Land* à l'image des autres *Länder* membres de l'Empire allemand. Désormais, les lois locales sont votées par une diète (*Landtag*), formée de deux Chambres : une Chambre haute de 41 membres, nommée pour moitié par l'empereur et pour moitié siégeant de droit, et une Chambre basse de 60 membres élus par le suffrage universel. C'est la seule fois dans l'histoire d'Alsace qu'une diète régionale exerce le pouvoir législatif et fiscal ; elle reste en vigueur jusqu'en 1918. Cette diète, qui plaît à la population alsacienne, comporte cependant quelques spécificités peu satisfaisantes ; Berlin conserve un droit de veto sur les lois qui y sont votées et le ministère d'Alsace-Lorraine n'est pas responsable devant elle. La Prusse conserve une certaine méfiance vis-à-vis des territoires d'outre-Rhin. En effet, les oppositions au régime prussien ont été nombreuses dans la population alsacienne, tout au moins dans les premiers temps. La politique anticatholique de la Prusse dresse le clergé alsacien contre elle ; les pasteurs ralliés aux autorités prussiennes sont minoritaires. L'enseignement libre est interdit, l'école est obligatoire, le français n'est plus enseigné et son usage, limité ; parmi les enseignants, il n'y a guère que les instituteurs ruraux pour s'accommoder du changement de régime. Le service militaire allemand obligatoire n'est guère apprécié, quoique les Alsaciens aiment ce qui touche aux armes. Dès le mois d'août 1870, bien avant la fin de l'action militaire, Guillaume Ier a décrété la formation d'un Gouvernement général d'Alsace, placé sous la direction du comte Friedrich Alexander von Bismarck Bohlen, commandant de Berlin, chef de la gendarmerie prussienne ; il est assisté de Friedrich Herbert von Kühlwetter, commissaire civil. Ce dernier prépare la germanisation avec énergie, réorganisant l'enseignement et l'administration. Comme nombre de fonctionnaires, magistrats et enseignants ont refusé leur concours. Des nobles allemands sont alors appelés pour peupler préfectures, police et administration forestière ; leur brutalité et leur attitude cassante et méprisante blessent profondément la population.

Parmi les *Statthalter* succédant à von Möller, quelques libéraux ont cependant aidé la population et ont été appréciés ; deux d'entre eux ont eu une importance particulière, le maréchal von Manteuffel (1879-1885), bien accepté des notables, et Karl von Wedel (1907-1914), qui joue un rôle actif dans l'élaboration de la Constitution de 1911. Le maréchal von Manteuffel, au passé militaire glorieux, est éloigné à Strasbourg par Bismarck qui craint de trouver en lui un rival. A Strasbourg, von Manteuffel réussit à éloigner Herzog, œil de Bismarck, et à le remplacer par des hommes plus souples, Hoffmann puis Hohenlohe. Il cherche à apaiser l'Alsace en respectant son peuple et ses traditions, et, bien que pieux protestant, en atténuant les effets du *Kulturkampf*. Cette bienveillance ne l'empêche pas de combattre les députés contestataires, de poursuivre la germanisation, et d'utiliser le paragraphe de la dictature. Les élections de 1881 et 1884 ayant été clairement hostiles à l'Empire allemand, il recourt à la force, muselant la presse, expulsant les entreprises françaises qui sont restées sur le territoire alsacien (des compagnies d'assurance en particulier) et contraignant les enfants des Français résidant en Alsace à devenir sujets de l'Empire prussien.

Son successeur, le prince de Hohenlohe, a été choisi pour accélérer la germanisation. Il exige des Alsaciens qu'ils votent pour les candidats de son choix, et dissout la plupart des associations alsaciennes, presque toutes devenues des foyers de résistance. Il soutient l'arrivée d'émigrants d'outre-Rhin, interdit toute inscription française, germanise les écoles, supprime des journaux, expulse des protestataires et les suspects d'espionnage et condamne toutes les manifestations en faveur d'un retour à la France. Il introduit une législation qui lui permet de nommer des fonctionnaires allemands à la tête de nombreuses communes et instaure le code du travail allemand (*Gewerbeordnung*). Pour empêcher les Alsaciens émigrés en France de revenir en Alsace, un passeport est exigé, mais l'ambassade d'Allemagne à Paris, submergée de demandes, met plusieurs mois à les examiner. Ces mesures coercitives sont soutenues par le cabinet de Max von Puttkamer, sous-secrétaire d'Etat à la Justice puis secrétaire d'Etat à partir de 1889. A Mulhouse, von Hohenlohe a tellement favorisé l'immigration allemande que celle-ci représente en 1905 le cinquième de la population urbaine. Des familles bourgeoises envoient leurs filles dans des pensions outre-Vosges. Des médecins établissent des certificats de complaisance pour dispenser les jeunes hommes du service militaire allemand. Les manifestations d'attachement à la France fusent de partout. Des contacts s'établissent secrètement entre les Alsaciens qui ont choisi la France et ceux qui sont demeurés dans leur pays natal ; ils sont particulièrement développés dans le milieu artistique. Toutefois, tant que Bismarck est au pouvoir, les décisions allemandes, malgré leur impopularité, n'ont jamais été amendées. Bismarck était si impopulaire qu'il ne s'est jamais risqué à visiter les territoires conquis. L'empereur Guillaume Ier

montra davantage d'intérêt par deux visites en 1877 et en 1886. Le général de Caprivi, successeur de Bismarck, constate amèrement en 1895 que, « après dix-neuf années d'annexion, l'esprit allemand n'a fait aucun progrès en Alsace ».

Une assimilation progressive

L'histoire ne peut cependant se résumer au manichéisme opposant oppresseur et province conquise tel qu'il est exposé dans des écrits patriotiques avides de revanche. Une harmonie culturelle, religieuse, sociale et économique, établie depuis plus de deux siècles, unit l'Alsace à ses voisins de la rive droite du Rhin. Depuis la guerre de Trente Ans, Strasbourg n'a en effet jamais cessé, indifférente aux guerres européennes, d'attirer les hommes des pays rhénans et d'autres territoires du Saint-Empire, des négociants à la recherche d'affaires et des intellectuels, maîtres et élèves, séduits par son université prestigieuse et sa faculté de théologie protestante. Pendant la première moitié du XIXe siècle, de jeunes Allemands des pays de Bade et du Palatinat ont été placés en apprentissage à Strasbourg et s'y sont établis au terme de leur contrat. Les pérégrinations transrhénanes sont aussi nombreuses dans les métiers du bâtiment et de l'alimentation. Des Allemands, surtout venus de Bade, du Palatinat, du Wurtemberg et, dans une moindre mesure, de la Bavière et de la Hesse, se sont enrôlés dans les armées françaises en garnison dans la ville et n'ont pas quitté l'Alsace à la fin des hostilités. En 1825, plusieurs enseignants originaires du Wurtemberg ont contribué au lancement de l'orphelinat de Neuhof et inspiré son fonctionnement. Les marchands et les négociants de

Mayence, de Cologne et de Pirmasens ont toujours considéré Strasbourg comme un grand marché. Les témoignages ne manquent pas quant à l'intrication commerciale de l'Alsace, de la Bourgogne, de la Champagne, du midi de la France et des pays allemands de Saxe et du Bade-Wurtemberg, le transit se faisant par Strasbourg.

La mobilité humaine transrhénane a naturellement favorisé de nombreux mariages entre Alsaciens et Allemands. Ces alliances se sont faites à des niveaux de fortune très variés, surtout dans les classes sociales inférieures, mais aussi dans les couches supérieures de la société, où le négoce s'allie facilement aux professions libérales. Pendant la monarchie constitutionnelle et le Second Empire, on a dénombré 8 à 12 % de mariages mixtes dans la population strasbourgeoise.

Les rapports de l'Alsace et de l'aire rhénane allemande ne se sont pas limités à l'économie. Les pasteurs protestants n'ont jamais considéré le Rhin comme une frontière. A la faculté protestante de Strasbourg, les professeurs ont conseillé à leurs élèves, futurs pasteurs, de compléter leur formation dans les facultés de théologie de Tübingen, Marburg, Halle et Göttingen. Revenus en France, ces élèves ont vanté le romantisme allemand et la ressemblance de la vie allemande et de la vie alsacienne ; inversement, les théologiens allemands sont venus à Strasbourg profiter de l'enseignement de grands maîtres alsaciens, les professeurs André Jung, Edouard Reuss, Charles Schmitt ou Jan Friedrich Bruch. Les hommes de science participent naturellement aussi à ces échanges sur toute la longueur du Rhin supérieur. En revanche, l'Allemagne du Nord, la Hanovre, la Basse-Saxe, la vieille Prusse, et dans une certaine mesure la Bavière, ont représenté un autre monde, peu enclin à intégrer l'Alsace dans ses affaires. Aussi la stupeur et la douleur des

Strasbourgeois ont-elles été considérables lors du siège mené par le général von Werder du 13 août au 28 septembre 1870. La violence de l'attaque leur a paru inexplicable de la part de pays allemands sans doute en guerre, mais qui ne peuvent aussi sauvagement détruire des amitiés régionales séculaires. La responsabilité du siège est d'emblée attribuée à la Prusse. Les pays allemands du Sud ayant témoigné leur fidélité à leur ville voisine, chargée de souvenirs communs, l'agression est devenue une affaire plus prussienne qu'allemande et cela a contribué à soulager, au moins partiellement, les plaies alsaciennes. Le grand-duc de Bade, approché par l'évêque strasbourgeois Raess, qui a fait des études à Mayence, et le Zurichois Röhmer, ont obtenu l'évacuation hors de la ville d'enfants et de vieillards ; des protestants badois et des catholiques se sont portés au secours de l'orphelinat de Neuhof ; les villes allemandes de Heidelberg et de Karlsruhe, les rois de Saxe et de Bavière, la princesse de Nassau et la famille du grand-duc de Bade ont offert leurs services à la capitale alsacienne. Un million de francs a été levé en deux ans. En de nombreux endroits, l'armée occupante est venue à l'aide des sinistrés. De nombreuses voix se sont élevées contre l'inexplicable acharnement des forces prussiennes à l'encontre du « joyau de l'ancienne couronne germanique ». Cette solidarité, montrant que la Prusse n'est pas l'Allemagne, contribue à l'apparition après la guerre d'une hostilité presque exclusive et durable vis-à-vis de l'empereur et de son chancelier. Cela explique sans doute pourquoi la province tout entière n'a pas basculé dans un état de rébellion et de vengeance lorsque Bismarck, en 1871, met la main sur les affaires alsaciennes par l'intermédiaire de von Möller.

Le négoce a assez vite réuni les grandes familles de part et d'autre du Rhin et l'affluence d'Allemands en

Alsace y a été relativement tolérée. Les mariages entre Alsaciens et Allemands ont repris, de plus en plus fréquents. L'immigration allemande – plus de 2 000 personnes – répond à la nécessité de remplacer les morts et les émigrants. Le pouvoir impérial a surtout pensé qu'elle aiderait la germanisation de la province reprise aux Français. Les Allemands sont attirés par la perspective d'une vie facile en territoire conquis et d'un salaire élevé. Dès 1871, les unions mixtes atteignent 11 % des mariages, chiffre identique à celui des années 1850-1860 : l'époux est allemand dans un tiers des cas, alsacien dans les deux autres. Ces mariages mixtes sont de grande importance, car ils témoignent de l'acception du Reich. Les Prussiens ne participent pas à ces unions aux lendemains immédiats de la guerre, mais leur exclusion est de faible durée. En 1873, ces unions mixtes germano-alsaciennes doublent de fréquence et concernent plusieurs milieux sociaux.

L'Alsace redevient allemande

L'histoire de l'Alsace de l'après-guerre doit être divisée en deux périodes. Dans la première, de 1871 à 1890, on assiste à une ébauche de tolérance, sinon de rapprochement, des deux communautés alsacienne et allemande sur la base de leurs mémoires communes. Pendant la seconde phase, de 1890 à 1914, un rapprochement réel survient, presque accompagné d'un oubli des malheurs passés, à tel point que certains auteurs parlent de fusion. L'antagonisme irréductible entre l'Alsace et l'Allemagne, affiché par les nationalistes français, doit être sérieusement tempéré. Les rapprochements de la première période ont concerné des mariages mixtes entre ouvriers et artisans.

Les premiers sont venus en nombre de l'Allemagne du Sud et de la Prusse procéder à la destruction des remparts, à l'édification de nouvelles fortifications, à la restauration de la ville et à la modernisation des transports ferroviaires et fluviaux ; la difficulté du labeur rapproche les deux communautés. Les petits marchands et fabricants, Juifs compris, se sont aussi unis par le mariage, en plus petit nombre toutefois.

Le rapprochement des populations allemandes et alsaciennes est cependant très partiel pendant les vingt premières années de l'après-guerre. Les agriculteurs et petits propriétaires, les instituteurs, professeurs et universitaires, les bourgeois, petits patrons et petits commerçants se sont totalement isolés de l'envahisseur, vivant sur eux-mêmes encore plus étroitement qu'avant les hostilités. Les malheurs de la guerre, du siège de Strasbourg surtout, pèsent trop sur leur mémoire et les perturbations de la vie liées à l'implantation d'une administration allemande leur sont insupportables. Ils connaissent la responsabilité déterminante de la Prusse dans leur malheur, mais la confondent dans une hostilité vis-à-vis du Reich impérial dans son ensemble.

La bourgeoisie est la plus réfractaire. Elle envoie ses filles dans des collèges outre-Vosges, espérant les marier à des Français de l'intérieur, conseille à ses fils de trouver un emploi en France, ce qu'elle aurait elle-même aimé pouvoir faire si elle n'avait été retenue sur le sol alsacien par des obligations matérielles. Elle bannit tout projet d'union maritale avec l'Allemand. La bourgeoisie continue à ne parler que le français en famille, à vanter la culture et l'histoire de la France ; elle s'est mise à dénigrer systématiquement tout ce qui venait d'Allemagne, ce qu'elle ne faisait pas avant les hostilités. Quelques petits bourgeois peu fortunés dédaignent cependant ce mythe de la France éternelle, glorieuse malgré ses revers militaires, et manient la langue allemande comme dans le passé. Quelques rares familles germanophiles ont même su pénétrer le sanctuaire de la haute société allemande, ce qui constitue les prémisses d'un rapprochement transrhénan. Celui-ci s'affermit entre 1890 et 1914. La politique, l'économie, la société, l'université changent de nature par un glissement progressif vers l'Allemagne, sans pour autant couper les racines françaises. En même temps, l'Alsace perçoit ses particularités.

Les réactions protestataires contre l'Allemagne sont jugulées par la poigne de fer prussienne puis par une responsabilisation de la province. La dignité alsacienne resurgit lors de l'affranchissement du statut de *Reichsland* et l'évolution de l'Alsace en un *Land* à part entière. L'inauguration du Palais de la Délégation régionale (*Landesauschussgebaüde*) est le signe de l'entrée dans une nouvelle époque, non seulement parce que le futur *Landtag* va s'y installer, mais aussi parce que sa façade s'orne de décors allégoriques propres à l'Alsace et à la Lorraine. L'annexion est devenue une réalité à laquelle les Alsaciens se sont progressivement habitués ; l'économie repart et atteint même un sommet inespéré, si bien que les Alsaciens oublient la défaite. Les votes protestataires de 1871, 1874 et 1887 n'ont plus cours en 1890 lorsque les Alsaciens-Lorrains n'envoient au Reichstag que trois députés prônant la diminution de l'emprise allemande. Par ailleurs, les déboires politiques français avec le boulangisme, l'anticléricalisme, le scandale de Panama et l'affaire Dreyfus ont passablement terni l'image de la France. La tension entre France et Allemagne diminue aussi avec l'heureux dénouement de l'affaire Schnaebele (avril 1887), commissaire français de la police des frontières que le général Boulanger accusait d'espionnage ; la démission de Boulanger qui s'ensuit est un fort moment d'apaisement.

Le glissement vers une acceptation de l'Allemagne a été indiscutablement favorisé par un essor économique qui prouve que l'Alsace résiste aux désordres politiques. Les industries alimentaires, telles les brasseries et les minoteries, profitent de la croissance urbaine, les échanges avec l'outre-Rhin reprennent avec la vigueur d'antan ; les tanneries, en particulier, bénéficient grandement de la reprise de ce négoce. Une hausse des salaires industriels, qui s'est poursuivie jusqu'en 1914, l'accompagne. Le développement rapide de l'électrification à partir de 1890 permet de moderniser le réseau de tramways et l'éclairage urbain. Les chemins de fer d'Alsace-Lorraine renforcent les liens commerciaux et industriels avec la « vieille Allemagne ». Le souvenir de cette période faste est encore aujourd'hui présent dans les mémoires.

A la charnière des XIXe et XXe siècles, une nouvelle génération d'Alsaciens se trouve aux affaires. Elle n'a pas connu la présence française, fréquente les écoles et les universités allemandes, parle allemand et se satisfait de la politique d'Empire qui apporte bien-être et liberté. La faculté de théologie catholique de Strasbourg ouvre ses portes en 1902. La fusion de l'Alsace au Reich parvient à un sommet dans les années 1900-1905. La fréquence des mariages mixtes atteint alors 25 %, les unions se faisant toujours préférentiellement avec des Rhénans mais aussi, ce qui est nouveau, avec des Prussiens. De nombreux Allemands, qui occupent alors des emplois de fonctionnaires et d'employés ou qui travaillent dans les chemins de fer, sont admis dans les familles strasbourgeoises. Les professions libérales ne sont plus réservées aux Alsaciens ; de nombreux Allemands y trouvent un emploi, surtout dans l'architecture ou dans la médecine, lorsqu'ils ont été formés dans la prestigieuse faculté de médecine de Strasbourg. Depuis l'heureuse issue de l'affaire Dreyfus en France, les Juifs allemands et alsaciens ont pris l'habitude de vivre au grand jour. Les enfants des premiers immigrés allemands se sont établis en nombre dans les trois grandes villes alsaciennes et dans des cercles ruraux du Bas-Rhin.

Jusqu'en 1890, l'université est strictement tenue par des Allemands. Le Reich estimant que la germanisation passe par l'université, rien n'est omis pour assurer sa qualité. En 1884, la construction d'un palais universitaire est achevée. L'université de Strasbourg est qualifiée de « nationale et impériale », à l'égal de l'université Humboldt de Berlin. Leur mission nationale doit l'emporter sur leur mission régionale. Les meilleurs professeurs allemands y sont envoyés avec un salaire élevé, après une sélection rigoureuse. Les premiers maîtres sont de très haut niveau : Michaelis, Baumgarten et Martin en lettres ; Knapp, Laband et Sohm en droit et sciences politiques ; Anrich, Lobstein et Holtzmann en théologie protestante. Des élèves accourent de l'Allemagne entière vers cette place censée diffuser la culture germanique. Cette politique à la gloire du Reich s'avère néanmoins moins efficace que ses promoteurs ne l'ont espéré. Les enseignants se sont isolés dans la ville neuve, n'ont fait aucun geste envers la population, ont très peu pénétré les familles alsaciennes et ont fait obstacle à la nomination de professeurs originaires d'Alsace. « Nous vivons à Strasbourg comme dans une colonie », disait l'historien Meinecke. Les étudiants alsaciens se plaignent aussi de la rigidité prussienne des enseignements. Une fronde universitaire, réclamant une liberté de parole vis-à-vis du pouvoir politique, sonne le glas du prestige universitaire de Strasbourg. Plusieurs enseignants retournent en

Allemagne. Ils sont remplacés par une génération de maîtres moins convaincus de leur mission que de celle qui a été proposée en 1871 ; du coup, le prestige de l'université s'abaisse au rang d'une université de province. Cela n'inquiète pourtant pas trop les Alsaciens, persuadés de pouvoir promouvoir par eux-mêmes leur université.

Pendant les dix premières années du XXe siècle, l'assouplissement de la politique impériale, l'effacement de l'appartenance française et la réinsertion de l'Alsace au sein des partis rhénans font renaître le sentiment d'une double appartenance composée de souvenirs de la présence française et du sentiment d'avoir retrouvé, dans la paix, ses racines germaniques.

La vie dans cette Alsace redevenue germanique n'est pas le cauchemar que décrivent alors les nationalistes français. Les migrants allemands qui s'y sont installés ont fini par se dissoudre dans la population alsacienne.

La campagne alsacienne a souffert du départ vers la France ou vers les Etats-Unis de nombreuses familles. L'économie rurale reste durablement déprimée. Les villes sont au contraire favorisées. Strasbourg a plus que doublé, sa population passant de 85 654 habitants en 1871 à 178 891 en 1910, de même que Colmar ; la population de Mulhouse s'est accrue de 40 %. Une fièvre architecturale s'est emparée de ces villes, notamment de Strasbourg, que Guillaume II veut remanier à la gloire de son empire. La ville est considérablement agrandie. Outre son palais universitaire, la *Neustadt* (ville nouvelle) se dote d'un palais présidentiel imposant, d'instituts scientifiques, d'une bibliothèque universitaire, de ministères inspirés du baroque allemand. Deux églises protestantes et une église catholique sont édifiées pour la population allemande. Une synagogue est construite sur le quai Kléber. De nouveaux immeubles cossus sortent de terre. Une grande gare est mise en service en 1883. Les anciens hospices sont remplacés par un vaste ensemble de services spécialisés et d'instituts. La municipalité, aidée par des contributions privées, développe une véritable politique sociale avec des structures spécialisées. Les destructions que les bombardements ont causées dans la vieille ville sont réparées. Des tramways relient la capitale alsacienne à des cantons éloignés jusqu'en pays de Bade. Un port autonome en périphérie de la nouvelle ville remplace le vieux port, qui jusqu'en 1870 était inclus dans la ville. Des quartiers insalubres de la vieille ville sont démolis et de nouvelles voies propices à la circulation, ouvertes.

L'activité des Strasbourgeois est à la mesure de la rénovation de leur ville. La vie culturelle et sociale est marquée par la mise en place de très nombreuses sociétés. Certaines d'entre elles – casino littéraire, château des Pourtalès, cercle catholique – regroupent les Alsaciens de souche. Les tavernes et les brasseries retrouvent leur animation et les débats d'opinion. La vie musicale est riche, dominée par Franz Stockhausen qui fait appel aux meilleurs orchestres symphoniques ; le chœur Saint-Guillaume est animé par la famille Münch. A partir de 1889, le théâtre de Strasbourg produit d'excellents spectacles. En 1890, une Ecole municipale des arts décoratifs permet à la ville de devenir pour deux décennies un brillant centre artistique. Ce climat est propice aux musées : à Strasbourg, le musée des Beaux-Arts est reconstitué après sa destruction. Les musées de Colmar et de Mulhouse sont aussi en plein essor.

Les Strasbourgeois restent fidèles à leur triple confession. Les protestants ne sont plus aussi nombreux qu'autrefois, mais s'appuient sur une forte tradition, soutenue par le Gymnase et des personnalités distinguées, Edouard Reuss, Will et Albert Schweitzer. La communauté juive est bien considérée et enrichie de coreligionnaires venus d'Allemagne et d'Europe centrale. Les catholiques, les plus nombreux, témoignent de leur vitalité en créant des institutions religieuses et en construisant des églises. Toutefois, la politique du *Kulturkampf*, qui lutte contre les institutions enseignantes et le rôle politique du clergé, entretient des courants politiques encore méfiants à l'égard du gouvernement impérial et, dans quelques cas, envers les partis catholiques allemands.

De 1870 à 1914, Strasbourg, autrefois préfecture dans une région frontière où domine la société militaire, devient une métropole importante, moderne, très active, vivante et ouverte à de nombreux horizons. La vie politique a repris un cours normal. En 1893, le socialiste Bebel, qui a milité contre la guerre franco-allemande, soutenu par des anciens protestataires, est élu au Conseil municipal. La social-démocratie, qui fait souche en Alsace, devient une organisation politique très importante. Ses leaders sont des immigrés, comme Bernhard Böhle, et des Alsaciens de souche, tel Jacques Peirotes. Le maire Rudolf Schwander est issu du mouvement socialiste. S'oppose à lui le courant libéral regroupant la bourgeoisie, les campagnes protestantes et une partie des Allemands immigrés. Le parti catholique est au centre ; il est surtout implanté dans les régions rurales et viticoles. Les campagnes électorales sont devenues âpres depuis 1900, aidées par la presse, l'*Elsässer* (clérical) et la *Strassburger Zeitung* (libéral), entre autres.

Malgré le salut quotidien et matinal d'étudiants strasbourgeois à la statue du général Kléber et les défilés de leurs homologues émigrés à Paris devant la statue de la ville de Strasbourg sur la place de la Concorde, malgré quelques oppositions bourgeoises résiduelles, Strasbourg est une opulente ville de l'Empire allemand. La majorité de ses habitants, aidés par le succès des mutations économiques, s'en accommodent fort bien. Le regret de l'appartenance française est surestimé. Pour autant, la population alsacienne n'est pas devenue allemande à l'unisson. A côté d'une majorité germanophile ou indifférente, persistent des traces françaises, entretenues par l'Eglise catholique, par la population féminine avide de mode parisienne et par une certaine élite culturelle, satisfaite du retour de la république en France. Ces francophiles ont leurs journaux, le *Journal d'Alsace-Lorraine* et la *Revue alsacienne illustrée*, qui relancent et vivifient l'usage de la langue française.

Un mouvement politique inédit est initié par ceux qui ont la clairvoyance de comprendre que l'Alsace relève inséparablement des cultures française et allemande ; cette double appartenance légitime une revendication d'autonomie afin d'éviter un dilemme insoluble. L'autonomisme alsacien est promu par des hommes politiques. Dès 1877, année de son élection au *Landesausschuss*, le député alsacien Jacques Kablé est conscient du caractère irrévocable du traité de Francfort. Il imagine cependant dès cette époque et jusqu'en 1886 un statut garantissant à l'Alsace et à la Lorraine une autonomie politique. Cette idée est reprise par Jacques Peirotes, député socialiste au premier *Landtag*, élu en 1911 ; il est aidé en cela par la forte et récente montée des nationalismes, tant en Allemagne qu'en France. La glorification de l'Alsace en tant qu'entité est aussi soutenue par des intellectuels (Mathis et Stoeber), des peintres (Hornecker, Spindler, Stahl et Kamm), des céramistes et des enseignants de l'Ecole des arts décoratifs, créée en 1890, tous rassemblés autour du professeur Seder. Le Musée alsacien et la Maison d'art alsacien, ouverts en 1907, expriment la prise de conscience d'une spécificité régionale. Des artistes se rassemblent, dans le Groupe de Saint-Léonard de Boersch en particulier, et montrent la réalité d'un art alsacien lors de l'Exposition universelle de 1895 qui se tient à l'Orangerie de Strasbourg. Les plus belles institutions et réalisations alsaciennes y sont admirées.

La Grande Guerre

Entre 1911 et 1914, le fragile équilibre de l'Alsace est rompu par une avalanche d'événements, imbriqués les uns dans les autres, qui mettent l'Europe à feu et à sang et inaugurent un siècle de malheurs. Une guerre longue va anéantir un espace européen regorgeant de capitaux, de marchandises, de techniques nouvelles et d'emplois. Le chaos militaire dépasse d'abord la question alsacienne avant que la province, pourtant apaisée, ne devienne l'enjeu de conflits déclenchés dans les grandes capitales européennes.

Depuis 1891, la France s'est alliée à l'Empire russe de manière à contrecarrer d'éventuelles ambitions allemandes. La France rêve d'une revanche contre l'Allemagne qu'elle croit tenir grâce à l'ouverture d'un second front. D'autre part, le projet d'alliance franco-britannique, sans précédent dans l'histoire, est activé par des inimitiés anglo-allemandes. Guillaume II, petit-fils de la reine Victoria, admire mais jalouse l'Angleterre au point de la haïr ; il montre si fort son ressentiment que son oncle, le prince héritier d'Angleterre, le traite de garçon « mal élevé ». Guillaume II charge l'amiral Tirpitz d'équiper une flotte de guerre capable de rivaliser avec celle de l'Angleterre. Menacée, l'Angleterre se voit obligée de s'entendre avec ses « adversaires héréditaires ». Une Entente cordiale est signée avec la France en 1904.

La France jalouse aussi l'Allemagne pour son organisation, son industrie, sa science et ses performances commerciales. La culture allemande s'affirme de Dorpat en Estonie jusqu'à Czernowitz sur la frontière ukrainienne et la Karls-Universität de Prague. Les travailleurs allemands profitent d'une protection sociale énergique et les industriels s'enrichissent.

L'antagonisme franco-allemand reste cependant assoupi jusqu'aux crises marocaines qui commencent en 1905 avec l'attaque d'une canonnière allemande à Agadir. L'Angleterre s'offusque d'autre part de la formation d'un évêché protestant allemand, décidée par Guillaume II ; les prétentions allemandes sur Suez et l'Inde l'inquiètent, de même que l'influence dans l'Empire turc du projet du *Bagdad Bahn*, le chemin de fer Istanbul-Bagdad, dont l'intérêt stratégique est évident. Guillaume II affirme encore sa volonté de puissance en Afrique du Sud. Il prend parti pour les Boers sous le prétexte d'une parenté lointaine avec eux, puis prétend faussement avoir aidé le gouvernement britannique à dominer les Afrikaners. Poussé par des ministres et des militaires résolus, des industriels et quelques aventuriers, l'empereur allemand se jette dans des expéditions mal contrôlées qui irritent la France et l'Angleterre coloniales, et la Russie toujours déterminée à s'emparer des Détroits. Les trois puissances nouent des alliances défensives, ne ménageant à Guillaume II qu'une sortie vers le sud-est, à travers l'Autriche-Hongrie alliée ; les conflits internes de cet empire hétérogène le rendent de plus en plus dépendant du pouvoir berlinois, pourtant peu aimé.

En Alsace, un événement mineur, dans une ambiance internationale aussi tendue, exalte la francophilie résiduelle. Le 6 novembre 1913 éclate l'affaire de Saverne. Le journal *Zaberner Anzeiger* rapporte les propos injurieux qu'un dénommé Forstner, jeune lieutenant prussien, a tenus à l'encontre de recrues alsaciennes ; il les a traitées de *Wackes*, c'est-à-dire de « voyous ». Forstner n'est puni que de six jours d'arrêt, ce qui soulève une grande vague d'indignation. Des manifestations de la population alsacienne se produisent à Saverne. Paris s'anime de cris de revanche et une majorité de députés du Reichstag protestent. Le président du Conseil et ministre des Affaires étrangères français, Raymond Poincaré, qui est lorrain, rêve de revanche. Le tribunal militaire allemand reste impassible. L'Etat militaire prussien met en évidence les limites de l'Etat constitutionnel.

La Première Guerre mondiale est un nouveau choc pour l'Alsace dont les citoyens, pour la première fois de l'histoire douloureuse de ce pays frontière, se trouvent dans les deux camps belligérants. Dans le camp français, on compte 17 000 Alsaciens, dont plus de 3 000 sont des déserteurs de l'armée allemande. Les désertions continuent pendant toute la durée de la guerre. Le commandement français se méfie d'ailleurs de ces transfuges et les expédie au Maroc. En face, dans l'armée allemande, 380 000 Alsaciens-Mosellans, nés entre 1869 et 1900, sont enrôlés.

Dès le début du conflit, le gouvernement impérial, alerté du taux de désertion alsacien, durcit son attitude vis-à-vis de la province ; des Alsaciens enrôlés dans l'armée allemande sont envoyés sur le front russe ; des Alsaciens francophiles sont déplacés en résidence forcée au-delà du Rhin ; les plus récalcitrants sont envoyés dans des camps de concentration, ou exécutés. A la fin des hostilités, on dénombre 1640 arrestations préventives et 19 000 expulsions hors d'Alsace et de Lorraine. Mais on ne constate pas pour autant de manifestations profrançaises. Les Alsaciens-Lorrains profrançais sont en effet minoritaires, la majorité du pays préférant l'autonomie au sein du Reich.

Le sort des Alsaciens mobilisés dans l'armée allemande est amer : outre la crainte d'être transférés sur le front russe, ils affrontent une double méfiance. Pendant la guerre, celle de leurs collègues militaires allemands, souvent soupçonneux à leur encontre, qu'ils parviennent parfois à lever par des allégations de fidélité à la patrie allemande. Après la guerre, celle des vainqueurs français, qui vont jusqu'à leur interdire l'accès aux fêtes données en l'honneur des troupes victorieuses. Pendant toute la durée de la guerre, Berlin, redoutant un enfoncement de la frontière vosgienne, prend des mesures germanisantes drastiques qui laissent des traces douloureuses dans la population alsacienne et augmentent son aspiration à redevenir française. Le 31 décembre 1914, le nouveau *Statthalter*, von Dallwitz, interdit l'usage du français dans la vie publique et les transactions commerciales ; il enjoint les enseignants d'être des « éducateurs de jeunes Allemands ». En 1915, profitant de l'enlisement des troupes françaises en Champagne, le commandement militaire allemand propose au chancelier de transférer à l'Allemagne la propriété foncière et industrielle d'Alsace. Un nouveau plan d'assimilation est étudié en 1917, aux lendemains de la Révolution russe, devant les nouvelles difficultés françaises. Des ébauches de nouveau statut sont présentées les 15 et 16 juin 1917 lors d'une réunion au Grand Quartier général de Bingen. Dallwitz, qui a l'expérience de la résistance alsacienne, propose que l'Alsace devienne territoire prussien, « quoique en Alsace le penchant pour la Prusse soit très faible. Mais le temps et la prospérité finiront par en avoir raison ». Le vieux général von Hindenburg préconise une action énergique, qui finisse par une réunion de l'Alsace à la Prusse. Selon l'historien Paul Arnold, Hindenburg réclame « une colonisation par les Allemands, l'éducation allemande à l'école et à l'église, l'exclusion de la langue française et, pour y parvenir, une administration militaire pendant dix ans au moins, vingt si l'on maintient le statut de terre d'Empire, de la durée de plusieurs générations si l'on accorde au pays l'autonomie ». Mais Hindenburg préfère, à vrai dire, la réunion immédiate de l'Alsace à la Prusse « qui a digéré (*verdaut*) la province rhénane et en ferait bien autant de l'Alsace ». On évoque la possibilité de créer une « Société territoriale des marches de l'Ouest » (*Langgesellschaft Westmark*) ; les intérêts allemands doivent, peu à peu ou brusquement, prendre la place de ceux de la population autochtone. Cette politique autoritaire mène progressivement la majorité de la population alsacienne de la résignation à l'amertume, puis à la haine de tout ce qui émane de l'autorité impériale. La brutalité prussienne met fin en quatre ans à la situation de tolérance mutuelle qui avait été établie en trente années entre le Reich allemand et l'Alsace.

La nouvelle de la grande offensive alliée de 1918, connue en Alsace par des rumeurs non officielles, incite évidemment les Alsaciens à une résistance accrue. Guillaume II veut y mettre fin par une politique de désolation ; on lui prête ces mots : « Si jamais je suis obligé de rendre l'Alsace, elle sera nue comme ma main. » Un plan de transfert de toute la population au-delà du Rhin aurait été préparé. Le 2 novembre 1918, le ministère des Affaires étrangères de Berlin croit encore en un possible retournement de l'Alsace en faveur de l'Allemagne et fait diffuser des brochures antifrançaises dans le pays.

Les opérations militaires proprement dites ont épargné l'Alsace de 1914 à 1918. Seule une petite partie de la province a connu la guerre. En août 1914, les Français font une tentative d'intrusion visant à récupérer cette province. La principale offensive est partie de Belfort vers le Sundgau. Les Français entrent dans Mulhouse puis sont repoussés par une contre-offensive allemande qui installe la terreur dans la ville et ses environs. La population civile alsacienne accueille les troupes françaises de façon mitigée, voire franchement hostile. Des poilus se demandent si les Alsaciens sont français ou allemands. Les saccages commis par des troupes françaises n'améliorent pas la situation. Pendant l'occupation des villages, les Français sont souvent désignés comme des ennemis ou des adversaires. Les premiers prisonniers refusent de donner des renseignements sur les positions de l'armée allemande. Les *Feldgrau* qui désertent reconnaissent l'avoir fait non pour rallier la France, mais pour sauver leur peau.

Après les combats d'août 1914 et la résistance allemande dans le Sundgau, le haut commandement allié ne conserve qu'une petite portion du territoire alsacien. Seules les vallées de Masevaux et de Thann restent définitivement aux mains des troupes françaises. Dans le nord, malgré des combats meurtriers pendant l'année 1915 sur les sommets vosgiens, à la Tête-des-Faux, au Linge et au Hartmannswillerkopf (Vieil-Armand), l'offensive française est contenue par les défenses allemandes pendant toute la durée de la guerre. L'éloignement du front n'empêche pas une répression policière terrible de la part du gouvernement du Reich impérial. Lors de la signature de l'armistice, le 11 novembre 1918, comme d'autres provinces allemandes l'Alsace entre dans une période d'effervescence révolutionnaire. Des Conseils de soldats et d'ouvriers sont mis en place par des marins communistes venus de Kiel. L'arrivée des troupes françaises met fin à ce sursaut, témoin du profond désarroi de la population.

Elle est ressentie comme un grand soulagement après quatre années d'arbitraire, de sang et de larmes, et 35 000 victimes.

Cependant l'Alsace n'est pas pleinement satisfaite de son nouveau changement de nationalité décrété à Paris sans consultation. Le 9 novembre, des affiches clandestines, apposées à Strasbourg et à Mulhouse, réclament l'autodétermination et la création d'une République « neutre » d'Alsace-Lorraine. Il s'agit peut-être d'une ultime tentative du Reich pour empêcher la réunion de l'Alsace à la France. Il est aussi permis de penser qu'elles expriment une authentique volonté de sécession, exacerbée par le sentiment d'être une fois de plus la victime des ambitions des grandes puissances européennes.

Il est en effet deux histoires d'Alsace. La première, la moins bien connue, est celle du passé culturel, sociologique et industriel propre à ce pays et à ses habitants. La seconde est imposée par les conflits entre les puissances voisines. Celle-ci a condamné les Alsaciens à subir passivement les circonstances extérieures. Leur ambition de retrouver un dynamisme interne pouvant s'exprimer librement, née en 1918, resurgit plus forte en 1945.

19

L'autonomie alsacienne

L'entrée des troupes françaises en Alsace dans la seconde quinzaine du mois de novembre 1918 a donné lieu à des manifestations de joie immenses comme à des scènes honteuses et tragiques. Les explosions de joie témoignent du bonheur d'échapper aux contraintes imposées par le Prussien depuis le début de la guerre, de s'exalter au côté des nations victorieuses qui ramènent la paix en Europe et de retrouver une France vantée comme un pays de liberté et d'abondance. La France accueille sans réserve le retour en son sein du peuple alsacien, considéré, *a priori* et sans réserve, comme francophile et opprimé. La victoire française, dans toute l'Alsace, est célébrée avec enthousiasme, même par ceux qui se sont inclinés devant le Reich. L'Alsace se tourne aussi vers la France parce que l'écrasement de l'Allemagne est tel qu'un retour au sein du Reich est peu concevable.

L'annexion française

La victoire conduit cependant à deux erreurs majeures, le rejet catégorique de ce qui est allemand et l'absence de considération de la spécificité alsacienne par le gouvernement français. Dans toute l'Alsace, des gestes honteux de vengeance sont commis sous la motivation de patriotisme français. Des trains spéciaux sont mis en place pour ramener les immigrés allemands sur l'autre rive du Rhin. La population alsacienne les y conduit sous les injures et les coups, sans susciter de réaction du gouvernement français. A Strasbourg, Raymond Poincaré, président de la République française, devant l'enthousiasme de la foule déclenché par l'arrivée de l'armée française, s'écrie : « Le plébiscite est fait ! » La certitude de l'appartenance française de l'Alsace n'a pas faibli depuis que le général Joffre s'écriait en 1914 dans Thann libéré : « La France vous apporte, avec ses libertés, le respect de vos libertés à vous, des libertés alsaciennes, de vos traditions, de vos convictions, de vos mœurs. » Clemenceau est partisan d'une assimilation rapide de l'Alsace dans l'ensemble français. Il est intransigeant et ne se soucie aucunement d'un maintien des libertés particulières et du respect du particularisme alsacien qu'une minorité de conseillers préconisent. Cette conviction française va être démentie par les événements de l'immédiat après-guerre.

La nouvelle administration française considère, à peine installée, que l'Alsace est un département français comme un autre, soumis au pouvoir central d'une République une et indivisible. C'est là méconnaître l'entité spécifique de la province, attachée à une gestion autonome depuis très longtemps. Le pouvoir allemand avait fini par la reconnaître. L'Alsace est à cent lieues d'un pouvoir central parisien possessif qui ignore toute forme de provincialisme. Du côté alsacien, on ignore tout des mœurs politiques parisiennes, agitées par le radicalisme, le socialisme, la franc-maçonnerie et le laïcisme.

Le gouvernement français dissout immédiatement la diète, élue en 1911, qui a servi l'empereur allemand. Il la remplace le 21 mars 1919 par un Commissariat général, assisté d'un Secrétariat général, d'une Direction des affaires militaires et de neuf Divisions pour les affaires civiles. Le Commissariat siège à Strasbourg et le haut commissaire ne dépend que de l'autorité du président du Conseil ; il a libre accès au Conseil des ministres et son autorité s'étend sur toute l'ancienne Alsace-Lorraine. Alexandre Millerand, politicien au caractère entier, ancien ministre de la Guerre, chef de file du mouvement du « Bloc national », est le premier d'entre eux.

Des erreurs fondamentales sont commises. Répétant les erreurs de la Révolution, le nouveau pouvoir français envisage de mettre un terme au Concordat et d'introduire une laïcité intégrale. Le français redevient la langue officielle de l'administration, des tribunaux et de l'école, tandis que l'allemand est considéré comme une langue étrangère, ce qui ne va pas sans poser problème dans un pays déjà peu francophone un demi-siècle plus tôt, lorsque l'allemand a été imposé par la Prusse. Des fonctionnaires français, ignorant l'allemand et *a fortiori* le dialecte alsacien, sont détachés dans la nouvelle autorité alsacienne. Le doigté et la prudence ne sont plus de mise, la France croyant retrouver en toute légitimité une province qui lui a été arrachée. L'empressement conduit la République française à violer en Alsace ses propres lois.

Une grande confusion règne à Strasbourg pendant l'hiver 1918-1919. La mauvaise synchronisation entre les ministères parisiens et les Divisions strasbourgeoises, les conflits entre les administrations, l'abandon du mark et le retour au franc, les difficultés du ravitaillement et les problèmes nés de l'héritage allemand en sont responsables. De nombreux Allemands installés en Alsace sont revenus sur la rive droite du Rhin. Ceux qui restent sur le sol alsacien sont victimes de la colère des habitants qui veulent prendre leur place et n'hésitent pas à recourir à la délation. Des « vieux Allemands » et des ménages mixtes sont pris à partie, parfois violentés, dans tout le pays. En totale violation avec le principe républicain du « droit du sol », les autorités françaises appliquent les instructions de Clemenceau, président du Conseil et ministre de la Guerre. Il exige que les commissaires de la République fassent preuve de la plus grande fermeté vis-à-vis des Allemands qui, « par la violence de leur attitude antérieure ou actuelle, leurs propos, leurs agissements, les excès que font craindre les fonctions dont ils sont revêtus, sont cause de grave agitation ». Est ainsi expulsée la main-d'œuvre appelée en surnombre pour réduire le chômage alsacien. Elle est surtout complétée par la mise en place, à la demande de Jules Jeanneney, alors sous-secrétaire d'Etat à la Présidence du Conseil, des commissions de triage chargées de reconnaître les « bons Alsaciens » et de les protéger contre l'usurpateur allemand. Quelques voix dénoncent ces instances chargées d'appliquer un tri ethnique, mais elles fonctionnent activement. A Strasbourg, plus de 3 600 personnes sont appelées à comparaître devant l'administration française pour prouver que, pendant la guerre, elles n'ont pas été « amies des Allemands », traîtres à l'égard d'un de leurs compatriotes ou ouvertement complices du Reich. Aucun droit de défense n'est accordé aux prévenus. De nombreux fonctionnaires municipaux, des intellectuels, universitaires, architectes, médecins et ingénieurs sont expulsés vers l'Allemagne. Ils sont suivis par des collègues indignés par ce traitement. La Kaiser Wilhelms Universität est fermée en décembre 1918. Le président de l'Eglise de la Confession d'Augsbourg, Charles Gerold, incite les pasteurs à quitter l'Alsace. Trente-neuf pasteurs luthériens de basse Alsace choisissent ainsi de traverser le Rhin.

On estime à 110 000 le nombre d'Allemands expulsés d'Alsace ; les conditions de leur exode sont aggravées par les autorités françaises qui limitent leurs bagages – 30 kg – et leur argent – 200 marks –, le reste de leurs biens étant placé sous séquestre. Plusieurs centaines d'Alsaciens, indignés par ces mesures de rétorsion, les aident dans leur exil. Plusieurs centaines d'Alsaciens, encore plus indignés par la violence de la réaction française, ont abandonné leur province natale et ont gagné l'autre rive du Rhin. L'exemple le plus illustre, mais non le seul, est celui de Julius Leber, né à Biesheim en haute Alsace en 1891. Ce socialiste, las des divergences et du désordre du Parti socialiste français, et admirateur de la social-démocratie allemande, préfère l'exil en 1918. Il gagne Fribourg-en-Brisgau et milite activement dans le Parti social-démocrate allemand avant de devenir député SPD au Reichstag. Arrêté par les nazis, il est envoyé dans le camp de concentration de Sachsenhausen de 1933 à 1937. Dès sa sortie, il reprend son combat et se range aux côtés d'autres socialistes résistant à Hitler. Il devient membre du Cercle de Kreisau, autour du comte Helmuth James von Moltke. Dans les plans du putsch organisé par Stauffenberg, Leber devait devenir ministre de l'Intérieur. Il est emprisonné quinze jours avant l'attentat manqué et exécuté le 5 janvier 1945. Son parcours témoigne de l'absence de nationalisme revanchard chez quelques Alsaciens, partis en Allemagne par déception. Friedrich Curtius, revenu en Allemagne, conduira le parti socialiste dans la coalition de Weimar. Le bilan de la politique ségrégationniste française est catastrophique à un double point de vue : l'Alsace a perdu des élites et de bons travailleurs ; son peuple est devenu rapidement méfiant vis-à-vis des nouvelles instances dirigeantes. Le retour de la France en 1918 a été plus mal ressenti que l'annexion allemande de 1871 ; il s'est accompagné de pratiques scandaleuses dans une société cultivée et a ainsi attisé ainsi un esprit de revanche allemand qui utilisera plus tard les mêmes procédés. Le séparatisme alsacien est né dans ce contexte d'intolérance, d'instabilité politique et d'ignorance de l'entité composite de l'Alsace.

L'autonomisme alsacien

Des manifestations d'indépendance se produisent dès la fin de la guerre. Dans l'été 1919, des jeunes gens mineurs, peut-être de simples exécutants, font imprimer des tracts réclamant un plébiscite. Le souvenir des affiches réclamant une République neutre d'Alsace, et posées la veille de l'entrée des troupes françaises, est encore vif. Une campagne de presse entend établir un lien entre ces jeunes contestataires et le Comité exécutif de la République neutre d'Alsace-Lorraine que trois Alsaciens d'origine, Rapp, Ley et Muth, animent depuis Baden-Baden, où ils se sont réfugiés. La Justice du Bas-Rhin fait arrêter quatre hommes, dont l'architecte strasbourgeois Koessler et un rédacteur du quotidien *La République*. L'accusation de complot contre la sûreté intérieure de l'Etat ne peut être formellement démontrée et le procès des « neutralistes strasbourgeois » s'achève par un acquittement des accusés. Un autre procès se termine plus mal. Des protestataires dirigés par Klaus Zorn de Bulach réclament le bilinguisme et une politique régionaliste. Ils demandent aussi que les Alsaciens soient traités en citoyens respectables. On oublie que Zorn, fils d'un ancien ministre allemand, a désavoué les idées de son père et qu'« il ne parle allemand qu'à son chien ». La plupart des accusés sont condamnés à la déportation à vie ; Zorn est assigné à résidence surveillée. L'autonomisme alsacien naît avec eux.

En 1919, la vie politique alsacienne a repris et est animée par quatre grands partis, l'Union populaire et républicaine (UPR), le Parti républicain démocrate, le Parti socialiste relevant de la SFIO et, à partir de 1920, le Parti communiste. L'Union populaire d'Alsace, d'inspiration cléricale, est conduite par les abbés Haegy et Fasshauer. Ce parti défend la préservation des libertés locales sur le modèle des cantons suisses, le recours au référendum pour les affaires provinciales, une Assemblée régionale dotée de quelques pouvoirs, le maintien du Concordat et la garantie de l'enseignement libre ; le problème national n'est pas évoqué. Aux élections législatives de 1919, l'Union emporte 9 sièges sur 16 et, en 1924, 8 sièges sur 13.

Dans la France de l'intérieur, le Cartel des gauches, rapprochement des radicaux et des socialistes, gagne les élections la même année et obtient la démission du président de la République Millerand, jugé trop à droite. Le radical Edouard Herriot, maire de Lyon et président du Cartel, farouchement anticlérical, annonce son intention de fermer l'ambassade de France au Vatican et de compléter l'annexion de l'Alsace en supprimant la législation locale et le Concordat ; les congrégations religieuses sont interdites en Alsace comme dans toute la France.

La question religieuse, soulevée par Herriot, suscite d'autres interrogations sur la langue et sur l'école. Les protestations enflent vite dans une province si fortement attachée à son clergé et à ses traditions. Une manifestation rassemble le 20 juillet 1924 plusieurs dizaines de milliers de personnes sur la place Kléber de Strasbourg. Elles sont venues de toute l'Alsace, répondant à l'appel des prêtres et de l'Union populaire et républicaine. Le gouvernement de Paris ignore pourtant la protestation alsacienne. L'Allemagne cherche alors à en tirer profit. Depuis 1921, une Société d'aide mutuelle des Alsaciens-Lorrains apporte son soutien à ceux que l'on a chassés outre-Rhin. Le Comité exécutif de la République neutre d'Alsace-Lorraine, issu des cercles d'émigrés allemands nés en Alsace et repliés à Baden-Baden, imprime des opuscules plaidant pour une autonomie alsacienne ; leur diffusion est assurée par la Société d'aide mutuelle. Les instances autonomistes sont assez largement subventionnées par les services officiels de la propagande allemande, l'industrie lourde du Reich et les milieux antifrançais d'Europe et d'Amérique. La Société d'aide mutuelle finit par établir son siège à Berlin et compte alors 20 000 membres, répartis en 160 associations locales. Tous s'insurgent contre le traité de Versailles qui, selon eux, n'apporte aucune solution à la question alsacienne. Robert Ernst, fils d'un pasteur et né en Alsace, établi à Tübingen, fédère en 1923 les diverses institutions autonomistes établies en Allemagne et devient chef du mouvement.

A partir de 1924, le gouvernement allemand subventionne l'Institut scientifique alsacien-lorrain de Francfort, qui vire ses allocations, par l'intermédiaire de Ernst, à l'imprimeur strasbourgeois René Hauss. Ce dernier est fils d'un député au *Landtag* et a été secrétaire d'Etat du dernier *Statthalter* en 1918. Le premier numéro de l'hebdomadaire *Die Zukunft* (*L'Avenir*), plaidant pour une autonomie alsacienne dans le cadre de la nation, paraît à Strasbourg le 9 mai 1925. Le directeur en est le Dr Rickling, qui a présidé pendant la guerre le Parlement provincial. Déçus par la fermeté du gouvernement français hostile à toute décentralisation, les abbés Haegy et Fasshauer, et avec eux tout leur parti, suivent le Dr Rickling et réclament l'autonomie alsacienne dans deux nouveaux organes de presse.

En mars 1926, un projet d'Etat tampon entre la France et l'Allemagne est discuté entre des partisans de Rickling et de Haegy, des Suisses et des Autrichiens. Le 8 juin paraît un manifeste adressé à tous les « Alsaciens sincères » ; ils sont incités à réclamer l'égalité des langues allemande et française dans les administrations et les écoles. L'autonomisme alsacien sort de l'ombre, ses partisans se regroupent en une Ligue de la patrie alsacienne (*Heimatbund*). En octobre 1926, l'argent allemand permet de créer une imprimerie chargée de la presse autonomiste. Au cours de l'année suivante, divers mouvements se produisent. Des séparatistes réclament un rapprochement de l'Alsace à l'Allemagne. Sur la rive droite du Rhin, on proclame « le droit pour l'Allemagne de maintenir au-delà des frontières officielles l'esprit national allemand (*Volkstum*) dans une communion spirituelle avec la mère patrie ». Les prêtres alsaciens, bien que désavoués par leur évêque, en appellent au pape qui ne répond pas. Le gouvernement français finit par réagir : Rossé, un enseignant autonomiste, est révoqué et trois journaux autonomistes sont suspendus. Dans la nuit du 24 au 25 décembre 1927, les autonomistes les plus ardents, Rickling, Hauss, Fasshauer, Rossé et Stürmel, sont arrêtés avec une vingtaine de leurs condisciples. Les plus compromis, Ernst, Pinck et Roos, s'enfuient en Allemagne. Ceux qui sont pris par la police française sont jugés dans un procès à grand spectacle à Colmar du 1er au 24 mai 1928 ; ils sont accusés de complot contre la sûreté de l'Etat. Les débats sont houleux mais les peines légères. Rickling, Rossé, Schall et Fasshauer sont condamnés à un an de prison ; les autres sont acquittés. La Justice a compris, malgré quelques ambiguïtés, que la grande majorité de ces autonomistes ne souhaitent pas le retour de l'Alsace à l'Allemagne, mais réclament une décentralisation efficace et le respect du particularisme alsacien. Plus régionalistes que séparatistes, ils ne partagent guère les vues d'un autre parti politique, très minoritaire, le *Landespartei* (Parti de l'ancien *Reichsland*), qui souhaite le retour au Reich.

Les autonomistes créent un *Volksfront* en s'alliant avec des membres de l'Union populaire et républicaine et des dissidents du Parti communiste. Ils triomphent aux élections législatives de 1928 à Strasbourg et Colmar et envoient au Parlement 11 autonomistes sur les 16 sièges qui leur sont offerts ; parmi eux Rickling et Rossé, sortis de prison, et Hauss et Stürmel. Seule Mulhouse, fief du socialisme, ignore l'autonomisme. Les élections municipales de 1929 et cantonales de 1930 sont de nouvelles victoires du mouvement autonomiste. Strasbourg élit au siège de maire le communiste dissident et autonomiste Charles Hueber, qui succède au socialiste Jacques Peirotes ; son premier adjoint est Michel Walter, un député de l'Union.

La crise économique de 1931 conduit l'Allemagne à diminuer les subventions accordées au mouvement autonomiste. Par ailleurs, la prise du pouvoir par Hitler et les dangers d'un nouveau conflit entre France et Allemagne contribuent à réduire l'intérêt porté au *Volksfront*, qui est rompu en 1934. Aux élections de 1932, dans le Bas-Rhin, les candidats autonomistes obtiennent cependant encore 23,9 % des suffrages et 17,7 % en 1936.

L'Alsace de l'après-guerre

L'Alsace redevenue française n'a pas retrouvé le bien-être annoncé par la propagande de Paris et les nationalistes francophones. Certes, jusqu'à la crise de 1929, l'économie prospère dans l'extraction de la potasse, l'industrie textile, les biens d'équipement et la production d'électricité. Le gouvernement français adopte une politique rhénane ambitieuse : création en 1924 du port autonome de Strasbourg, amélioration des liaisons fluviales, importation du charbon de la Ruhr, exportation du minerai de fer lorrain et de potasse alsacienne. Mais d'immenses difficultés directement liées à la guerre et à l'alternance des dominations allemande et française persistent et encourageant l'autonomisme. La montée du nazisme et la transformation de l'Alsace par l'état-major français en une zone de glacis achèvent de déstabiliser la région et y développent un malaise spécifique, inconnu dans les autres provinces françaises.

La nouvelle orientation du commerce, naguère exclusivement tourné vers l'Allemagne et entièrement basculé vers la France après 1918, est un autre bouleversement. La population, déjà meurtrie par les mouvements transfrontaliers, doit faire face à l'immigration de Polonais, d'Italiens et de Français de souche, appelés en Alsace par le vieillissement de la population et le déclin de la natalité ; cette mesure ne suffit pas à ramener la croissance démographique alsacienne au niveau des régions voisines, la Suisse et le pays de Bade. La population agricole perd sa prépondérance sociale et parfois le pouvoir dans les communes ; les catholiques, jusque-là minoritaires et tenus à l'écart par les notables, s'emparent du pouvoir municipal en 1929 et 1935.

La souffrance alsacienne est particulièrement forte dans le domaine culturel. Les autorités, persuadées de la supériorité culturelle du français, outrées par la consonance germanique du dialecte alsacien, imposent brutalement le français. La langue officielle remplace, sans la moindre tolérance, le dialecte alsacien à l'école primaire ;

le dialogue des enfants avec leurs parents germanophones devient parfois difficile. Le choix du français comme langue exclusive de formation affaiblit le niveau scolaire dans toute la province. En outre, comme en 1860, le français apparaît comme un facteur de discrimination sociale entre les élites cultivées et bilingues et les milieux modestes, uniquement dialectophones ; ceux-ci ne peuvent plus prétendre à un poste de responsabilité. L'enseignement de l'allemand est considérablement réduit dès 1920. L'Eglise se plaint, en vain, de ces mesures qui rendent souvent impossible la compréhension entre prêtres et fidèles. L'université allemande de Strasbourg est dissoute dès la fin de la guerre. Les étudiants germanophones sont éliminés et la qualité de l'université s'abaisse en deçà du niveau de l'avant-guerre. Les enseignants, principalement venus d'outre-Vosges, sont souvent perçus comme des étrangers. Formés dans le moule allemand, ils ne se résolvent pas à publier leurs travaux en français. Ils ne sont pas appréciés de la nouvelle université française ; certains d'entre eux, les théologiens Gustav Anrich et Albert Ehrhard, entre autres, sont contraints de quitter l'Alsace pour poursuivre leur carrière dans une université allemande. Trois grands philosophes alsaciens, Charles Pfleger, Ernest Barthel et Albert Schweitzer, n'ont pour leur part jamais cessé d'enseigner en allemand, qui est la langue de leur formation. Les intellectuels alsaciens se révoltent contre l'emploi exclusif du français. La Société des écrivains d'Alsace et de Lorraine, fondée en 1927, refuse d'établir une distinction selon la langue des auteurs, français, allemand ou dialecte. Le recours au dialecte est d'ailleurs de plus en plus fréquent chez tous ceux qui se réclament indépendants de la France et de l'Allemagne.

Le théâtre et la musique strasbourgeois perdent beaucoup en qualité après l'interdiction de représenter et jouer des œuvres allemandes, qui correspondent pourtant mieux au goût du public. Ce n'est qu'à partir de 1932 que le Festival de Strasbourg peut recevoir l'Orchestre philharmonique de Berlin, dirigé par Wilhelm Furtwängler, et le Gewandhaus de Leipzig. Le clergé, enfin, réfractaire aux décisions linguistiques de Paris, contribue largement à la tendance autonomiste de l'Alsace, suivi en cela par la majorité des catholiques et la plupart des pasteurs ruraux, piétistes et orthodoxes, qui tiennent l'allemand pour la langue sacrée que Luther a utilisée afin de faire connaître la parole de Dieu aux hommes. Le camp favorable à l'assimilation de l'Alsace à la France se réduit, en tout cas jusqu'en 1932, à des notables urbains, des bourgeois, des socialistes et des radicaux.

Vers un séparatisme ?

L'autonomisme alsacien, initialement soutenu par l'Allemagne et diversifié par l'origine et l'idéologie de ses défenseurs, évolue progressivement au-delà de ses intentions premières ; ses partisans sont en effet de plus en plus déçus par la France. Le mouvement tend à un rapprochement avec le Reich. Dès les années 1930, dans des dérives insoutenables, il s'est même approché des droites antiparlementaires et du nazisme.

Après le manifeste du *Heimatbund*, Karl Rooss, à la tête du *Landespartei*, se rapproche des mouvements fascistes et nationaux-socialistes de l'époque. Dès 1924, Christian Hermann Bickler, étudiant en droit à Strasbourg, fonde le *Studentischer Heimatbund* avec l'objectif de défendre la langue allemande ; son mouvement s'intègre au *Bund Heimattreuer Elsass-Lothringer*, fondé par René Hauss et Paul Schall. Le premier a été décoré de la croix de fer pendant la Première Guerre mondiale et entre en 1941 dans l'administration nazie de la basse Alsace. Il continue à proclamer son appartenance nazie à la fin de la Seconde Guerre mondiale avec Robert Ernst et Paul Schall ; il est condamné à mort par contumace en 1947.

Paul Schall, rédacteur en chef de l'*Elsass-Lothringen Zeitung*, puis sous l'occupation de l'*Elsässische Soldatenzeitung-Heimatbrief vom Oberrhein*, a une activité nazie comparable et est fier d'avoir été reçu par Hitler plusieurs fois. Condamné à mort en 1947, il échappe à la sentence en se réfugiant en Allemagne.

A partir de 1925, Bickler participe à des manifestations national-socialistes en Allemagne, puis milite dans divers mouvements fascistes. En 1940, il est promu colonel SS par Himmler et incorpore son dernier mouvement, la *Jungmannschaft*, au sein des SS. Il organise l'évasion de dignitaires nazis lors de la débâcle allemande en 1945. Il vit ensuite secrètement dans l'Allemagne vaincue puis s'exile en Italie du Nord. La *Jungmannschaft* est anticapitaliste et anticommuniste, et prend clairement pour modèles le fascisme italien et le national-socialisme allemand. Pour ses dirigeants, seuls ces mouvements populistes proposent une réelle alternative à la décadence des démocraties occidentales. Le parti autonomiste de Bickler et les autres partis d'extrême droite fusionnent en 1939 pour simplifier et faciliter l'absorption totale de l'Alsace par l'Allemagne nazie. En 1940, ils réclament l'incorporation de jeunes Alsaciens à la Wehrmacht.

Sous l'impulsion de Joseph Bilger, le *Bauernbund* (Ligue paysanne) rassemble dans le Haut-Rhin 6 000 membres recrutés parmi les producteurs de lait, les vignerons et autres producteurs agricoles aisés du Sundgau. Depuis

1924, Joseph Bilger anime ce mouvement syndical qui proclame son attachement aux valeurs de droite. Journaliste, il créé son propre journal, *Volk* (*Le Peuple*), dont le slogan est *Familie, Arbeit, Heimat, Christentum* (« Famille, travail, patrie, chrétienté »). En 1934, il redéfinit ses objectifs et regroupe plusieurs unions ayant des buts similaires en un mouvement fascisant, le *Volkpolitische Kampforganisation* (Front national du travail), conçu à l'image des partis d'extrême droite et reconnaissable à son uniforme. Ses adhérents portent chemise verte et cravate rouge. Ils veulent détacher la paysannerie française de la République, et réclament un nouveau régime, autoritaire, populiste, protectionniste, antisémite et corporatiste. Le *Bauernbund* est concurrent du Front populaire, tout en respectant ses cadres. Il passe alliance avec les autonomistes et les nationalistes français. En 1938, le mouvement se déclare favorable à l'Allemagne nazie et, lors de l'épisode des Sudètes, il provoque des émeutes à Strasbourg par des tracts soutenant l'annexion allemande. Des magasins tenus par des Israélites sont pris pour cibles. A partir de 1940, Bilger et ses adhérents collaborent officiellement avec les nazis. Leur journal, *Wochenblatt für das Elsässische Bauerntum*, proclame dès l'invasion allemande : « C'est à Adolf Hitler seul que nous devons le salut de notre *Heimat* (patrie) et de notre jeunesse. Désormais, nous voulons, de toutes nos forces, nous employer à faire face aux tâches nouvelles qui nous attendent [...]. Pour en finir, on nous a traités, mes hommes et moi, d'"agents d'Hitler" [...]. Nous ne voulions rien d'autre que défendre notre patrimoine racial (*Volkstum*) et nous rapprocher de l'Allemagne. » En 1945, Joseph Bilger est condamné à dix années de prison. Libéré en 1952, il continue de militer dans un mouvement partisan de l'Algérie française, le MP 13, dont il est le secrétaire général.

Les organisations d'extrême droite françaises de l'entre-deux-guerres – Croix-de-feu du colonel de La Rocque, Jeunesses patriotes de Pierre Taittinger, Mouvement fasciste de Marcel Bucard, Mouvement franciste de Paul Guiraud, Action française – sont populaires en Alsace parce qu'elles prônent l'ordre naturel reçu de Dieu, la hiérarchie introduite par la société et l'antisémitisme. Fortement appuyée sur l'Eglise catholique, la défiance vis-à-vis des Juifs a en effet été une constante de l'histoire alsacienne ; des débuts de pogroms ont marqué les révolutions de 1830 et de 1848. La recherche d'une identité alsacienne, acérée par l'alternance des annexions françaises et allemandes et l'appartenance à une communauté ayant une culture spécifique, a été favorable à l'autonomisme, voire au séparatisme. Ces options procèdent d'une idéologie conservatrice. L'idée d'une collaboration avec l'Allemagne nazie n'a cependant jamais été défendue que par des courants minoritaires. Le patriotisme, la fidélité vis-à-vis de la France sont au contraire prioritaires pour la droite politique non extrémiste.

Les autonomistes sont majoritairement partisans d'une régionalisation ; ils marquent moins l'histoire que les séparatistes, qui souhaitent rejoindre l'Allemagne dès 1918. En 1953, faisant l'impasse sur les crimes du IIIe Reich, un autonomisme d'extrême droite reprenant des thèmes du nazisme apparaît de nouveau. Ainsi le Mouvement régional d'Alsace et de Lorraine (MRAL), créé en 1970 sous l'influence du Dr Iffrig, nie-t-il les crimes de guerre des nazis. La Fédération d'action nationale et européenne (FANE) s'affirme de même comme mouvement néonazi et terroriste depuis 1966. Des membres du MRAL, dont Iffrig et ses sympathisants, le rejoignent. En 1976, Martin Johann fonde le Rassemblement des Alsaciens-Lorrains qu'il fédère à un groupe proche du

Front national et, en 1981, Pierre Zind et Fritz Becker créent un hebdomadaire, *La Nouvelle Voix d'Alsace-Lorraine*, révisionniste et antisémite, qui est condamné en 1985. Ces mouvements de l'extrême droite ont souvent été en relation avec le Front national de Le Pen. Mais les 228 226 électeurs qui ont voté en Alsace pour ce dernier en 2002 n'ont témoigné que de l'antiparlementarisme, du racisme et des idées contre-révolutionnaires issus des ligues d'avant-guerre, ainsi que de l'esprit *völkisch* de l'extrême droite allemande. Leur politique ne va pas au-delà d'une appartenance régionale floue, fondée sur la langue, les liens du sang et la famille, menacée par le modernisme. Ils sont plus catholiques que protestants. Ils détestent la « technocratie gauchisante ». Ils ne sont pas tous antieuropéens, mais ils refusent l'administration bruxelloise ; ils sont déçus par la politique de la France. Ils veulent préserver leur régionalisme et se servent du Front national pour exprimer leur quête d'identité. Leur conservatisme, contraire à une politique ouverte de la France, vaut bien un vote de protestation. La *Charte régionale des libertés alsaciennes* présentée par le Front national met en exergue une citation du général Joffre, datant du 24 août 1914 : « Nous voulons assurer le respect de vos libertés alsaciennes, de vos traditions, de vos convictions, de vos mœurs. » Son préambule s'engage contre toute tentative de mutilation de l'histoire et de l'héritage culturel alsaciens ; il défend la richesse exceptionnelle qu'est le bilinguisme et propose que l'Alsace soit un pont entre la France et toute l'Europe centrale ; il veut prendre en compte la spécificité juridique de l'identité alsacienne et la défendre durablement ; il dénonce la carence des élus alsaciens dans ce domaine. Le Front national cherche ainsi à s'opposer aux apprentis sorciers qui livrent la France à la bureaucratie européenne sans contrepoids étatique. Les Alsaciens qui y souscrivent ne tiennent pas compte de cette référence à l'Europe. Leur appartenance européenne est impérative, un engagement prioritaire pour leur province qui n'a jamais eu de véritable maître.

20

L'Alsace nazie

Le 10 mai 1940, les divisions de Panzer contournent la ligne Maginot et s'enfoncent dans la trouée de Sedan. La campagne de France commence. Le 17 juin, l'encerclement de la ligne Maginot est achevé, Colmar est occupée et les blindés allemands atteignent la Suisse. En Alsace, la guerre a duré quatre jours. Le 15 juin, la 246ᵉ division d'infanterie attaque la ligne Maginot dans l'Outre-Forêt, qui résiste malgré la dispersion de l'armée française dans les Vosges, mais la 7ᵉ armée allemande franchit le Rhin entre Schoenau et Neuf-Brisach. L'armée allemande victorieuse entre dans Colmar le 17 juin et le lendemain dans Mulhouse. Le préfet du Haut-Rhin, les sous-préfets et les directeurs encore en place dans les administrations sont immédiatement déchus de leurs fonctions et priés de quitter le territoire alsacien.

Strasbourg, évacuée depuis septembre 1939, tombe le 19 juin. Le préfet du Bas-Rhin, replié à Lutzelhouse dans la vallée de la Bruche, est arrêté avec quelques autres fonctionnaires français ; ils sont emprisonnés en Allemagne. Le 20 juin, le *Gauleiter* Robert Wagner est convoqué au quartier général de Hitler établi près de Freudenstadt en Forêt-Noire. Wagner est un fidèle de Hitler depuis le putsch manqué de Munich en 1923 ; ils ont été emprisonnés ensemble dans la forteresse de Landsberg. Hitler installe immédiatement son vieux compagnon d'armes dans la position de chef de l'administration civile en Alsace et lui donne pleins pouvoirs pour exercer sa tâche de germanisation et de nazification de la rive gauche du Rhin. Il s'attelle immédiatement à sa mission, qu'il estime réalisable en moins de dix ans.

L'armistice signé par Pétain le 22 juin 1940 ne comporte aucune clause fixant le statut de l'Alsace-Lorraine, mais Hitler n'a aucune hésitation à ce sujet : l'Alsace est une terre germanique, appartenant au *Deutsches Volk* (peuple allemand), et doit devenir, avec la Moselle, une terre exemplairement nazie. Les trois départements – Bas, Haut-Rhin et Moselle – sont intégrés au Reich. Le Bas-Rhin et le Haut-Rhin sont rattachés au pays de Bade. L'ensemble forme le *Gau Oberrhein* dont Strasbourg est la capitale. Le 28 juin, Hitler fait une halte officielle dans la ville, visite la cathédrale et avance en pays conquis jusqu'au col de la Schlucht.

Occupation et annexion de l'Alsace par les nazis

Le premier geste de l'administration allemande est de faire revenir en Alsace les quelque 350 000 Alsaciens habitant autour de la ligne Maginot qui ont été évacués dans le sud-ouest de la France dès 1939 par peur de la guerre ; la seconde mesure est la libération des 1 800 000 Alsaciens et Mosellans prisonniers. Le gouvernement français de Vichy est favorable à cette mesure qui soulage ses finances. Le gouvernement allemand s'emploie avec zèle à réintégrer dans une terre allemande des populations déjà considérées comme allemandes. Le pays de Bade est chargé de venir en aide aux réfugiés.

Une organisation alsacienne, le *Hilfsdienst* (Service d'aide au retour), épaule les efforts badois ; l'autonomiste germanophile Robert Ernst, chef de la propagande en faveur de l'hitlérisme en Allemagne et futur maire de Strasbourg, en est l'animateur. Il est assisté de dix membres, tous autonomistes acquis à la cause allemande. Le retour des Alsaciens chez eux sert de propagande au Reich. Les réfugiés de la Dordogne et de l'Indre sont ainsi accueillis dès leur passage de la ligne de démarcation par des discours, des drapeaux à croix gammée et de la musique militaire célébrant leur retour au sein de la patrie allemande. La « grande Allemagne » salue comme il le faut ce retour au foyer. L'aryanisation et la « mise au pas » de l'Alsace ne traînent pas. Les couples mixtes alsaciens-français et les personnes suspectes aux yeux des nazis sont refoulés vers la France ; les prisonniers officiers libérés doivent préciser par écrit qu'ils appartiennent à la race allemande par le sang ; ceux qui refusent retournent dans les Oflags d'Allemagne. Le 16 juillet, les autorités nazies expulsent les Juifs et les Nord-Africains qui résident encore dans les départements du Bas-Rhin et du Haut-Rhin. Le 24 juillet, des poteaux frontières sont plantés sur l'ancienne limite du *Reichsland Elsass-Lothringen* d'avant 1918, sur les crêtes des Vosges. Malgré quelques protestations françaises devant la Commission d'armistice de Wiesbaden, l'Alsace est annexée au Reich nazi. Il n'est pas question de lui accorder le statut de terre occupée.

Des fonctionnaires allemands affluent à Strasbourg et dans les villes, accompagnés par des nazis venus du pays de Bade. Des Alsaciens germanophiles, issus des partis autonomistes d'avant-guerre se regroupent en *Ortsgruppen* (groupements locaux) ; leurs enfants rejoignent les Jeunesses hitlériennes avec l'aide du mouvement badois

Hitlerjugend. Dès le 30 août 1940, le *Gauleiter* Wagner organise des associations pronazies, qui préfigurent l'arrivée du NSDAP. Les Alsaciens les ignorent en majorité. Mais, encouragés par la propagande, quelques arrivistes et quelques désœuvrés s'y inscrivent, attirés par la promesse d'avantages matériels.

Le Reich a non seulement conquis l'Alsace, mais il structure la province à sa façon. Vers la mi-août 1940, les fonctionnaires, pour conserver leurs postes et leurs traitements, doivent signer une déclaration reconnaissant servir le Reich national-socialiste, se mettre au service du Führer et se livrer entièrement aux autorités nazies. Refuser de signer équivaut à une opposition claire au régime, et expose à des mesures d'expulsion, d'internement, de déportation, voire à la mort. L'avancement se fait en fonction de l'appartenance au système nazi, ce qui instaure un climat de délation et de suspicion en même temps que l'inscription aux associations du parti : au 31 octobre 1940, toutes les localités du Haut-Rhin et du Bas-Rhin comportent un noyau nazi plus ou moins développé. On comprend qu'il y ait eu peu de réfractaires : les convictions personnelles sont muselées par la violence. Le pouvoir nazi prend en charge la société alsacienne tout entière, les préfectures et sous-préfectures, les collectivités territoriales, la police, le Trésor public, les postes, et la distribution du gaz et de l'électricité. En septembre 1940, les enseignants sont à leur tour soumis à la règle de la signature. Ils sont envoyés en nombre dans les pays de Bade et de Wurtemberg pour y subir une rééducation (*Umschulung*). Des instituteurs nazis les remplacent et font à leurs élèves l'apologie du Parti national-socialiste.

Dès le 11 juillet, la cathédrale de Strasbourg est interdite au culte. La présidence de l'Eglise luthérienne d'Alsace est confiée à un germanophile, en remplacement d'Hoepffner, réfugié en Dordogne. Mgr Ruch, évêque de Strasbourg, est contraint de rester à Périgueux. Les deux vicaires qui dirigent le diocèse en leur absence sont à leur tour expulsés en décembre 1940 et remplacés par un vicaire général désigné par le pouvoir. Les dispositions du concordat allemand de 1933 ne sont pas respectées ; le traitement des pasteurs et des prêtres est suspendu. Les paroisses ne fonctionnent qu'avec l'argent des fidèles. La politique de déchristianisation interdit le caractère confessionnel des écoles, ferme les établissements religieux d'enseignement, dissout le Grand Séminaire et les facultés de théologie, aussi bien protestantes que catholiques, expulse les ordres religieux et supprime les jours fériés par tradition religieuse. Les statues de Jeanne d'Arc sont proscrites des églises, et les enfants autorisés à se déclarer incroyants sans le consentement de leurs parents.

La germanisation et la nazification sont rondement menées, appuyées dans certains cas par les autonomistes. Tout ce qui peut rappeler une présence française est interdit. Les rues, les lieux, les magasins reçoivent des noms à consonance germanique. Colmar devient *Kolmar*, Mulhouse, *Mülhausen*, et Strasbourg, *Strassburg*. Les rues et places principales prennent le nom d'Adolf Hitler tandis que des rues de moyenne importance portent celui de Karl Roos. Une ordonnance du 16 août 1940 interdit l'emploi du français en toutes circonstances. Les noms de famille français sont germanisés, ainsi celui du troisième vicaire général de Strasbourg, Mgr Théodore Douvier, devenu Daubner ! Le salut hitlérien remplace toute autre formule de politesse, même exprimée en allemand. Les statues de militaires français, celles de Kléber à Strasbourg et de Rapp à Colmar, sont déboulonnées ou détruites. Les monuments évoquant un souvenir français sont dynamités. Les livres français sont brûlés sur la place publique et toutes les inscriptions et indications en français, même les plus banales, bannies. Les actes symboliques – jusqu'au port du béret – sont proscrits. L'Alsace subit le sort que les provinces et capitales allemandes connaissent depuis quinze ans. L'annexion n'est pas effectuée comme par le passé au nom d'une nation, mais au nom d'un parti politique.

Le 1er octobre 1940, le *Gauleiter* Wagner réorganise l'administration urbaine alsacienne. Un « grand Strasbourg » est créé, regroupant Strasbourg, Kehl, Schiltigheim, Bischeim, Hoenheim, Oberhausbergen, Eckbolsheim, Lingolsheim, Ostwald et Illkirch-Graffenstaden. La création du « grand Strasbourg » obéit à l'idée qui a prévalu en 1871 pour affirmer la puissance du Reich. L'architecte Schmitthenner imagine de nouveaux axes et monuments ; la route du Rhin et l'Esplanade doivent être urbanisées pour relier l'ancienne ville de Strasbourg à Kehl. Un « grand Colmar », incluant des bourgs avoisinants, est institué sur le même modèle. Les maires, nommés par le *Gauleiter*, sont naturellement choisis en fonction de leur engagement vis-à-vis du nazisme. C'est ainsi qu'Ernst est désigné maire de Strasbourg. Dans les villages, les nominations sont inspirées par les adhérents à la cause nazie. Toute cette organisation permet de verrouiller la nazification et de mettre en place une hiérarchie administrative où l'on retrouve l'obsession pyramidale du régime. Sous les ordres de chefs d'arrondissement (*Kreisleiter*), obéissent à la lettre des chefs de cellule (*Zellenleiter*) et des chefs de blocs d'habitation (*Blockleiter*). Les nouveaux responsables sont des Allemands de souche, des Allemands descendant des expulsés de 1918, des autochtones militant dans l'entre-deux-guerres, et des arrivistes sans scrupules.

Pour s'assurer de la dépendance des Alsaciens, la terreur policière qui règne outre-Rhin est rapidement introduite en Alsace. Une *Schutzpolizei* (police de protection) est constituée pour maintenir l'ordre public ; elle est aidée d'une *Hilfspolizei* (police d'aide). Les deux polices sont assurées en majorité par des Allemands et par des Alsaciens dont l'attachement au Reich est certain. Elles sont coiffées par la *Geheime Staatspolizei* (Gestapo) et le *Sicherheitsdienst* (service de sécurité) qui sont entièrement composés de nazis soigneusement sélectionnés par les services centraux. Leur pouvoir est absolu, leur autonomie est grande, ce qui leur permet de réprimer et d'arrêter sans frein, de choisir le site de détention à leur convenance, d'envoyer les inculpés sur le front russe à partir de 1941, de les torturer et de les tuer si nécessaire. L'encadrement politique mis au point en Allemagne est introduit dans la population alsacienne avec la participation de personnes militant pour le Parti national-socialiste. Elles collaborent à dénoncer les Alsaciens jugés trop francophiles ; ceux-ci sont ensuite expulsés ou envoyés en Allemagne et privés de leurs biens. Certains de ces délateurs zélés ont pris en charge la surveillance des lieux de travail, des immeubles d'habitation, des bourgs, des quartiers et banlieues. Ils deviennent *Obmann, Blockleiter, Zellenleiter* ou *Ortsgruppenleiter*. Outre la dénonciation des réfractaires au Reich, ils ont pour mission d'organiser la propagande hitlérienne par des discours et des manifestations de masse touchant toutes les couches de la société. Les meilleurs d'entre eux deviennent membres du parti nazi à part entière (*PG, Parteigenosse*).

Le 2 janvier 1942, l'implantation du parti nazi est jugée assez forte pour que l'affiliation à la Jeunesse hitlérienne devienne obligatoire pour tous les jeunes de dix à dix-huit ans. En outre, par une ordonnance du 8 mai 1941, le

Gauleiter Wagner introduit le *RAD* (*Reichsarbeitsdienst*), organisation paramilitaire pour tous les jeunes gens à partir de dix-huit ans, préparant leur admission dans la Wehrmacht.

La politique de discrimination sociale nazie implique que les personnes déplacées soient triées, isolées et parquées. Dès juillet 1940, l'administration civile allemande installe à Schirmeck un camp de rééducation destiné à ceux qui refusent ou dénoncent le nazisme. La détention peut durer de quelques semaines à plusieurs mois. Les détenus sont sous la surveillance des SS, commandés par Buck, qui les soumet à un travail épuisant, une discipline de fer et un lavage de cerveau. L'extermination n'est pas un but affiché, mais la détention inflige des violences quotidiennes souvent mortelles. Les tentatives de fuite sont habituellement punies par la mort ; ceux qui y échappent sont exposés à la brutalité SS. Le camp d'extermination du Struthof, situé en pleine forêt vosgienne afin d'être à l'abri des regards et de ne pas laisser de traces – comme en Pologne, est installé en avril 1941. Les fours crématoires fonctionnent dès son ouverture. La capacité initiale du camp – 4 000 détenus – atteint rapidement le double. Des convois de déportés, venus de toute l'Europe, sillonnent l'Alsace ; la population découvre progressivement le sort qui leur est réservé.

L'Alsace est en principe totalement isolée du monde extérieur par la censure de Radio Strasbourg et l'interdiction absolue de capter la BBC et la radio suisse. Seule l'information venant de Radio Stuttgart, à la gloire du Reich, est autorisée. Les informations sur les opérations militaires ne parviennent en Alsace que clandestinement, c'est-à-dire avec retard et de manière parcellaire. A partir de 1941, des Journées annuelles de l'arrondissement

(*Kreistage*) vantent la puissance nazie par des parades et des discours. Leur mise en scène, théâtrale et chargée d'histoire germanique, est organisée avec soin ; la participation et la présence de tous sont obligatoires. Les cérémonies se déroulent sur plusieurs jours avec des parades SS rendant hommage aux soldats blessés convalescents, des expositions montrant deux mille ans de présence germanique en Alsace, et des films exposant les mérites des héros mythiques allemands ; s'y ajoutent des remises de drapeaux et bannières aux sections locales qui se distinguent dans des exercices de tir et de défense antiaérienne, des réunions de travail et d'information et de la musique militaire. Le *Kreisleiter* et le *Gauleiter* assistent souvent à ces cérémonies, en présence des dignitaires locaux du nazisme. Toutes les formations nazies jouent leur rôle, SS, SA, Jeunesses hitlériennes, Union des filles allemandes (*Bund Deutscher Mädel*) et ligues féminines diverses. Une grande place est faite aux démonstrations de gymnastique collective, aux concerts et aux films à caractère nationaliste. Les maisons et immeubles doivent être pavoisés de drapeaux à croix gammée. Le salut hitlérien est obligatoire pour tous, sans distinction d'âge, lors de chaque cérémonie.

L'université de Strasbourg est rouverte en grande pompe le 23 novembre 1941. Sa mission officielle consiste à propager la culture nazie ; les étudiants admis peuvent se considérer comme appartenant à une race supérieure. Une propagande intense est organisée dans tous les lieux de travail au moyen de haut-parleurs diffusant les discours de Hitler ou de Goebbels et les communiqués de victoire de la Wehrmacht ; des volontaires rapportent aux autorités l'état d'esprit des travailleurs et dénoncent ceux qui n'adhèrent pas au nazisme. Les institutions nazies distinguent trois groupes dans la population alsacienne : les personnes dignes de confiance – 3 % de la population – peuvent être admises dans le parti nazi et recevoir la nationalité allemande ; le groupe des « douteux », n'affichant ni approbation ni réserve, est majoritaire ; les « ennemis » font l'objet de mesures spécifiques, expulsion ou déportation dans des sites de l'Allemagne de l'Est où l'on apprend les règles du parti nazi.

La vie civile est également soumise aux directives du parti. La monnaie officielle est le Reichsmark depuis 1941. Les banques régionales sont intégrées aux grandes banques allemandes et les assurances, placées sous séquestre avant d'être réintroduites dans des réseaux allemands. Les grandes entreprises industrielles échappent au contrôle de leurs actionnaires et sont gérées par des consortiums allemands ; celles qui protestent sont fermées ou reconverties en usines travaillant aux intérêts du Reich en guerre. Un service de ravitaillement est institué pour imposer les quotas alloués à la population alsacienne, le surplus étant acheminé vers l'Allemagne ou les lieux de guerre. Les paysans ne peuvent conserver que ce qui leur est indispensable. Le marché noir accompagne la mise en place du rationnement et les profiteurs de guerre apparaissent. Les campagnes souffrent moins que les villes, mais les populations urbaines et rurales sont unies par une forte solidarité.

La Résistance alsacienne

La résistance de la population alsacienne et mosellane est précoce et forte, stimulée par les conditions de l'annexion. La chronologie de la Résistance est particulière. Les Alsaciens qui restent dans leur province lors de la défaite française subissent l'arrivée des premières troupes allemandes sans réaction particulière, sauf face aux pillages de la Wehrmacht. L'annexion de la province au Reich change tout. L'application des premières mesures nazies s'est fait lentement sentir en France occupée. En Alsace, l'annexion leur donne un caractère immédiat et brutal. Le 18 septembre 1940, le *Gauleiter* Wagner se plaint que 80 % des Alsaciens demeurent attachés à la France et que 20 % sont des profiteurs ou des arrivistes.

Alors que la Résistance française s'oppose à l'envahisseur armé et au nazisme qu'il propage, la Résistance alsacienne est avant tout un sursaut de révolte contre l'oppression immédiate que la province subit. Recourant peu aux armes, elle est menée par des groupes autonomes ayant peu de contacts entre eux. La géographie de la province et le maillage des polices allemande et nazie rendent en effet impossible la constitution de maquis importants. La Résistance alsacienne recrute dans tous les milieux sociaux – jeunesse, classe ouvrière – et parmi un large éventail politique – communistes, socialistes, régionalistes ne se réclamant pas de l'Allemagne, et jusqu'à des hommes politiquement engagés à droite. Ils sont au départ une grosse poignée, pourtant, dès 1940, des signes apparaissent. La population alsacienne proteste ouvertement contre l'obligation d'adopter le drapeau nazi en exhibant des linges tricolores ; elle refuse de germaniser les noms et encourage la persistance des coutumes françaises de la vie quotidienne. Des manifestants chantent *La Marseillaise* sur les places publiques, injurient les Allemands et font des vœux pour que les armées alliées gagnent. C'est ce que les historiens allemands dénomment *Resistenz* – refus de coopérer – par opposition à *Widerstand* – mouvement de résistance organisée.

Cent six jeunes gens, qui ont chanté *Marseillaise* et *Sambre et Meuse* devant les gerbes tricolores déposées le

14 juillet 1941 sur un monument aux morts, sont tous déportés dans le camp de Schirmeck. Par ordonnance du 30 janvier 1942, la chambre pénale du tribunal de Strasbourg devient un tribunal spécial (*Sondergericht*) qui peut appliquer librement le code pénal du Reich. Il vise les patriotes français qui aident les prisonniers évadés, qui écoutent les émissions interdites, qui refusent l'incorporation ou favorisent l'évasion des jeunes. Wagner supervise, voire dicte lui-même les sentences au président Huber et au procureur Simon. Le jugement est retardé lorsque Wagner ne peut y assister. Les peines sont conditionnées par des considérations politiques et la situation générale du moment. La première condamnation à mort du tribunal spécial est prononcée le 31 mars 1942 à l'encontre du jeune résistant Marcel Weinum, chef du réseau « La Main noire ». Pour avoir lancé une bombe sur la voiture du *Gauleiter*, il est décapité à l'âge de dix-sept ans. Le cycle des violences est ouvert. En mai 1942, le tribunal spécial se prononce sur le cas d'une bande de « criminels » qui ont crié « Vive de Gaulle » et détruit des emblèmes allemands ; Alfred Reimiger, également âgé de dix-sept ans, est condamné à mort.

Un Front pour la jeunesse alsacienne se constitue à partir de 1941 autour d'Alphonse Adam et Robert Kiefer. L'association réclame la séparation de l'Alsace allemande et du Grand Reich, le boycott des conseils de révision et organise l'évasion des Alsaciens refusant d'être incorporés dans la Wehrmacht. En janvier 1943, plusieurs membres du Front sont déférés devant un « tribunal du peuple » présidé par le procureur Roland Freisler, qui s'illustrera lors du procès des conjurés de l'attentat manqué contre Hitler. Six inculpés sont exécutés le 15 juillet 1943 : Alphonse Adam, vingt-quatre ans, Robert Kiefer, vingt-trois ans, Pierre Tschaen, vingt et un ans, Charles

Schneider, vingt-cinq ans, Joseph Seger, quarante-sept ans, et Robert Meyer, vingt-huit ans. Les dix-neuf autres sont punis d'emprisonnement ou de travaux forcés. Les journaux annoncent que ces peines font partie de l'*Ausrottung des Verrats in Elsass* (Programme d'éradication de la trahison en Alsace).

La Résistance ouvrière a été la plus précoce parce qu'elle s'organise autour du Parti communiste français et de l'aile communiste de la CGT, dissous en 1939. Des militants socialistes les rejoignent par la suite. La Résistance communiste alsacienne n'est pas antiallemande mais antifasciste. Elle n'est pas d'essence patriotique, à la différence de son pendant en France non occupée. Née dans les ateliers mécaniques, les mines de potasse et le long des voies ferrées, elle a ses propres journaux clandestins, ses chants révolutionnaires ; elle sabote des machines et fait dérailler des trains sans en rendre compte aux résistants non communistes. Certains de ses membres, menacés puis évadés en France, ont été pris à partie par le régime de Vichy, allié à l'Allemagne nazie dans la lutte contre le communisme. C'est ainsi que les fichiers français de 1939 recensant les organisations de gauche sont livrés à la Gestapo. La Résistance alsacienne, ouvrière, socialiste, et sans parti, a eu ses martyrs. Au moins 500 hommes ont été arrêtés, condamnés et internés dans divers camps de « redressement » et de déportation. Les exécutions sont de règle chez tous les ouvriers ; la décapitation est souvent préférée au peloton d'exécution pour impressionner la population. En août 1943, on compte déjà 75 condamnations à mort en Alsace.

Les « Malgré nous »

Réclamée par Wagner, l'incorporation de force des Alsaciens dans les formations armées allemandes est promulguée par ordonnance le 25 août 1942. Du mois d'octobre 1942 au mois de mai 1945, on évalue les incorporations de force à 100 000-150 000 Alsaciens et 50 000 Mosellans. Pour dissuader les réfractaires, la Gestapo décrète que les familles des évadés sont collectivement responsables et passibles de la peine de mort. Une zone interdite est mise en place le long des Vosges, dans laquelle on tire à vue sur les fuyards. Malgré ces menaces, en 1943, selon une estimation du gouvernement de Vichy, 12 000 évadés alsaciens gagnent la France. Les maladies inconnues fleurissent. Les faux certificats de maladie établis par les médecins complaisants se multiplient, permettant aux jeunes d'échapper au recrutement obligatoire. Les Alsaciens ont été trois fois plus nombreux que leurs voisins du pays de Bade à être atteints de maladies neuropsychiatriques ; le racisme nazi a donné son interprétation à ce phénomène : ces maladies « seraient consécutives au manque de soins et d'hygiène dont a souffert la population pendant la période française » !

Les Alsaciens, les Luxembourgeois et les Lorrains incorporés dans la Wehrmacht ont connu des souffrances indicibles. Devenus citoyens allemands, ils avaient très peu de chances de pouvoir s'évader, leur surveillance étant particulièrement sévère. Aucun de ces « Malgré nous », ainsi qu'on les a appelés plus tard, n'est admis dans des unités où leur présence peut être dangereuse pour la sécurité, ni dans celles qui prêtent à s'enfuir, comme les unités de reconnaissance, les équipages de navires ou d'avions. Certains sont envoyés sur le terrible front de l'Est. Ils sont en général disséminés sur tout le territoire allemand pour éviter que leur contestation ne contamine le moral des troupes allemandes au combat. Certains enrôlés de force ont été contraints à participer à des atrocités contre les populations civiles. Les « Malgré nous » n'ont que de rares occasions de prendre la fuite, soit lors des permissions qui leur sont accordées jusqu'en 1944, soit à la faveur des défaites allemandes, soit en se constituant prisonniers lors des combats. On estime qu'environ 15 000 « Malgré nous » ont déserté d'une façon ou d'une autre, à quoi il faut ajouter ceux qui ne se sont pas fait connaître, ceux qui furent tués lors de leur capture ou en captivité – mais leur nombre précis est inconnu.

Le calvaire des « Malgré nous » persiste après l'arrêt des hostilités. Ils portent l'uniforme allemand et ont souvent beaucoup de mal à se faire reconnaître comme Français autant par les armées alliées que par les populations civiles. Quelques-uns sont cependant parvenus à intégrer tardivement l'armée alliée mais la plupart se sont heurtés à une suspicion difficilement supportable. En 1953, le procès de Bordeaux juge les crimes perpétrés par les Allemands à Oradour-sur-Glane. Des « Malgré nous » se trouvaient dans les troupes allemandes. L'opinion publique française, bouleversée, en garde une méfiance durable à l'égard de l'Alsace et des incorporés de force.

Le bilan de la Seconde Guerre mondiale est donc très lourd en Alsace : 300 à 400 000 Alsaciens mosellans (soit 15 % de la population d'avant guerre) se sont enfuis. Plusieurs dizaines de milliers d'Alsaciens ont été expulsés au prétexte qu'ils ne pouvaient pas physiquement ou mentalement devenir des citoyens allemands. Plus de

10 000 Alsaciens n'ont pas accepté la conscription obligatoire dans la Wehrmacht. Des centaines se sont insurgés contre l'embrigadement dans des organisations nazies. Les peines infligées allèrent de la déportation à la mort. Des centaines d'Alsaciens ont participé, avec le même risque, à des actions de résistance.

Sans trop simplifier, on peut considérer que l'Alsace a résisté contre le nazisme exigé par l'annexion plus que contre l'Allemagne. La nazification et la germanisation forcées de l'Alsace en ont fait une province organisée pour se battre contre les Alliés. Sa libération a été longue et difficile. Mulhouse est libérée le 21 novembre 1944 et Strasbourg, deux jours plus tard. Mais la résistance allemande a été très forte autour de Colmar, qui ne cède que le 2 février 1945. Ce n'est que le 19 mars 1945 enfin que le nord de la basse Alsace est libéré de l'oppression nazie. La guerre est terminée, mais l'Alsace, plus que toute autre région de France, a la lourde tâche de se débarrasser des séquelles de l'annexion, de réinsérer dans la société les « Malgré nous » aussi bien que les citoyens ayant témoigné d'un certain engouement ou de passivité devant l'occupant. La reconstruction de la province encore une fois dévastée par la guerre est tout aussi pressante.

21

Réflexions contemporaines

L'Alsace est un épicentre des déflagrations qui ont ébranlé le continent européen pendant deux millénaires. La violence, bien qu'endémique, n'a cependant pas empêché le sublime de se manifester sur le sol alsacien. L'Alsace est demeurée belle, créatrice et fertile grâce au travail, aux dons et à l'obstination de ses habitants. Cette réussite est d'autant plus surprenante qu'elle a résisté à la rapacité et à l'agressivité guerrière des nations voisines et aux intérêts d'Etats plus éloignés. L'histoire de l'Alsace est à la mesure de l'ambivalence des hommes qui l'ont faite, amalgamant sur cette terre, et plus fortement qu'ailleurs, la noblesse et l'horreur.

Cette province est un creuset de l'humanité européenne ; populations du Néolithique, Ibères, Ligures, Celtes, Romains, Francs, peuples germaniques et, dans une certaine mesure, tribus slaves et scandinaves s'y sont croisés et y ont laissé l'empreinte de leur esprit d'aventure et de conquête. L'Alsace, lieu de passage, est de sang mêlé, à l'instar des autres carrefours et voies du transit des hommes sur le continent européen. Aucune nation européenne ne peut se prévaloir aujourd'hui d'une seule racine. Les peuples ne se sont individualisés qu'avec la sédentarité, l'exploitation de leurs richesses naturelles et leur aptitude à se défendre contre un envahisseur potentiel. L'Alsace a trouvé son identité au Moyen Age et a su, depuis, la préserver.

L'Alsace romaine a bénéficié de la culture impériale romaine, mais pendant deux à trois siècles seulement, durant lesquels elle a été une défense avancée visant à contenir les prétentions germaniques. L'Alsace des Alamans puis des Francs, qui lui succède pendant douze siècles, est d'une tout autre nature. Jusqu'à la guerre de Trente Ans, c'est-à-dire jusqu'à l'invasion française, l'Alsace est une région d'un vaste Empire germanique coiffant un assemblage de petits royaumes et de petites principautés disparates, réunis par une culture et une langue communes et plutôt tolérants les uns vis-à-vis des autres. Les difficultés essentielles se limitent alors à des crises religieuses et des drames de la nature. Les problèmes de succession et de féodalités ont été parfois critiques au point de faire intervenir les armes, mais ils n'ont pas fondamentalement changé l'existence quotidienne.

Pour l'Alsace, comme pour d'autres provinces, le Moyen Age a été une période de lente maturation, chrétienne, intellectuelle, féodale, sociale et artistique. L'Alsace y plonge une forte racine de sa germanité et de son identité.

L'incursion de la France au XVIIe siècle introduit un nouveau système de vie qui prétend franciser une longue tradition germanique. Elle ouvre une nouvelle boîte de Pandore. Les traités de Munster et de Westphalie de 1648 ont été une césure dans l'histoire de l'Alsace. Ils ont mis fin à une guerre religieuse, initialement propre à l'Empire germanique et, profitant de l'instabilité de la fin du conflit, ont arraché la province à ses origines ancestrales.

Le devenir de l'Alsace va de pair avec le progrès militaire. Les ingrédients de nouveaux conflits sont posés avec la guerre de Trente Ans. Ils vont durer trois siècles entre France et Allemagne, qui aboutissent à ce que l'Alsace change cinq fois d'appartenance en quatre siècles. Un Alsacien né en 1865 et mort en 1945 a reçu cinq nationalités différentes, alternativement allemande et française. Chaque pays apporte sa langue, ses bons et ses mauvais génies, et maltraite ou renvoie les Alsaciens qui ont opté pour la nationalité vaincue. Des sympathies, de l'admiration, de l'intérêt parfois, font choisir un camp plutôt que l'autre en confortant les nationalismes. Un débat long, douloureux et inutile oppose en Alsace ceux qui se réclament d'un héritage roman et ceux qui prétendent à une identité purement germanique. Ce conflit patriotique et culturel a été réactivé par chaque alternance politique. L'histoire démontre clairement aujourd'hui sa vacuité. Des Germains installés en basse Alsace ont subi la colonisation romaine. Les Francs et les Alamans sont deux ethnies germaniques proches qui se sont opposées à Tolbiac. Clovis, au milieu de l'anarchie barbare, unit l'héritage gallo-romain et la civilisation germanique en un royaume franc, mais s'exprime en bas-allemand. La lignée carolingienne est germanique. Les civilisations romane et germanique ont largement fusionné sur le continent européen avant d'être séparées par la possessivité des premiers rois et princes.

L'Alsace, par l'alternance d'une très longue germanité et d'une francisation plus courte, toutes deux très matures et très fortes, est hybride, comme le sont d'autres territoires frontaliers. Il est inutile de discuter l'importance respective de ses deux racines ; leur entrelacs est une certitude qui oriente la compréhension du présent et de l'avenir. Le temps des invectives nationalistes, généralement contraires à une histoire objective, est révolu.

L'identité alsacienne a résisté aux annexions nationalistes. Par sa double origine, la province alsacienne est une terre à part qui pour survivre se plaît dans son hybridité. Les Alsaciens d'aujourd'hui perpétuent cet attachement séculaire qui explique leurs particularismes. Ils entretiennent avec ferveur leur langue, leur dualité religieuse, leurs mémoires douloureuses. Ils sont fiers de leurs paysages cultivés avec amour, de leurs traditions villageoises et urbaines dont certaines remontent au Xe siècle, qui fleurissent les balcons et les cimetières et foisonnent de recettes culinaires. Les Alsaciens se satisfont de la persistance des particularités administratives, juridiques et religieuses, d'essence allemande, qui ont résisté aux habitudes françaises.

La langue alsacienne est un ciment identitaire très fort. Le français, propagé aujourd'hui par l'enseignement et l'administration, est parvenu à prendre le dessus dans les villes, mais le dialecte alsacien résiste dans les campagnes et dans les foyers. Selon une enquête du *Monde*, publiée en 2006, 60 % des Alsaciens se déclarent dialectophones et 35 % d'entre eux pratiquent régulièrement cette langue, bien que seulement 15,5 % d'entre eux parlent alsacien à leurs enfants. L'alsacien, langue alémanique et francique, héritée de l'histoire, langue du cœur, du terroir, de la famille, peut aussi servir la modernité. Des logiciels en langue minoritaire ou régionale apparaissent ; l'alsacien est en première place en raison du nombre élevé de locuteurs. Le dialecte, officiellement reconnu, se diffuse dans les médias (radios privées et publiques, télévision) et est toujours admis dans des expressions artistiques. Le dialecte alsacien n'est pas un idiome incomplet, rustre, non formaté et d'origine imprécise comme il en existe beaucoup en France. Il est une variété linguistique de l'allemand qui ne se distingue pas beaucoup de celle des habitants de Stuttgart, Zurich ou Fribourg-en-Brisgau. Or ces allemands dialectiques ne sont pas des patois, mais des langues orales et populaires, alors que le haut-allemand diffusé par la traduction luthérienne de la Bible est essentiellement une langue écrite. Le dialecte alsacien a sans doute accepté de nombreux gallicismes, mais son appartenance aux dialectes wurtembergeois, badois et zurichois est indéniable. Quant à l'allemand noble, il sert l'écrit et la déclamation, comme ailleurs en Allemagne. Les Français ne comprennent généralement pas la véritable signification du parler alsacien. Ils le considèrent souvent comme une simple conséquence des successions allemandes et françaises récentes dans le pays. C'est une erreur : le dialecte alsacien atteste de la profondeur de l'appartenance germanique du pays. On parle donc allemand aujourd'hui en France. L'allemand est resté chez les protestants alsaciens, et particulièrement chez les luthériens, la langue religieuse. La poésie religieuse allemande leur est également chère : les cantiques de Luther, de Paul Gerhardt, de Zinzendorf ont été appris, chantés et récités pendant des générations, même dans les familles alsaciennes dont la langue coutumière est le français.

Dans l'Alsace d'aujourd'hui, l'allemand a une place ontogénétique et symbolique que le français ne possède pas, et cette donnée, plus encore que le bilinguisme (que l'on constate dans plusieurs pays frontaliers), a une place de premier plan dans la pérennisation de l'identité alsacienne.

La religion a pris en Alsace une place qui n'est observée dans aucune autre province française. Elle y est intimement liée aux traditions nationales et à la langue. L'histoire médiévale de l'Alsace est profondément marquée par la religion romaine catholique. S'en prendre à elle, comme l'ont fait les révolutionnaires français, Bismarck et le nazisme, s'est avéré une erreur politique conduisant à la révolte. On pourrait penser que le catholicisme est tourné vers la France catholique et le protestantisme vers l'Allemagne luthérienne. Il n'en est rien. En 1923, lorsque le gouvernement français a menacé d'introduire les lois laïques en Alsace et de supprimer l'enseignement en allemand, les catholiques se sont élevés contre le projet avec autant de vigueur que les protestants. L'Eglise catholique alsacienne est proche de l'Eglise catholique allemande qui a mené une lutte sévère contre le protestantisme triomphant ; il est possible d'y trouver là une raison à l'autonomisme de certains de ses clercs, au premier chef de l'abbé Haegy. Le clergé alsacien tient à conserver ses distances, voire son autonomie, vis-à-vis du clergé français, particulièrement en ce qui concerne l'emploi de la langue allemande.

Le protestantisme alsacien est aujourd'hui minoritaire (en moyenne un quart de la population, davantage en basse Alsace), mais bien représenté dans de nombreuses familles d'industriels (Schlumberger, Koechlin, Dollfuss, Mieg, Heilmann) et d'intellectuels (Schweitzer) qui ont des liens étroits avec la France. Mais il n'est personne pour oublier les origines germaniques de la Réforme et le rôle considérable qu'elle a eu dans l'épanouissement culturel de Strasbourg. C'est de Strasbourg que le réformateur Martin Bucer est parti convertir le Palatinat et le Rhin inférieur. Louis XIV a assimilé le protestantisme à l'ennemi en reprenant aux réformés leurs lieux de culte ou exigeant la simultanéité des deux cultes dans la même église. Les luthériens, regroupés dans l'Eglise de la Confession d'Augsbourg, représentent alors plus des trois quarts des protestants alsaciens. Ils sont particulièrement nombreux à Strasbourg et dans le territoire de Saverne ; ils sont tous fortement attachés à la langue allemande qui a pour eux une valeur symbolique. Malgré cette présence réformée en Alsace, malgré d'inévitables conflits entre les protestants livrés au bon plaisir du roi et l'Eglise catholique protégée par celui-ci, les deux confessions ont su coexister pacifiquement et ont même défendu ensemble leurs intérêts communs. L'Alsace est une terre de tolérance remarquable, aussi indifférente à la cause religieuse de la guerre de Trente Ans qu'à l'esprit de la révocation de l'édit de Nantes. Ce respect de l'Autre et de ses convictions profondes est visible en Allemagne dès la seconde moitié du XVIIIe siècle, après la signature de la paix d'Augsbourg. Il est en revanche peu sensible sur l'ensemble du territoire français. L'Alsace, encore, fait exception. Cette province a aussi accueilli plus de Juifs que nulle autre région française. Malgré un antisémitisme récurrent, des générations de Juifs sont parvenues, surtout après la Révolution française, à s'assimiler complètement au sein de la population, tant dans les villes que dans les campagnes. Le village de Westhoffen, parmi quelques autres, a même compté une majorité juive. Les synagogues et les cimetières juifs sont disséminés dans tout le pays.

Les guerres européennes ont provoqué d'immenses mouvements de populations sur le continent, en Allemagne, dans ses pays frontaliers, et dans les pays slaves. Ces remaniements et ces bouleversements ont épargné la France cisvosgienne. L'Alsace a quant à elle partagé le malheur des pays germaniques et ce fait historique douloureux conforte sa particularité par rapport à la « France de l'intérieur ». Chacune des invasions française et allemande a apporté des milliers de fonctionnaires, d'enseignants et de soldats formés dans la tradition et dans les mœurs de l'envahisseur. Chaque reconquête a expulsé des milliers d'Alsaciens appartenant au camp des vaincus. Les deux dernières guerres mondiales ont entraîné le retour en Allemagne de centaines de milliers d'Allemands installés en Alsace, mari(e)és avec des Alsacien(ne)s de souche ou expulsés pour leur soumission au Reich. Les épurations qui ont suivi la libération du Reich nazi en 1945 ont également déplacé des populations. L'Alsace n'a pas été occupée mais annexée par le Reich dans des conditions brutales, ce qui a stimulé, comme nulle part ailleurs, le ressentiment de la population ; l'éventail des gens punissables y a été très vaste. Des collaborateurs nazis authentiques, des sympathisants du Reich, souvent – mais pas toujours – autonomistes, des Allemands de souche travaillant de gré ou de force avec le pouvoir nazi, des fonctionnaires alsaciens contraints de servir le Reich, des Alsaciens qui se sont laissés incorporer dans les armées nazies sans violente contestation, et ceux qui, incorporés de force, ont été contraints de participer à des exactions sur des populations civiles, sont devenus des accusés potentiels, des candidats à un nouvel internement dans le camp du Struthof. La démesure du passé se retrouve dans l'actualité récente, comme nulle part ailleurs. Les jugements qui ont été rendus après l'armistice de 1945, fondés et infondés, ont laissé de profondes cicatrices.

Un peuple ne peut accepter que son histoire soit bafouée, que sa langue soit interdite, que ses églises changent autoritairement de culte ou soient fermées, que sa nationalité fluctue au gré de conflits fréquents, et que ses hommes soient mobilisés dans l'une ou l'autre des armées ennemies pour y laisser bien souvent leur vie. Pour préserver une identité dans une ambiance aussi désastreuse, deux solutions sont possibles, s'arrimer à l'un des envahisseurs ou s'engager dans une neutralité autonomiste. Les peurs, les souffrances et les incertitudes liées au choix persistent dans l'inconscient alsacien. Il n'en est sans doute pas de meilleure preuve que l'engouement alsacien récent pour le Front national. Ce phénomène qui s'est affirmé au cours des années 1980 surprend dans une Alsace qui, depuis l'armistice de 1945, s'est engagée sans équivoque aux côtés de la France républicaine ; par ailleurs, la province compte aujourd'hui, malgré quelques difficultés, parmi les plus favorisées de France, par sa productivité et un chômage relativement bas par rapport à celui de l'ensemble du pays.

Cet événement électoral insolite témoigne, peut-être plus qu'on ne l'a dit, des séquelles du passé et d'une nouvelle espérance. Le vote alsacien en faveur du Front national atteint, en 1995, lors des élections présidentielles, 25,4 % des suffrages exprimés ; il est supérieur de 10 points à la moyenne nationale. Comme ailleurs, il traduit l'attente de davantage d'ordre et de sécurité, de moins d'immigration et d'une indépendance de la France vis-à-vis de l'Europe administrative ; il proteste aussi contre l'urbanisation et l'insécurité. Le vote alsacien peut sembler conservateur, refusant la modernité, l'industrialisation, le désordre des banlieues, et nostalgique d'une grandeur de la France à laquelle l'Alsace appartient désormais à part entière. Plusieurs indices indiquent le simplisme de cette interprétation : les banlieues des grandes villes alsaciennes ne sont pas plus violentes que celles des autres villes françaises, le chômage est mieux contenu en Alsace qu'ailleurs et le vote en faveur du Front national ne s'est exprimé que tardivement après la fin de la guerre. L'immigration étrangère est sans doute un peu plus forte en Alsace qu'ailleurs (7,9 % par rapport à une moyenne nationale de 6,4 %) mais, hormis dans les banlieues de Strasbourg et de Mulhouse, le Front national a gagné essentiellement dans les cantons et les villages très peu concernés par l'immigration. On a également soutenu que le vote en faveur du Front national peut relever d'une crainte renouvelée du voisin allemand dont l'Alsace est tributaire : des industries allemandes sont installées en Alsace, des Allemands y ont acheté des terres et quelque 60 000 Alsaciens traversent quotidiennement la frontière pour travailler en Allemagne et en Suisse. On a enfin évoqué l'hypothèse d'un renouveau d'autonomisme avec aspiration à un amarrage au voisin allemand, plus puissant.

La signification du vote pourrait en réalité être différente, traduisant non pas une volonté de retrouver une identité alsacienne perdue, mais une aspiration à une nouvelle appartenance. Les Alsaciens ne peuvent pas sortir du dilemme ancestral insoluble : sont-ils mi-français, mi-allemands ou ni français ni allemands ? Ils s'inquiètent de la régression de leurs traditions, du dialecte et de l'Eglise, de la persistance d'un outre-Rhin tentateur et du désengagement de l'Etat français au prétexte d'une régionalisation accrue. Qui sont-ils en fin de compte ? Leur identité s'efface-t-elle sans qu'une autre se présente ?

L'Europe donne aux Alsaciens la possibilité de conserver leur capital culturel tout en offrant une nouvelle perspective. Elle met fin à leur incertitude en respectant la mémoire d'une histoire déchirée et leur identité intégrée à une dimension continentale ; elle offre des conditions de vie et de développement jusqu'ici inconnues. Dans la France de l'intérieur, le Front national rejette l'intégration de la France dans une Europe forte. Le vote alsacien témoignerait, lui, d'un refus du système partisan français actuel et, autre singularité provinciale, d'une sortie par le biais d'une européanisation accentuée qui dissoudrait encore plus les frontières.

L'Alsace est devenue une terre transfrontalière et transnationale. Elle fait partie d'un ensemble économique franco-allemand comprenant en outre le Palatinat et les pays de Bade et de Wurtemberg. Ce domaine est largement ouvert aux pays voisins, Sarre et Rheinland, et commerce au nord jusqu'à la Hollande, et au sud vers le Milanais. Au sein des pays rhénans, les traditions provinciales ne sont pas oubliées, mais les problèmes ethniques ont fondu. Le Rhin est redevenu un fleuve intérieur et ses rives ont totalement perdu leur antagonisme. Strasbourg est maintenant ville européenne sans que l'on se préoccupe de savoir si elle est allemande ou française. Le Parlement de l'Union européenne y siège symboliquement, selon le vœu de Churchill. La première session du Conseil de l'Europe a été ouverte en 1949 dans les locaux universitaires. En 1979, Strasbourg a accueilli les premiers députés européens élus au suffrage universel. En 2000, l'hémicycle du Parlement européen a été agrandi.

La géographie politique de l'Europe a acquis depuis un demi-siècle une stabilité paisible qui contraste avec les déchaînements antérieurs et les nationalismes prétentieux. L'Alsace n'a plus d'autre maître désormais que l'Europe. Elle en est tributaire et l'enrichit à la fois. Elle a un remarquable savoir-faire agricole, une forte tradition universitaire, un esprit d'échanges et de commerce, une recherche de très haut niveau qui lui a valu trois prix Nobel (1952 : Albert Schweitzer, prix Nobel de la Paix ; 1966 : Alfred Kastler, prix Nobel de physique ; 1987 : Jean-Marie Lehn, prix Nobel de chimie). Son histoire tourmentée, tiraillée entre deux pays voisins mais ennemis, appartient au passé. L'histoire alsacienne atterre par ses déchirures, mais suscite un grand espoir en confortant la nécessité d'une nouvelle appartenance, désormais européenne.

Bibliographie

Références générales

Actes du congrès de Vienne (Paris, Imprimerie nationale, 1816), *Livre jaune*, n° 2, Paris, Ministère des Affaires étrangères.

AUBRY O., *Histoire de France*, Flammarion, Paris, 1947.

BESANÇON A., « Grammaire des révolutions » [Présentation de M. MALIA, *History's Locomotives, Revolutions and the Making of the Modern World*, Yale University Press, New Haven et Londres], *Commentaires*, pp. 5-19, 117.

BLANCHARD B., *L'Allemagne de 1789 à 1870*, Ellipses, Paris, 2004.

CAHN J.P., POLONI B. et SCHNEILIN G., *L'Empire allemand de l'unité du Reich au départ de Bismarck, 1871-1890*, Ed. du Temps, Nantes, 2000.

CARBONELL C.O., *Une histoire européenne de l'Europe. Mythes et fondements ; d'une Renaissance à l'autre*, Privat, Toulouse, 1999.

CARPENTIER J. et LEBRUN F., *Histoire de France*, Seuil, Paris, 1987.

CASSAN M. : *La France au XVIe siècle*, Armand Colin, Paris, 2005.

CASTILLO M., LEROY G., *L'Europe de Kant*, Privat, Toulouse, 2001.

FAVIER J., *Charlemagne*, Fayard, Paris, 1999

FEBVRE L., *Un destin, Martin Luther*, Rieder, Paris, 1928.

FURET F., *La Révolution (1770-1814)*, Hachette Littératures, « Pluriel », Paris, 1988.

FUSTEL DE COULANGES, *Histoire des institutions politiques*, « Première partie : l'Empire romain, les Germains, la royauté mérovingienne », Hachette, Paris, 1875.

FUSTEL DE COULANGES, *De la manière d'écrire l'histoire en France et en Allemagne, Questions historiques* (*à propos de l'*Histoire d'Allemagne *de J. Zeller*), Paris, 1893.

HUGO V., *Le Rhin, de Paris à Andernach*, Christian Pirot, Saint-Cyr-sur-Loire, 1996.

JOUANNA A., *La France du XVIe siècle, 1483-1598*, PUF/Quadrige, Paris, 2006.

JOXE P., *L'Edit de Nantes, une histoire pour aujourd'hui*, Hachette Littératures, Paris, 1998.

LACHAISE F., *Histoire des idées politiques en Allemagne XIXe-XXe siècle*, Ellipses, Paris, 2004.

LE FUR D., *Louis XII, 1498-1515, un autre César*, Perrin, Paris, 2001.

MICHELET, *Histoire de la Révolution française*, Gallimard, « La Pléiade », Paris, t. I, p. 385.

NIPPERDEY T., *Réflexions sur l'histoire allemande*, trad. Claude Orsoni, Gallimard, Paris, 1992.

PETIT J.-J., MANGIN M., « Les agglomérations secondaires. La Gaule Belgique, les Germanies et l'Occident romain », dans *Actes du colloque de Bliesbruck-Rheinheim*, 21-24 octobre 1992, Bitche (Moselle), 1994.

POMMEAU, R., *L'Europe des Lumières. Cosmopolitisme et unité européenne au XVIIIe siècle*, Stock, « Pluriel », Paris, 1991.

RAPP F., *Le Saint-Empire romain germanique, d'Otton à Charles Quint*, Tallandier, Paris, 2000.

RICHÉ P., *L'Empire carolingien*, Hachette, Paris, 1994.

ROVAN J., *Histoire de l'Allemagne*, Seuil, Paris, 1994.

ROUX F., *La Grande Guerre inconnue*, Les Editions de Paris, Paris, 2006.

SCHNITZLER B., « Cinq siècles de civilisation romaine en Alsace », *Les Collections du Musée archéologique de Strasbourg*, IV, 1966.

SCHULTZE H., *Petite Histoire de l'Allemagne. Des origines à nos jours*, Hachette Littératures, Paris, 2001.

SÉGUIN P., *Louis-Napoléon le Grand*, Grasset, Paris, 1990.

SERRIGNY B., *L'Evolution de l'Empire allemand de 1871 jusqu'à nos jours*, Perrin, Paris, 1913.

TOURNEUR-AUMONT J.M., « L'intérêt de l'enseignement de l'Histoire », *Bulletin de Maxéville*, Nancy, 1912, n° 19, p. 2.

VON THADDEN R., « Le Protestantisme et l'Europe », *Bulletin de la Société d'histoire du protestantisme français*, 2005, n° 151, p. 27-36.

VENNER D., *Le Siècle de 1814*, Pygmalion, Paris, 2006.

VERMEIL E., *L'Allemagne*, Gallimard, Paris, 1945.

VILLEPIN (de) D., *Les Cent-Jours*, Perrin, Paris, 2001.

WINKLER H. A., *L'Histoire de l'Allemagne, XIXe-XXe siècles*, trad. Odile Demange, Fayard, Paris, 2005.

Sources sur l'Alsace

Coll., *Alsace brune. Les extrêmes droites alsaciennes d'hier et d'aujourd'hui*, No Pasaran, Paris, 2006.

ARNOLD P., *Histoire secrète de l'Alsace*, Albin Michel, Paris, 1979.

Barrès M., « Sur la conscience alsacienne », *Revue alsacienne illustrée*, Strasbourg, 1904, p. 41.

BIHR A., « Exception alsacienne », *Le Monde diplomatique*, mai 1998, p. 16-17.

BISCH Y., *Les Chroniques de Maurice Griffe ; l'Alsace*, Editions TSH, Le Cannet, 2005.

Bourget P., « La Tradition de l'Alsace-Lorraine », *L'Alsacien-Lorrain de Paris*, 25 juin 1911.

BRAESCH F. et LOTH G., *Amours et passions en Alsace*, Editions Pierron, Sarreguemines, 1998.

DALTROFF J., *La Route du judaïsme en Alsace*, I. D. Edition, Rosheim, 2006.

DOLLINGER P., *Histoire de l'Alsace*, Privat, Toulouse, 1970.

DOLLINGER P. et OBERLÉ R., *Toute l'Alsace*, 2 vol., Mars et Mercure, « Histoire », Wettolsheim, 1983-1987.

EPP R., LEVRESSE R. P. et MUNIER C., *Histoire de l'Eglise catholique en Alsace, des origines jusqu'à nos jours*, Editions du Signe, Strasbourg, 2003.

FORTIER J., « Microsoft Office veut apprendre l'alsacien », *Le Monde*, 2-3 juillet 2006.

GRIFFE M., *Chronologie de l'Alsace, Tableaux synoptiques de l'histoire*, Le Cannet, 2005.

HIMLY F. J., *Atlas des villes médiévales de l'Alsace*, Publications de la Fédération des Sociétés d'histoire et d'archéologie d'Alsace, t. VI, Strasbourg, 1970.

HIMLY F. J., *Chronologie de la basse Alsace. Ier-XXe siècles*, Administration du département du Bas-Rhin, 1972.

HOFFET F., *Psychanalyse de l'Alsace*, Flammarion, Paris, 1951.

JORDAN B., *Histoire de Strasbourg*, Editions Gisserot, 2006.

LEUILLOT P., *L'Alsace au début du XIXe siècle / La Vie politique*, Sevpen, Paris, 1959.

RAPHAËL F. (dir.), *Le Judaïsme alsacien, histoire, patrimoine, traditions*, La Nuée bleue/DNA, Strasbourg, 2003.

RAPP E., *L'Histoire de l'Alsace*, 10 vol., Mars et Mercure, Wettolsheim, 1976-1979.

REUSS R., *Histoire d'Alsace*, Boivin et Cie éditeurs, Paris, 1915.

RIEDWEG E., *Les « Malgré-nous ». Histoire de l'incorporation de force des Alsaciens-Mosellans dans l'armée allemande*, Editions du Rhin, Mulhouse, 1995.

SCHNITZLER B., « Cinq siècles de civilisation romaine en Alsace », *Les Collections du Musée archéologique de Strasbourg*, IV, 1966.

SCHWENGLER B., *Le Vote front national. L'Alsace : un cas particulier ?*, Oberlin, Strasbourg, 2003.

STARCKY G., *Malgré nous*, France-Empire, Paris, 1995.

STROHL H., *Le Protestantisme en Alsace*, Oberlin, Strasbourg, 2000.

TOURNEUR-AUMONT J.M., *L'Alsace et l'Alémanie*, Berger-Levrault, Nancy, Paris, Strasbourg, 1919.

UBERFILL F., *La Société strasbourgeoise entre France et Allemagne (1871-1924)*, Société savante d'Alsace, 2001.

UHRY G. J., *Le Mont Sainte-Odile au Moyen Age*, Librairie Istra, Strasbourg, 1967.

VONAN J.-L., *L'Epuration en Alsace*, Editions du Rhin, Strasbourg, 2005.

VOGLER B. (éd.), *Nouvelle Histoire d'Alsace*, Privat, Toulouse, 2003.

VOGLER B., *Histoire des chrétiens d'Alsace, des origines à nos jours*, Paris, 1994.

WAHL A., *Les Résistances des Alsaciens-Mosellans durant la Seconde Guerre mondiale*, Fondation Entente franco-allemande, Strasbourg, 2006.

Sources allemandes

ABBT T., *Vom Töte für das Vaterland*, in *Vermischte Werke*, vol. 1, Hildesheim, 1978, p. 51-72.

ARNDT E. M., in *Arndt Werke*, Berlin, 1912 : *Gebet*, 1re partie, p. 74 ; *Katechismus für den deutschen Kriegs-und Wehrmann* [1813], 10e partie, p. 131-162 ; *An die Preussen* [1813], p. 163-170 ; *Über Volkhass und der Gebrauch einer fremden Sprache* [1813], in *Schriften für und an seine lieben Deutschen. Zum ersten Mal gesammelt und durch Neues vermehrt*, Leipzig, 1845, p. 353-373.

ERBE M. (Hrsg), *Das Elsass, Historische Landschaft im Wandel der Zeiten*, Kohlhammer, Stuttgart, 2002.

FICHTE J.G., *Reden an die deutsche Nation*, in *Fichtes Werke*, 8 vol., Berlin 1971 [1808], p. 259-499, p. 554-565.

HAFFNER S., *Preussen ohne Legende*, Siedler, Berlin, 1998.

HAFFNER S., *Von Bismarck zu Hitler*, Knaur, 2001.

HEIN D., *Deutsche Geschichte in Daten*, Beck, Munich, 2005.

HEGEL G. W. F., *Die Verfassung Deutschlands*, 1802, in *Politische Schriften*, Francfort, 1966, p. 23-138.

HERRE F., *Bismarck, der preussische Deutsche*, Kiepenheuer und Witsch, Cologne, 1991.

HERRE F., *Bismarck, die Bibliographie*, Albatros Verlag, Düsseldorf, 2004.

HÖLSCHER L., *Geschichte der protestantischen Frömmigkeit in Deutschland*, Beck C.H., Munich, 2005.

JAHN F.L., *Volkstum* (note 27), p. 235-245, p. 285-307 ; in Höppfner O. C.C., *Friedrich Ludwig Jahn Werke*, Hof, 1810.

GENTZ F., *Ausgewählte Schriften*, vol 4, Stuttgart, 1837, p. 33.

GRAF F.W., *Der Protestantismus, Geschichte und Gegenwart*, C. H. Beck, Munich, 2006.

LAURENS O. et SCHERRER W., *Geschichte des Elsassens*, Berlin, 1871.

LOTH W., *Das Kaiserreich*, Deutscher Taschenbuch Verlag, Munich, 1996.

MOMSEN W.J., *Der Erste Weltkrieg*, Fischer Taschenbuch, Francfort-sur-le-Main, 2004.

MÜHLER H.M. & der Brockhaus-Redaktion, *Deutsche Geschichte in Schlaglichtern*, BROCKHAUS, F. A., Leipzig, Mannheim, 2004.

RIES H. G., *Deutsche Geschichte*, Schnellkurz, Dumont, Cologne, 2005.

SCHÖNEMANN O., *Das Elsass und die Elsässer*, Strasbourg, 1908.

STÜTMER M., *Bismarck und die preussisch-deutsche Politik, 1871-1890, DTV Dokumen*, Deutscher Taschenbuch Verlag, Munich, 1978.

TASCHENATLAS, *Deutsche Geschichte*, Klett Cotta, 2004.

WEHLER H.U., *Das Deutsche Kaiserreich. 1871-1918*, Denhoeck & Ruprecht, Göttingen, 1994.

Chronologie alsacienne et européenne

ALSACE		EUROPE
Premières intrusions germaniques	109 av. J.-C.	
César bat Arioviste	– 58	Début de la guerre des Gaules
Drusus fonde *Argentorum*	– 12	
	– 9	Hermann bat Varus
Première attaque des Alamans	213 après J.-C.	
	260	Défaite des Romains sur leurs fortifications outre-Rhin
Nouvelle attaque des Alamans	352	
Les Alamans envahissent l'Alsace	406	
Ravage de Strasbourg par Attila et les Huns	451	
	496	Clovis, Franc Salien, bat les Alamans à Tolbiac/Zülpich

Réunion de l'Alsace aux anciennes terres alamanes	511	Première division mérovingienne
Arbogast, premier évêque de Strasbourg	550-600	
L'Alsace appartient à l'Austrasie	561	
Naissance du duché d'Alsace	610	
Les Etichonides, ducs d'Alsace	640	
	800	Charlemagne, roi des Francs et des Lombards, auguste et empereur
	843	
Partage de l'Empire de Charlemagne : traité de Verdun		
	919-936	Henri Ier, dit l'Oiseleur Fondation du *Römisches Deutsches Reich*
Rattachement de l'Alsace à la Souabe	925	
	936-972	Othon Ier, empereur du Saint-Empire romain germanique
	1076-1122	Querelle des Investitures
Reconstruction de la cathédrale romane de Strasbourg	1015	
Dynastie des Hohenstaufen	1138-1250	
Frédéric de Hohenstaufen, dit Barberousse, duc	1152-1190	

Rodolphe de Habsbourg, landgrave de haute Alsace	1273-1292	Empereur du Saint-Empire germanique
Massacre des Juifs	1337-1349	
Epidémie de peste	1349	
Création de la Décapole	1354	
La *Bulle d'or*, présentation à Metz	1356	La *Bulle d'or*, présentation à Nuremberg
Incursion des « Anglais » avec Arnaud de Cervole	1363-1365	
Incursion du sire de Coucy	1369-1375	
Naissance de l'imprimerie, Gutenberg à Strasbourg	1434-1444	
Fin de l'édification de la cathédrale de Strasbourg	1439	
Intrusion des « Armagnacs »	1439	
Incursion de Louis XI	1444	
Les Confédérés suisses envahissent le Sundgau des Habsbourg	1468	
Premiers sursauts de la guerre des Paysans	1493	
	1517	Luther publie ses *95 thèses*
Guerre des Paysans	1525	
Débuts de la Réforme	1529	
Fondation de la Haute Ecole Réformée	1538	
	1545-1663	Concile de Trente

	1547	Victoire de Charles Quint à Mühlberg sur les réformés
Ambition d'Henri II sur l'Alsace	1552	
	1555	Paix des religions d'Augsbourg
Guerre des Deux Evêques	1592	
Intervention d'Henri IV	1604	
	1618	Guerre de Trente Ans
	1620	Bataille de la Montagne blanche
	1623	Bataille de Stadtlohn
	1627	Wallenstein s'empare de l'Allemagne du Nord
	1630	Intervention suédoise
Les Suédois en Alsace	1632	
Entrée des Français en Alsace	1634	
Traité de Munster et paix de Westphalie	1644-1648	
Création du Conseil souverain d'Ensisheim	1657	
Louis XIV entre dans Strasbourg	1681	
Paix de Ratisbonne	1684	
Traité de Ryswick	1689	
	1693	Louis XIV incendie Heidelberg
Assemblée provinciale alsacienne, décidée par Louis XVI	1787	

Election des députés aux états généraux	1789	
Société des amis de la Révolution	1790	
Constitution civile du clergé	1790-1791	
Fuite du roi à Varennes	1791	
Bataille de Valmy	1792	
Cathédrale de Strasbourg transformée en temple de la déesse Raison	1793	Emigration française
	1806	Fin du Saint-Empire ; entrée de Napoléon à Berlin
	1814-1815	Congrès de Vienne
	1815	Déposition de Napoléon Ier
Retrait de l'occupant autrichien	1818	
Révolution	1848	Insurrection
	1850	Traité d'Olmütz
	1854	Guerre de Crimée
	1864	Bismarck, chancelier ; guerre du Danemark
	1866	Guerre de la Prusse à l'Autriche
	1870	Dépêche d'Ems ; Déchéance de Napoléon III
Siège de Strasbourg ; capitulation de la France ; annexion de l'Alsace	1871	
	1904	Entente cordiale

L'Alsace, 26e *Land* confédéré	1911
L'Alsace redevient française	1918
Annexion de l'Alsace par le IIIe Reich	1939
Incorporation des Alsaciens dans la Wehrmacht	1942
Libération complète de l'Alsace	1945
Création du Conseil de l'Europe	1949
Parlement européen opérationnel	2000

CARTES

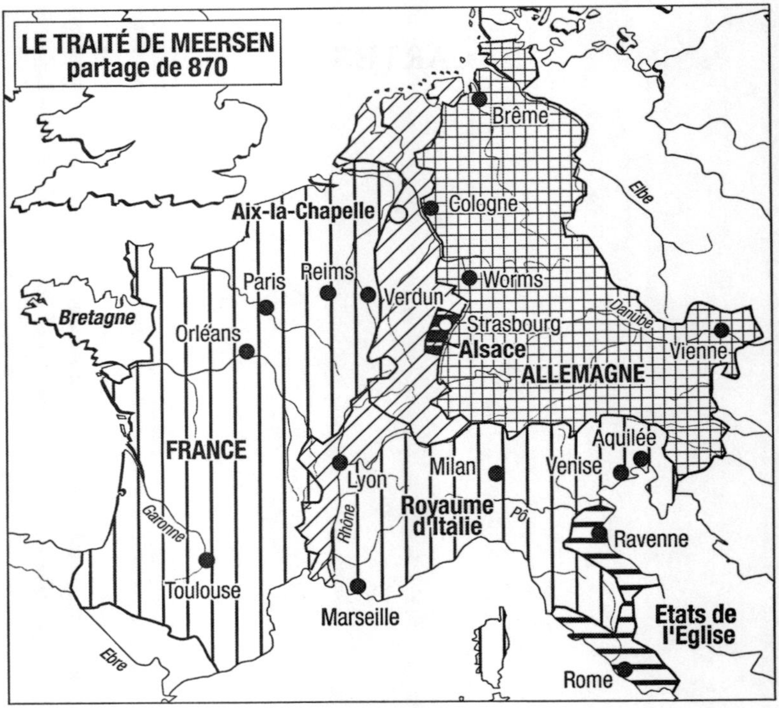
LE TRAITÉ DE MEERSEN
partage de 870
Brême
Elbe
Cologne
Aix-la-Chapelle
Reims
Paris
Worms
Verdun
Bretagne
Strasbourg
Danube
Orléans
Alsace
Vienne
ALLEMAGNE
FRANCE
Aquilée
Milan
Venise
Lyon
Royaume
d'Italie
Pô
Rhône
Garonne
Ravenne
Toulouse
Marseille
Etats de
l'Eglise
Ebre
Rome

Carte 1

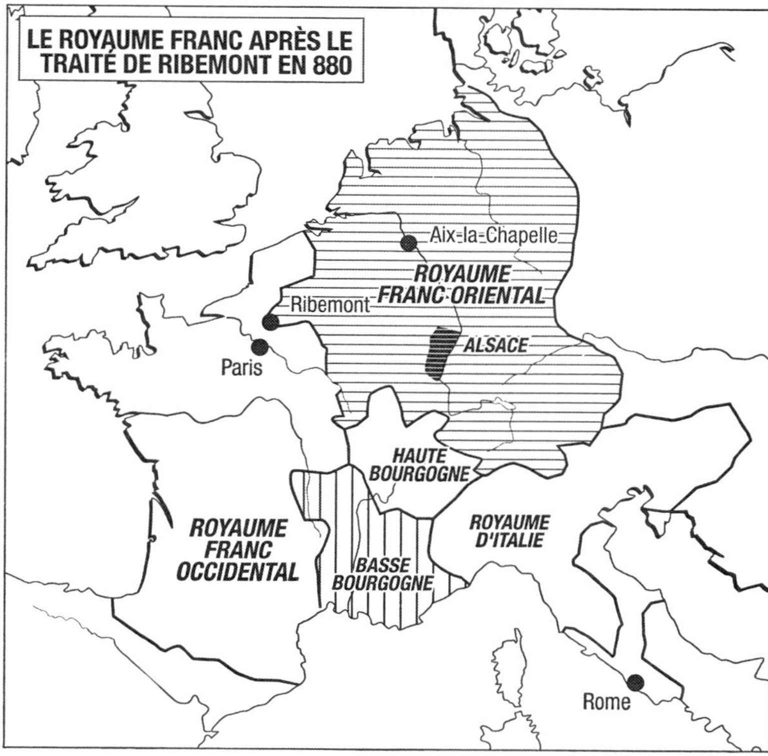
LE ROYAUME FRANC APRÈS LE TRAITÉ DE RIBEMONT EN 880
Aix-la-Chapelle
ROYAUME FRANC ORIENTAL
Ribemont
Paris
ALSACE
HAUTE BOURGOGNE
ROYAUME FRANC OCCIDENTAL
BASSE BOURGOGNE
ROYAUME D'ITALIE
Rome

Carte 2

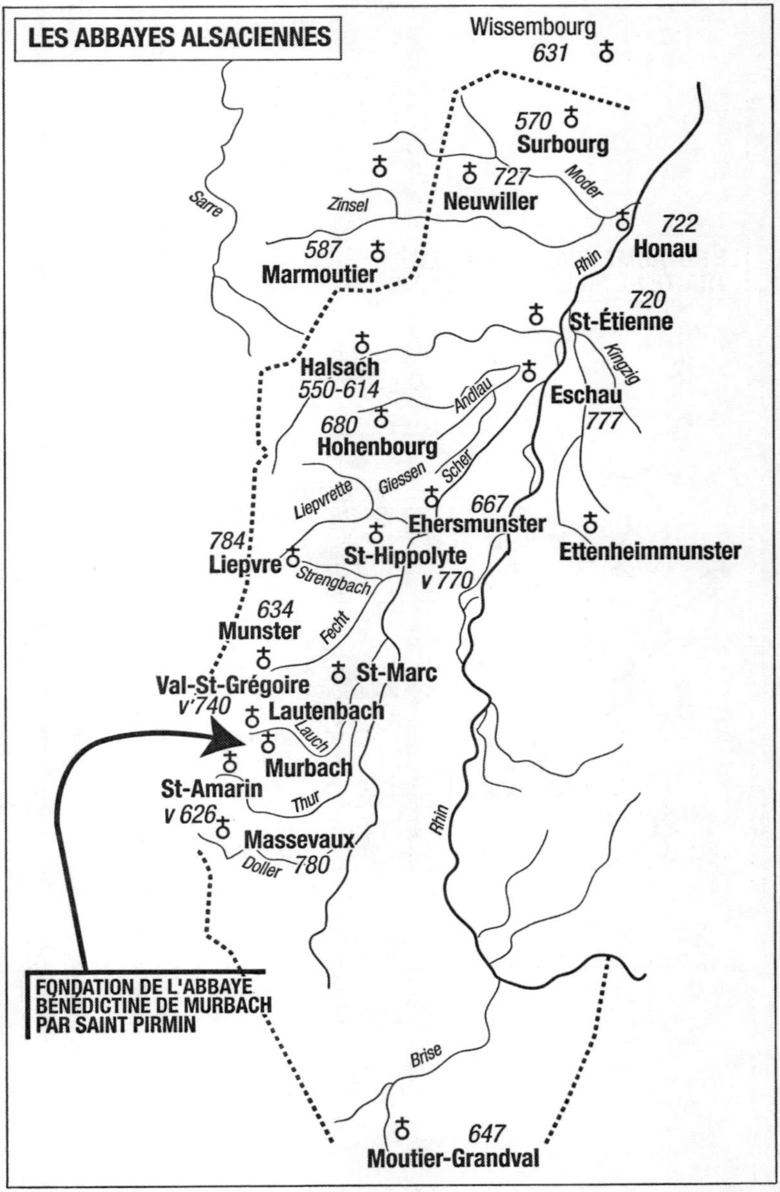
LES ABBAYES ALSACIENNES
Wissembourg
631
570
Surbourg
727
Neuwiller
Moder
Zinsel
Sarre
722
Honau
587
Marmoutier
Rhin
720
St-Étienne
Kingzig
Halsach
550-614
Andlau
Eschau
777
680
Hohenbourg
Giessen
Scher
Liepvrette
667
Ehersmunster
Ettenheimmunster
784
Liepvre
St-Hippolyte
v 770
Strengbach
634
Munster
Fecht
St-Marc
Val-St-Grégoire
v'740
Lautenbach
Lauch
Murbach
St-Amarin
Thur
v 626
Massevaux
Rhin
Doller
780
FONDATION DE L'ABBAYE BÉNÉDICTINE DE MURBACH PAR SAINT PIRMIN
Brise
647
Moutier-Grandval

Carte 3

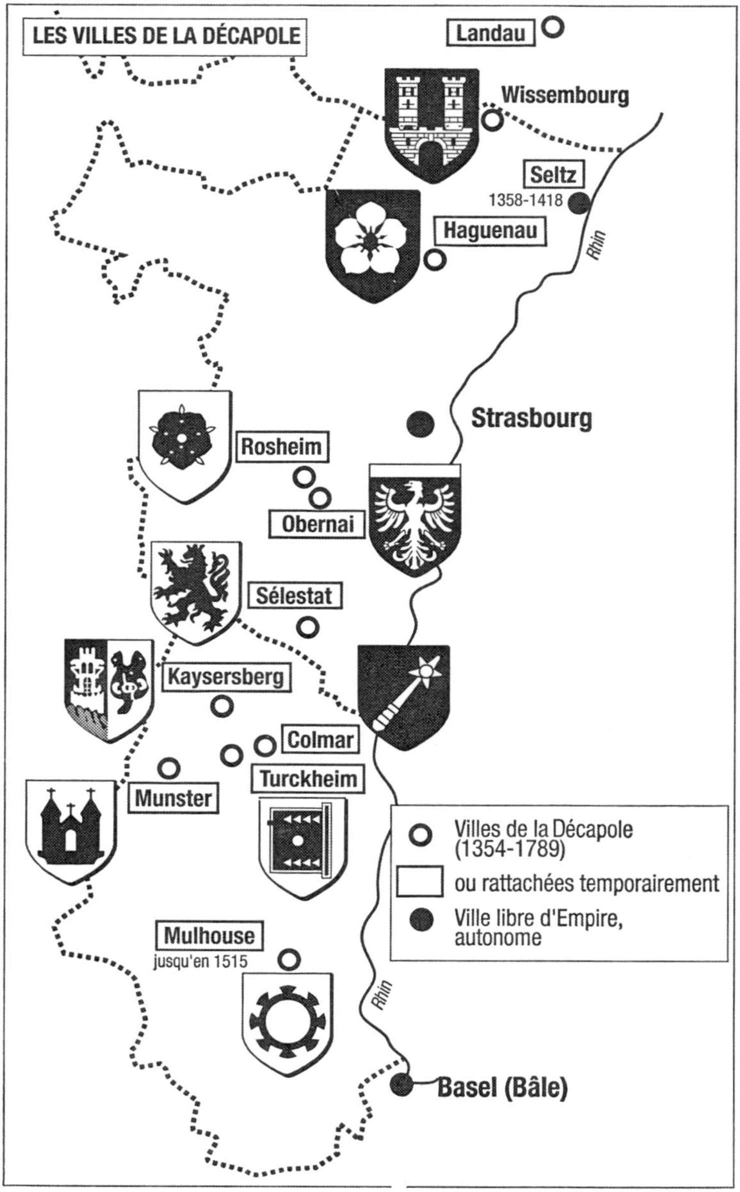
LES VILLES DE LA DÉCAPOLE
Landau
Wissembourg
Seltz
1358-1418
Haguenau
Rhin
Strasbourg
Rosheim
Obernai
Sélestat
Kaysersberg
Colmar
Turckheim
Munster
Villes de la Décapole (1354-1789)
ou rattachées temporairement
Ville libre d'Empire, autonome
Mulhouse
jusqu'en 1515
Rhin
Basel (Bâle)

Carte 4

DK
S
Ostsee
Nordsee
Königsberg
Kiel
Danzig
Lübeck
Schwerin
Stettin
Hamburg
Bremen
Hannover
Potsdam
NL
Braunschweig
Posen
Münster
Leipzig
Kassel
Dresden
Köln
Weimar
Breslau
B
Koblenz
Bohême
L
Prague
Darmstadt
Nuremberg
Autriche-Hongrie
Strassburg
Stuttgart
Colmar
F
München
Mülhausen
Suisse
L'ALSACE-LORRAINE,
TERRE D'EMPIRE

Carte 5

Index
des principaux noms

Table

Composition et mise en page

NORD COMPO
multimédia

Achevé d'imprimer en mars 2008
par ***Bussière***
à Saint-Amand-Montrond (Cher)

N° d'édition : K0 2769/01. – N° d'impression : 080824/1.
Dépôt légal : mars 2008.

Imprimé en France